T0124848

WARTBURG-JAHRBUCH 2003

WARTBURG-JAHRBUCH 2003

Herausgegeben von der
Wartburg-Stiftung
in Zusammenarbeit mit dem
Wissenschaftlichen Beirat

SᵗS

SCHNELL UND STEINER

Regensburg 2004

Bilbliografische Information der Deutschen Bibliothek
Die Deutsche Bibliothek verzeichnet diese Publikation in der Deutschen
Nationalbibliografie; detaillierte bibliografische Daten sind im Internet
über http://dnb.ddb.de abrufbar

©Wartburg-Stiftung Eisenach
ISBN 3-7954-1703-1

INHALT

Vorwort

Vor 450 Jahren starb Luthers Freund Lucas Cranach d. Ä. Die beiden ersten Aufsätze dieses Bandes würdigen den unermesslich fleißigen Wittenberger Maler, der sein Leben in Weimar beschloss. Außer einer Ausstellung des grafischen Oeuvres im dortigen Schlossmuseum blieb die zu erwartende Cranach-Ehrung in Thüringen aus. Die Sammlung der Wartburg birgt zwei Dutzend seiner Werke, zumeist Porträts. Im Hamburger Bucerius Kunst Forum, das 2003 die einzige größere Werkschau des kurfürstlich-sächsischen Hofmalers präsentierte, waren einige dieser Bildtafeln vertreten.

Nur 150 Jahre sind seit der Grundsteinlegung des Bergfrieds der Wartburg vergangen. In dessen Urkunde hatte es 1853 geheißen, dass die Wiederherstellung »die historisch- und politisch-faktische Bedeutung der Wartburg, ihre Bedeutung für die Entfaltung des Geistes und namentlich der Poesie, ihre Bedeutung für die Reformation und ihre katholisch-religiöse Bedeutung« hervorheben solle. In der Rubrik »Aufsätze und Miszellen« wird das bis dahin reichende Ringen um ein gültiges Konzept deutlich. Aktuelle Forschungsergebnisse zur Geschichte dieser Wiederherstellung sollen den Erkenntnishorizont um verschiedene neue Sichten bereichern. Erstmals publiziert wird eine Folge von Skizzen und Entwürfen des Malers und Schriftstellers Carl Alexander Simon, wodurch sein Anteil am Erneuerungsprojekt wesentlich präzisiert werden kann.

Jüngste, den Palas betreffende archäologische Untersuchungsergebnisse folgen in Kontinuität, während die Rubrik »Kunst- und Bibliotheksbestand« in diesem Jahrbuch hoffentlich nur ausnahmsweise entfällt, weil keine Ankaufsmittel zur Verfügung standen.

AUFSÄTZE UND MISZELLEN

Luther seitenrichtig – Luther seitenverkehrt?
Die Bildnisse im Leben und im Tod - Werkstattprinzip und
Werkstattprivileg Cranachs und seiner Mitarbeiter

Günter Schuchardt

«Wer kennt ihn nicht, den berühmten Lucas Cranach, den Freund Luthers und seiner Mitstreiter um die evangelische Sache, den treuen Diener seiner Fürsten? Wer hat von ihm nicht wenigstens ein Bild gesehen, ein Marienbild oder ein Bildnis Luthers oder Friedrichs des Weisen oder eine seiner nackten weiblichen Gestalten, eine Venus oder Lucretia oder wie sie sonst noch heißen mögen? Wo wäre denn auch die öffentliche Sammlung, die nicht stolz wäre auf ihre ein oder zwei Dutzend Cranachs, wenn es ihr versagt ist, einen Dürer, Holbein oder Baldung zu besitzen? Und wer auch keinen von diesen drei Großen so recht kennt, den vierten Großen kennt er natürlich. Alle, alle kennen sie ihn, den berühmten Lucas Cranach. Sie glauben es wenigstens. Aber gibt es wohl auch nur einen, der ihn wirklich kennt?»[1]

Vor 450 Jahren starb Lucas Cranach d. Ä., den man gern als den Maler der Reformation bezeichnet. Tatsächlich bestand eine große Freundschaft mit Martin Luther, wurden dessen Schriften illustriert, gedruckt und auch ihr Verfasser immer wieder im Porträt festgehalten. Cranachs und seiner Werkstatt Lutherbildnisse sind so zahlreich und häufig einander so ähnlich, dass eine Beschäftigung im Sinne einer Typisierung der Porträts nahe lag.[2] Zuerst war es 1934 Johannes Ficker, der seine Bildnisse über die Werkstatt hinaus zusammentrug und in sieben Typen einteilte.[3] Zu den frühen Kupferstichen, den ersten Porträttypen Luthers, ist in jüngerer Zeit viel publiziert worden.[4] Von den ‹letzten› Bildern, dem Typus der Totenbildnisse, existiert nur eine umfassende Arbeit von Georg Stuhlfauth aus dem Jahr 1927.[5]

---

1 Eduard Flechsig: Cranachstudien. Leipzig 1900, S. 1.

2 In der kleinen ständigen Lutherausstellung auf der Wartburg sind die Porträttypen Luthers aneinandergereiht; neben Originalen des 16. Jahrhunderts dienen Kopien des 19. Jahrhunderts der Ergänzung.

3 Johannes Ficker: Die Bildnisse Luthers aus der Zeit seines Lebens. In: Luther-Jahrbuch. 16 (1934), S. 103–161.

Die Cranach-Forschung hat in den vergangenen drei Jahrzehnten große Fortschritte verzeichnen dürfen. Einsetzend mit der vielbeachteten Baseler Werkschau 1974 und ihrem zweibändigen Katalog[6], die dem 500. Geburtstag Cranachs d. Ä. nachfolgte, hat es immer wieder Ausstellungen, wissenschaftliche Tagungen und Publikationen gegeben.[7] Gleichzeitig sind einige weitere Gemälde entdeckt, erstmals ausgestellt und publiziert worden, die sich überwiegend in Privatbesitz befinden. Die Dimension des Schaffens, die durch die beispiellose Werkstattorganisation erreicht wurde, umfasste unglaublich viele Werke, so dass wie bei keinem andern deutschen Renaissance-Künstler des 16. Jahrhunderts auch künftig zu vermuten ist, dass immer wieder bislang unbekannte Bilder und Varianten in die Öffentlichkeit gelangen werden, die nicht von vornherein als Kopien oder Fälschungen, sondern als Repliken angesehen werden dürfen.

Der folgende Aufsatz soll Fickers Typisierung nicht prinzipiell infrage stellen, unternimmt jedoch den Versuch, diese Einteilung, gerade unter Berücksichtigung weiterer, seit 1934 aufgefundener Porträts zu aktualisieren und zu ergänzen. Schwerpunkte sind vor allem einerseits die gemalten Porträts Luthers als Augustinermönch mit und ohne Doktorhut, sowie andererseits die Totenbildnisse. Beinahe zufällig ergaben sich dabei einige Erkenntnisse zur künstlerisch-technischen Vorgehensweise in der Cranach-Werkstatt, die hier nur ansatzweise einfließen können. Speziell ist es die generelle Seitenverkehrtheit der Druckgrafik Cranachs d. Ä. – ein Werkstattprinzip – und deren vermutlich unbewusste Korrektur durch die zeitgenössischen überhöhenden Kopisten. Ferner bestand ein wesentliches Werkstattprivileg im Monopol der Lutherabbildung, denn alle zu Luthers Lebzeiten gemalten uns bekannten Bildnisse stammen ausschließlich aus der Cranach-Werkstatt oder verarbeiten deren Erzeugnisse.

Vermutlich gab es – abgesehen von den Repräsentanten der zentralen Gewalt – von keinem anderen Menschen in der ersten Hälfte des 16. Jahrhunderts mehr Bildnisse als von Martin Luther. Im lateinischen Trauergedicht des Dichters Johann Stigel auf den Tod von Cranachs Sohn Hans 1537 heißt es, dass der Verstorbene Luthers Bildnis in tausend Exemplaren gemalt haben soll.[8]

---

4 Beispielhaft – MARTIN WARNKE: Cranachs Luther. Frankfurt a. Main 1984.

5 GEORG STUHLFAUTH: Die Bildnisse D. Martin Luthers im Tode. Weimar 1927.

6 DIETER KOEPPLIN und TILMAN FALK (Hrsg.): Lucas Cranach. Gemälde, Zeichnungen, Druckgraphik. Bd. 1. Basel 1974, Bd. 2. Basel 1976.

7 Zuletzt waren es Ausstellungen in Kopenhagen (2002) und Hamburg (2003), sowie die Tagung der Stiftung Luthergedenkstätten in Sachsen-Anhalt anlässlich des 450. Todestages Cranachs d. Ä. (2003) in Wittenberg.

8 Nach CURT GLASER: Lucas Cranach. Leipzig 1921, S. 130; übersetzt bei CHRISTIAN SCHUCHARDT: Lucas Cranach d. Ä. Leben und Werke. Teil I. Leipzig 1851, S. 98–114.

So wird das Porträt - das authentische Bildnis der Zeit und selbst das rezeptive der folgenden Jahrhunderte – zum bestimmenden und immer wiederkehrenden Aspekt – dank des Fleißes dieser Cranach-Werkstatt und der physiognomisch-anatomischen Nähe und vermittelnden Botschaft ihrer meisten Werke. Doch das gemalte Porträt, selbst wenn es in einer stattlichen Menge gefertigt wurde, war nicht das eigentliche Medium, sondern zunächst die Druckgrafik, die zehntausendfache Verbreitung auch durch andere Zeitgenossen erfuhr und ein wesentlich größeres Publikum erreichte. Die ersten Lutherporträts sind druckgrafische Exemplare.

In Vorbereitung der «Lutherbildnisausstellung in Halle» 1931/32 und dann noch einmal anlässlich deren Erweiterung 1933/34 in der Landesanstalt für Vorgeschichte – heute Landesmuseum – zum 450. Geburtstag und der damit verbundenen Verleihung Luthers Namens an die Universität, sowie im Zusammenhang mit Untersuchungsergebnissen am «Schreckgespenst von Halle», der sogenannten Lebendfigur Luthers, die in der Marienkirche am Markt ausgestellt war, hat Johannes Ficker die Bildnisse Luthers erfasst, in allen Techniken und nicht nur auf den Werkstattumkreis Cranachs bezogen.[9] Knapp 500 Porträts wurden zusammengetragen, die in einer fragwürdigen «biologischen Übersicht» des Rektors und Ordinarius für Volksheilkunde Hans Hahne anlässlich dieser Ausstellung gipfelten. Ficker war es auch, der die Echtheit der Totenmaske anhand der 1917 im Berliner Kupferstichkabinett aufgefundenen Zeichnung Lucas Furtennagels nachgewiesen hatte.[10] Der Auflistung dieser Porträts, die er in sieben Typen zwischen 1520 und 1546 schied, wird heute – wie in der Kapiteleinteilung des Beitrags – im Wesentlichen noch gefolgt: 1. der erste Cranachstich, 2. der zweite Cranachstich («Luther mit dem Doktorhut»), 3. der Junker Jörg, 4. der Typ der Hochzeitsbildnisse, 5. der Typ des Kirchenvaters, 6. der Typ des Professors und 7. das Totenbildnis.

Propagandistischer Natur waren sie beinahe alle, abgesehen vielleicht von den Bildnissen des Junkers Jörg auf der Wartburg, die zumindest eine dokumentarische Bedeutung besitzen sollten, es sei denn, sie wären vor Luthers Rückkehr nach Wittenberg in Umlauf gebracht worden, was jedoch unwahrscheinlich ist.

Diese Bildnisse beginnen in der Druckgrafik mit dem mitunter sogenannten «kleinen Luther» und dem sogenannten «großen Luther», so bezeichnet in Anlehnung an die beiden Dürer-Blätter Kardinal Albrechts von Brandenburg.[11] Dürer kannte frühe Schriften Luthers, auch die Ablass-Thesen, die er

---

9 FICKER, Bildnisse 1934 (wie Anm. 3) S. 103–161.

10 Im Ergebnis der Untersuchungen wurden spätestens 1927 die Glasaugen aus der Hallenser Maske wieder entfernt, die Handabgüsse abgenommen und seitdem separat verwahrt.

11 GLASER, Cranach 1921 (wie Anm. 8) S. 151–152.

spätestens 1520 von Georg Spalatin, Friedrichs des Weisen Geheimsekretär, erhalten hatte. Im Antwortbrief äußerte er den Wunsch, den Verfasser zu porträtieren; es gab bis dahin noch kein authentisches Porträt Luthers, Dürer hatte ihn noch nie gesehen und sie sind sich wohl auch nie begegnet: Nicht auf dem Reichstag 1518 in Augsburg, an dem Dürer als Vertreter der Reichsstadt Nürnberg teilnahm und den Kaiser und Jakob Fugger porträtierte. Bei Luthers Ankunft am 7. Oktober und Vorbereitung des Verhörs vor Cajetan war Maximilian schon abgereist, Dürer wohl auch. Und während Luthers Aufenthalt bei Willibald Pirckheimer auf der Rückreise in Nürnberg am 22. und 23. Oktober kreuzten sich ihre Wege wahrscheinlich ebenfalls nicht.

Zu den Abbildungs-verweisen: Gegenüberstellung der Abbildungen zu diesem Beitrag siehe Beilage in diesem Band.
Die Abbildungen wurden verschiedenen Ausstellungs-katalogen des Zeitraums von 1983–2003 ent-nommen, sind stark verkleinert und absichtlich nicht farbig reproduziert. Sie dienen dem Leser dieses Aufsatzes lediglich als Orientierungshilfe.

Dürer hatte dem Brief an Spalatin drei Abzüge seines allerneuesten Kupferstichs beigelegt, den «kleinen Kardinal» von 1519, von dem zumindest ein Blatt umgehend in Cranachs Werkstatt gelangte. (Abb. 1) Der «kleine Kardinal» war nach Albrechts Ernennung auf eben diesem Reichstag in Augsburg in hoher Auflage entstanden. Cranach hat den kleinen «Kardinal» umgehend variiert. (Abb. 3) Cranachs Blatt ist größer, Wappen, Schrift und Wandbehang jedoch sind weitgehend, wenn auch leicht vergröbert, übernommen. Das Gesicht, die Mimik und das Habit stellen sich jedoch trotz eigentlich geringer Abänderung dem Betrachter völlig anders dar: als «der ermüdete Kardinal»?[12] Flüchtig besehen, könnte man vermuten, Cranach sei nicht in der Lage gewesen, Dürers Blatt zu kopieren. Nein, Cranach übermittelt eine völlig andere Botschaft. Albrecht wirkt trotz aller scheinbaren Müdigkeit jünger, er war noch nicht Dreißig, der verwegene Kragen wird geschlossen und die aufgesprungenen Knöpfe lassen auf seine Dickleibigkeit schließen. Dies passte doch viel besser zu Luthers aktuellem Gegner. Cranach wollte Dürers Kardinal nicht kopieren, er hat ihn wertend korrigiert und zum besseren Vergleich die Blickrichtung beibehalten. An eine persönliche Begegnung, die allerdings nicht überliefert ist, wäre schon zu denken. Dürer hatte seinen Kardinal würdig und älter wirken lassen, Albrecht war sein Auftraggeber. Cranach handelte im Eigenauftrag, zumindest hier, und er behielt seinen Typus Albrechts auch künftig in der Malerei bei.

Das späte Mittelalter war nördlich der Alpen längst nicht überwunden, die «wertende Lehrhaftigkeit»[13] der Kunst blieb weiterhin bestehen, die vor allem in Malerei und Grafik ihren moralischen und ihren allegorischen Zweck noch erfüllte. Für das Bildprogramm der Reformation war diese ‹Rückständigkeit› sogar von Nutzen.

---

12 WARNKE, Luther 1984 (wie Anm. 4) S. 21.

13 ROSARIO ASSUNTO: Die Theorie des Schönen im Mittelalter (Klassiker der Kunstgeschichte. [10]), Köln 1996, v. a. Kap. 2: Der mittelalterliche und der neuzeitliche Kunstbegriff, S. 20–27.

I. DIE ERSTEN PORTRÄTS MARTIN LUTHERS – DIE KUPFERSTICHE
DES AUGUSTINERMÖNCHS AUS DEM JAHR 1520

Im Vorfeld des entscheidenden Wormser Reichstages 1521, der nach dem Kirchenbann Luthers auch noch die Reichsacht Kaiser Karls V. bringen sollte, kannte man zwar seine Schriften, nicht aber sein Antlitz. Dürers Anregung durch die Überreichung des «kleinen Kardinals» hatte Spalatin an seinen Landesherrn weitergeleitet. Der Auftraggeber der abbildhaften Bekanntmachung des Oppositionellen hat sich zwar nie offenbart, doch war es Friedrich der Weise, der das erste Lutherporträt in Auftrag gab, von dessen Ergebnis er allerdings eine noch weitere Zuspitzung der Fronten befürchtet haben muss; Luther erschien zu bedingungslos, zu hart und zu starrsinnig. Die verlorene Porträtskizze muss eine sehr große realistische Nähe aufgewiesen haben. Im Kupferstich spürt der Betrachter keine künstlerischen Schwächen, stattdessen eine gut ausgebildete Anatomiesicherheit und eine womöglich zu deutliche programmatische Lehrhaftigkeit. Noch getreuer allerdings wäre die seitenverkehrte Ansicht gewesen, denn in der Cranach-Werkstatt wurde prinzipiell direkt in den Druckstock gearbeitet. (Abb. 5)

Diese erste, heute bekannteste Fassung erfuhr wegen der Überdeutlichkeit im Porträt keine eigentliche Auflage, wenige Probeexemplare entstanden, die kaum einer von Luthers Zeitgenossen je gesehen haben dürfte. Drei Zustände der Druckplatte sind bekannt; ein kleiner Kopf eines Bärtigen wurde in der linken oberen Ecke hinzugefügt, ebenso eine zweite Linie über dem vermutlich von Spalatin verfassten Epigramm. In der dritten Fassung schließlich, von der es etwa 30 Exemplare gibt, erfuhr der Zusatz bis auf wenige Reste wieder eine Tilgung.[14] (Abb. 2, 4, 6) Häufig heißt es, der «kleine Luther» lehne sich ganz bewusst an Dürers «kleinen Kardinal» an, dies scheine schon durch die ähnlichen Abmessungen der Kupferstiche und die einander zugewandten Blickrichtungen gegeben.[15] Wenn es denn wirklich so wäre, erschiene die Gegenüberstellung der beiden Cranach-Blätter ebenso spannend. (Abb. 10, 11)

Ausgeliefert wurden sie jedenfalls alle nicht, sondern erst ein Blatt, das Luther beinahe im Hüftbild einem Heiligen gleich vor einer Nische zeigt. In der einen, nicht sichtbaren Hand hält er ein Buch, die andere ist gestisch erhoben. Dieses Porträt fand eine hohe Auflage und hat durch seinen Zensor, hinter dem wir Spalatin[16] vermuten dürfen, eine Glättung erfahren, nahezu ein

---

14 KOEPPLIN/FALK, Basel 1974 (wie Anm. 6) S. 91–92 und WARNKE, Luther 1984 (wie Anm. 4) S. 24–26.

15 Dürers Blatt misst 14,6 x 9,6 cm, Cranachs 13,8 x 9,7 cm. Vgl. WARNKE, Luther 1984 (wie Anm. 4) S. 14–29.

Schlichtungsangebot, noch ehe es überhaupt zur Auseinandersetzung gekommen war. So sollte Luther offiziell verbreitet werden, das war das ‹Pass-Bildnis› des Augustinermönchs mit guten, vertrauenerweckenden Zügen, so konnte kein Ketzer aussehen! Schon dieses erste verbreitete Lutherbildnis ist das früheste Beispiel einer Luther-Inszenierung, noch bevor man ihn wirklich kannte. (Abb. 7 – seitenverkehrt) Nicht nur handwerklich ist das Blatt der ersten Variante des Kupferstichs ebenbürtig, obwohl dies immer wieder diskutiert worden ist.[17] Die Ergänzung durch Nische, Hand und Buch verändert die Aussage zweckbestimmt und gibt dem Porträtierten größeres Gewicht und Ansehen.

Den Begriff Kunstgenuss, der womöglich in der größeren Spannung der ersten Variante zum Ausdruck käme, hat man im heutigen ästhetischen Sinne nicht gekannt. Ein Kunstwerk, auch ein Porträt, war kein subjektiver Ausdruck einer Künstlerpersönlichkeit, sondern es wurde für einen ganz bestimmten Zweck geschaffen. Das allein waren seine Aufgabe und Botschaft. Dürer ist diesbezüglich vielleicht die einzige, schon südlich der Alpen geprägte Ausnahme gewesen.

Dass Luther im «Nischenbild» seitenverkehrt präsentiert wird, lässt sich gerade an diesem Porträt exemplarisch beweisen. Er war Rechtshänder, deshalb hält er das Buch normalerweise in der Linken, während er seine Worte mit der Rechten im Redegestus unterstützt. Auf dem Kupferstich ist es jedoch genau umgekehrt. Diese Darstellung Luthers fand sehr rasche Verbreitung. Einige Zeitgenossen Cranachs, wie Erhard Schön aus Nürnberg, Hans Baldung Grien aus Straßburg oder der seinerzeit noch in Augsburg ansässige Hieronymus Hopfer nutzten das Blatt zur glorifizierenden Überhöhung. Sie schufen zwar Gegensinnkopien, doch da sie ebenfalls direkt in Holz und Kupfer schnitten bzw. stachen, ergab sich wiederum eine seitenverkehrte, jedoch damit, sicher unbewusst, wieder seitenrichtige Abbildung auf den Abzügen. (Abb. 8, 9) Auf Hans Baldungs Holzschnitt bestechen die besser gelöste Darstellung der Hand und der das Blatt umlaufende Rahmen.

Während sich bei Cranach d. Ä. Bildnisvorlagen nur in Ausnahmefällen erhalten haben, sind aus Dürers Werkstatt viele Porträtzeichnungen überkommen. Dürer hat ebenfalls bei den Bildnissen prinzipiell nicht umgezeichnet.[18]

---

16 Vgl. VOLKMAR JOESTEL (Red.): Martin Luther 1483–1546, Katalog der Hauptausstellung in der Lutherhalle Wittenberg. 2., verb. und erw. Aufl. Berlin 1993, S. 96–97.

17 So schon bei FLECHSIG, Cranachstudien 1900 (wie Anm. 1) und bei JOHANNES JAHN: Lucas Cranach als Graphiker. Leipzig 1953, S. 59–60. Dieter Koepplin (KOEPPLIN/FALK, Basel 1974 – wie Anm. 6 – S. 91) hat das Nischenporträt Luthers eindeutig Cranach d. Ä. zugewiesen, was heute in der Forschung allgemein anerkannt wird.

18 Aus der Sicht des Betrachters: Kaiser Maximilian I.: Kohlezeichnung mit Porträt nach links, Holzschnittbildnis 1519 nach rechts; Ulrich Varnbüler: Kohlezeichnung, nach links, Holz-

2. DAS PORTRÄT LUTHERS MIT DOKTORHUT
– DIE KUPFERSTICHE DES JAHRES 1521

Dieser zweite Bildnis-Typus – bis auf heute wohl drei bekannte Ausnahmen ausschließlich als Grafik verbreitet – ist das Porträt, das 1521 neun Jahre nach der Promotion zum Doktor der Theologie programmatisch entstand und immer wieder, gerade postum, vor allem in Druckschriften Luthers Verwendung fand. Auch dieses Bildnis hatte einen Zweck: Es galt die Wissenschaftlichkeit im Sinne der Theologie als übergreifendes Moment und damit die Seriosität der lutherischen Lehre unter Beweis zu stellen.

Hier sind zwei Varianten zu verzeichnen, zunächst das Profil mit hellem Hintergrund. Dieser Kupferstich galt lange als Unikum in Coburg, und deshalb ist er weniger bekannt.[19] Ein zweites Exemplar befindet sich in der Forschungsbibliothek Gotha[20], ein drittes in einer amerikanischen Privatsammlung[21]. Ob man das Blatt Luthers mit Doktorhut vor hellem Hintergrund nicht mehr nur als Probedruck des zweiten Zustands bezeichnen kann, bleibt offen. (Abb. 13) Diese folgende Variante unterscheidet sich vor allem durch die dichte Schraffur, die den dunklen Hintergrund ergibt, aber auch durch eine deutlichere Betonung von Nase und Hals. (Abb. 15)

Curt Glaser, bis 1933 Direktor der Berliner Kunstbibliothek, hat das Blatt in diesem zweiten, heute bekannteren Zustand beschrieben: «Das scharfgeschnittene Profil vor dem in weiser Hebung und Senkung des Tones in Dunkelheit gelegten Hintergrund ist in seinen eigenwilligen Umrisslinien von geradezu gewalttätiger Kühnheit. In zwei Höckern wölbt sich die tiefgefurchte Stirn,

---

schnitt 1523 nach rechts; Friedrich der Weise: Silberstiftzeichnung nach rechts, Kupferstich 1524 nach links; Philipp Melanchthon: Federzeichnung nach links, Kupferstich 1526 nach rechts. Cranach d. J. sollte später in der Druckgrafik anders verfahren, zumindest in wesentlichen Ausnahmefällen. Kurfürst Johann Friedrichs Narbe aus der Schlacht bei Mühlberg erscheint sowohl im Druck von 1551, als auch auf einer gemalten Tafel, die seinem Vater zugeschrieben wird, und auf dem Seitenflügel des Altars in der Weimarer Stadtkirche immer richtig auf der linken Gesichtshälfte. Die Bildvorlage wurde hier vor dem Schneiden umgezeichnet, was womöglich auch mit der Tragweite des Ereignisses und der Person des Verwundeten zusammenhängt.

19 So bei KOEPPLIN/FALK, Basel 1974 (wie Anm. 6) S. 95.

20 Es wurde 1994 im Katalog der Gothaer Ausstellung «Gotteswort und Menschenbild» publiziert und stammt aus der Sammlung Ernst Salomon Cyprians, s. ALLMUTH SCHUTTWOLF (Konz. u. Red.): Gotteswort und Menschenbild. Werke von Cranach und seinen Zeitgenossen. Gotha 1994, Teil 1, S. 128, Nr. 2.3.

21 Werner Schade kennt mittlerweile fünf erhaltene Drucke. In: WERNER SCHADE [Katalog]: Lucas Cranach. Glaube, Mythologie und Moderne. Ostfildern-Ruit 2003, Kat.-Nr. 47, S. 59 (Abb.), S. 175 (Kat.-Text).

scharf nach aufwärts gerichtet springt die spitze Nase drohend heraus, und in schneidender Vertikale setzt das Untergesicht an die vielfach gebuckelte Schräge, die oben in der Mütze bis zum Bildrande sich fortsetzt, unten in der Brustlinie der Kutte nochmals aufgenommen wird. Diesem wuchtigen Profil die Waage zu halten, wird rückwärts die Mütze in schwerer Rundung tief herabgezogen, dass sie fast mit dem Aufschlag der Kutte zusammentrifft und mit ihm ein spitzes Dreieck aus dem tiefen Schwarz des Hintergrundes schneidet».[22]

Dieses Porträt hat Glaser in seiner markigen Betrachtung als das großartigste im Schaffen Cranachs bezeichnet. Dem kann man, zumindest auf die Druckgrafik bezogen und abgesehen vom Junker Jörg im Holzschnitt, beipflichten.

Im gleichen Jahr sollte nun Cranachs «großer Luther» Vorbild für Albrecht Dürer werden, für den «großen Kardinal», das zweite grafische Porträt Albrechts von Brandenburg aus dem Jahr 1523. (Abb. 14) Wie beim «kleinen Luther» setzen unmittelbar nach Verbreitung glorifizierende Überhöhungen ein. Am bekanntesten ist das auf 1523 datierte Blatt von Daniel Hopfer, wieder als Gegensinnkopie richtigstellend, mit dem Strahlenkranz um Luthers Profil ergänzt. (Abb. 12)

Daraus lässt sich bei den druckgrafischen Porträts eine einfache Faustregel ableiten: Blickt Luther vom Betrachter aus gesehen nach links, entstand das Blatt in der Cranach-Werkstatt, blickt er nach rechts, dann stammt die Grafik von anderen Künstlern. Diese Regel blieb auch dann in der Werkstatt bestehen, als die gemalten Bildnisse oder deren Vorzeichnungen spätestens 1530 Vorlagenfunktion für die Druckgrafik übernahmen. Allerdings verweisen nun auch die außerhalb Wittenbergs entstehenden grafischen Porträts nach links.

3. LUTHER WIRD WELTLICH – DRUCKGRAFISCHE UND GEMALTE BILDNISSE DER JAHRE 1521 BIS 1524

In enger und ausschließlicher Verbindung mit der Wartburg steht der Typus des Junkers Jörg, der in der Grafik weit verbreitet wurde und in der Malerei in vor allem zwei immer wieder publizierten Exemplaren der ersten Hälfte des 16. Jahrhunderts bekannt ist. Nach dem Scheinüberfall bei Altenstein war Luther durch Friedrich den Weisen infolge absoluter Lebensbedrohung auf der Wartburg in Schutzhaft gebracht worden. Die Wartburg war der Worms am nächsten gelegene Posten des Kurfürstentums Sachsen. Doch selbst hier schien die Sicherheit allein durch geschlossene Tore und Gefängiseinsitz nicht

---

22 GLASER, Cranach 1921 (wie Anm. 8) S. 152.

ausreichend gewährleistet. Die Kutte musste abgelegt und durch ritterliche – junkerliche – Kleidung ersetzt werden, das Haupthaar sollte wieder zuwachsen und auch die Barttracht schien geeignet, dem Geächteten eine andere Gestalt zu geben. Luther hat sich diesen Anweisungen gefügt, sicher jedoch nur unwillig, denn später hat er keinen Bart mehr getragen.

Als er die Wartburg im Dezember 1521 wegen der Wittenbergischen Unruhen verließ und in die Elbestadt geeilt war, entstand eine Porträtskizze als Basis für Tafelbilder und Grafik des Folgejahres. Und diesmal waren es Auftraggeber, die sich mit demjenigen bewusst identifizieren wollten, der nicht nur die Kirche, sondern auch das ganze Gemeinwesen zu reformieren imstande schien, seine unmittelbaren «Nachbarn» und wohl auch Cranach d. Ä. selbst. Es waren Auftraggeber, die sich im Porträt des weltlichen Luther wiedererkennen wollten. Die Cranach-Werkstatt, womöglich beeinflusst von Spalatin, hatte Luthers Leben im Porträt lückenlos zu dokumentieren.

Die Kopfhaltung des Holzschnitts aus dem Jahr 1522 entspricht der des ersten Lutherporträts aus dem Schaffen Cranachs. (Abb. 17) Hier lässt sich schon humanistisches Denken feststellen, das zu jener Zeit in der Cranach-Werkstatt Einzug hielt. Johannes Jahn hat das Blatt folgendermaßen beschrieben: «Er überragt an Ausdrucksgewalt die gemalten Bildnisse bei weitem und gehört technisch zum Vollendetsten, was wir an Holzschnitten Cranachs überhaupt besitzen. Voll Schwung und Feuer, geladen mit geistiger Energie stellt sich dieses Antlitz dar, dessen plastische, von genialischem Haarwuchs umloderte Formen klar herausgearbeitet sind. Die Zeichnung des Kopfes hält ein glückliches Gleichgewicht zwischen Dichte und Durchsichtigkeit; Gewand und Wolkenhimmel sind nur mit wenigen Strichen angedeutet. Die Tatsache des Wolkenhimmels will besonders bemerkt sein, denn außer in den Bildnissen der Frühzeit hat Cranach seine Modelle, sofern sie nicht in einem szenischen Zusammenhang auftreten, stets vor neutralem Grund dargestellt. Cranach hatte wohl das Gefühl, dass der offene Himmelsraum diesem mächtigen Haupt besonders gemäß sei.»[23] Verschiedene Abzüge mit unterschiedlicher und auch ohne Textur wurden verbreitet. Häufig findet man darauf den Verweis auf die Rückkehr von der Wartburg, womit zumindest diese Blätter nicht vor dem 6. März 1522 entstanden sein können.

Die gemalten Holztafeln vom Junker Jörg basieren auf derselben zeichnerischen Vorlage wie die Druckgrafik, die jedoch verloren ging. Wieder ist die Spiegelung zu verzeichnen. Meist werden die Porträts auf um 1521 datiert, was bezüglich des abgebildeten Habitus korrekt sein mag, nicht aber für die Fertigstellung der Bildtafeln, denn die Weihnachtszeit stand unmittelbar bevor mit all ihren Feiertagen. Zumindest für die Bilder in Leipzig und

---

23 JOHANNES JAHN: Lucas Cranach als Grafiker. Leipzig 1953, S. 60.

Weimar mag jedoch das Folgejahr als das richtige zutreffen.[24] (Abb. 18–20)
Diese Porträts sind die ersten gemalten Lutherbildnisse! [25]

Der Holzschnitt wählte den kleinsten Ausschnitt einer Bildnisvorlage, das
Blatt endet am Brustbein. Das Leipziger Porträt ist ein Brustbildnis im «klassischen» Sinne; wenig glücklich jedoch erscheint das Fragment der rechten,
abgeschnittenen Hand mit dem nicht genau zu identifizierenden Knauf der
Waffe. Das Hüftporträt in Weimar stellt den größten Ausschnitt dar und ist
das einzige, das den Junker Jörg deutlich ritterlich mit einem Schwert zeigt.
Die Druckgrafik dürfte somit und vermutlich absichtlich nur einen Ausschnitt
der verlorenen bildnerischen Vorlage abbilden, wenn – wie immer - davon auszugehen wäre, dass nur eine, nicht aber mehrere Vorlagen oder Entwürfe exi-
stierten.

Auch der Holzschnitt des Junkers Jörg fand unmittelbare Nachahmung.
Hans Sebald Behams exemplarisches Blatt stammt aus dem Folgejahr 1522.
Beachtenswert hierbei ist der größere Ausschnitt eines Hüftbildes, Luther trägt
wieder das Schwert in höchst überzeugender Weise. Beham sollte somit nicht
nur Cranachs Holzschnitt gekannt, sondern auch von der verlorenen
Bildvorlage oder dem Weimarer Bild gewusst haben. (Abb. 16)

Nach den gemalten Bildnissen des Junkers Jörg 1522, jedoch noch vor
Ablegung des Ordensgewandes 1524, somit in einem recht konkreten zeitlichen Abschnitt entstanden weitere gemalte Lutherporträts, die womöglich
wegen ihrer geringen oder ganz ausgebliebenen Vervielfältigung keinen wirkli-
chen Typus darstellen können, vielleicht aber doch im Kontext mit anderen,
noch nicht so lange bekannten Bildnissen als solche anzusehen wären. In der
Sammlung Kisters in Kreuzlingen am Bodensee befindet sich ein Porträt, das
Luther als Augustinermönch mit Doktorhut darstellt und sicher auch auf den
druckgrafischen «großen Luther» zurückzuführen ist.[26] (Abb. 21) Ein weiteres
Gemälde, das auf dieselbe Vorlage zurückgeht, befindet sich in Gotha.[27](Abb.
22) Nachträglich ist das Kreuzlinger Gemälde links oben mit der Jahreszahl
1517 und dem Schlangenzeichen versehen worden, eine deutlich spätere

---

24 Vgl. Max J. Friedländer und Jacob Rosenberg: Die Gemälde von Lucas Cranach. Basel/
Boston/Stuttgart 1979, S. 100 Nr. 148 und 149. Ein drittes gemaltes Porträt des Junkers Jörg, das
der Weimarer Variante folgt, befindet sich in der evangelischen Kirche Unserer lieben Frauen
auf dem Berge in Penig, ein viertes, womöglich aber viel später gemaltes Bild in Windsor Castle.

25 Das hatte schon Werner Schade: Die Malerfamilie Cranach. Dresden 1974, S. 53 beinahe
beiläufig bemerkt, unlängst jedoch wieder zurückgenommen, weil er das folgende Bild noch
nicht kannte, vgl. Schade, Glaube 2003 (wie Anm. 21) S. 56 Nr. 43 (Abb.), S. 175 Nr. 43 und
sich Dieter Koepplin in Koepplin/Falk, Basel 1974 (wie Anm. 6) S. 99 Abb. 39, S. 100 Nr. 43
und der scheinbar verbesserten Neuauflage von Friedländer/Rosenberg 1979 (wie Anm. 24) S.
100 Nr. 147 anschloss.

26 Erstmals wurde es in Koepplin/Falk, Basel 1974 (wie Anm. 6) S. 99 Abb. 39 und S. 100 Nr. 43
publiziert, kürzlich wieder im Katalog Hamburg 2003, den Werner Schade bearbeitet hat,
s. Schade, Glaube 2003 (wie Anm. 21) S. 56 Nr. 43 (Abb.) und S. 175 Nr. 43. Er glaubt jetzt zu

Zutat, die sich am Jahr der Veröffentlichung der Thesen als Beginn der Reformation orientiert.[28]

Werner Schade schreibt über das Kreuzlinger Bild: «Erst als die Vorstellung vom barhäuptigen Prediger Luther verblasst, entstanden die Bildnisse mit Barett und die extreme Lösung des Kupferstichs im Profil. Vielleicht ging das Gemälde im Dreiviertelprofil sogar diesem Stich voraus. Ihm lag offensichtlich eine eigene Bildnisstudie zugrunde ... Unter den Gemälden das erste erhaltene, entströmt ihm noch die Rauheit des frühen Luther.»[29] Dass diese Bildtafel in engem Zusammenhang mit den beiden ersten grafischen Porträts steht, ihnen sogar vorausgehen soll, ist jedoch eher unwahrscheinlich.

Selbst wenn das Gothaer Bild eine ‹schwache› Replik des Kreuzlinger Porträts ist, gibt es vielleicht doch den entscheidenden Hinweis auf dessen richtige Datierung. Das Gothaer Exemplar ist rechts oben mit der Jahreszahl 1524 versehen, was durchaus auch für das Kreuzlinger Bild gelten kann, das später umdatiert wurde. Eine weitere, kleinere Tafel, nur den Ausschnitt des Kopfes mit dem Doktorhut abbildend, befindet sich neuerdings im Lutherhaus Wittenberg.[30] (Abb. 23)

Reichen maximal vier bekannte gemalte Porträts für einen Typus, den des Junkers Jörg aus, so dürfte dies eigentlich auch für drei Exemplare des Doktor-Mönches zutreffen. Es gäbe eine neue Gruppe, wäre da nicht noch ein nun wirklich scheinbar typusloses Gemälde, ein weiteres Porträt des Augustinermönchs in Nürnberg, das eine Brücke zu schlagen vermag. Dieses Bild war Ausstellungsplakat und Titelbild des Kataloges des Germanischen Nationalmuseums zur Lutherehrung 1983.[31] (Abb. 24)

---

wissen, dass dieses Bildnis das erste gemalte Lutherporträt der Cranach-Werkstatt sei und datiert es auf um 1520. Dieser Datierung folgt auch der neue Katalog der neuen ständigen Ausstellung im Lutherhaus in Wittenberg, wo sich neuerdings ein kleines Bildnis, und das sicher letzte in der kleinen Reihe, als Dauerleihgabe befindet, das einen Ausschnitt aus diesem Porträt darstellt.

27 Publiziert zuerst in: JOACHIM ROGGE: Martin Luther. Berlin 1982, S. 184 Abb. 187, dann wieder im Gothaer Katalog von 1994: SCHUTTWOLF, Gotteswort 1994 (wie Anm. 20) S. 49 und 71, Nr. 1.16. In der Forschung wurde es bisher kaum zur Kenntnis genommen, zumal es im Schloss Friedenstein nicht ausgestellt ist.

28 KOEPPLIN/FALK, Basel 1974 (wie Anm. 6) S. 100 Nr. 43.

29 SCHADE, Glaube 2003 (wie Anm. 21) S. 175.

30 Abgebildet in: MARTIN TREU: Martin Luther in Wittenberg. Wittenberg 2003, Titel und S. 48. Die Datierung folgt FRIEDLÄNDER/ROSENBERG 1979 (wie Anm. 24) S. 100.

31 GERHARD BOTT (Hrsg.): Martin Luther und die Reformation in Deutschland, Ausstellungskatalog des Germanischen Nationalmuseums Nürnberg zum 500. Geburtstag Luthers. Frankfurt 1983. Weder MAX J. FRIEDLÄNDER und JAKOB ROSENBERG: Die Gemälde von Lucas Cranach. Berlin 1932 und FRIEDLÄNDER/ROSENBERG 1979 (wie Anm. 24), noch SCHADE, Malerfamilie 1974 (wie Anm. 25), noch KOEPPLIN/FALK, Basel 1974 (wie Anm. 6), haben das Nürnberger Exemplar gekannt, obwohl es schon 1951 im Schloss Cappenberg bei Dortmund und 1959 in der Ausstellung «Aus der Frühzeit der evangelischen Kirche» in München zu sehen war und im zugehörigen Katalog abgebildet ist.

Über die unbezeichnete Tafel schreibt Kurt Löcher, sie «ist unter Cranachs Lutherbildnissen ein Einzelgänger, einprägsam, aber ohne die Merkmale eines originären, eigenhändigen Werks. Es fehlen die als ‹Verzeichnungen› wirkenden Eigenheiten der Flächenprojektion und der Ausdruck innerer Anspannungen. Die Gürtelschnalle tritt über Gebühr ins Blickfeld.»[32] Das Porträt verbinde die Merkmale, so der Autor, zweier populärer grafischer Bildnisse Luthers von Cranach d. Ä., des Mönchs mit Tonsur, er meint das «Nischenporträt», und des Holzschnitts des Junkers Jörg. Deutlicher jedoch erschließen sich die Zusammenhänge aus den gemalten Bildern. Das Haupthaar ist wieder zugewachsen, der Bart ist für immer entfernt. Das Porträt entstand erst nach dem Wartburgaufenthalt, denn in Worms hatte Luther noch die Tonsur, die er sich erst danach zuwachsen ließ.[33]

Eine teilweise überraschende Ähnlichkeit ergibt sich zum Weimarer Gemälde des Junkers Jörg, und dies nicht nur bei den variierten Händen. Eine jede Haarsträne scheint davon oder von der Vorlage dieses Bildes übernommen worden zu sein, wenn auch der Kopf nicht so weit nach hinten gelehnt ist wie auf der Weimarer Tafel. Vermutlich hatte der Maler aus der Werkstatt die Order, Luther zu porträtieren, und zwar so, wie er kurz nach dem Wartburgaufenthalt ausgesehen haben wird, schon ohne Bart, jedoch mit vollem Haar. Da er nur die Vorlage für die Porträts des Junkers Jörg mit Bart besaß, musste er improvisieren. Neben den Händen findet sich um die Mundpartie die schwächste Stelle des Bildes, der Teil des Gesichts, der auf der Vorlage noch vom Vollbart verdeckt war; auffällig wird dies insbesondere am Kinn.

So scheint dieses Bildnis mit den gemalten Porträts des Junkers Jörg und den Bildnissen des Augustinermönchs aus der Sammlung Kisters in Kreuzlingen, im Lutherhaus Wittenberg und in Gotha in eine Gruppe zu gehören, auch wenn sich gleichsam Kutte und Schaube, Vollbart und Vollrasur vermischen. Es ist dennoch ein Typus, der sie eint und verwandt wirken lässt, und den des Junkers Jörg erweitert. Nach dem Ablegen der Kutte gibt es vom lebenden Luther zunächst nur noch Schaubenporträts, die mit der Heirat und den lange so genannten Hochzeitsbildnissen einsetzen.

---

32 Kurt Löcher (Bearb.): Die Gemälde des 16. Jahrhunderts. [Bestandskatalog] Germanisches Nationalmuseum Nürnberg. Ostfildern-Ruit 1997, S. 135–136.
33 Luther am 14. 5. 1521 an Spalatin: «... meine Kutte hat man mir abgenommen und ein Reitersgewand angezogen. Ich lasse mir Haare und Bart wachsen.» In: D. Martin Luthers Werke. Kritische Gesamtausgabe. Briefwechsel. 2. Bd. Weimar 1931, Nr. 410, S. 338, Zeile 60 f.; Herbert von Hintzenstern (Hrsg.): Martin Luther. Briefe von der Wartburg 1521/1522 (Schriften der Wartburg-Stiftung Eisenach. 4). Mühlhausen 1984, S. 24.

4. DIE EHEBILDNISSE – LUTHERPORTRÄTS IM FÜNFTEN LEBENSJAHRZEHNT – DIE JAHRE 1525 BIS 1529

Als Luther 1525 Katharina von Bora heiratete, war sie 26 und er noch nicht ganz 42. Auch hier bestand ein propagandistischer Zweck für häufigere Verbreitung: Der Mönch war aus dem Kloster ausgetreten, hatte die Kutte abgelegt und sich vermählt. Es war die Priesterehe als wichtiger Bestandteil der protestantischen Lehre, und es war womöglich ein Bild, das anderen Predigern Mut machen sollte, ihm und Katharina zu folgen. Dabei vollzog sich ein entscheidender Bruch mit der alten Kirche, in dessen Folge das evangelische Pfarrhaus begründet wurde, obwohl Luther selbst nie Pfarrer war.

Ende 1525 zog sich Cranach d. Ä. aus dem Druckgeschäft vollkommen zurück und verlagerte sein Interesse auf die Malerei. Was in der Druckgrafik eigentlicher Zweck war, wird jetzt auch auf die Malerei übertragen: Das Lutherporträt entwickelt sich zur Serie, die Werkstatt muss entsprechende technische Voraussetzungen und Personal besessen haben. Zwischen 1525 und 1529 wurden wenigstens drei solche Serien dieser früher sogenannten «Hochzeitsbildnisse» produziert. Der zeremoniellen Tradition folgend, steht der zu Trauende rechts von der Braut, auf der heraldisch ‹guten› Seite, so dass Luther auf der linken Bildtafel erscheint.

Auf einigen frühen Rundbildern wirkt das Paar am jugendlichsten. Sie stehen gleichsam für eine sanfte Überleitung des Porträts aus der vorangegangenen Gruppe, sollen nicht als eigener Typus gesehen werden, besaßen sicher aber einen typischen Verwendungszweck. In gleicher Art – Luther barhäuptig, Katharina jedoch in größerem Ausschnitt mit Verlobungsring und Haarnetz – sind sehr verschieden große hochrechteckige Bildnispaare bekannt. Zu den größten zählen Bildnisse in Münster, zu den kleinsten gehören die Porträts auf der Wartburg.[34] (Abb. 25, 26) In einer späteren Serie, die zumeist auf 1528 und 1529 datiert wird, trägt Luther ein schwarzes Barett und Katharina eine Haube. Die Brustbildnisse sind gleich groß, einander angeglichen, Katharinas Hände mit dem Ring verschwunden. (Abb. 27, 28) Schließlich folgt eine Gruppe, bei der zwar Luther der vorigen gleicht, nicht aber Katharina, so beim Gothaer Bildnispaar, das auf 1529 datiert wird, auf einem ähnlichen Exemplar in Berlin und auf einem Halbfigurenbild in Bern. Katharina wirkt fast einen halben Kopf kleiner und am Haarnetz fehlt das schmückende Band der ersten Serie. So scheint Katharina nach diesen Bildnissen in nur kurzer Zeit deutlich gealtert.[35] (Abb. 29, 30)

---

34 Das Bildnispaar im Westfälischen Landesmuseum Münster ist 37 cm hoch und 24,4 cm breit, die Porträts auf der Wartburg messen lediglich 19,2 x 12,5 cm und sind damit nur ein Viertel so groß.

Häufig wurden alle diese Bildnispaare Martins und Katharinas ganz summarisch «Hochzeitsbilder» genannt. Tatsächlich aber sind es drei Gruppen, Bilder der Verlobung und Trauung, die frühen der Jahre 1525/1526, auf denen Katharina ihren Verlobungsring mit Rubin trägt, zu denen auch die Rundbilder zu zählen wären, selbst wenn er dort fehlt. Dann ist es die Gruppe aus den Jahren 1528/1529, Luther unter dem Barett, Katharina unter der Haube, Ehebildnisse, und schließlich die vermutlich kleinste Gruppe, die frühestens 1529 entstand, und die wohl zeigt, dass man ‹im Alltag› gut angekommen war. Bei diesen Ehebildnissen sind nur zwei Porträttypen Luthers zu unterscheiden: einmal der frisch Verlobte und Getraute ohne Kopfbedeckung, und dann der gestandene Ehemann mit Barett. Letzterer leitet fließend über oder ist bereits Bestandteil des Typus des öffentlichen Luthers, des Reformators, des Kirchenvaters, wie man ihn auch genannt hat, der später häufig im Doppelporträt mit Philipp Melanchthon zu finden ist.

Eines der möglichen Hilfsmittel zur Vervielfältigung war eine Lochpause, die zu den letzten Ehebildnissen passt.[36] (Abb. 31) Deren Alter wird mit Verweis auf das Papier, das angeblich erst im 17. Jahrhundert geschöpft worden sein soll, angezweifelt.[37] In der Zeit hat es jedoch keine Renaissance gemalter Lutherporträts gegeben. Schlange und Jahreszahl sind Bestandteil der Lochpause und dürften in diesem Fall kein Freigabe-Zeichen für die in der Werkstatt Tätigen sein; im Sinne der Dokumentation der künstlerischen Autorschaft kann man sich die Bezeichnung auf einem solchen Hilfsmittel nicht denken.

5. BILDNISSE DES «REFORMATORS» UND «KIRCHENVATERS» – PORTRÄTS ZWISCHEN 1528 UND 1543

Luthers Porträts begegnen uns zunächst als Einzelbildnisse in sowohl relativ großen Dimensionen, als auch in kleinen Abmessungen, die womöglich auf eine Zeichnung aus dem Jahr 1532 zurückzuführen sind.[38] Letztere erreicht durchaus die Kraft früherer grafischer Bildnisse und dürfte der Hand Cranachs

35 Vgl. WERNER SCHADE: Cranachs Bildnisse der Frau Katharina. In: MARTIN TREU (Hrsg.): Katharina von Bora. Die Lutherin. Wittenberg 1999, S. 52–56.

36 FRIEDLÄNDER/ROSENBERG 1979 (wie Anm. 24) Nr. 312. Die Lochpause befindet sich in Weimar, zuletzt und wie häufig seitenverkehrt abgebildet in: JOACHIM BAUER und BIRGIT HELLMANN (Hrsg.): Verlust und Gewinn. Johann Friedrich I., Kurfürst von Sachsen. Weimar/Jena 2003, S. 121. Ebenso in: WERNER HOFMANN (Hrsg.): Köpfe der Lutherzeit. München 1983, S. 46.

37 BERND BÜNSCHE: Die Verwendung von Lochpausen bei der Anfertigung der Fürstenportraits durch Lucas Cranach den Älteren. In: INGO SANDNER (Hrsg.): Unsichtbare Meisterzeichnungen auf dem Malgrund. Regensburg 1998, S. 61–62.

38 Abgebildet bei SCHADE, Malerfamilie 1974 (wie Anm. 25) Nr. 167, in englischem Privatbesitz, ca. je 20 cm hoch und breit.

d. Ä. zuzurechnen sein. Ob sie tatsächlich die Bildnisvorlage für eine ganze
Reihe Lutherporträts aus den Jahren 1532 und 1533 war oder den Malprozess
als reine Kopfstudie begleitete, lässt sich nicht feststellen. (Abb. 32)

Mitunter entstanden unterschiedlich große Bildnisse von gleicher Vorlage,
indem jeweils ein bestimmter Ausschnitt ausgewählt wurde. Luthers Kopf ist
dabei immer gleich groß. (Abb. 33–35) Als eine solche Vorlage diente vermutlich eine Durchzeichnungspause. In die Grundierung wurden entweder Linien
gedrückt oder man hat die Pause rückseitig mit Pigmenten eingerieben, aufge-
legt und dann die Linien nachgezogen.

Eine andere Variante möglichst exakter Übertragung zur Schaffung von
Repliken war das Quadrieren, das Auflegen eines Gitternetzes auf die Vorlage
und auf den Bildträger, was auch in Maßstabsveränderung möglich war. Dürer
hat Quadratnetze verwandt, Cranach hat sie auch gekannt. Auf der relativ
frühen Federzeichnung des hl. Antonius in einer Nische[39] aus den Jahren
1509/1510 ist das beispielsweise schon zu sehen. Auf einem Lutherporträt des
Jahres 1533 mit wieder anderen Abmessungen wurde eine eingeritzte
Linierung auf der Grundierung nachgewiesen, eine Messskala entlang der
Ränder.[40] (Abb. 36)

Eine weitere Reihe von Bildnispaaren gehört zur kleinsten Serie dieses
Typus.[41] (Abb. 37, 38) Kann man hierbei von derselben Bildvorlage ausgehen?
Der Storchschnabel, der Pantograph, als Instrument zur Übertragung von
Darstellungen in verkleinertem oder vergrößertem Maßstab wurde erst 1603
von Christoph Schreiner erfunden. Dürer hatte vier Perspektivmaschinen ent-
wickelt, mit denen man Vorlagen zumindest verkleinern konnte.[42] Dass in der
Cranach-Werkstatt ähnliche Hilfsmittel benutzt wurden, ist schon aufgrund
der massenhaften Produktion sehr wahrscheinlich.

Das Phänomen der hier deutlich einsetzenden unterschiedlichen Formate
ist noch nicht endgültig geklärt. Denkbar sind mehrere zeitnahe Entwürfe oder
Bildvorlagen in unterschiedlicher Größe, ebenso möglichst exakte Übernahmen von Bildvorlagen in andere Formate durch Quadratnetze mit sehr geringen Linien-Abständen, um relativ genaue Replizierungen zu erzielen, wie auch

39 Jakob Rosenberg: Die Zeichnungen Lucas Cranachs d. Ä. Berlin 1960, Tafel 10.

40 Leihgabe der Bayerischen Staatsgemäldesammlungen im Germanischen Nationalmuseum
    Nürnberg, 20,5 x 14,5 cm. In: Löcher, Gemälde 1997 (wie Anm. 32) S. 149.

41 Diese Bildnisse sind 18,5 cm hoch und 15 cm breit. Friedländer/Rosenberg 1979 (wie Anm.
    24) Nr. 314.

42 Albrecht Dürer: «Unterweisung der Messung». Die erste gedruckte Fassung erschien 1525. In
    der postumen 3. Auflage 1538 findet sich der Holzschnitt «Der Zeichner mit der Kanne»; Erwin
    Panofsky: Albrecht Dürer. 2 Bde. Princeton 1948, Nr. 363. Je größer der Abstand von Objekt
    und offensichtlich transparenter Bildvorlage gewählt wird, desto kleiner zeichnet sich der abzu-
    bildende Gegenstand ab. Auf dem folgenden Blatt «Der Zeichner des liegenden Weibes»
    Panofsky, Dürer 1948 (s. o.) Nr. 364 sind zusätzliche Gitternetze zu sehen.

der Einsatz von an Leonardo oder Dürer angelehnten «Perspektivmaschinen».

Bildnisse der Zeit sind dann häufig Doppelporträts mit Philipp Melanchthon, die nach dem Reichstag in Augsburg 1530, als Luther auf der Coburg festsaß, zur Propagierung der neuen Theologie entstanden. Bis 1543 wurde dieser Typus des Lutherporträts mit Kopfbedeckung beibehalten. Melanchthons Porträt war mitunter variiert worden, dann trug auch er Barett und ließ sich einen Vollbart wachsen. (Abb. 39, 40)

Mit der Schwerpunktverlagerung von der Grafik zur Malerei änderte sich Luthers Blickrichtung im Porträt. Nun ist er immer vom Betrachter aus nach rechts blickend zu finden; bei den Doppelporträts ‹steht› er immer auf der heraldisch ‹guten› Seite. Eine zweite Faustregel wird jedoch nicht benötigt, denn gemalte Lutherbildnisse bis 1545 stammen offensichtlich immer aus der Cranach-Werkstatt.

Was geschieht in der Druckgrafik der Zeitgenossen, die jetzt auf die gemalten Porträts reagiert? Man ahnt es schon: Künftig werden die Bildnispaare umgedreht. Nun wird Luther im Druck wieder vom Betrachter aus – ganz so wie bei Cranach – nach links gewandt; bei den Paaren mit Melanchthon finden wir sein Porträt auf der rechten Seite. Jetzt folgen die Zeitgenossen der Wittenberger Werkstatt, weil sie auf dieselben Vorlagen zurückgreifen, nicht aber auf druckgrafische Exemplare. Kupferstiche von Georg Pencz, einem der «gottlosen» Maler aus Nürnberg, die auf 1530 datiert sind, zeigen dies exemplarisch ebenso, wie die Kupferstiche Heinrich Aldegrevers, der in Soest lebte, aus dem Jahr 1540. (Abb. 41–44)

6. DER GEALTERTE LUTHER – BILDNISSE DER LETZTEN LEBENSJAHRE 1539 BIS 1545/46

1539 kam es zur ersten deutlichen Überschneidung der Porträttypen aus der Cranach-Werkstatt, denn seitdem ist uns auch der letzte Typus des lebenden Luther bekannt, barhäuptig, häufig mit Pelz darunter eine rote hoch geschlossene Weste und ein weißer Kragen mit schwarzem, zur Schleife gebundenem Band[43], hin und wieder auch mit dem dann ebenfalls barhäuptigen Philipp Melanchthon paarweise auftretend. (Abb. 45, 46) Katharina ist zumindest in der Malerei gänzlich verschwunden, in der Grafik erscheint sie schließlich als trauernde Witwe wieder. Der Prediger oder Reformator Luther mit Barett wird um den «Professor» Luther ohne Barett aber mit Pelz ergänzt, nicht abgelöst, um bei den Termini der Typenbestimmung von 1934 zu bleiben.

An diesen beiden letzten Typen zeichnet sich der Generationenwechsel in der Cranach-Werkstatt ab; der barhäuptige Professor dürfte vor allem Cranach

---

43 Friedländer/Rosenberg 1979 (wie Anm. 24) Nr. 423.

d. J. zuzuordnen sein. Wie verhält es sich dabei mit der Spiegelung der Grafik in der Cranach-Werkstatt gegenüber dem vorausgehenden gemalten Porträt? Die Faustregel gilt noch, Luthers gemalte Bildnisse weisen vom Betrachter aus nach rechts, Grafik aus der Cranach-Werkstatt immer nach links, zumindest bis dahin. (Abb. 47, 48)

Bis weit nach Luthers Tod wird dieser letzte Typus seiner Darstellung im Leben beibehalten. So im 1575 datierten fast überlebensgroßen Porträtpaar Luthers und Fürst Georgs III., des Gottseligen von Anhalt, als Reformator der 1545 von ihm selbst als Bischof von Merseburg eingesetzt worden war.[44] (Abb. 49, 50) Luther blickt vom Betrachter aus nach links, das ist jetzt völlig neu. Als weiteres Beispiel wäre die Mitteltafel des Altars in der Weimarer Stadtkirche, Luther wieder nach links gewandt, zu nennen; ein Werk Cranachs d. J. wohl in Zusammenarbeit mit Peter Roddelstedt, auch Gotland genannt, dem nachfolgenden Hofmaler (Abb. 52), und ein abschließendes Kuriosum sei erwähnt, wenn auch nicht seitenverkehrt, der Altarflügel aus Großkromsdorf bei Weimar, Anfang des 16. Jahrhunderts entstanden und irgendwann, sicher aber zeitnah um die Figur Luthers ergänzt.[45] (Abb. 51)

Über die Jahrhunderte haben sich diese Bildnistypen trotz mitunter freier Adaption im Kontext des Gesamtbildes erhalten – beispielsweise in Genredarstellungen der Weimarer Malerschule, die für die ehemaligen Reformationszimmer der Wartburg geschaffen worden waren.[46] (Abb. 53, 54) Vorlagen stellten dabei die bekannten Luther-Porträts der Cranach-Werkstatt des 16. Jahrhunderts dar.

---

44 Beide Bilder befinden sich in den Kunstsammlungen der Veste Coburg (M 304, M 360).

45 In: Jutta Krauss und Günter Schuchardt (Red.): Aller Knecht und Christi Untertan. Der Mensch Luther und sein Umfeld. Katalog der Ausstellung zum 450. Todesjahr 1996. Wartburg und Eisenach. Eisenach 1996, S. 132–133. Heute ist der Schrein aufbewahrt im Thüringer Museum Eisenach, Sammlung mittelalterliche Schnitzplastik aus Thüringen.

46 Vier Autoren der eigenen Malerschule, drei davon belgische Künstler, hatte Großherzog Carl Alexander von Sachsen-Weimar-Eisenach verpflichtet, 18 szenische Bildnisse aus Luthers Vita zu schaffen, die in den drei «Reformationszimmern» der Wartburg in die Wandvertäfelungen eingelassen wurden. Die neogotischen und Neorenaissance-Ausstattungen dieser Räume in der Burgvogtei neben der Lutherstube wurden nach 1952 entfernt und die Gemälde magaziniert.

7. DER SONDERFALL DER TOTENBILDNISSE –
PORTRÄTS DES 1546 VERSTORBENEN

Am 18. Februar 1546, um Viertel vor drei Uhr morgens war Luther in Frieden eingeschlafen – ohne priesterliche Vermittlung, ohne Sakramente, letzte Ölung, Beichte und Kommunion. Luthers Leichnam wurde in einen weißen schwäbischen Kittel gekleidet und auf das Ruhebett gebahrt. Ein noch immer namentlich nicht bekannter Eislebener Maler – eine Verbindung zur Cranach-Werkstatt ist mehr als wahrscheinlich – zunächst, und dann ein zweiter Porträtist, diesmal namentlich festgehalten – Lukas Furtennagel aus Halle, ein Burgkmair-Schüler mit Beziehungen wiederum nach Wittenberg – haben Bildnisse des Verstorbenen gezeichnet.[47]

Eine erste Skizze des Porträts des toten Luther war somit vor dem Nachmittag des 19. Februar entstanden. Furtennagel zeichnete das Antlitz des Toten erst zwei Tage später – offensichtlich am Vormittag des 20. Februar – «als er schon eine Nacht im Sarg gelegen». So kann davon ausgegangen werden, dass es einmal mindestens zwei unabhängige Porträtskizzen gab, von denen eine bald in die Wittenberger Cranach-Werkstatt gelangte. Dass eine davon das Blatt sein könnte, das im Berliner Kupferstichkabinett 1917 erst wiederentdeckt wurde, ist zu bezweifeln, nicht aber die Autorschaft Furtennagels, der wohl auch die Totenmaske abgenommen hat. In diesem Zusammenhang – nur als zeichnerische Vor- oder Nacharbeit der Totenmaske – ist das Blatt zu sehen, nicht als eine dritte Vorlage. (Abb. 55)

1927 hat der Berliner Kunsthistoriker Georg Stuhlfauth die Totenbildnisse Luthers, die in das 16. Jahrhundert zu datieren sind, analysiert und auf der Basis des Jonas'schen Berichtes über seinen Tod zuzuordnen versucht.[48] Schon er vermutete zwei aufeinanderfolgende Skizzen Furtennagels. Die gemalten Porträts teilte er in Paradebettbilder ein, die mit dem Kissen, und Sargbilder – in der Malerei nur in einem Beispiel vorhanden –, für ihn ohne Kissen. Darüber hinaus versuchte Stuhlfauth die verschiedenen Ausführungen des Leichenkittels in diese Ordnung einzugliedern. Das ist wichtig, denn sonst wären sich die gemalten Bildnisse in ihrer Wiedergabe des ‹letzten Hemdes› nicht so ähnlich und es gäbe nicht zwei Varianten. Hauptunterscheidungs-

---

47 So heißt es in Jonas' Bericht: «Zu Eisleben / ehe diese Kirchen Ceremonien alle gebraucht / haben zwen Maler also das todte angesicht / abconterfeit / einer von Eisleben / dieweil er noch im stüblin auff dem bett gelegen / Der ander / Meister Lucas Fortennagel von Hall / da er schon eine nacht im Sarck gelegen.». In: D. Martin Luthers Werke. Kritische Gesamtausgabe. 54. Bd. Weimar 1928, S. 494, Zeile 12–15.

48 STUHLFAUTH, Bildnisse 1927 (wie Anm. 5).

merkmal war für Stuhlfauth die Verarbeitung des schwäbischen Kittels, der teilweise mit und teilweise ohne Nähte am Ärmelansatz versehen wurde. Er trug neun Tafelbilder des 16. Jahrhunderts zusammen, die er schließlich in zwei Gruppen einteilte; womöglich sind es jedoch drei.

Welche Tafelbilder auf welche verschollenen zeichnerischen Vorlagen zurückgehen, lässt sich erstens womöglich aus der Veränderung der Physiognomie in den ersten Tagen des Todes erklären, zweitens tatsächlich und wohl entscheidend aus dem Kittel und drittens natürlich aus den Bildgrößen selbst ableiten. Ersteres lässt sich vielleicht durch das Phänomen der Totenstarre belegen. Sie setzt nach wenigen Stunden ein und löst sich frühestens nach zwei Tagen wieder. Dieser Kontraktion genannte Vorgang bewirkt ein Zusammenziehen der Muskulatur durch den Verbrauch letzter eigener Energien, eine Verkleinerung von Gewebe. Später tritt eine Glättung ein. Vergleicht man die Tafelbilder unter diesem Aspekt, scheinen sich Stuhlfauths Zuordnungen zu bestätigen, wenn auch in umgekehrter Reihenfolge. Ein Leipziger Exemplar wäre deutlich von den anderen zu unterscheiden. Es ist das einzige vor dunklem Hintergrund, so wie häufig bei den Porträts der Cranach-Werkstatt, ein Sargbild, wie Stuhlfauth es glaubte, ist es damit automatisch jedoch noch nicht, denn darin lag wohl meist auch ein Kissen. (Abb. 60)

Nur dieses Bild und zwei weitere in Hannover und ehemals Berlin-Charlottenburg zeigen am Kittel angesetzte Ärmel, im Gegensatz zu allen anderen. Sie sind noch dazu die einzigen mit Schlangenzeichen, die somit auf Cranach d. J. verweisen sollten. (Abb. 57, 58) Dennoch sind die Ärmelansätze die einzigen Unterschiede bei den Kitteln; die Krause am Hals erscheint überall gleich. Der Kittel muss somit zumindest partiell, wenn nicht ganz und gar auch auf den Bildvorlagen vorhanden gewesen sein. Auf der Berliner Zeichnung fehlt er völlig. Schließlich aber gibt es drei verschiedene Formate. Luthers Kopf ist bei den kleinsten, das sind die beiden mit dem Schlangenzeichen, rund 10 cm breit. Auf dem Einzelbild in Leipzig misst das Antlitz rund 15 cm in der Breite. Die größten Köpfe erscheinen auf den meisten Bildnissen, auf sechs davon, mit etwa 18 cm Breite. Sie entsprechen jedoch genau der Größe der Zeichnung der Totenmaske von Furtennagel und ergeben völlige Übereinstimmung, ein Zufall?

Nach der ersten verschollenen Skizze eines Eislebener unbekannten Malers wurde das Bildnis vor dunklem Hintergrund geschaffen, nur dieses eine, das fälschlich als Sargbild bezeichnet wurde. Nach der oder den verschollenen Skizzen Furtennnagels entstanden die beiden Bilder mit dem Schlangenzeichen Cranachs d. J. und die übrigen sechs Bilder, diese womöglich jedoch erst später. Dabei könnte die erhaltene Handzeichnung der Totenmaske als Kopfstudie bei den letzteren als zusätzliche ‹Information› gedient haben. (Abb. 56)

Druckgrafik folgt wohl erst nach den Skizzen und den frühesten Bildwerken. Alle neun Tafelbilder zeigen die gleiche Kopfhaltung – das vom Betrachter aus zur Hälfte nach links gewandte Porträt, die einzige Ausnahme bei den gemalten Bildnissen Luthers. Ebenso waren wohl auch alle Skizzen ausgerichtet. Ein 1546 von Hans Guldenmundt in Nürnberg veröffentlichtes Flugblatt mit der in Verse gesetzten Lebensbeschreibung Martin Luthers gehört zu den ersten druckgrafischen Reaktionen nach dem Tod des Reformators und setzt die Kenntnis zumindest einer Bildtafel oder der entsprechenden Studie voraus. Hier wird der Kittel wieder interessant. Die Physiognomie und die angesetzten Ärmel könnten insbesondere die Kenntnis des Einzelbildnisses annehmen lassen. (Abb. 59) Die Vorlage wurde wieder direkt in den Druckstock übernommen, wodurch sich das wiederum seitenverkehrte Bild ergibt, wie beschrieben ein stets so gehandhabtes Prinzip.

Was aber sollten diese Bilder? Wer war Auftraggeber und warum ließ er solche Bilder anfertigen? Die Namen sind zwar nicht überliefert, doch dienten diese wie die meisten Bildnisse Luthers im Leben im weitesten Sinne propagandistischen Zwecken. Das gilt gerade für die Totenbildnisse im Dienste der Reformation. Antilutherische Bilder hätten anders ausgesehen. Und zumindest bei diesem Typus gibt es keine zeitgenössische Überhöhung mehr, beispielsweise durch die Hinzufügung der Taube des Heiligen Geistes. War der Aufruhr vorüber oder war es bereits so etwas wie Pietät? Seine Gegner hatten dem «Ketzer» der römischen Kirche immer wieder einen grauenvollen Tod prophezeit. Als Auftraggeber kommen sie somit nicht infrage.

Um nachzuweisen, dass er sogar ohne Sterbesakramente «in Fried und Freud dahingefahren» sei, haben die Bilder gedient, und zumindest die Gemälde nach den Skizzen Furtennagels besitzen diese wirkungsvolle friedliche Glätte. Somit gleichen diese Bildnisse guten Totenscheinen und Obduktionsbefunden - gleichsam als Beweis für die Richtigkeit der Glaubenslehre und des Protestantismus in Zeiten der Anfechtung und gegenreformatorischer Angriffe.

Diente das Porträt, diente das Kunstwerk allgemein als bebilderter erklärender Text, war es rein funktionale Malerei und Grafik in Übereinstimmung mit Luthers Theologie, als propagandistisch-pädagogisches «Werkzeug mit dem Zweck, die religiöse Erziehung des Volkes voranzubringen?»[49] Stand Cranachs Bildkunst ganz im Dienst der lutherischen Lehre, dann wurde auch sein Schaffen wesentlich davon beeinflusst. Vielleicht ist dies der Schlüssel, das Prinzip Cranach-Werkstatt besser zu verstehen.

---

49 Hanne Kolind Poulsen: Fläche, Blick und Erinnerung. Cranachs Venus und Cupido als Honigdieb im Licht der Bildtheologie Luthers. In: Schade, Glaube 2003 (wie Anm. 21) S. 130–143. Die Autorin möchte Cranachs Malerei, nach dem Bildersturm und gegen den katholischen Gebrauch der Bilder gerichtet, ganz im Dienst der lutherischen Lehre sehen.

8. BILDNISSE LUTHERS IM LEBEN UND IM TOD
– EINE ZUSAMMENFASSUNG

I. Das erste authentische Porträt des Augustiner-Eremiten Martin Luther, der sogenannte «kleine Luther», entstand in dessen Alter von 37 Jahren in der Cranachwerkstatt als Kupferstich in drei Zuständen. Bei seitenverkehrter Ansicht ergibt sich die größte realistische Nähe. Seine Bekanntmachung fiel jedoch der Zensur Spalatins zum Opfer. Das erste verbreitete grafische Porträt des aufrührerischen Mönchs im Vorfeld des Wormser Reichstags ist das «Nischenporträt», ebenfalls aus dem Jahr 1520, das als frühestes Beispiel einer Luther-Inszenierung gelten kann.

II. Der sogenannte «große Luther», das Bildnis mit dem Doktorhut, wurde im Folgejahr in zwei Varianten vor zuerst hellem, dann dunklem Hintergrund geschaffen. Die Darstellung als Doktor der Theologie diente dem Nachweis der Wissenschaftlichkeit seiner Lehre.

III. Mit den Porträts als Junker Jörg auf der Wartburg 1521/1522 setzte auch das gemalte Bildnis Luthers ein. Dabei stehen der wiederum seitenverkehrte Holzschnitt und die Gemälde des Vollbärtigen, vor allem in Leipzig und Weimar, das barhäuptige Einzelbild in Nürnberg, sowie die unmittelbar nach der Rückkehr entstandenen Porträts als Augustiner mit Doktorhut, jedoch ohne Bart, in Kreuzlingen, Gotha und Wittenberg, in engem Zusammenhang.

IV. Die Ehebildnisse von Martin und Katharina Luther gehörten zum bevorzugten Bildnisprogramm der Cranach-Werkstatt zwischen 1525 und 1529. Sie lassen sich in drei aufeinanderfolgende Gruppen gliedern und dienten vor allem der Dokumentation der Priesterehe und des evangelischen Pfarrhauses.

V. Der Typus des Reformators oder Kirchenvaters – Luther im fünften Lebensjahrzehnt – setzte in der Malerei 1528 ein und glich zunächst dem Porträt der letzten beiden Gruppen der Ehebildnisse. Dabei wurde das Pendant der Katharina aufgegeben und bei den Doppelbildnissen durch Philipp Melanchthon ersetzt. Bis 1543 sind diese Darstellungen mit Barett und Schaube nachzuweisen.

VI. Seit 1539 wurde Luther als gealterter Mann, barhäuptig mit Mantel, weißem Hemd und roter Weste porträtiert, zunächst zeitgleich zum vorhergehenden Typus. Vermutlich geht diese Darstellungsweise allein auf Cranach d. J. zurück. Sie wurde auch nach Luthers Tod im 16. Jahrhundert immer wieder aufgenommen.

VII. Die Totenbildnisse lassen sich in drei Gruppen gliedern, die auf zumindest zwei unterschiedlichen verlorengegangenen Bildnisvorlagen von zwei Malern, einem ungenannten aus Eisleben und Lucas Furtenagel aus Halle, basieren. Die im Berliner Kupferstichkabinett aufbewahrte Zeichnung gehört nicht dazu; sie gibt die Totenmaske Luthers wieder.

VIII. Luthers grafische Porträts aus der Werkstatt Cranachs d. Ä. weisen vom Standpunkt des Betrachters immer nach links. Sie sind alle seitenverkehrt wiedergegeben. Das ist ein Werkstattprinzip und kann als Faustregel dienen. Eine gelegentliche Änderung der Richtung erfolgt erst in der Werkstatt Cranachs d. J. und bei anderen Zeitgenossen frühestens 1530.

IX. Zeitgenössische gemalte Porträts des lebenden Luther entstanden ausschließlich in der Cranach-Werkstatt. Das ist ein Werkstatt-Privileg. In der Werkstatt Cranachs d. Ä. weisen sie vom Betrachter aus immer nach rechts. Die einzige Ausnahme bildet der Typus der Totenbildnisse, die, soweit sie aus Wittenberg stammen, Cranach d. J. zuzuschreiben sind, der das Werkstatt-Prinzip aufgab und postume Bildnisse Luthers in und aus allen Blickrichtungen schuf.

X. Alle Porträttypen dienten propagandistisch-dokumentarischen und somit werbend lehrhaften Zwecken. Es kam nicht darauf an, ein im heutigen Verständnis ästhetisch und anatomisch befriedigendes künstlerisches Meisterwerk zu schaffen, sondern eine Botschaft im Sinne der Wahrhaftigkeit und Richtigkeit der lutherischen Theologie zu vermitteln. In diesem reformatorischen Programm übernahm das in der Cranach-Werkstatt geschaffene Porträt Luthers als lückenlose Illustration seines biografischen Werdegangs eine wesentliche Funktion.[50]

---

50 Dabei hat Luther immer nur seine rechte Seite abbilden lassen. War es die Menièresche Krankheit seines linken Ohres, die ihm spätestens seit 1527 zu schaffen machte, war es ein bloßer Zufall? Vgl. Harald Feldmann: Martin Luthers Krankheiten. In: Krauss/Schuchardt 1996 (wie Anm. 45) S. 94–98.

«Gesetz und Gnade». Über einige Veröffentlichungen im vergangenen Jahrzehnt zur lutherischen Rechtfertigungslehre im Bild

Ernst Badstübner

Anfang Dezember 1521 verließ Martin Luther mit dem Outfit des Junker Jörg für nur wenige Tage sein Refugium auf der Wartburg, wo er sich seit dem 4. Mai desselben Jahres unfreiwillig, aber zu seiner Sicherheit aufhalten musste, und begab sich heimlich nach Wittenberg. Er hatte davon erfahren, dass es dort Unruhe und Aufruhr gegeben habe, und er wollte sich ein Bild machen. Er traf mit Melanchthon, Amsdorff und auch mit Lucas Cranach d. Ä. zusammen. Am 12. Dezember war er wieder auf der Wartburg. Eine Frucht seines kurzen Wittenberger Aufenthaltes war die Schrift «Eine treue Vermahnung zu allen Christen, sich zu hüten vor Aufruhr und Empörung», die Spalatin Anfang 1522 zur Veröffentlichung brachte. Die Unruhen setzten sich jedoch fort, die Messe sollte abgeschafft werden und eine Neuerung der gottesdienstlichen Gebräuche erfolgen, wozu auch die Vernichtung der Heiligenbilder auf den Altären gehörte; es kam zum Bildersturm. Diese Radikalisierung der reformatorischen Bewegung veranlasste Luther Anfang März 1522, die Wartburg endgültig zu verlassen und nach Wittenberg zurückzukehren. Vom 9. März an hielt er eine Woche lang die nach dem Sonntag Invocavit benannten Predigten gegen den Aufruhr. Am Dienstag und am Mittwoch nach Invocavit widmete er sich ausführlich den Bildern, denen er durchaus «nicht hold» war, die «nicht notwendig, sondern frei sind, wir können sie haben oder nicht haben … Allhier müssen wir bekennen, dass man Bilder haben und machen kann, aber anbeten sollen wir sie nicht.» Man muss wohl von diesem Zeitpunkt an mit der Herausbildung eines rationalen Bildverständnisses bei Luther rechnen, wie es ähnlich im mittelalterlichen Mönchtum vorhanden war, und mit dem Bemühen des Reformators um die didaktisch-katechetische Nutzbarmachung von Bildern für die Verbreitung der Lehre. Letztlich hat dies die Verbildlichung der Rechtfertigung durch den Glauben zum Ergebnis gehabt. Diesen Bildern mit dem Titel «Gesetz und Gnade», die vor allem mit dem Namen Lucas Cranach d. Ä. und d. J. verbunden sind und überwiegend als Werke aus deren Werkstatt gelten, hatte die Wartburg-Stiftung 1994 eine kleine Ausstellung gewidmet, der eine gewisse Nachhaltigkeit zugeschrieben werden kann. Die 1996 folgende große Ausstellung «Aller Knecht und Christi

Untertan. Der Mensch Luther und sein Umfeld» hat sich in etwas allgemeinerer Form der Bilderfrage im Protestantismus angenommen. Der hier vorgelegte Beitrag versteht sich als ein kunstgeschichtlicher Literaturbericht zum Bildthema «Gesetz und Gnade» und zu den Bildern, in deren Entstehungsgeschichte – im weiteren Rahmen der Lutherbiographie gesehen – auch der Wartburgaufenthalt eine Rolle gespielt hat.

*

Studien zur Bildkunst des Protestantismus sind in der Regel Studien zur protestantischen Ikonographie. Meist gehen sie aus von einem Verlust der künstlerischen Qualität des Bildes, was der anfänglichen Abstinenz vom Bild seitens der Reformatoren und schließlich, nach der dank Luthers Stellungnahmen zurückgewonnenen Akzeptanz, den lehrhaften Bildinhalten angelastet wird,[1] die aber nun beinahe ausschließlich Gegenstand der Untersuchungen geblieben sind, von den Anfängen der einschlägigen Literatur bis in die Gegenwart. Daran ändern auch die Arbeiten nichts, die von der Konfessionalisierungsforschung vorgelegt werden und die spätestens seit den 1990er Jahren ausdrücklich, m. E. auch sehr zurecht, die interdisziplinäre Kooperation mit der Kunstgeschichte fordern.[2] Insofern überrascht es aber nicht, wenn Ausführungen zu Bildern mit reformatorischem Inhalt gern und immer wieder die

---

1 Ausgehend von Georg Dehio: Die Krisis der deutschen Kunst im 16. Jahrhundert. In: Georg Dehio: Kunsthistorische Aufsätze. München/Berlin 1914, S. 147–162; darauf Bezug nehmend, aber nicht mehr folgend Jan Harasimowicz: Kunst als Glaubensbekenntnis. Beiträge zur Kunst- und Kulturgeschichte der Reformationszeit. Baden-Baden 1996, S 1. Einige weitere abwertende Zitate von Klassikern der deutschen Kunstgeschichtsschreibung (Dehio, Worringer, Janitschek, Posse, Jahn) bei: Christoph Weimer: Luther, Cranach und die Bilder. Gesetz und Evangelium – Schlüssel zum reformatorischen Bildgebrauch (Arbeiten zur Theologie. 89). Stuttgart 1999, und Christoph Weimer: Luther und Cranach. Das Rechtfertigungsthema in Wort und Bild. In: Luther. Zeitschrift der Luther-Gesellschaft. 74(2003)1, S. 22–38, hier S. 34 f.

2 Bodo Nischan: Prince, People and Confession. The Second Reformation in Brandenburg. Philadelphia 1994; Heinz Schilling: Nochmals «Zweite Reformation» in Deutschland. In: Zeitschrift für historische Forschung. 24(1996)4, S. 501–524; Thomas Packeiser: Zum Austausch von Konfessionalisierungsforschung und Kunstgeschichte. In: Archiv für Reformationsgeschichte. 93(2002), S. 317–338. – Was im einzelnen über die Vorgänge von Kunst und Religion im Protestantismus während der «zweiten» Reformation, während des Konfessionalisierungsprozesses in der zweiten Hälfte des 16. Jahrhunderts ausgesagt wird, geht über lokal bereits Bekanntes nicht hinaus und erscheint bei inhaltlich interessanten Ansätzen methodisch noch unsicher. Aber die einhellige Konstatierung der «Vorstellung von einer prinzipiellen Bilderferne des Protestantismus als unhaltbares Klischee» (Schilling, Zweite Reformation 1996 – wie in dieser Anm. – S. 522) ist eine wichtige Voraussetzung für die geforderte und wünschenswerte Interdisziplinarität der Forschung, die aber immer noch die Ausnahme zu sein scheint, was zusammenfassende Darstellungen des Forschungsstandes zu erkennen geben, siehe Anton Schindling: Konfessionalisierung und Grenzen von Konfessionalisierbarkeit. In: Anton Schindling und Walter Ziegler (Hrsg.): Die Territorien des Reichs im Zeitalter der Reformation und Konfessionalisierung. Bd. 7. Münster 1997, S. 9-44, oder Peer Friess und Rolf

Benennung der wichtigsten, aber keineswegs einzigen Bildschöpfung der Reformation «Gesetz und Gnade» oder «Gesetz und Evangelium» im Titel führen. Bekanntlich handelt es sich bei diesem Bild um eine Allegorie der lutherischen Rechtfertigungslehre, deren Fassung allgemein als eine im Zusammenwirken von Wittenberger Theologen und Künstlern, personifiziert in Martin Luther und Lucas Cranach d. Ä., entstandene Kreation angesehen wird. Zwei Versionen sind im Umlauf, benannt nach den Aufbewahrungsorten der, so die älteren Auffassungen, frühesten Ausführungen in Gotha und Prag. Die Gothaer Tafel ist signiert und datiert 1529, die Prager galt als gleichzeitige Werkstattarbeit, wird aber nach einer Restaurierung Anfang der 1980er Jahre überwiegend als eigenhändig angesehen.[3]

Statistisch gesehen dürfte die Rechtfertigungsallegorie, korrekt nach den Beschriftungen «Gesetz und Gnade» benannt – abweichend davon sind auch «Gesetz und Evangelium», «Verdammnis und Erlösung» oder «Sündenfall und Erlösung» gebräuchlich –, das am häufigsten anzutreffende und am weitesten verbreitete Bildthema in der protestantischen Kunst gewesen sein. Unzählige Varianten der beiden Versionen in allen nur denkbaren Kunstgattungen sind in einer ebenso unüberschaubaren Fülle von Literatur zusammengetragen worden. In den Veröffentlichungen, vielfach in Zusammenhang mit Ausstellungen in den 1990er Jahren entstanden, konnten immer wieder bisher unbekannte Beispiele präsentiert werden.[4] Die nach wie vor von der Ikono-

---

KIESSLING (Hrsg.): Konfessionalisierung und Region (Forum Suevicum. 3). Konstanz 1999. Ergiebiger und in diesem Zusammenhang methodisch grundlegend sind vor allem die interdisziplinär engagierten Beiträge in BRIGITTE TOLKEMITT und RAINER WOHLFEIL: Historische Bildkunde. Probleme-Wege-Beispiele (Beiheft 12 der Zeitschrift für historische Forschung). Berlin 1991; ferner mit definitiven Fragestellungen HARTMUT BOOCKMANN: Belehrung durch Bilder? Ein unbekannter Typus spätmittelalterlicher Tafelbilder. In: Zeitschrift für Kunstgeschichte 57(1994)1, S. 1–22, und HARASIMOWICZ, Glaubensbekenntnis 1996 (wie Anm. 1) anhand reichen Bildmaterials.

3 Siehe dazu die Katalogtexte in: Kunst der Reformationszeit. Staatliche Museen zu Berlin. Berlin 1983, S. 357 ff. sowie ALLMUTH SCHUTTWOLF (Konz. u. Red.): Gotteswort und Menschenbild. Werke von Cranach und seinen Zeitgenossen. [Ausstellung auf Schloß Friedenstein zu Gotha vom 1. Juni bis 4. September 1994]. Gotha 1994, S. 20–21, und JUTTA KRAUSS und GÜNTER SCHUCHARDT [Gesamtkonz. u. Red.]: Aller Knecht und Christi Untertan. Der Mensch Luther und sein Umfeld. Katalog der Ausstellungen zum 450. Todesjahr 1996 – Wartburg und Eisenach. Eisenach 1996, S. 80–81. In den beiden letzteren Katalogen wird das Prager Bild als vor dem Gothaer Bild entstanden angesehen, mit dem Verweis auf das Bild von Hans Holbein d. J. in Edinburgh, siehe auch SUSANNE URBACH: Eine unbekannte Darstellung von «Sündenfall und Erlösung» in Budapest und das Weiterleben des Cranachschen Rechtfertigungsbildes. In: Niederdeutsche Beiträge zur Kunstgeschichte. 28(1989), S. 33–64, angeblich nach dem Holzschnitt von Geoffroy Tory.

4 INGRID KRÜGER: «Gesetz und Gnade». Ein reformatorisches Bildthema auf Siegburger Steinzeug. In: INGRID GUNTERMANN (Red.): Festschrift für Brigitte Klesse. Berlin 1994, S. 303–312, als ein Beispiel. Über die Verwendung in der Sepulkralkunst siehe HARASIMOVICZ, Glaubensbekenntnis 1996 (wie Anm. 1) S. 97 ff. und S. 127 ff.

graphie ausgehenden Fragestellungen sind jetzt aber mehr auf die Bildfindung und ihre Ursprünge gerichtet, auf den Zeitpunkt der Entstehung und auf die Provenienz der Motive. Dennoch stellt Karl Amon 1994[5] noch herkömmlich fest, dass «die Ikonologie der zahlreichen einschlägigen Darstellungen bisher keine erschöpfende Bearbeitung gefunden» hat und der Gegenstand «noch heute für den Theologen lohnender als für den Kunsthistoriker» ist, und das, weil «schon für die damaligen Künstler ... solche Aufträge wegen der umfassenden inhaltlichen Vorgaben kaum lockend» waren, «und die Ergebnisse ... nach kunsthistorischem Urteil nicht zu den Spitzenleistungen der betreffenden Zeichner, Stecher, Schneider und Maler» gehörten.

Amon behandelt den Titelholzschnitt eines unbekannten Künstlers für die Schrift des Urbanus Rhegius «Vom hochwürdigen Sacrament des altars» mit dem Erscheinungsdatum 1525 (Österreichische Nationalbibliothek Sign. 79, V. 73). Eigentlich scheint es eine Darstellung der Johannespredigt zu sein, die sich aber als die eine, die rechte Hälfte des in Rede stehenden allegorischen Bildes herausstellen könnte. Der Bildausschnitt hat die Größe von 64 x 97 mm. Man erkennt Johannes den Täufer, auf einer Tafel am rechten unteren Bildrand als ANCZEIGER CRISTI bezeichnet. Er weist eine von links herantretende Gruppe auf den Gekreuzigten hin, dazwischen die Schrift UNSER RECHTFERTIGUNG. Auf dem darüber am rechten Bildrand aufragenden Berg empfängt die Jungfrau – über ihr die Schrifttafel GNAD – das Kind mit dem Kreuz, als EMANUEL auf dem zugehörigen Schriftband benannt. Trotz der künstlerischen Bescheidenheit des Holzschnitts hat es kunstlandschaftliche Zuordnungsversuche gegeben, wovon die zur «Donauschule» die anerkanntermaßen nächstliegende ist.[6] Das Auftreten dieses Bildes in einer 1525 erschienenen Schrift scheint zu beweisen, dass die Rechtfertigungsformel nicht erst 1529 Bild geworden ist, und dass Cranach die Komposition «nicht in einem Wurf» zustande gebracht hat. So hatte allerdings auch Oskar Thulin seine Schilderung des künstlerischen Entwerfens nicht gemeint, bei der er sich auf die noch immer als verschollen geltende Zeichnung aus dem Dresdener Kupferstichkabinett stützte.[7] Amon vermutet aufgrund der Bezeichnung GNAD und der Johannesdarstellung mit Bezug auf Joh. 1, 29 und 36 – «Siehe,

---

5   Karl Amon: Die Bildkomposition «Gesetz und Gnade» von Lukas Cranach d. Ä. In: Rudolf Zinnobler, u. a. (Hrsg.): Kirche in bewegter Zeit. Beiträge zur Geschichte der Kirche in der Zeit der Reformation und des 20. Jahrhunderts (Festschrift für Maximilian Liebmann zum 60. Geburtstag). Graz 1994, S. 45–62.

6   Wilhelm Steinböck: Kunstwerke der Reformationszeit in der Steiermark. Ein Beitrag zur protestantischen Ikonographie und zur Kunstgeschichte der Steiermark des 16. Jahrhunderts. In: Paul Urban (Hrsg.): Johannes Kepler. 1571–1971. Gedenkschrift der Universität Graz. Graz 1975, S. 407–473; Oskar Thulin: Johannes der Täufer im geistlichen Gewand des Mittelalters und der Reformationszeit. Leipzig 1930, S. 36 Anm. 3, plädiert für den «hist. Meister der Jakobsleiter».

Abb. 1:
Lucas Cranach d. Ä.,
um 1529,
Holzschnitt im
Gothaer Typ

das ist das Lamm, das der Welt Sünde trägt» und «Siehe das ist Gottes Lamm» – in den Allegorien der Rechtfertigungslehre, obwohl das Lamm noch gar nicht mit dargestellt ist, die Bildbezeichnung GESETZ für das nicht vorhandene oder verlorene Pendant zum Holzschnitt in der Schrift des Urbanus Rhegius und nimmt somit die Existenz der Bildbezeichnung «Gesetz und Gnade» schon für 1525 an. Die Bildfindung müsste demnach «in den Jahren 1522 – 1525 mit ihrer großen Bedeutung für den Aufbau eines reformatorischen Kirchenwesens in Wittenberg»[8], also unmittelbar nach der Rückkehr Luthers von der Wartburg erfolgt sein.

Amon versucht mit dem von ihm herangezogenen Holzschnitt wahrscheinlich zu machen, dass schon diese nach dem gegenwärtigen Erkenntnisstand erste Verbildlichung von Gesetz und Gnade von zwei (gegenständigen) Bildern ausgegangen ist.[9] Als Beleg erkennt er die konsequente und bleibende Bildteilung im Gothaer Typ. Eine Rekonstruktion des nicht vorhandenen, aber vorausgesetzten linken Bildes wagt er mit Hinblick auf die Schrifttafeln des Prager Bildes: «Das linke Bild hatte also oben die Gesetzes-

---

7   OSKAR THULIN: Cranach-Altäre der Reformationszeit. Berlin 1955, S. 126 ff., Abb. 165; Lucas Cranach d. Ä. und Lucas Cranach d. J. Ausstellung im Deutschen Museum Berlin. April – Juni 1937. Berlin 1937, S. 133, Nr. 180. Die Zeichnung im Städel, die der Tafel in den Weimarer Kunstsammlungen sehr nahe kommt, erscheint in den Ableitungen nicht.

8   AMON, Bildkomposition 1994 (wie Anm. 5) S. 48 f.

9   So schon STEINBÖCK, Kunstwerke 1975 (wie Anm. 6) S. 432.

übergabe, im Mittelteil die Eherne Schlange (im Rahmen der Schlangenplage) und im Vordergrund eine Prophetengruppe. Für ‹Sünder› und ‹Tod› von Prag 1529 samt den zugehörigen Darstellungen Sündenfall und Grab mit Leichnam spricht ebenfalls schon 1525 eine nicht geringe Wahrscheinlichkeit. So entspräche das linke Bild schon dem Prager, ausgenommen die Mehrzahl der Propheten, die sich aber in Gotha findet.» Amon bringt die Beschränkung auf nur einen Propheten auf dem Prager Bild mit der Inschrift LE PROPHETE auf dem Holzschnitt von Geoffroy Tory in Verbindung und spricht von einer Korrektur des auf dem Gothaer Bild vorgebenden Plurals, was von vornherein eine spätere Entstehung der französischen Bildfassung impliziere.[10] Werner Busch wollte dagegen schon 1982 in dem undatierten Holzschnitt Torys ein Urbild des Prager Typs erkennen. Der Holzschnitt ist durch die Motive «Hagar mit Ismael» auf der Gesetzesseite und «Sarah mit Isaak» auf der Gnadenseite bereichert.[11] Bisher ist kein weiteres Beispiel mit solcher Motivbereicherung bekannt geworden, aber die Singularität gibt keinen Aufschluss darüber, ob Torys Holzschnitt das Urbild oder ein Nachfolger sein kann.

Im Jahr 1994, das zum Cranach-Jahr gemacht wurde – einen Anlass könnte das Jubiläum der Einweihung der Torgauer Schlosskirche 1544 gegeben haben – fanden größere und kleinere Ausstellungen in Erlangen, Gotha, Kronach, Leipzig, Torgau und auf der Wartburg statt.[12] Zweifellos dienten diese Ausstellungen, denen 1992 die in Regensburg[13] und 1993 die in Osnabrück[14] vorausgingen, dem Abbau des Klischees von der Bildfeindlichkeit der Reformation. Während unser Bildthema in den meisten Ausstellungen nur eins unter vielen war – die Bayerische Landesausstellung in Kronach ist gar nicht darauf eingegangen und der Gothaer Katalog hat nur das Bild aus dem

---

10 Amon, Bildkomposition 1994 (wie Anm. 5) S. 54 f. So auch schon Thulin, Cranach-Altäre 1955 (wie Anm. 7) S. 139.

11 Werner Busch: Lucas van Leydens «Große Hagar» und die augustinische Typologieauffassung der Vorreformation. In: Zeitschrift für Kunstgeschichte 45(1982), S. 97 – 129, hier S. 115 ff., im Anschluss an Anna Maria Görannson: Livsträdet och Geoffroy Tory. In: Tidskrift för konstvetenshap. 30(1957), S. 59-85.

12 Hans Düfel: Zum Cranach-Jahr 1994. In: Luther. Zeitschrift der Luther-Gesellschaft. 66 (1995)3, S. 140 – 143.

13 Martin Angerer (Kat. und Red.): 450 Jahre Evangelische Kirche in Regensburg 1542 – 1992. Regensburg 1992, Kat.-Nr. 50: Allegorie von Sündenfall und Erlösung. Um 1540. Lucas Cranach d. J.?

14 Karl Georg Kaster und Gerd Steinwascher (Hrsg.): 450 Jahre Reformation in Osnabrück (Osnabrücker Kulturdenkmäler. Bd. 6). Bramsche 1993, S. 466 – 486: Gottfried Seebass: Lehre und Seelsorge in der Reformation, expressis verbis S. 467, Gesetz und Gnade S. 476 ff., S. 480 Kat.-Nr. 25.12. Der Holzschnitt des Jakob Lucius im Germanischen Nationalmuseum Nürnberg (HB 15094), der dem Schönfeld-Epitaph des Nikolaus Bergner (um 1590) in der Stadtkirche St. Andreas in Rudolstadt zugrunde liegt, wird hier als «Eine andere allegorische Darstellung der Rechtfertigung bzw. der Gnade» bezeichnet.

dortigen Museum als Katalognummer 1.3 mit einem allerdings sehr eingehen-
den Text von Werner Schade aufgenommen[15] –, führte die Ausstellung auf der
Wartburg «Gesetz und Gnade. Cranach, Luther und die Bilder» im Titel, nach
Günter Schuchardts Bericht die erste ihrer Art.[16] In ihr war der Titelholzschnitt des 1528 in Wittenberg erschienenen Winterteils von Luthers Evangelienpostille «Auslegung der Evangelien vom Advent bis auff Ostern samt
viel anderen Predigten» zu sehen, dessen Darstellung der Prager Bildfassung
folgt.[17] Solange also keine Bilder vom Gothaer Typ nachgewiesen werden können, die älter sind als das datierte in Gotha von 1529, wird man im Ergebnis

---

15 SCHUTTWOLF, Gotteswort 1994 (wie Anm. 3) S. 20-21 unter dem Titel «Verdammnis und
Erlösung». Schade nennt das Thema die «einzige lutherische Neuschöpfung im Bereich der bildenden Kunst» und hält den Holzschnitt, «der als Illustration zu einer unbekannten
Buchausgabe im Verlag der Geoffrey Tory gearbeitet, aber wohl nicht benutzt worden ist», für
die «Quelle im kunsthistorischen Sinne.» Von diesem stamme «ein Gemälde Hans Holbeins
des Jüngeren in Edinburgh ab und auch Cranachs sogenannter Prager Bildtypus.» Das Prager
Bild bezeichnet Schade als «eigenhändiges Werk Cranachs», dem die Gothaer Fassung mit stär-
ker polarisierten Bildelementen folgte.

16 GÜNTER SCHUCHARDT (Red.): Gesetz und Gnade. Cranach, Luther und die Bilder. Eisenach
1994; GÜNTER SCHUCHARDT. Ausstellungen auf der Wartburg 1994. 1. In: Wartburg-Jahrbuch
1994. 3(1995), S. 173–178, hier S. 178: «In Kenntnis, dass nie zuvor eine solche thematische
Cranach-Ausstellung konzipiert worden war, entstand die Ausstellung auf der Wartburg.»

der neueren Arbeiten zu diesem Thema von einer Priorität des Prager Typs ausgehen können, aber auch davon, dass er in Wittenberg nicht unbekannt war,
denn beim stilistischen Charakter der Prager Tafel braucht man an deren
Entstehung in Wittenberg nicht zu zweifeln, aus der Werkstatt Cranachs d. Ä.
oder als eigenhändiges Werk, wie man inzwischen mehrheitlich annimmt.[18]

Bleibt die Frage, ob der Prager *Bildtyp* auch in Wittenberg entstanden ist,
wie Amon vermutet, dann in den Jahren zwischen 1522 und 1525. Die
Unterschiede zwischen beiden Typen sind so beschaffen, dass man eine
gleichzeitige Entstehung ohnehin kaum annehmen möchte. Von der
Bildkomposition her ist dabei die Prager Version die überzeugendere. Die
didaktische Penetranz, die dem Gothaer Bild mit der Zweiteilung durch den
zum Alten Bund = Gesetz hin dürren und zum Neuen Bund = Gnade hin grünenden Baum, vor allem aber durch die Doppelung des Menschen als von der
Hölle bedrohtem und durch das Blut Christi erlöstem Sünder anhaftet, hat
sicher mit zu dem eingangs erwähnten Vorwurf beigetragen, die Kunst im
Sinne des Künstlerischen sei nach der Reformation in eine Krise geraten und
der Lehrhaftigkeit zum Opfer gefallen. Dabei beweist gerade die oben erwähnte Dresdener Zeichnung, wie sehr man sich um die künstlerische Gestaltung
des allegorischen Lehrbildes, um die Komposition im Ganzen wie um das
Detail gemüht hat. Allerdings lässt diese Zeichnung die Doppelung bereits
erkennen: Der sündige Mensch erscheint zum einen auf der linken Bildhälfte,
wo ihm von Moses und den Propheten das Gesetz vorgehalten wird und Tod
und Teufel ihn verfolgen. Zum anderen ist er zur rechten Bildhälfte gewendet
und wird von Johannes dem Täufer auf das kreuztragende und den Tod besie-
gende Lamm zur Erlösung hingewiesen. Noch fehlt der erlösende Blutstrahl
aus Christi Seitenwunde, der den Sünder trifft. Dieses für den Inhalt und die
Aussage des Bildes entscheidende Motiv ist erstmals auf der in das Jahr 1529
datierten und von Cranach d. Ä. signierten Tafel in Gotha nachzuweisen. Er
ist auch auf dem gleichgestalteten Holzschnitt deutlich, der bisweilen als dem
Gemälde vorangehend und als dessen Vorlage verstanden wird.[19] Der
«Blutstrahl der Gnade» hatte in der Bildkunst zu eucharistischen Themen
Tradition,[20] er ist aber nun in die lehrhaft eindeutigere Bildfassung von
«Gesetz und Gnade» eingegangen, um schließlich im Altar der Stadtkirche
St. Peter und Paul («Herderkirche») zu Weimar, der 1555 von Cranachs Sohn

---

17 SCHUCHARDT, Gesetz 1994 (wie Anm. 16) Katalog-Nr. 42, Abb. S. 53. Die Inschriften sind latei-
    nisch, zum Gekreuzigten IUSTIFICACIO NOSTRA, vergleiche das UNSER RECHTFER-
    TIGUNG auf dem Holzschnitt im Urbanus Rhegius bei AMON, Bildkomposition 1994 (wie
    Anm. 5) S. 47.
18 SCHUTTWOLF, Gotteswort 1994 (wie Anm. 3) S.21.
19 KRAUSS/SCHUCHARDT, Aller Knecht 1996 (wie Anm. 3) S. 80 (Bildunterschrift). Im Übrigen
    referiert der Autor Christoph Weimer zum in Rede stehenden Bildthema ältere Positionen.

vollendet wurde, auf eine identifizierbare Person, hier auf Lucas Cranach den Vater, bezogen zu werden.[21] Die Qualität des Weimarer Altarbildes, die kompositorische und gestalterische Lösung für das vorgeschriebene Programm, lassen die sonst in den Tafeln so spürbare Lehrhaftigkeit vergessen und machen deutlich, dass die Allegorie von Luthers Lehre keineswegs den Verlust oder eine Krise der Kunst bedingt.[22]

Auf den Rechtfertigungsbildern nach dem Muster der Prager Tafel fehlt der Blutstrahl! Der Sünder ist nur einmal im Bilde, sitzend am Fuße des mittleren, auch hier zur einen Seite dürren und zur anderen Seite grünenden Baumes, vom Propheten und von Johannes dem Täufer auf die Zeichen des Neuen Bundes, die Garanten der Gnade gewiesen. Die Entscheidung scheint noch bei ihm zu liegen. Ist es eine inhaltliche Frage oder nur ein künstlerisches, ein ästhetisches Problem? Auf Symmetrie in der Bildaufteilung ist bei beiden Typen geachtet, doch ist die Prager Tafel mit der zentrierenden Dreifigurengruppe und mit den aufragenden Bergen an den seitlichen Bildrändern einfach die überzeugendere Komposition. Man könnte denken, die Prager Lösung wäre das Ergebnis des Ringens um die bessere Form.[23]

In der Regel werden die Bilder und damit auch die protestantische Ikonographie auf das Thema «Gesetz und Gnade» eingeschränkt und mit Luther, Cranach und Wittenberg gleichgesetzt oder personifiziert und lokalisiert. Und in der Regel scheint das auch zuzutreffen, allerdings überwiegend bezogen auf den Bildtypus der Gothaer Tafel und deren Varianten wie in Weimar (eine Vermischung mit Motiven aus dem Prager Typ) oder auch auf die Menge der Verbreitung. Tatsächlich sind die Themen weitaus vielfältiger gewesen und die Bildfindungen vermutlich nicht ausschließlich in Wittenberg erfolgt.[24] Was den Prager Typus anbetrifft, so sind von Cranach stilistisch völlig freie Bildbeispiele zu finden. In Frankfurt an der Oder ist das Epitaph für

---

20 Anhand von Bildern der Gregorsmesse aufgezeigt u. a. bei BOOCKMANN, Belehrung 1994 (wie Anm. 2) S. 7 ff. unter Bezugnahme auf UWE WESTFEHLING: Die Messe Gregors des Großen. Vision – Kunst – Realität. Köln 1982. Ein Hinweis auch bei JÖRG JOCHEN BERNS: Umrüstung der Mnemotechnik im Kontext von Reformation und Gutenbergs Erfindung. In: JÖRG JOCHEN BERNS und WOLFGANG NEUBER (Hrsg.): Ars memorativa. Zur kulturgeschichtlichen Bedeutung der Gedächtniskunst 1400–1750. Tübingen 1993, S. 52.

21 Dazu eingehend FRIEDRICH OHLY: Gesetz und Evangelium. Zur Typologie bei Luther und Lucas Cranach. Zum Blutstrahl der Gnade in der Kunst. Münster 1985.

22 LUDWIG JUSTI: Das Große Dreiteilige Gemälde aus der Herderkirche zu Weimar. Berlin 1951, S. 18 ff.

23 So der Berichterstatter in: Kunst der Reformationszeit 1983 (wie Anm. 2) S. 359.

24 ERNST BADSTÜBNER: Protestantische Allegorien in Frankfurt an der Oder und in Berlin. In: PETER POSCHARSKY (Hrsg.): Die Bilder in den lutherischen Kirchen. München 1998, S. 87–100; ERNST BADSTÜBNER: Nachreformatorische Bilddarstellungen des Glaubensbekenntnisses. Zu zwei Gemälden in Meiningen und Berlin. In: Südthüringer Forschungen. Heft 29. Meiningen 1996, S. 22–33.

Christoph Wins von 1554 dafür ein Beispiel.[25] Nicht im Entferntesten sind Anklänge an den sonst weit verbreiteten und zeitlich, insbesondere bei diesem Bildthema, lang anhaltenden Cranachschen Stil festzustellen. Der Stil ist vielmehr der eines am italianisierenden Manierismus der Niederlande geschulten Malers, vermutlich des Michael Ribestein, der 1539 als kurfürstlicher Hofmaler Bürger in Berlin war.[26] Es ergeben sich durchaus stilistische Vergleichsmöglichkeiten des Frankfurter Bildes mit dem Holzschnitt des Geoffroy Tory. Von einer stilistischen Schulung des Malers der Frankfurter Tafel, wer es auch immer gewesen sein mag, in Wittenberg, wie es für den Hamburger Felix Timmermann überliefert ist und für weitere Norddeutsche angenommen wird,[27] kann keine Rede sein, dann schon eher eine ikonographische. Die Bemerkung von Christoph Emmendörfer mit Bezug auf Timmermann, insonderheit auf das monogrammierte und auf 1540 datierte Bild in der Hamburger Kunsthalle «Rechtfertigung des Sünders», dass das «Bemühen um eine kraftvolle plastische Modellierung beispielsweise des nackten Sünders auf Timmermanns Streben nach einem ‹moderneren› Stil hin deutet, wie ihn etwa der von zeitgenössischer niederländischer Kunst stark geprägte Brandenburger Maler Michael Ribestein pflegte,»[28] kann nur insofern als zutreffend gelten, als auch Timmermann versucht hat, sich von der Cranachschen Schulung zu lösen. Das Timmermann zugeschriebene Bild in Köln (um 1540) aber galt tatsächlich zunächst als eine Arbeit Cranachs d. J. Obwohl das Bild gar nicht so eindeutig dem Prager Typus folgt, wird es in dem Katalog der Züricher Ausstellung «Himmel, Hölle, Fegefeuer» von 1994 mit einem anonymen Holzschnitt in den Graphischen Sammlungen der Universität Erlangen in Zusammenhang gesehen, der seinerseits mit dem Holzschnitt Torys in Verbindung zu bringen ist. Dessen Datierung durch Peter Jezler «vor 1525» unter Hinweis auf die oben angeführten Titelholzschnitte von 1525 in Wien (Urbanus Rhegius) und von 1528 in Zwickau ist gewiss sehr gewagt, aber der im Gegensatz zu Amons These von einer späteren Entstehung des Toryschen Bildes gezogene Schluss, dass Cranach «sicher in Zusammenarbeit mit Luther – *von Torys Bildfindung ausgehend* – über die 1529 entstandenen Gemälde in Prag und Gotha schließlich in seinem großformatigen Holzschnitt eine Lösung fand, mit der er den Grundstein zu einer langen protestantischen Bildtradition legte», ist nicht von der Hand zu weisen.[29] Folgt daraus, dass die

---

25 Katharina de Keijser-Klein: Das Epitaph des Christoph Wins. In: Brandenburgische Denkmalpflege. 1(1992)1, S. 85–99.

26 Werner Schade: Michael Ribestein. Christus am Ölberg (Patrimonia. 51). Berlin 1994.

27 Christoph Emmendörfer: Die selbständigen Cranachschüler. In: Ingo Sandner (Hrsg.): Unsichtbare Meisterzeichnungen auf dem Malgrund. Cranach und seine Zeitgenossen. [Ausstellungskatalog der Wartburg-Stiftung Eisenach]. Regensburg 1998, S. 203–228.

28 Emmendörfer, Cranachschüler 1998 (wie Anm. 27) S. 226.

Bildentstehung nicht in Wittenberg erfolgt ist, sondern nur die aus dem Vorbild entwickelte Formulierung des Gothaer Bildes als die eigentlich lutherische Version?

Susanne Urbach stellte 1989 in einem ausführlichen Artikel «Eine unbekannte Darstellung von ‹Sündenfall und Erlösung› in Budapest» vor.[30] Es handelt sich im Gegensatz zu den üblicherweise meist querrechteckigen Tafeln um ein Hochformat des Prager Typs. Die Autorin hält die Arbeit für niederdeutschen Ursprungs und datiert sie «um 1540/50». In der Beschreibung verweist sie auf die Gewandung des Propheten als «ein typisches Motiv aus dem Formenschatz der Antwerpener Manieristen», und die ummauerte Stadt im Hintergrund scheint ihr «am ehesten mit Werken der Brügger Schule verwandt zu sein.»[31] Es sind dieselben Elemente, die auch das genannte, allerdings doch stilistisch wesentlich jüngere Frankfurter Bild, das ja auch im Quadrat mehr zum Hochformat neigt, von den Cranachschen Fassungen unterscheidet. Im weiteren untersucht Frau Urbach sehr detailliert die einzelnen ikonographischen Motive auf ihre Tradition, wobei sie zu dem Schluss kommt: «Das Rechtfertigungsbild, als Kompendium der neuen Lehre, ist eine einfache Kompilation typologischer und biblischer Szenen, stellt also gar keine Revolution in der Kunst dar.»[32]

Am Ende stellt sie eine Reihe von 17 Beispielen nach dem Prager Muster vom 16. bis zum 18. Jahrhundert zusammen, woraus hervorgeht, wie aus dem Dogmenbild eine Moralallegorie werden kann. Der Hinweis auf das humanistische Bildthema «Herkules am Scheidewege zwischen virtus und voluptas» fehlt nicht.[33] Auf diesen Zusammenhang scheint zum ersten Mal Erwin Panosfky aufmerksam gemacht zu haben.[34] Die neueren Bearbeitungen von «Gesetz und Gnade» haben ihn selten reflektiert,[35] auch nicht die Tradition der typologischen Antithese von Altem und Neuem Bund, die der Bildanordnung beider Versionen, Prager wie Gothaer, zugrunde liegt, möglicherweise, weil es zu selbstverständlich ist. Nur dürfte dann «Gesetz und Gnade» nicht als *neuer* Bildtyp der Reformation erklärt werden. Schon im Regensburger Uta-Evangelistar aus dem frühen 11. Jahrhundert stehen sich auf dem allegorischen Kreuzigungsbild die Symbolfiguren von Lex und Mors (auf der vom Betrachter aus rechten Bildseite, personifiziert als Synagoge und zusam-

---

29 Peter Jezler: Himmel, Hölle, Fegefeuer. Das Jenseits im Mittelalter. [Ausstellungskatalog des Schweizerischen Landesmuseums Zürich]. München ²1994, S. 311–313.

30 Urbach, Darstellung 1989 (wie Anm. 30).

31 Urbach, Darstellung 1989 (wie Anm. 30) S. 35–36.

32 Urbach, Darstellung 1989 (wie Anm. 30) S. 41.

33 Urbach, Darstellung 1989 (wie Anm. 30) S. 48 ff.

34 Erwin Panofsky: Herkules am Scheidewege (Studien der Bibliothek Warburg. 18). Hamburg 1930.

35 Weimer, Rechtfertigungsthema 2003 (wie Anm. 1) S. 35 f.

menbrechender Krieger) und Gratia und Vita (auf der linken Bildseite, personifiziert als Ekklesia und zu Christus aufschauender Frau) gegenüber.[36] Aus Ekklesia und Synagoge werden in der protestantischen Bildkunst Johannes der Täufer und Moses. Als Repräsentanten behalten sie ihre hinweisende Bedeutung in der Verbildlichung der Rechtfertigung bis ins 19. Jahrhundert.[37]

Die von Susanne Urbach so betonte Umsetzung der Bildanlage ins Hochformat hat ihre Parallelen in der Verwendung als Illustration von Buchtiteln, worauf sie allerdings nicht eingeht. Nimmt man den Titelholzschnitt zur Evangelienpostille von 1528 in Zwickau als die älteste Version, dann müsste man sogar von einem Hochformat als Muster des Prager Typs ausgehen. Stilistisch und kunstlandschaftlich ist dieser Druck auf seine Herkunft ebenso wenig zu bestimmen wie der in Wien, aber wohl der Ikonographie wegen hält man ihn für in der Wittenberger Werkstatt Cranachs entstanden.[38]

Großartig und auch der angeblichen Kunstkrisis völlig widersprechend ist der Titelholzschnitt Erhard Altdorfers für die Lübecker Bibel von 1533. Er folgt nur in der Ikonographie dem Prager Typ, ansonsten verbietet die graphische Ausführung und die geradezu dramatische Komposition jeden Vergleich. Im übrigen bringt man aber die Titeldrucke, von denen die Ausstellungen in Osnabrück 1993 und auf der Wartburg 1994 ganze Kollektionen zeigten, gleich ob nach Prager oder Gothaer Muster, fast ausschließlich mit den beiden Cranachs und ihren Werkstätten in Zusammenhang, was nicht immer überzeugt. Allerdings möchte man die ansprechende, farbig überaus reizvolle Miniatur auf dem Titel der Kurfürst-Johann-Friedrich-Bibel von 1543 in der Thüringer Universitäts- und Landesbibliothek Jena eindeutig der Hand des älteren Cranachs zuweisen.[39]

*

Zusammenfassend soll festgehalten werden, dass die Lehrhaftigkeit der Bilder nicht notwendig zu einem Verlust künstlerischer Qualität führen muss, wie immer noch unterstellt wird. Die Einhaltung des inhaltlichen Programms hat hochwertige Leistungen nicht mehr und nicht weniger verhindert oder hervorgebracht als in vorreformatorischer Zeit auch. Die inhaltlich an die lutherische

---

36　Florentine Mütherich [Katalogred.]: Regensburger Buchmalerei. Von frühkarolingischer Zeit bis zum Ausgang des Mittelalters (Ausstellungskataloge/Bayerische Staatsbibliothek. 39). München 1987, Kat.-Nr. 17, S. 33.

37　Detlef Plöse (Red.): Der Berliner Dom. Geschichte und Gegenwart der Oberpfarr- und Domkirche zu Berlin. Berlin 2001, S. 87–88.

38　Schuchardt, Gesetz 1994 (wie Anm. 16) S. 53.

39　Schuchardt, Gesetz 1994 (wie Anm. 16) S. 46, Abb. S. 47. In der neu eröffneten Lutherhaus-Ausstellung in Wittenberg wird die Miniatur Cranach d. J. zugewiesen. Vgl. Nachsatz.

Lehre gebundene Bildschöpfung «Gesetz und Gnade» hat in der Vorliebe der Renaissance für allegorische Szenerien ihre Parallelen, arbeitet aber mit tradierten biblischen Bildmotiven, die als Zeichen verstanden und «gelesen» werden können und im Zusammenhang den reformatorischen «Text» ergeben, auch, wenn die üblicherweise hinzugesetzten programmatischen Inschriften fehlen sollten.[40] Dass darin Luthers Verhältnis zum Bild im katechetischen Gebrauch zum Ausdruck kommt, wurde hinlänglich beschrieben.[41] Die bei einer Zusammensicht der bisher bekannten Lehrbilder – es wird dafür auch der Begriff Dogmenbild oder Dogmenallegorie verwendet – erkennbaren Unterschiede der formalen Bewältigung wecken Zweifel an der ausschließlichen Entstehung in Wittenberg. Der Prager Typ scheint dazu nach gegenwärtigem Erkenntnisstand der frühere von beiden Versionen zu sein. Auch weichen zahlreiche Bilder nach seinem Muster stilistisch erheblich von den Cranachschen Standards ab. Ausgehend von Torys undatiertem Holzschnitt als der möglicherweise frühesten bildlichen Fassung des Lehrinhalts ist eine Entstehung und graphische wie malerische Ausformulierung im niederländischen Raum nicht unwahrscheinlich. An die Kirchenhistoriker ist die Frage nach

---

40 Boockmann, Belehrung 1994 (wie Anm. 2) legt anhand spätmittelalterlicher Bildtafeln dar, dass Beschriftungen keine reformatorische Erfindung sind und dass «Lehrbilder» oder Schrifttafeln mit Texten zur Verhaltensweise in Kirchen schon in vorreformatorischer Zeit keine Seltenheit waren, die lutherische Rechtfertigungsallegorien also in einer bildgestalterischen Kontinuität standen. Die Vorliebe, Epitaphien und weniger Altäre mit Lehrbildern zu versehen, beobachtet Boockmann in Nürnberg und formuliert den Gang der Dinge: «Ein theologischer Lehrer verband das eigene Gedächtnisbild mit einem modernen lehrhaften Thema, und zwei andere Nürnberger folgten ihm darin. Warum auch nicht? Das Epitaph stand vielen Themen offen, und ein Medium der Belehrung war es zwar nicht seinem Ursprunge nach – hier könnte man es schon eher dem Typus Andachtsbild zuordnen –, aber der Belehrung konnte es ohne weiteres dienen, denn es war ja stets sichtbar und wurde nicht verschlossen» (S. 17 f.) wie ein Altarretabel. Boockmann merkt dann aber am Schluss seines Artikels zu den Bildern der Reformation an: «Deren Bilder erscheinen lehrhafter denn ihre Vorgänger vor fünfzig oder hundert Jahren, und das sieht man schon an dem Gewicht, das der Schrift nun zukommt. Die ‹evangelischen› Bilder enthalten in aller Regel viele Buchstaben.» (S. 21).

41 Grundlegend Hans Preuss: Martin Luther. Der Künstler. Gütersloh 1931; und zusammenfassend Oskar Thulin: Der Protestantismus und die Bilderfrage. In: Otto Schmitt (Begonnen): Reallexikon zur deutschen Kunstgeschichte. Bd. 2. München 1948, Sp. 570–572; Hans Freiherr von Campenhausen: Zwingli und Luther zur Bilderfrage. In: Das Gottesbild im Abendland (Glaube und Forschung. 15). Witten/Berlin 21959, S. 139–172; Ernst Ullmann: Reformation und Bilderfrage. In: Bildende Kunst. (1983)5, S. 212–216. – Zur Thematik gehört auch das Phänomen Bildersturm, dem im Lutherjahr 1996 eine Ausstellung im Thüringer Museum Eisenach (Predigerkirche) gewidmet war: Bilderflut und Bildersturm. Katalog mit Texten von Tobias Kunz, Angela Möller, Dieter Wendland und Ulrich Kneise. Eisenach 1996. Neuerdings zum gleichen Thema: Peter Blickle u. a. (Hrsg.): Macht und Ohnmacht der Bilder. Reformatorischer Bildersturm im Kontext der europäischen Geschichte (Historische Zeitschrift Beihefte. Band 33). München 2002.

möglichen Gründen hierfür zu richten. Der Gothaer Typ erscheint in seiner Didaktik und damit auch in seiner Aussage eindeutiger. Könnte nicht nur dieser allein die Wittenberger Fassung Luthers und Cranachs darstellen?[42] War die andere Version, exemplifiziert im Holzschnitt Torys, zu intellektuell und zu theologisch, um der Anforderung für eine breite Wirksamkeit ausreichend zu entsprechen? Auch diese Frage geht an die Theologen. Als Altarbilder dienen die Rechtfertigungsallegorien selten, aber auch dann stehen sie im Dienste eines Personengedächtnisses wie auf dem Altar in der Weimarer Stadtkirche.[43] Auf Epitaphien sind sie am häufigsten zu finden, und das Bekenntnis der Stifter zur Lehre Luthers wird dafür ausschlaggebend gewesen sein.[44] Im weiteren religionsgeschichtlichen Verlauf der zweiten Hälfte des 16. Jahrhunderts wuchsen die Gedächtnisbilder gegenständlich wie inhaltlich in den Prozess der Konfessionalisierung hinein.[45]

NACHSATZ

In der am 7. März 2003 neu eröffneten Ausstellung des Lutherhauses in Wittenberg ist dem Bildthema «Gesetz und Gnade» eine Computer-Information gewidmet. Per Mausklick kann man sich anhand des einzigen Originals (nach dem Gothaer Typ) in der Ausstellung, einer Leihgabe des Landes Sachsen-Anhalts[46], über die Bildmotive wie auch über die Entstehungsgeschichte unterrichten. Das gleiche kann man über den Prager Typ erfahren. Mit «Weimarer Typ» ist der Altar in der Herderkirche gemeint. Da

---

42 Frank Büttner: «Argumentatio» in Bildern der Reformationszeit. Ein Beitrag zur Bestimmung argumentativer Strukturen in der Bildkunst. In: Zeitschrift für Kunstgeschichte. 57(1994), S. 23–42, hier S. 38, will gerade (aufgrund des antinomistischen Streites von 1537/40) den Prager Typus Luther und den Gothaer eher Melanchthon zuweisen. Danach Packeiser, Austausch 2002 (wie Anm. 2) S. 330 und Anm. 51; ähnlich auch Weimer, Rechtfertigungsthema 2003 (wie Anm. 1) S. 38; Harasimovicz, Glaubensbekenntnis 1996 (wie Anm. 1) S. 110 und 132, hebt den dogmatischeren Charakter der Gothaer Fassung hervor.

43 Zu nennen ist noch der 1539 fertiggestellte Altar für die St. Wolfgangskirche in Schneeberg im Erzgebirge; Thulin, Cranach-Altäre 1955 (wie Anm. 7) S. 33–53.

44 Vgl. Anm. 38.

45 Packeiser, Austausch 2002 (wie Anm. 2) S. 327 f. unter Bezug auf Harasimovicz, Glaubensbekenntnis 1996 (wie Anm. 1) S. 97–125 (Lutherische Bildepitaphien als Ausdruck des «Allgemeinen Priestertums der Gläubigen» am Beispiel Schlesiens) und S. 170–177 (Anmerkungen). Harasimowicz geht auch in den anderen Beiträgen seines Buches auf die Problematik ein und führt nicht nur Beispiele für die Beibehaltung des festgeschriebenen allegorischen Bildtyps in der 2. Hälfte des 16. Jahrhunderts an, sondern auch die unter den Bedingungen der Konfessionalisierung entstandenen Veränderungen der Bildfassung, u. a. S. 35 f., Abb. 30, S. 66 ff., Abb. 56, S. 71 ff., Abb. 59.

46 Martin Treu: Martin Luther in Wittenberg. Ein biografischer Rundgang, Wittenberg 2003, S. 100 (Abb.) und S. 114: Lucas Cranach d. Ä., Lucas Cranach d. J., Öl auf Holz, 190 mm x 255 mm (Rahmen 355 mm x 415 mm), Signatur G 156. Leihgabe des Landes Sachsen-Anhalt.

das Bild in den Weimarer Kunstsammlungen mit dem Gothaer nicht in allen Motiven übereinstimmt, kann das missverständlich sein. Allgemein ist die Auffassung beibehalten, dass Luther und Cranach die Bildschöpfer beider Bildtypen gewesen sind. Als Zeit für die Findung des Bildtyps wird «vor 1529» angegeben. Die Holzschnitte zu Luthers «Auslegung der Evangelien ...», die in Wittenberg 1528 erschienen, und zu Urbanus Rhegius' Schrift «Vom hochwürdigen Sacrament des altars», die ohne Angabe des Erscheinungsortes 1525 gedruckt worden ist, werden als Vorläufer des Prager Typs gezeigt. Für den in Zwickau aufbewahrten Druck von 1528 wird die Entstehung in der Cranachschen Werkstatt angegeben. Zu dem in Wien befindlichen von 1525 heißt es, ein unbekannter Künstler habe ihn geschaffen und damit Cranach Anregungen für seine Bildschöpfung vermittelt. Die Version von Geoffroy Tory findet keine Erwähnung.

Liste der für die Besprechung besonders wichtigen Titel:

• Karl Amon: Die Bildkomposition «Gesetz und Gnade» von Lukas Cranach d. Ä. In: Rudolf Zinnobler, u. a. (Hrsg.): Kirche in bewegter Zeit. Beiträge zur Geschichte der Kirche in der Zeit der Reformation und des 20. Jahrhunderts (Festschrift für Maximilian Liebmann zum 60. Geburtstag). Graz 1994. [Anm. 5]

• Hartmut Boockmann: Belehrung durch Bilder? Ein unbekannter Typus spätmittelalterlicher Tafelbilder. In: Zeitschrift für Kunstgeschichte. 57 (1994)1, S. 1–22. [Anm. 2]

• Jan Harasimowicz: Kunst als Glaubensbekenntnis. Beiträge zur Kunst- und Kulturgeschichte der Reformationszeit. Baden-Baden 1996. [Anm. 1]

• Peter Jezler: Himmel, Hölle, Fegefeuer. Das Jenseits im Mittelalter. [Ausstellungskatalog des Schweizerischen Landesmuseums Zürich]. München 2 1994. [Anm. 29]

• Allmuth Schuttwolf (Konz. u. Red.): Gotteswort und Menschenbild. Werke von Cranach und seinen Zeitgenossen. [Ausstellung auf Schloß Friedenstein zu Gotha vom 1. Juni bis 4. September 1994]. Gotha 1994. [Anm. 3]

• Claus Grimm, Johannes Erichsen und Evamaria Brockhoff (Hrsg.): Lucas Cranach. Ein Maler-Unternehmer aus Franken (Veröffentlichungen zur bayerischen Geschichte und Kultur. 26). Regensburg 1994

• Karl Georg Kaster und Gerd Steinwascher (Hrsg.): 450 Jahre Reformation in Osnabrück (Osnabrücker Kulturdenkmäler. Bd. 6). Bramsche 1993. [Anm. 14]

• Martin Angerer (Kat. und Red.): 450 Jahre Evangelische Kirche in Regensburg 1542–1992. Regensburg 1992. [Anm. 13]

• GÜNTER SCHUCHARDT (Red.): Gesetz und Gnade. Cranach, Luther und die Bilder. Eisenach 1994. [Anm. 16]

• JUTTA KRAUSS und GÜNTER SCHUCHARDT [Gesamtkonz. u. Red.): Aller Knecht und Christi Untertan. Der Mensch Luther und sein Umfeld. Katalog der Ausstellungen zum 450. Todesjahr 1996 – Wartburg und Eisenach. Eisenach 1996. [Anm. 3]

• INGRID KRÜGER: «Gesetz und Gnade». Ein reformatorisches Bildthema auf Siegburger Steinzeug. In: INGRID GUNTERMANN (Red.): Festschrift für Brigitte Klesse. Berlin 1994, S. 303–312. [Anm. 4]

• FRIEDRICH OHLY: Gesetz und Evangelium. Zur Typologie bei Luther und Lucas Cranach. Zum Blutstrahl der Gnade in der Kunst. Münster 1985. [Anm. 21]

• PETER POSCHARSKY (Hrsg.): Die Bilder in den lutherischen Kirchen. München 1998. [Anm. 24]

• SUSANNE URBACH: Eine unbekannte Darstellung von «Sündenfall und Erlösung» in Budapest und das Weiterleben des Cranachschen Rechtfertigungsbildes. In: Niederdeutsche Beiträge zur Kunstgeschichte. 28(1989), S. 33–64. [Anm. 3 und 30–34]

• CHRISTOPH WEIMER: Luther, Cranach und die Bilder. Gesetz und Evangelium – Schlüssel zum reformatorischen Bildgebrauch (Arbeiten zur Theologie. 89). Stuttgart 1999. [Anm. 1]

«Der Saal wird zur mächtigen Halle von ehedem» oder: Wie der «Sängerkrieg auf der Wartburg» seinen Ort und seine «Bilder» fand.

Stefan Schweizer

I.

Die 1876 erschienenen ‹Wartburgerinnerungen› aus der Feder Philipp Freytags gehören einer besonderen Spezies der Wartburgliteratur an. Einerseits ist das Büchlein im Titel als Erinnerungsliteratur deklariert, andererseits will es im Untertitel als ‹Cicerone› verstanden werden, als ein Führer, der seinen Lesern («Wartburgpilgern») eine Anleitung dafür in die Hand legt, sich die Vergangenheit der Burg mit der Seele zu erschließen, sie lebendig zu imaginieren.[1] Freytags Leser sollten sich bei ihrem Wartburgbesuch geradezu sinnlich betören lassen und damit der neu gestalteten Burg und ihrer Mittelalterinszenierung gerecht werden. Im Sängersaal des zweiten Obergeschosses glaubt sich der Autor (und mit ihm seine Leser) durch die malerische Dekoration «mit Zaubers Allgewalt in die sonn- und golddurchglänzten Zeiten des Minnesangs» versetzt. Frau Aventiure, die Muse der höfischen Dichter des Mittelalters, weile noch heute in der Halle, sie lasse demjenigen, der entsprechend gestimmt sei, «die Südwand des Saales gleich einem Vorhang des Althertums in die Erde sinken. Der Saal wird zur mächtigen Halle von ehedem. Darauf berührt sie (die Muse) mit ihrem Zauberstabe die Figuren des Schwind'schen Gemäldes und siehe da, es wird lebendig rings um uns her. Die Ritter und Sänger, der Landgraf, die Edelknappen und die Gäste, sie treten heraus aus dem Rahmen und beleben still den Raum.» In «seltener, ja ergreifender Weise» sei die Aufgabe, «das Andenken an die großen Dichter des Mittelalters würdig zu ehren», ver-

---

1 Philipp Freytag: Wartburgerinnerungen. Ein neuer Cicerone für Wartburgpilger. Leipzig 1876, S. 34.

Den Diskutanten der Tagung «Bilder gedeuteter Geschichte. Das Mittelalter in der Kunst und Architektur der Moderne» (Göttingen, Max-Planck-Institut für Geschichte, Juni 2003), namentlich Gabi Dolff-Bonekämper, Otto Gerhard Oexle, Áron Petneki und Ernö Marosi, bin ich für wichtige Anregungen zu Dank verpflichtet. Für zahlreiche Hinweise und die umstandslose Unterstützung danke ich darüber hinaus Petra Schall, Andreas Volkert, Matthias Launert und Michael Jacobs von der Wartburg-Stiftung herzlich. Nicht zuletzt verdankt sich dieser Beitrag zu großen Teilen den zahllosen Hinweisen und Ratschlägen, den kritischen Einwendungen sowie dem freundschaftlichen Beistand von Grit Jacobs.

wirklicht worden; maßgeblich hätten dazu Schwinds «weltberühmtes Bild ‹Der Sängerkrieg› und die eigenartig poesievolle Ausschmückung der Sängerlaube» beigetragen.

Angesichts dieser schwärmerischen Worte vergisst man leicht, dass der seit etwa 1851/52[2] als solcher bezeichnete ‹Sängersaal› keineswegs das Ergebnis eines planvollen, gar einheitlichen Raumprogramms darstellt. Vielmehr beruhte die architektonische und malerische Ausgestaltung des Saals mit Wandbild und Bühnenlaube auf einem Geflecht aus Interpretationen sowie Aus- und Umdeutungen. Neben dem Wartburgarchitekten Hugo von Ritgen sowie dem Bildhauer Konrad Knoll waren mit Moritz von Schwind, dem Dekorationsmaler Rosenthal, Rudolf Hofmann und Michael Welter insgesamt sechs Künstler an der Gestaltung des Sängersaals beteiligt, von denen die Hauptbeteiligten – Ritgen und Schwind – in beharrlichem Clinch lagen. Hinter dem offensichtlichen Konflikt zwischen Architekt und Maler verbirgt sich, wie zu zeigen ist, eine grundlegende Auseinandersetzung um die Formen und Inhalte historistischer Geschichtsimagination sowie um die Präsenz des Mittelalters in der Moderne, die im Namen des großherzoglichen Hauses von Sachsen-Weimar-Eisenach seit 1849 mit architektonischen, plastischen und malerischen Mitteln in Szene gesetzt werden sollte.

Dieser Beitrag versteht sich als historischer Längsschnitt, der am Beispiel des Mythos vom ‹Sängerkrieg auf der Wartburg› Überlieferungsformen und Deutungsmuster nachzeichnen und auf die Frage zuspitzen will, auf welche Art und Weise und in welchen künstlerischen Medien eine mittelalterliche Legende im 19. Jahrhundert als historisches Ereignis konstituiert werden konnte, das bis heute die historiographischen Auffassungen der Wartburg mitbestimmt.[3] Dazu ist es erforderlich, eine historisch-kulturwissenschaftliche Verknüpfung von germanistischen, historischen und kunsthistorischen Erkenntnissen und Fragestellungen vorzunehmen. Schwerpunkte bilden dabei die auf archäologischer Rekonstruktion beruhende architektonische bzw. malerische Gestaltung des Sängersaals, die Ikonographie des Sängerkriegsfreskos und der Sängerlaube sowie der darin verborgene politisch-dynastische Anspruch des Auftraggebers.

---

2 Vgl. OTTO STOESSL (Hrsg.): Moritz von Schwind. Briefe. Leipzig 1924, S. 324: Brief an Franz von Schober vom 21. Juni 1853. Es ist anzunehmen, dass Schwind sich auf eine ältere Bezeichnung beruft, die seit dem Einbau der Sängerlaube 1851 (s. u.) verwendet wurde.

3 Vgl. etwa: JOHN A. HOLLADAY: Hermann of Thuringia as patron of the arts. A case study. In: Journal of Medieval History. 16(1990), S. 191–216, hier S. 206. Die Autorin möchte mit Hilfe der Sängerkriegsdatierung die Erbauungszeit des Palas eingrenzen: «The supposed occurrence of the Sängerkrieg in the palace in 1206 or 1207 provides a tentative terminus ante quem for the completion of a grand ceremonial hall.»

II.

Schon lange bevor der Entschluss gefasst wurde, dem ‹Sängerkrieg auf der Wartburg› im Rahmen der baulichen und künstlerischen ‹Wiederherstellung› mit architektonischer Endgültigkeit einen Raum im Wartburgpalas zuzuweisen, bildete der Sängerkrieg einen zentralen Bestandteil der Wartburgmythologie.

Weitgehend gesicherten Boden der historischen Überlieferung des Sängerkriegs bietet die von Dietrich von Apolda zwischen 1289 und 1297 verfasste Elisabeth-Vita, die den ‹Sängerkrieg› mit der Geburt Elisabeths von Ungarn verknüpfte. Zwar werden weder die Wartburg noch Eisenach als Austragungsorte des Wettstreits erwähnt, jedoch weilte der zur Schlichtung des Streits herbeigerufene «magister Clinsor» in der Eisenacher Residenz des Landgrafen Hermann.[4] Die Figur des Klingsor bot Dietrich die Möglichkeit, das Leben der 1236 heiliggesprochenen Elisabeth als gänzlich vorbestimmt zu deklarieren. Die Anbindung der Sängerkriegsüberlieferung an die Elisabethlegende legte den Grundstein für eine stabile zeitliche Definition des Sängerwettstreits im Jahre 1207, dem Geburtsjahr Elisabeths, und markierte einen örtlichen Rahmen, der die Eisenacher Residenzen der Thüringer Landgrafen einschloss.

Nur kurze Zeit zuvor, zwischen der Mitte und dem Ende des 13. Jahrhunderts, waren Reimdichtungen unter dem Namen «Sängerkrieg» entstanden, deren Überlieferung wir verschiedenen mittelalterlichen Liederhandschriften verdanken.[5] Die in der Dichtung geschilderte Auseinandersetzung des später «Wartburgkrieg» genannten Streits, unter dem die Mediävistik ein «Konglomerat mittelhochdeutscher Sangspruchgedichte des 13. Jahrhunderts»[6] versteht, spielt am Hof des Landgrafen von Thüringen. Während im ersten Abschnitt des Sängerkriegs, im «Fürstenlob», dieser Hof Landgraf Hermanns von Thüringen topographisch nicht weiter konkretisiert wird, ist im jünger datierten Rätselspiel mit der Wartburg ein Ort des Geschehens genannt: «Diu

---

4 Monika Rener (Hrsg.): Die Vita der heiligen Elisabeth des Dietrich von Apolda (Veröffentlichung der historischen Kommission für Hessen. 52). Marburg 1993, S. 24: «Hic magister clinsor nomine ad diiudicandas predictorum virorum canciones in Thuringiam per voluntatem et beneplacitum principum est adductus. Qui antequam ad lantgravium introisset, nocte quadam in Ysenach sedens in area hospicii sui astra magna diligencia intuitus est.»

5 Burghart Wachinger: Sängerkrieg. Untersuchung zur Spruchdichtung des 13. Jahrhunderts (Münchner Texte und Untersuchungen zur Deutschen Literatur des Mittelalters. 42). München 1973, S. 52–61; Joachim Bumke: Geschichte der deutschen Literatur im hohen Mittelalter (Geschichte der deutschen Literatur im Mittelalter. 2). München 1990, S. 325 f.

6 H. Brunner: Wartburgkrieg. In: Norbert Angermann, u. v. a. (Hrsg.): Lexikon des Mittelalters. Bd. 8. München/Zürich 1997, Sp. 2056 f.

Abb. 1:
Miniaturdarstellung
des Sängerkriegs aus
der Manessischen
Liederhandschrift
(Codex Palatinus
Germanicus 848,
Heidelberg
Universitätsbiblio-
thek, f. 219v).
(wie Anm. 8)

lantgrêvin quam ouch aldar/Ze Wartberg ûf dem palas wart dâ gewar/bî ir wol vierzic vrouwen oder mêre.»[7] Nicht nur die Wartburg, sondern konkret der Palas bildete demnach in den Überlieferungen des ausgehenden 13. Jahrhunderts den Ort der Dichterfehde.

Kaum weniger wirkungsvoll als diese Übermittlung des Austragungsortes des Sängerkriegs in der mittelhochdeutschen Literatur dürfte für das Nachleben der Legende im 18. und 19. Jahrhundert auch die Tatsache gewesen sein, dass eine der berühmten Illuminationen der «Großen Manessischen Liederhandschrift» aus den ersten Jahrzehnten des 14. Jahrhunderts unter dem Stichwort «Klingsor von ungerlant» den Sängerkrieg illustriert.[8] (Abb. 1) Die entsprechende Illumination im Heidelberger Codex zeigt das Landgrafenpaar gemeinsam mit den Sängern: Während Landgraf Hermann und Landgräfin Sophia im oberen Bildregister der Darstellung thronen, sitzen die disputierenden Sänger, von denen Walther von der Vogelweide, Wolfram von Eschenbach, Reinmar der Alte, ein tugendhafter Schreiber, Heinrich von Ofterdingen sowie Klingsor von Ungarn inschriftlich aufgeführt sind, zu ihren Füßen.[9]

Wenige Jahre nach der Entstehung dieser Buchillumination sollte die in den einzelnen Liederhandschriften durchaus unterschiedlich tradierte Dichtung zum Bestandteil der hochmittelalterlichen Chronistik werden. Die um 1340/49 im ehemaligen Hauskloster der Ludowinger in Reinhardsbrunn kompilierte ‹Cronica Reinhardsbrunnensis› verortete den Sängerkrieg – «sex magistris in cantilenis» – auf dem «Wartperg» und in «Ysenach».[10] Auf der Grundlage dieser Überlieferung ging der Eisenacher Priester und Stadtschreiber

---

7 WACHINGER, Sängerkrieg 1975 (wie Anm. 5) S. 28 f.; in der Manessischen Liederhandschrift äußert sich Wolfram von Eschenbach folgendermaßen im Rätselspiel: «Diu lantgrêvin kam al dar/ze wartberg ûf palas. so wart man gewar/vierzec frowen bî ir dannoch mere»; zit. nach: GUNTHER SCHWEIKLE (Hrsg.): Parodie und Polemik in mittelhochdeutscher Dichtung. Stuttgart 1986, S. 129 (C 61). Von hier wanderte der Ort auch in die Lohengrin-Überlieferung, siehe: THOMAS CRAMER: Lohengrin. Edition und Untersuchung. München 1971, Nr. 61 C: «Diu lantgrevîn quam ouch aldar/ze Wartberc ûf den palas ...»

8 Heidelberg Universitätsbibliothek, Codex Palatinus Germanicus 848, f. 219v; siehe hierzu: INGO F. WALTHER (Hrsg.): Sämtliche Miniaturen der Manesse-Liederhandschrift. Aachen 1981, Tafel 72. (Abb. 1).

9 Vgl. auch: PETER VOLK: «Von Osterrîch der herre mîn». Zum Stand der Forschung zur Historizität Heinrichs von Ofterdingen. In: Wartburg-Jahrbuch 2000. 9(2002), S. 48–133, hierzu S. 95–102.

Johannes Rothe zu Beginn des 15. Jahrhunderts einen entscheidenden Schritt zur lokalhistorischen Prägung des Stoffs. 1387 erstmals als Priester in Eisenach erwähnt und 1434 dort verstorben, verfasste er verschiedene Chroniken, in denen der Sängerkrieg Erwähnung fand.[11] In der 1414 abgeschlossenen «Eisenacher Chronik» wird der Henker Stemphel auf die Wartburg gerufen, wo sich die Sänger im «Ritterhaus» versammelt hatten.[12] Umfassender informiert Rothe seine Leser in der zwischen 1407 und 1418 entstandenen «Thüringischen Weltchronik», die 1859 von Rochus von Liliencron ediert wurde.[13] Diese Chronik Rothes, das ist in unserem Zusammenhang nicht ohne Belang, sollte von den an der Wartburgwiederherstellung Beteiligen als eine der wichtigsten Quellen zur Burggeschichte wahrgenommen werden.[14] Zweifel am Austragungsort kamen Johannes Rothe nicht auf, bereits die Überschrift formulierte er entsprechend eindeutig: «Von den senger krige zu Warpergk.» Der Eisenacher Ratsschreiber gibt folgende Darstellung: «Noch Cristus gebort tußsent 206 jar do waren yn lantgraven Hermans houße zu Doryngen unde Hessin sechs edel unde vornumftige man under dem andern seyme houßegesynde, die hobisch waren mit getichte unde gar toguntsam. sie machten unde tichten nawe gesenge unde kregen dormete weder eyandir. unde dorumbe ßso habin dieselben lide noch den namen das man sie nennet krigk von Warpergk.»[15] Die Datierung auf 1206 gelingt Rothe über die Kenntnis des Geburtsjahrs der heiligen Elisabeth: Der im Streit unterlegene Heinrich von Ofterdingen – nicht wie noch bei Dietrich von Apolda der Landgraf – bittet Klingsor um Hilfe, der ein Jahr später eintraf und nach der Schlichtung des Streits die Geburt der zukünftigen Landgräfin, Elisabeths von Ungarn, prophezeite. «Unde an dem andern tage dornoch vorkundigete her (Klingsor) lantgraven Hermannen mit großßen freuden zu Warpergk uf dem sloße unde der lantrafynne.»[16] Damit hatte

---

10 Oswald Holder-Egger (Ed.): Cronica Reinhardsbrunnensis. In: Monumenta Germaniae Historica. Scriptores. Bd. 30. Teil 1. Hannover 1896, S. 490–656, hier S. 571–574. Zur mittelalterlichen Historiographie neuerdings: Stefan Tebruck: Die Reinhardsbrunner Geschichtsschreibung im Hochmittelalter (Jenaer Beiträge zur Geschichte. 4). Frankfurt a. M. u. a. 2001.

11 Volker Honemann: Johannes Rothe. In: Kurt Ruh, u. a. (Hrsg.): Die deutsche Literatur des Mittelalters. Verfasserlexikon. Bd. 8. Berlin u. a. 21992, Sp. 277–285.

12 [Rothe, Johannes]: Chronicon Thuringicum. Von Isenachis Begyn. In: J. Chr. Schoettgen und G. Chr. Kreysig (Hrsg.): Diplomataria et Scriptores Historiae Germaniae medii aevi. Bd. 1. Altenburg 1753, S. 85–106, hier S. 88 D.

13 Rochus von Liliencron (Hrsg.): Düringische Chronik des Johannes Rothe (Thüringische Geschichtsquellen. 3). Jena 1859.

14 Vgl. Wartburg-Stiftung Eisenach, Archiv (WSTA), Hs 3494, Hugo von Ritgen: Gedanken über die Restauration der Wartburg (1847), S. 7 f., auch Abschrift Hs 3499, 8.

15 Rothe/Liliencron, Chronik 1859 (wie Anm. 13) S. 330 f.

16 Rothe/Liliencron, Chronik 1859 (wie Anm. 13) S. 334. Auch in Rothes «Elisabethleben», einer Reimdichtung, berichtet der Autor in vergleichbarer Art und Weise vom Sängerkrieg.

Rothe das sagenhafte Geschehen des Sängerkriegs in die Historiographie eingeführt: Aus der Fabel war ein historisches Ereignis geworden, das sich überdies,
wie schon bei Dietrich von Apolda, auf eine Heiligenvita berufen konnte und
von nun an einen spezifischen Namen – «Wartburgkrieg» – trug. Nur nebenbei
spielte da noch eine Rolle, dass Heinrich von Ofterdingen zu einem Eisenacher
Bürger gemacht worden war.

Es liegt in der Natur der Sache, dass der einmal auf der Wartburg bzw. in
Eisenach verortete Sängerkrieg in den Chroniken, zumal denen der Lokal-
historiographie zu einem festen Bestandteil der Wartburggeschichte wurde. In
der «Historia der Stadt Eisenach», die der Tennstedter Pfarrer Andreas Toppius
im Jahre 1660 verfasste, firmiert der Sängerkrieg unter «Allerley andere nahm-
hafftige Geschichte, so sich in Eisenach verlauffen» und nimmt deutlich weniger Raum ein als die Darstellung der Beziehung Martin Luthers zu Eisenach.[17]
Des Weiteren scheint bemerkenswert, dass der Sängerkrieg zwar auf der
Wartburg spielt, aber nicht innerhalb der Wartburggeschichte, sondern im
Rahmen der städtischen Historie abgehandelt wird.

Ein halbes Jahrhundert später, im Jahre 1710, veröffentlichte Christian
Juncker, der Rektor des Eisenacher Gymnasiums, im dritten Teil seiner
Chronik eine «Historische Erzählung von der Festung Wartburg» aus der Feder
Johann Michael Kochs, die spürbar von den zeitgenössischen Konventionen
geprägt war. Die Minnesängerversammlung bildete nun eine «Hoff-Capelle»,
«die aus alten Meister Sängern bestunde und das Spiel zu Wartenburg genen-
net wurde».[18] Das Minnesängerspektakel identifizierte Koch kurzerhand mit
einer für die höfische Gesellschaft des frühen 18. Jahrhunderts charakteristi-
schen Institution und beschrieb sie schleierhaft als Hoforchester.

Auch Johann Heinrich Zedler besaß in der Mitte des 18. Jahrhunderts keine
rechte Vorstellung mehr vom Inhalt der mittelalterlichen Legende. Der
Gelehrte erwähnte den Sängerkrieg bezeichnenderweise nicht unter dem
Lemma «Wartburg» und betitelt das legendäre Geschehen vage als «Wartburger
Spiel», das aus «certieren und dergleichen Zeitvertreib» der «Meister-Sänger»
bestand.[19] Zwar lässt die Erwähnung des poesiefreudigen Landgrafen Hermann
über den Ort der Austragung keine Zweifel, doch bildete das «Wartburger
Spiel» kein historisches Ereignis innerhalb der Wartburggeschichte.

Dem gegenüber kann die 1792 veröffentlichte und bereits 1795 um eine
zweite Auflage bereicherte Wartburggeschichte des Johann Carl Salomo Thon

---

17 ANDREAS TOPPIUS: Historia der Stadt Eisenach (Neudruck). In: Beiträge zur Geschichte Eisen-
    achs. XXV 2. Eisenach 1916, S. 29.

18 JOHANN MICHAEL KOCH: Historische Erzählung von der Feste Wartburg (Neudruck). In: Beiträge
    Eisenach 1916 (wie Anm. 17) S. 17.

19 JOHANN HEINRICH ZEDLER: Grosses vollständiges Universal-Lexikon aller Wissenschaften und
    Künste. Bd. 52. Leipzig/Halle 1747, Sp. 2310–2319 (Wartburg), Sp. 2319 (Wartburger Spiel).

als erster Versuch gewertet werden, die Überlieferung des Sängerkriegs mit den wenigen bis dahin verfügbaren mittelalterlichen Quellen abzugleichen.[20] «Des Krieges müde», habe Landgraf Hermann I. an seinem Hof berühmte Minnesänger beherbergt, die jedoch nicht mit den «geistlosen und pöbelhaften Liedschmierern, die im fünfzehnten und sechszehnten Jahrhunderte, die Dichtkunst verunedelten, und sich auch Meistersänger nennen ließen»[21], verwechselt werden sollten. Thon stützt sich bei seiner Bewertung des Sängerkriegs nicht nur auf Abhandlungen des 17. und 18. Jahrhunderts,[22] sondern offenbar auch auf die «Jenaer Liederhandschrift».[23]

Schon die Tatsache, dass die Wartburg als Austragungsort des Sängerkriegs anzusehen sei, zwinge jeden, die Burg als Denkmal aufzufassen: «Unter dem Landgrafen, Hermann, dem I. hielt sich eine berühmte Gesellschaft auf, weswegen dieses Schloß für einen Liebhaber der teutschen Literatur schon sehenswürdig ist und bleiben wird. Sie bestand, wie viele Geschichtsbücher der mittlern Zeit melden, und die Ueberbleibsel ihrer Gesänge beweisen, aus sechs vornehmen sinnreichen Meistersängern, die unter einander, in Gegenwart der fürstlichen Personen, dichterische Wettstreite anstellten, welche das Spiel oder der Krieg zu Wartberg genannt wurden.»[24] Die von Thon identifizierten Teilnehmer beruhen auf zweifelhaften Überlieferungen: So soll ausgerechnet Heinrich von Veldecke die anderen Sänger zur Dichtkunst ermuntert haben, der sonst in keiner Überlieferung als Teilnehmer bezeugt ist, aber in der Tat am thüringischen Landgrafenhof eine wichtige Rolle spielte.[25] Im Kern gibt Thon den Sängerkrieg weitgehend so wieder, wie ihn die Mehrzahl der Überlieferun-

---

20 Johann Carl Salomo Thon: Schloß Wartburg. Ein Beytrag zur Kunde der Vorzeit. Gotha 1792, ²1795 (vier Auflagen bis 1826).

21 Thon, Wartburg 1792 (wie Anm. 20) S. 51 f.; noch Hugo von Ritgen: Der Führer auf der Wartburg. Ein Wegweiser für Fremde und ein Beitrag zur Kunde der Vorzeit. Leipzig 1860, (²1869), S. 63, wiederholt Thons Formulierungen passagenweise.

22 Unter anderem auf: Johann Christof Wagenseil: Von der Maister-Singer Holdseliger Kunst Anfang. Nürnberg 1697, sowie auf: Basilius Christian Bernhardt Wiedeburg: Ausführliche Nachricht von einigen poetischen teutschen Manuscripten aus dem dreyzehnten und vierzehnten Jahrhunderte. Jena 1754.

23 Thon, Wartburg 1792 (wie Anm. 20) S. 58: «In der vortreflichen jenaischen Sammlung finden sich wirklich verschiedene dichterische Bruchstücke ...».

24 Thon, Wartburg 1792 (wie Anm. 20) S. 32.

25 Zu Heinrich von Veldecke: Bernd Bastert: DÔ SI DER LANTGRFE NAM: Zur «Klever Hochzeit» und der Genese des Eneas Romans. In: Zeitschrift für deutsches Altertum und deutsche Literatur. 123(1994), S. 253–273, hier S. 265: Zwischen 1184 und 1189 vollendet Heinrich von Veldecke seinen Aeneas-Roman «Eneit» im Auftrag des damaligen Pfalzgrafen und späteren (seit 1190) Landgrafen Hermann auf der Neuenburg über Freyburg; das unvollendete Manuskript war Heinrich von Veldecke von Graf Heinrich I. von Schwarzburg gestohlen worden und gelangte durch Vermittlung dessen Bruders, Günthers von Schwarzburg, wieder an den Hof der Ludowinger.

gen schildert. Als Protagonisten des Streits macht er jedoch Heinrich von Ofterdingen und Walther von der Vogelweide aus, während Reinmar Zweter und Wolfram von Eschenbach als Schiedsrichter auftreten, ehe Klingsor von Ungarn den Streit schlichtet. Schließlich findet auch die Prophezeiung der Geburt Elisabeths durch Klingsor Erwähnung.

Ganz ohne ‹handfeste› Wirkungsgeschichte wollte Thon seinen «Krieg zu Wartberg» aber dann doch nicht abschließen lassen, weshalb er ein gänzlich unbestimmtes Nachleben des Sängerkriegs erfand: «Auf diese Art war durch Hermanns Unterstützung und Vorsorge die Wartburg der Sitz einer Dichterakademie, wovon sich die Wirkung, selbst bey seiner Nachkommenschaft und sonst, sehr merklich zeigte.»[26] – was selbstverständlich ohne jede historische Quelle mitgeteilt wird.

Auf Thons Abhandlung des Sängerkriegs folgt zeitlich jene Phase romantischer Literatur und Mittelalterbegeisterung, in deren Zentrum zahlreiche mittelalterliche Themen Umdeutungen erfuhren oder den Ausgangspunkt von Neuschöpfungen bildeten. Auch wenn die ausführliche Darstellung dieser Aneignung des Minnesängerstoffs durch die romantische Literatur und die frühe Germanistik hier wünschenswert wäre, so muss doch darauf verzichtet werden.[27] Der Autor würde hier nur kompilieren und das Thema für einen Aufsatz schlicht ausufern. Es muss genügen auf Grundsätzliches hinzuweisen: Die Minnesängerstoffe waren bereits im 18. Jahrhundert, getragen von einem neuerwachten Interesse an deutscher mittelalterlicher Literatur, wieder ins Bewusstsein der Öffentlichkeit getreten und erfuhren in der ersten Hälfte des 19. Jahrhunderts eine enorme Popularität.[28] Dabei trat ein Deutungsmotiv besonders hervor, welches für die Bewertung des Sängerkriegs auf der Wartburg zum dominierenden Muster der Interpretationen werden sollte – das im Sängerkrieg beispielhaft von einem Fürsten verkörperte Mäzenatentum. Als Exempel hierfür sei auf die von dem Germanisten Friedrich Heinrich von der Hagen 1838 edierten Texte der Manessischen Liederhandschrift verwiesen.[29] In der Widmung an den Preußischen König Friedrich Wilhelm III. betont von der Hagen den sozialen Modellcharakter der Minnesängerzeit: «Alle verband so

---

26 THON, Wartburg 1792 (wie Anm. 20) S. 59.

27 Verwiesen sei lediglich auf folgende, mit wissenschaftlichem Anspruch edierten Werke: LUDWIG ETTMÜLLER: Der Singerkriec uf Wartburc. Gedicht aus dem XIII. Jahrhunderte. Zum ersten Male genau nach der Jenaer Urkunde nebst den Abweichungen der Manesse und des Lohengrins herausgegeben. Ilmenau 1830; CHRISTIAN THEODOR LUDWIG LUCAS: Über den Krieg von Wartburg (Abhandlungen der Königlich Deutschen Gesellschaft in Königsberg). Königsberg 1833 (Ein Versuch, Heinrich von Ofterdingen mit Tannhäuser zu identifizieren.); KARL SIMROCK (Hrsg., geordnet, übersetzt und erläutert): Der Wartburgkrieg. Stuttgart/Augsburg 1858 (gewidmet übrigens Großherzog Carl Alexander von Sachsen-Weimar-Eisenach).

28 Vgl. JOHANN JACOB BODMER: Sammlung von Minnesingern aus dem schwäbischen Zeitpunkte. 2 Bde. Zürich 1758/59.

diese heilige hehre und volksmäßige Kunst; gleichwie im Staats-Leben die hohen und niederen Stände des Reichs durch das mächtige, weltlich-geistliche Band der Ritterschaft vereinigt und zugleich geweihet wurde.»[30]

Die Namen der Autoren, die sich an den literarischen Umbildungen oder den Neuentwürfen der Minnesängerstoffe beteiligten, lesen sich wie das «Who is Who» der deutschen Romantik – Novalis, August Wilhelm Schlegel, Friedrich Schlegel, Ludwig Tieck, E.T.A. Hofmann, die Brüder Grimm, Clemens von Brentano, Ludwig Bechstein, Viktor von Scheffel – um nur die wichtigsten zu nennen.[31] Motivgeschichtlich ist dabei von Bedeutung, dass aus dem Sängerkriegs-Stoff zwei völlig unterschiedliche Themenkomplexe hervortraten, die verschiedenen Überlieferungstraditionen angehörten. Einerseits derjenige des in der mittelalterlichen Literatur begründeten Fürstenlobs, der nur gelegentlich literarisch verarbeitet wurde, andererseits der Tannhäuserstoff, dessen Widerstreit von menschlicher Lust und idealisierter Frauenverehrung das Liebesideal und das Frauenbild der eigenen Zeit unmittelbar berührte.[32] Der Sagensammler Ludwig Bechstein verband Sängerkrieg und Tannhäuser-Überlieferung 1835 auch topographisch.[33] Die nahe Eisenach gelegenen

---

29 Friedrich Heinrich von der Hagen: Minnesinger. Deutsche Liederdichter des zwölften, dreizehnten und vierzehnten Jahrhunderts. Bd. 1 und 2. Leipzig 1838. Diese ersten beiden Bände beinhalteten die ‹Minnesinger der Manessischen Sammlung›, Bd. 2, S. 3–19 Klingsor von Ungerland (Krieg auf Wartburg).

30 Hagen, Minnesinger 1838 (wie Anm. 29) Bd. 1, Widmung (ohne Paginierung, nach Seitenzählung S. 3 f.).

31 Siehe grundsätzlich: Elisabeth Frenzel: Stoffe der Weltliteratur. Ein Lexikon deutungsgeschichtlicher Längsschnitte. Stuttgart 1962, S. 253–256 (Heinrich von Ofterdingen) und S. 612–614 (Tannhäuser).

32 Der Tannhäuser-Stoff besaß bis zum Beginn des 19. Jahrhunderts eine völlig eigenständige Überlieferungstradition. Wegen seines papstkritischen Inhalts konnte der Stoff während der Reformation an Popularität gewinnen, als das Tannhäusergedicht sogar auf Flugblättern verbreitet wurde. 1806 hatten Achim von Arnim und Clemens Brentano das Tannhäusergedicht in die Liedersammlung «Des Knaben Wunderhorn» aufgenommen und das Gedicht aus dem Jahre 1521 veröffentlicht; vgl. Helmut Kirchmeyer: Tannhäuser-Symbole und Tannhäuser-Thesen. In: Attila Csampai und Dietmar Holland (Hrsg.): Richard Wagner. Tannhäuser. Texte, Materialien, Kommentar. Reinbek bei Hamburg 1986, S. 73–90; des Weiteren: Günter Schuchardt und Ursula Wenke (Red.): Richard Wagner. Tannhäuser. «Freudig begrüßen wir die edle Halle wo Kunst und Frieden nur verweilen ...». Eisenach 1997. Exemplarisch ist E.T.A. Hoffmann, der die Überlieferungen von Tannhäuser und Sängerkrieg in den «Serapionsbrüdern» verbindet. Heinrich von Ofterdingen wird als von irdischem Liebesschmerz geplagter Sänger beschrieben, der die «überschwengliche Freude des Venusbergs» genossen hatte; ihm steht Wolfram von Eschenbach gegenüber, der die «Himmelsseeligkeit der reinen Liebe» pries; E.T.A. Hoffmann: Die Meistersänger auf der Wartburg. In: E.T.A. Hoffmann: Die Serapionsbrüder. Gesammelte Erzählungen und Märchen. Bd. 1. Berlin 1978, S. 370.

33 Ludwig Bechstein: Der Sagenschatz und die Sagenkreise des Thüringerlandes. Erster Theil. Die Sagen von Eisenach, der Wartburg, dem Hörselberg und Reinhardsbrunn. Hildburghausen 1835, S. 137–145; Bechstein erzählt einerseits die «Mähr von dem Ritter Tanhäuser», der am

Hörselberge wurden zum Ort der imaginären Venusgrotte erklärt – ein landschaftlicher Bezug, den Richard Wagner in seiner 1845 entstandenen Oper «Tannhäuser und der Sängerkrieg auf Wartburg» aufgriff. Gerade in den 1850er Jahren, zu der Zeit, als sich Moritz von Schwind intensiv mit dem Thema des Sängerkriegs auseinandersetzte, erlebte die Tannhäuser-Oper Wagners erfolgreiche Aufführungen. Der Dresdener Uraufführung am 19. Oktober 1845 folgte zunächst eine von Franz Liszt besorgte Weimarer Aufführung im Februar 1849, sodann Inszenierungen in Schwerin, Breslau und Wiesbaden (1852), weitere in Leipzig, Kassel, Hannover und Posen (1853).[34] Zu der Aufführung im Januar 1856 in der Berliner Lindenoper hatte Wartburgarchitekt Hugo von Ritgen Entwurfsskizzen zum Wartburgpalas zur Verfügung gestellt.[35]

Bemerkenswerterweise verlor Johann Wolfgang von Goethe bei seinen Wartburgaufenthalten keinen Gedanken an die Minnesängergeschichte. Der Dichterfürst gelangte auf der teilweise ruinösen Wartburg überwiegend zu naturschwärmerischen Berichten. Die Burgarchitektur und die Burggeschichte boten ihm nicht das Mittelalterbild, das ihn am Straßburger Münster begeistert hatte und dessen Baumeister Erwin von Steinbach Goethe romantisch zu einem mittelalterlichen Genie verklärte.[36] Die scheinbar bedeutungslos gewordene Wartburg hatte innerhalb seiner Verherrlichung des deutschen Mittelalters keinen Platz. Die Burg konnte Goethes gotikzentrierter Mittelaltervorstellung nicht entsprechen, zumal der romanische Wartburgpalas noch nicht in seiner architektonischen Grundform rekonstruiert worden war. Zwar griff der Dichter auf die populäre Vorstellung der Wartburg als «Luthers Patmos» zurück, den Vorschlag, die Wartburg zu einem Museum auszubauen, das «der gegenwärtigen Liebe und Leidenschaft zu den Resten der alten deutschen Kunst» entspräche, brachte er jedoch ohne engeren Bezug zum Ort vor.[37] Bezeichnenderweise spielte für ihn, den Dichter und die intellektuelle

Hofe Landgraf Hermanns von Thüringens auf der Wartburg geweilt habe; andererseits druckt er «Das lied von dem Tannhäuser» mit dem Holzschnitt des Flugblatts von 1521 ab, das sich in seiner Sammlung befindet.

34 Hierzu: Oswald Georg Bauer: «Tannhäuser» zu Richard Wagners Zeit. In: Richard Wagner. Tannhäuser 1997 (wie Anm. 32) S. 31–56, hier S. 41 ff.

35 Ludwig Rellstab schrieb über die Aufführung in der ‹Vossischen Zeitung›: «Die Schönheit der Dekoration, die gluthdurchflammte Tropfsteinhöhle des Venusbergs, das grüne reizende Thal mit der Wartburg im Sonnenlicht, der Wartburg-Saal treu nach der noch erst zu vollendenden Restauration in der Burg selbst, endlich Thal und Burg im Mondenlicht ... – das Alles ist wahrhaft außerordentlich zu nennen.», zit. nach: Manfred Haedler: Wege und Irrwege eines Minnesängers. Zur Aufführungsgeschichte des «Tannhäuser» in der Berliner Lindenoper. In: Tannhäuser und der Sängerkrieg auf der Wartburg von Richard Wagner/Herausgegeben von der Staatsoper Unter den Linden Berlin. Berlin 1999, S. 112 f.

36 Johann Wolfgang Goethe: Von deutscher Baukunst (1772). In: Erich Trunz: Goethes Werke. Bd. 12 (Hamburger Ausgabe in 14 Bänden). München 1981, S. 7–15.

Zentralgestalt des Weimarer Hofes, der Sängerkrieg keine Rolle. Dies ist um so bemerkenswerter, als zwei Jahrzehnte nach dem Tod Goethes gerade der mittelalterliche Wartburgkrieg und das in ihm bezeugte Mäzenatentum als Präfiguration der zeitgenössischen Weimarer Kunstförderung inszeniert werden sollte.

III.

Seit etwa 1838 hegte Carl Alexander, der damalige Erbgroßherzog von Sachsen-Weimar-Eisenach, den Plan, die «Restauration» bzw. «Wiederherstellung» der Wartburg voranzutreiben, eine Idee, die er nach eigenem Bekunden seiner Mutter Maria Pawlowna verdankte.[38] In der Wartburggeschichte wollte der Großherzog besonders drei Epochenkonzentrate vergegenwärtigt sehen: Landgraf Hermann I. und die an seinem Hof bezeugten Minnesänger, sodann die heilige Elisabeth und schließlich Martin Luther. Von Beginn an bildete der Sängerkrieg einen zentralen Bestandteil der erbgroßherzoglichen Wartburgmythologie, dessen Überlieferung mit der Wartburg einen mittlerweile unbestrittenen Ort besaß, während die Erinnerung an die heilige Elisabeth und Martin Luther in Konkurrenz treten musste zu anderen Erinnerungsorten wie Marburg oder Wittenberg.

Der architekturinteressierte Weimarer Maler Carl Alexander Simon bestärkte die Großherzogin 1838 darin, die Burgwiederherstellung ins Auge zu fassen. In einer ‹archäologischen Skizze› deklarierte Simon 1838 als einer der ersten an der Wartburgrestaurierung Beteiligten das Motiv nationalgeschichtlicher Bedeutsamkeit – die Wartburg sei demnach an herausragender Stelle unter die «nazionale(n) Althertümer»[39] einzureihen. Simon entwarf eine museal-sepulkrale Walhalla-Vorstellung von der Wartburg, deren «Erhaltung» er mit einer «Wiedergeburt» identifizierte. Die Burg gedachte er zu einem «Tempel der

---

37 WALTER SCHEIDIG: Goethe und die Wartburg. Weimar 1961; vgl. den Brief an Minister Christian G. Voigt vom 27. 11. 1815: Goethe schlägt hier vor, die mittelalterliche Einrichtung des 1806 zerstörten Schlosses in Blankenhain in der Wartburg-Kapelle auszustellen; vgl. des Weiteren den Brief an Charlotte von Stein vom 13.–16. September 1777, SCHEIDIG, Goethe 1961 (s. o.) S. 19 f., sowie den Brief an J. C. Kestner, vom 28. September 1877, SCHEIDIG, Goethe 1961 (s. o.) S. 22.

38 In seinen Erinnerungen legt Carl Alexander der Mutter die Worte in den Mund, «Du solltest einmal daran denken, dies wieder herzustellen»; CARL ALEXANDER: Erinnerungen an die Wiederherstellung der Wartburg. In: MAX BAUMGÄRTEL (Hrsg.): Die Wartburg. Ein Denkmal deutscher Geschichte und Kunst. Berlin 1907, S. 7; wiederabgedruckt in: JUTTA KRAUSS (Hrsg.): Carl Alexander. «So wäre ich angekommen, wieder, wo ich ausging, an der Wartburg». [Begleitschrift zur Ausstellung auf der Wartburg und in Weimar 2001]. Eisenach 2001, S. 27–40; vgl. auch die instruktiven Anmerkungen von JUTTA KRAUSS: Carl Alexanders Erinnerungen – ein Nachwort. In: KRAUSS, Begleitschrift 2001 (s. o.) S. 41–52; RITGEN, Führer 1860 (wie Anm. 21) S. 47, gibt das Jahr 1835 für Carl Alexanders Entscheidung an.

Geschichte» auszubauen, «in welchem die Nation sich an den Beispielen der
Altvorderen sammeln kann.»[40]

Auch Simon sah im Sängerkrieg eine für die Wartburgmythologie zentrale
Überlieferung, deren «Gegenstand er sehr lieb gewonnen» habe, wie er in
einem Brief aus dem Jahre 1838 mitteilt.[41] Der Großherzogin Maria Pawlowna
überreichte er 1838 sein Ölgemälde «Der Sängerkrieg auf der Wartburg», das
sich heute im Museum der Wartburg befindet (Abb. 2).[42] Im Mittelpunkt der
Bildhandlung steht der zu Füßen der Landgräfin um Schutz suchende
Heinrich von Ofterdingen. Er wird bedroht von Biterolf, der sich furienhaft
hinter Walter von der Vogelweide aufbäumt und Ofterdingen die Harfe zu ent-
reißen sucht. Die Darstellung Walters folgt einer eingeführten Ikonographie:
Er sitzt mit übereinandergeschlagen Knien, den Kopf in die linke Hand
gestützt und blickt zum Betrachter. Am rechten Bildrand ist der am Schwert
nestelnde und argwöhnisch die «barbarische Handlung» verfolgende Wolfram
von Eschenbach kenntlich gemacht, dessen Werke – «Parzival» und «Wille-
halm» – in Form von Codizes zu seinen Füßen liegen. Zwischen Wolfram und

Abb. 2:
Carl Alexander
Simon:
Der Sängerkrieg
auf der Wartburg,
Öl auf Leinwand,
Wartburg-Stiftung
Eisenach,
Inv.-Nr. 148.

39 So Simon bei der Übergabe seines «Sängerkriegsbildes» an die Großherzogin 1838, zit. nach
   KRAUSS, Erinnerungen 2001 (wie Anm. 38) S. 42; vgl. auch WSTA (wie Anm. 14) Hs 3496, CARL
   ALEXANDER SIMON: Die Wartburg. eine archäologische Skizze (1839), Abschrift; zur Rolle der
   Wartburg als Nationaldenkmal vgl. GÜNTER SCHUCHARDT: Eisenacher «Nationaldenkmäler». In:
   Wartburg-Jahrbuch 1996. 5(1997), S. 103 – 128, hier S. 109.

Ofterdingen sitzen des Weiteren Heinrich der Schreiber am Thron der Landgräfin sowie Reinmar von Zweter – beide entsprechen ebenfalls dem melancholischen Minnesängertypus, der von Simon als Antipode zur dramatischen Auseinandersetzung zwischen Biterolf und Ofterdingen aufgefasst ist. Der Landgraf sitzt neben einem Geistlichen unauffällig im Bildhintergrund, am rechten Bildrand lehnt der Henker an der Arkadenwand. Es handelt sich keineswegs um eine künstlerisch überzeugende Darstellung, doch ist der Versuch Simons, die Bilderzählung aus literarischen Quellen wie dem «Wartburgkrieg» oder dem «Parzival» zu entwickeln und dabei zeitgenössische literarische Umbildungen des Stoffs zu ignorieren, von bemerkenswerter Eigenständigkeit.[43] Vergleicht man das Ölgemälde mit einem etwa zeitgleichen Holzstich des «Sängerkriegs» von Friedrich Ludwig Unzelmann, den Heinrich von der Hagen seiner Edition der Manesse-Texte beigab,[44] dann wird deutlich, wie differenziert Simon die einzelnen Minnesänger zu charakterisieren weiß (Abb. 3). Der Holzschnitt dagegen setzt den Sängerkrieg im Stile eines mittelalterlichen Abendmahls oder einer Marienkrönung unter einer spitzbogigen Laube wie eine Miniaturschnitzerei in Szene. Während hier das Dekorum den Träger der mittelalterlichen Stilisierung abgibt, gelingt Simon mit der auf Textkenntnissen beruhenden Charakterisierung eine Individualisierung der Sänger, die dem Anspruch der Zeitgenossen an eine Vergegenwärtigung der Vergangenheit weitgehend entsprach.

Mit Hilfe der Säulenarkade verortet Simon den Sängerkrieg im Palas der Wartburg, der eine geradezu musikalische Ausstattung besitzt. Über einem Biforienfenster im Bildhintergrund, ist inschriftlich die Jahreszahl 1206 angebracht, während eine Harfe spielende Heiligenfigur (vermutlich die heilige Cäcilie) Frömmigkeit und Musikalität miteinander verschmelzen lässt. Selbst der thüringische Wappenlöwe spielt dieses symbolhafte Instrument in einem Wandschild. Mit Hilfe von Dekoration und Bildhandlung entwirft Simon die effektvoll in Abendlicht getauchte Wartburg als Musensitz.

Ganz ähnlich richtete sich der Erbgroßherzog schon Jahre vor dem Umbau den Wartburgpalas gedanklich ein. Den Zusammenhang von historischem Ort

---

40 Brief Simons an Wilhelm Schweitzer August 1838, zit. nach: BAUMGÄRTEL, Wartburg 1907 (wie Anm. 38) S. 291.

41 Goethe-Schiller-Archiv Weimar, GSA 85/29, 3, Brief Alexander Simons, undatiert, vermutlich an Ludwig von Schorn.

42 Zu Simon: ULRICH THIEME und FELIX BECKER (Begr.), HANS VOLLMER (Hrsg.): Allgemeines Lexikon der bildenden Künstler von der Antike bis zur Gegenwart. Bd. 31. Leipzig 1937, S. 52; ULRIKE GAUSS (Hrsg.): Die Zeichnungen und Aquarelle des 19. Jahrhunderts der Staatsgalerie Stuttgart. Bestandskatalog. Stuttgart 1976, S. 189 f., hier einige Zeichnungsskizzen, die dem Ölgemälde vorausgingen.

43 Vgl. Brief Alexander Simons (wie Anm. 41).

44 HAGEN, Minnesinger 1838 (wie Anm. 29) Bd. 2, S. 3.

Abb. 3:
Friedrich Ludwig
Unzelmann,
Klingsor von
Ungerland (Krieg
auf Wartburg),
Holzstich.
Abgedruckt in:
Friedrich Heinrich
von der Hagen:
Minnesinger.
Deutsche Lieder-
dichter des XII. bis
XIV. Jahrhunderts.
Leipzig 1838,
Bd. 2, S. 3.

und historischem Ereignis verdeutlichte er 1844 in einem Brief an den Dichter Hans Christian Andersen wortreich: «Das Schloß aus dem ich mit Ihnen rede ist die Wartburg, jenes berühmte Schloß von dem herab im Mittelalter die Dichtkunst zuerst herab stieg in die deutschen Gauen. Nur wenige Schritte von meiner Wohnung liegt ein gewaltiges Gebäude; drei Reihen unendlicher Quadern auf schlanken Säulen ruhend zieren die Außenseite nach dem Hofe. Die obere Reihe gehört dem Saale wo die deutschen Minnesänger zuerst dich-teten und sangen, die zweite den Sälen wo die alten thüringer Landgrafen Hof hielten und wo ihre Rüstungen jetzt prangen, und der Capelle in der Luther predigte, die dritte den Gemächern wo die heilige Elisabeth still ihren Segen spendete, ein Segen, der in frommen Stiftungen bis heute in Eisenach fortlebt. Auf dem Gange den ich bewohne, gleich neben meinem Schlafzimmer liegt das Gemach wo Luther die Bibel übersetzte und so giebt es der historischen Erinnerungen eine Unzahl die an jeden[m] Stein dieses Schloßes haften.»[45]

Die Burg erscheint Carl Alexander als «Andachtsbuch», als «Ort ..., der die Wiege deutscher Literatur, sein Kind, dann in Weimar groß werden ließ.» Der Brief ist über die Tatsache hinaus, dass er einen Einblick in die romantische Vorstellungswelt des zukünftigen Großherzogs gestattet, aus zwei Gründen interessant: Einerseits tritt uns erneut das dynastische Deutungsmotiv des Sängerstreits entgegen, wenn die Weimarer Klassik als «Kind» der Minnesängerepoche angesprochen wird. Die familiäre Floskel gestattete die Veranschaulichung dynastischer Kontinuität im Spiegel der deutschen Literaturgeschichte, also der Kunst. Andererseits ist der Brief von Interesse, weil Carl Alexander den Sängerkrieg im obersten Geschoss des Palas verortet. Zu diesem Zeitpunkt ist der Palas für den Potentaten buchstäblich ein Haus der Geschichtlichkeit. Im

45 Ivy York Möller-Christensen und Ernst Möller-Christensen (Hrsg.): Mein edler, theurer Großherzog! Briefwechsel zwischen Hans Christian Andersen und Großherzog Carl-Alexander von Sachsen-Weimar-Eisenach. Göttingen 1998, S. 16–18: Carl Alexander an Hans Christian Andersen, vom 13. 11. 1844.

Erdgeschoss habe Elisabeth gelebt, im Geschoss darüber der jeweilige Landgraf residiert und Luther gepredigt, im Obergeschoss darüber seien die Minnesänger zu ihrem Streit angetreten. Erst später, im Prozess der «Wiederherstellung», sollten die einzelnen Erinnerungsorte differenzierter verwirklicht und in verschiedenen Bauwerken auf der ganzen Burg «verteilt» werden. [46]

Diese vom Großherzog persönlich vorgezeichneten Traditionslinien bestimmten die Burgrestaurierung sowie die Neueinrichtung samt Ausmalung unmittelbar. Vor diesem Hintergrund der Traditionskonstruktion erklärt sich auch die Entscheidung gegen die von Carl Alexander Simon vorgeschlagene Idee eines nationalen Pantheons und später gegen den Vorschlag des preußischen Landeskonservators Alexander Ferdinand von Quast, die Wartburg zu einem repräsentativen Zweitregierungssitz auszubauen.[47]

In einer Urkunde zur Grundsteinlegung des neuen Bergfrieds (1853) wurde die inhaltliche Ausrichtung der Wartburg-«Wiederherstellung» ausführlich begründet. Einerseits würde die Burg so wiederhergestellt, «daß sie von den verschiedenen Zeiten, die sie merkwürdig gemacht, gleichmäßig Zeugnis gebe. In ihrer Neugestaltung sollte sie das Bild aller dieser Epochen widerspiegeln und doch einen ganzen, einigen, harmonischen Eindruck gewähren ...»[48] Obwohl Geschichte hier in ihrer Gesamtheit und unter dem Anspruch der Homogenität und des Gleichmaßes der Epochen imaginiert wurde, wollte der Großherzog vier Gesichtspunkte der Restaurierung herausgestellt sehen, Gesichtspunkte, die sich als Deutungsmuster erweisen: «1. die historisch- und politisch-

---

46 Vgl., leider sehr allgemein: Etienne François: Die Wartburg. In: Etienne François und Hagen Schulze (Hrsg.): Deutsche Erinnerungsorte. Bd. 2. München 2001, S. 154–170; zur Lutherverehrung auf der Burg: Martin Steffens: Die Lutherstube auf der Wartburg. Von der Gefängniszelle zum Geschichtsmuseum. In: Wartburg-Jahrbuch 2001. 10(2002), S. 70–97; Martin Steffens: Die Lutherstube auf der Wartburg. Von der Gefängniszelle zum Geschichtsmuseum. In: Stefan Laube und Karl-Heinz Fix (Hrsg.): Lutherinszenierung und Reformationserinnerung (Schriften der Stiftung Lutherstätten in Sachsen-Anhalt. Bd. 2). Leipzig 2002, S. 317–342.

47 Quast wurde vom preußischen König Friedrich Wilhelm IV. empfohlen; siehe: Peter Findeisen: Die Wartburg-Entwürfe Ferdinand von Quasts aus den Jahren 1846 und 1848. In: Wartburg-Jahrbuch 1993. 2(1994), S. 102–114; sowie Ernst Badstübner: Friedrich Wilhelm IV., Ferdinand von Quast und die Wartburg. In: Wartburg-Jahrbuch 1995. 4(1996), S. 102–111. Vermutlich verdanken sich diese Abwägungen über die grundsätzliche Auffassung der Burg und ihrer architektonischen Erscheinung den Beratungen des Erbgroßherzogs mit dem kongenialen Burghauptmann Bernhard von Arnswald. Allerdings darf nicht verschwiegen werden, dass der Erbgroßherzog von Quast entließ, als dieser sein Unverständnis darüber äußerte, dass der Fürst angesichts der 1848er Ereignisse an die Wiederherstellung der Wartburg dachte; Carl Alexander, Erinnerungen (wie Anm. 38) S. 7 f.

48 Aus der Urkunde vom 10. Dezember 1853 im Grundstein des Turmes, zit. nach: Carl Alexander und die Wartburg in Briefen von Hugo von Ritgen, Moritz von Schwind und Hans Lucas von Cranach. Freunde der Wartburg E. V. Eisenach mit Jahresbericht 1924. 2. Heft [Wartburg-Jahrbuch 1924. 2(1924)]. Hannover 1924, S. 3, auch für das folgende Zitat.

faktische Bedeutung der Wartburg, 2. Ihre Bedeutung für die Entfaltung des Geistes und namentlich der Poesie, 3. ihre Bedeutung für die Reformation und 4. ihre katholisch-religiöse Bedeutung.»

Der Gießener Architekt Hugo von Ritgen hatte dem Großherzog im Mai 1847 eine Denkschrift über die Wartburgrestaurierung vorgelegt, die das Traditionsgerüst des Großherzogs architektonisch und gestalterisch umzusetzen versprach.[49] Zuvor hatte die Versammlung deutscher Architekten 1846 in Gotha die Pläne Quasts und die des Eisenacher Baurats Johann Wilhelm Sältzer[50] kritisiert, so dass Ritgen, der in Gießen Baukunst lehrte, mit der Denkschrift ein inhaltliches wie personales Vakuum füllen konnte. In den «Gedanken über die Restauration» entwickelte er die Vorstellung einer «Totalwirkung» der Burg, die auf dem Zusammenspiel unterschiedlicher künstlerischer Medien beruhen sollte. «Die Architektur gibt nur den Ort, die Zeit, die Szenerie. Sie muß deshalb vor allem wahr sein. Da es nicht möglich ist, die Lebensweise und Bedürfnisse der künftigen Bewohner der Vorzeit anzupassen ... oder fortwährendes Drama im Charakter früherer Zeiten aufzuführen, so muß durch historische Malerei ersetzt werden, was hier an Handlung fehlt.»[51] Inhaltlich verkürzte er das Konzept Carl Alexanders auf zwei historische Schichten: «Die Restauration der Wartburg soll mehr sein, sie soll uns nicht blos in das Ritterleben früherer Jahrhunderte versetzen. Nein, sie thue mehr, sie vergegenwärtige uns ihre eigne Geschichte, die Geschichte eines der edelsten Fürstenhäuser und damit zugleich zwei große Momente in der Geschichte der geistigen Bildung Deutschlands. Diese sind der deutsche Minnesang (im Original unterstr.), der mit der Verehrung der Frauen die Roheit der Sitten milderte, die Reinigung der Seele erstrebte und durch die Freude des Frauenverkehrs die ächt deutsche Poesie des häuslichen Glückes herbeiführte, und dann später der große Glaubenskampf (im Original unterstr.), der von der Wartburg ausging.»[52] Erneut wird der Sängerkrieg als zentrales Element der Wartburgmythologie dargestellt, aber auch in der Betonung der Authentizität des historischen Ortes folgt Ritgen seinem Auftraggeber. Die architektonische Wiederherstellung bezeuge die Zeit und verbürge historische Wahrheit, indem sie stilgerecht erfolgt. Die Wahl eines bestimmten architektonischen Stils entschied für Ritgen über die «Wahrheit» des gebauten Geschichtsbildes. Die Malerei verwies er dagegen in das Reich der Fiktionalität.

Der Widerstreit zwischen architektonischer und malerischer Imagination

---

49 Ritgen, Gedanken Hs 3494 (wie Anm. 14).

50 1838 hatten erste Sicherungs- und Aufräumarbeiten durch Simon sowie den Eisenacher Baurat Johann Wilhelm Sältzer begonnen; vgl. WSTA (wie Anm. 14) Hs 3501, Johann Wilhelm Sältzer: Die Wartburg – eine archäologisch-architektonische Skizze (1845/46). (Abschrift).

51 Ritgen, Gedanken Hs 3494 (wie Anm. 14) S. 4.

52 Ritgen, Gedanken Hs 3494 (wie Anm. 14) S. 3.

von Geschichte, der zwischen Hugo von Ritgen und Moritz von Schwind später ausgefochten werden sollte, ist hier bereits vorgezeichnet. Einige Jahre später, 1868, die Burg ist zu diesem Zeitpunkt bereits weitgehend um- bzw. neugestaltet, äußert sich Ritgen noch einmal zum Programm, dessen Leitgedanke es gewesen sei, «das Vorhandene zu erhalten, das Verfallene in seiner Urgestalt neu erstehen zu lassen, und das Erstandene durch den Zauber der Kunst zu verklären».[53] Gegenüber der Architektur, die «dem Geist des Altertums» entspreche und Wahrheit – identisch mit Ursprünglichkeit – verkörpere, sei Malerei als Ausdruck des Historischen zweitrangig und habe sich dem architektonischen Primat zu beugen.[54]

IV.

Als der Maler Moritz von Schwind 1849 in das Blickfeld des Erbgroßherzogs trat, wurde Burgkommandant Bernhard von Arnswald, der zwischen den Künstlern und dem Erbgroßherzog vermittelte, schnell klar, dass der kunsttheoretische Konflikt zwischen dem archäologisch argumentierenden Architekten und dem erzählfreudigen wie phantasieliebenden Maler entschärft werden mußte. In einem Brief an den Großherzog berichtete Arnswald 1852 über die Unstimmigkeiten. Ritgen belehrte demnach Schwind, daß die Ausschmückung dem «Restaurationsgrundsatz» gehorche, bei dem «alles auf das Ursprüngliche und Geschichtliche zu gründen» sei; Schwind wiederum behielt sich Mitsprache bei der Dekoration vor und machte geltend, dass «seine Bilder der Ausdruck des Saales» seien.[55] Historische Erfahrung beruhte für Schwind auf Bilderzählung, was für einen Maler nicht sonderlich erstaunt, kollidierte aber mit der auf Epochenstimmung berechneten Architektur. Der Konflikt konnte teilweise entschärft werden, indem Schwind mit einem Sagenzyklus für das Landgrafenzimmer und einem Zyklus zum Leben der heiligen Elisabeth in der Obergeschossgalerie beauftragt wurde – malerischen Aufgaben, die seinem Erzähltalent entgegen kamen und die er zu beherrschen gelernt hatte. Jedoch traten im später sogenannten Sängersaal widerstreitende architektonische und malerische Konzepte der Vergegenwärtigung des Mittelalters in Konkurrenz, die im Folgenden beleuchtet werden sollen.

---

53 Ritgen, Führer 1860 (wie Anm. 21) S. VII.
54 Vgl. WSTA (wie Anm. 14) Hs 2535–2627, Brief Hugo von Ritgens an Bernhard von Arnswald, vom 2. Juni 1852.
55 WSTA (wie Anm. 14) K 19, 127, Kladde zu einem Brief Arnswalds an den Erbgroßherzog nach Rom, Auszug aus den ‹Acten der Großherzogl. Sächs. Kommandantur der Wartburg› betreffend Baumaßnahmen und Reparaturen Wartburg-Stiftung Eisenach. In einem an Arnswald gerichteten Brief Vents vom 19. Oktober 1852 (ebenda, K 19, 124), wurde bereits ein einvernehmliches Treffen Schwinds, Ritgens und des Erbgroßherzogs auf der Burg vorgeschlagen.

Carl Alexander Simon beschrieb den Saal im zweiten Obergeschoss des
Wartburgpalas 1838 als «Herrenwohnung», 49 Fuß in der Länge, 33 1/2 Fuß in
der Breite, der damit weitgehend dem Saal in der Pfalz Gelnhausen entsprechen würde.[56] Der Landgraf hätte wie in der Pfalz Gelnhausen an der nördlichen Wand in einer Art Loge Platz genommen. Die südlich angrenzende und
gegenüber dem flachbalkengedeckten Saal erhöht liegende Kammer habe, so
Simon, als «Rüst- Zeug und Schatzkammer und fürstliches Archiv»[57] gedient.
Der bauliche Zustand des Saales vor der architektonischen Umsetzung der
Ritgen-Pläne ist in den Grundrissen Johann Wilhelm Sältzers dokumentiert,
die Ludwig Puttrich 1847 im zweiten Band zu den mittelalterlichen Bauwerken
im Großherzogtum publizierte.[58] Bereits hier war der Saal Gegenstand von
Umgestaltungsphantasien. Sältzer und auch Puttrich hatten erkannt, dass die
Kapelle erst später in das zweite Obergeschoss eingebaut worden war, und dass
der ursprüngliche Saal demnach etwa zwei Drittel der Etage einnahm. Sältzer
merkte zwar an, dass die Wand zwischen Saal und Kammer bereits durch eine
Holzwand ersetzt worden sei, glaubte aber an eine «untergeordnete Bestimmung ..., wenn man nicht annehmen dürfte, daß er als orgester [sic!] gedient»[59]
habe. Diese Äußerung ist vermutlich der früheste Beleg dafür, in dem kleinen,
wegen einer romanischen Steintreppe gegenüber dem Geschossniveau erhöh-
ten Raum, eine Bühne – im altertümlichen Sinne eine ‹orchestra› – zu sehen.[60]
Zumindest in dem 1840 angefertigten Aquarellentwurf für die Wiederherstellung der Wartburg von der Hand Johann Wilhelm Sältzers, ist noch nichts
von einer Bühne zu sehen. Der nördliche Vorraum des Saals im zweiten
Obergeschoss ist nach Süden hin geschlossen. Die Verortung der Bühne an
dieser Stelle ist acht Jahre später um so bemerkenswerter, als zumindest für
Puttrich zu diesem Zeitpunkt feststand, dass der Sängerwettstreit im Saal des
Obergeschosses stattgefunden habe, den er als «Ritter- oder Minnesänger-Saal»

---

56 Simon, Wartburg 1839 (wie Anm. 39) S. 54 f. Gestützt auf die Überlieferungen des Parzival und
   der Nibelungen analysiert er seine Funktion so: «Gewiß kam dieser Saal dem des Barbarossa in
   der Einrichtung überein, wenn auch dieser, da Gelnhausen kein fester Sitz des Kaisers war, sich
   zwischen Ernst und Lustbarkeit theilen mußte.»
57 Simon, Wartburg 1839 (wie Anm. 39) S. 56.
58 Ludwig Puttrich: Mittelalterliche Bauwerke im Großherzogtum Sachsen-Weimar-Eisenach
   (Denkmale der Baukunst des Mittelalters in Sachsen. Bd. 2. H. 3). Leipzig 1847, N° 3b.
59 Sältzer, Wartburg 1845/46 (wie Anm. 50) S. 24.
60 Zur ursprünglichen bauarchäologischen Situation vgl.: Elmar Altwasser: Aktuelle Bauforschung am Wartburg-Palas. Bericht und Resümee. In: Günter Schuchardt (Hrsg.): Der romanische Palas der Wartburg (Bauforschung an einer Welterbestätte. Bd. 1). Regensburg S. 23–106,
   hier S. 90.
61 Puttrich, Bauwerke 1847 (wie Anm. 58) S. 11; auch hier, S. 3, bereits die historische Dreiteilung
   der Wartburggeschichte: Die Wartburg habe «insbesondere durch drei wichtige Ereignisse: den
   berühmten Sängerkrieg, durch das Leben der heil. Elisabeth und durch den Aufenthalt Luther's,

bezeichnete, und der, «obgleich verödet aber in ursprünglicher Gestalt, ... in welchem der Wettstreit stattfand, nächstens stylgemäss und würdig wiederhergestellt werden»[61] würde. Ungeachtet dieser Funktionsbestimmung der Säle durch Puttrich hatte Sältzer an der Grenze von Saal und Nebengelass im ersten Geschoss eine Bühnenlaube in den Grundriss eingezeichnet. Sechs Doppelsäulenpaare öffnen sich demnach zu beiden Seiten eines Mittelpfeilers, der in der Flucht der beiden großen Säulen steht. Zu beiden Seiten entstehen je zwei Arkadenbögen, die jeweils von einer Türöffnung flankiert werden. Dieser Wandaufriss stellt eine simple Variation der Fensterjoche dar, deren ursprüngliche Arkadenstruktur bereits Sältzer erkannt hatte. Um die Wandöffnung der Raumteilung anzupassen, sollte ein Mittelpfeiler die Bögen scheiden. Für die gegenüberliegende Wand schlug Sältzer zwei Doppelsäulen vor, die vermutlich von einem Blendbogen überfangen werden sollten.

Als Hugo von Ritgen 1849 die Planungshoheit für die Wartburgrestaurierung übernahm, gab es mithin bereits Diskussionen darüber, wie der Saal innenarchitektonisch ausgestaltet werden könnte. Und: Sältzer hatte bereits eine Funktionszuweisung vorgeschlagen, die auf der Deutung des nördlichen Vorraums als Bühne beruhte. Bei seinen Entwürfen für den Sängersaal griff Ritgen demnach unmittelbar auf die Ideen Johann Wilhelm Sältzers zurück. Ursprünglich hatte Ritgen den Raum eigentlich als «Rittersaal, auch Speisesaal» bezeichnet, an dessen Südwand auch er eine «Brücke» genannte repräsentative Sitzgelegenheit von Landgräfin und Landgraf vermutete.[62] Bereits zu Beginn der 50er Jahre wandelten sich jedoch die Vorstellungen, vermutlich auch, weil nun das inhaltliche Gesamtkonzept der Palas-Wiederherstellung den baulichen Gegebenheiten angepasst werden musste und nach einer entsprechenden Raumaufteilung verlangte. In dieser Zeit, um das Jahr 1850, muss Ritgen den Plan für die wenig später so genannte «Sängerlaube» gefasst haben.[63] Die

---

einen klassischen Ruf in der Geschichte Deutschlands erlangt»; zum Sängerkrieg, S. 11: Das Obergeschoss sei einer «nur wenig neuern Zeit zuzuschreiben ..., als der Bau der unteren Geschosse, mithin vermuthlich der Regierungsperiode des Landgrafen Hermann I., und daß (ohnerachtet des Zweifels einiger Schriftsteller) der erwähnte große Saal zu dem Wettstreite der Minnesänger wirklich gedient habe.»

62 RITGEN, Gedanken Hs 3494 (wie Anm. 14) S. 49 und S. 60 f.

63 Allerdings scheint auch Ritgen zu Beginn der Planungen Zweifel über den Austragungsort des Sängerkriegs besessen zu haben: «Auf ihm (dem Palas) fand auch der Streit der Minnesänger statt, wie von allen Chroniken ausdrücklich gesagt wird (ROTHE, S. 1699, Vita St. Elisabeth, S. 2043 etc.). Und dies ist nicht ohne Bedeutung, denn der Streit war Angelegenheit der Sänger, nicht des Landgrafen, und es geschah daher der Wettkampf in der Behausung der Sänger (welche ja zum Teil auch Ritter waren) nicht in der Aula, (dem Palas des Fürsten; wo allerdings sonst die Sänger auftraten, sobald sie zur Unterhaltung des Fürsten sangen)», zit. nach MAX BAUMGÄRTEL und OTTO VON RITGEN: Die Wiederherstellung der Wartburg. In: BAUMGÄRTEL, Wartburg 1907 (wie Anm. 38) S. 319–590, hier S. 371.

Zweifel über den Austragungsort des Sängerkriegs oder wenigstens über eine der Minnesängerzeit adäquate Raumarchitektur trieben offenbar funktionale Erwägungen der Raumnutzung aus. Den Sängersaal verortete Ritgen kurzerhand im ersten Obergeschoss, was ihm auch die Möglichkeit eröffnete, einen großen repräsentativen Festsaal im obersten Geschoss zu entwerfen.

Die Umbauarbeiten überlieferte Bernhard von Arnswald für das Jahr 1851: «Im Inneren des Palas in der mittleren Etage entstand die Palaslaube, ehemalige Bühne. Ihr Mauerverband war in den Seiten des Saales noch erkennbar; auch fand sich noch die Sohlbank vor, auf der die Säulen ruhten.»[64] (Abb. 4) Die vier Arkaden Sältzers reduzierte Ritgen auf drei Bögen. Die Variation von Doppel- und Einzelsäulen entlehnte er frei der hofseitigen Erdgeschosslaube. Um die

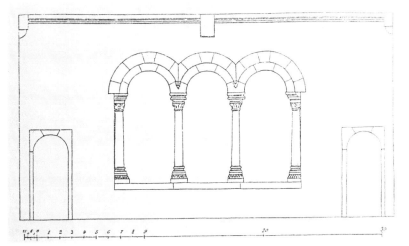

Abb. 4:
Hugo von Ritgen,
Aufriß der Sänger-
laube.
Aus: Hugo von
Ritgen: Der Saal
der Minnesänger
und die Sänger-
laube auf der
Wartburg.
In: Westermann's
Jahrbuch der
Illustrierten
Deutschen Welt.
Bd. 5 (Oktober
1858 – März
1859), S. 551.

Laubenarkade als authentisch auffassen zu können, genügte die Deklaration der Fragmente einer abgetragenen Mauer zu Resten einer vormaligen Sohlbank.

Die Diskussion um den Ort des Sängerkriegs können im einzelnen nicht mehr nachgezeichnet werden. Wichtig bleibt die Erkenntnis, dass Ritgen mit der Einrichtung der Sängerlaube eine Bühne geschaffen hatte, die als Ort der Legende verstanden werden wollte. 1868 heißt es dementsprechend in Ritgens

---

64 WSTA (wie Anm. 14) Hs 3487 (vermutlich eine Abschrift der Urkunde, die bei der Grundsteinlegung in das Fundament gelegt wurde), BERNHARD VON ARNSWALD: Geschichte des Wartburgbaues von dessen Entstehung bis zur Grundsteinlegung des Mittelthurmes am 10. Dezember 1853, S. 42; vgl. auch GEORG VOSS: Die Wartburg (P. LEHFELDT und G. VOSS: Bau- und Kunstdenkmäler Thüringens. Bd. XLI: Großherzogtum Sachsen-Weimar-Eisenach). Jena 1917, S. 68, demzufolge die Laube «um 1850» neu hergestellt worden sei.
65 RITGEN, Führer 1860 (wie Anm. 21) S. 111 f.

Burgführer: «Dieser Saal war der ursprüngliche Festsaal, in welchem auch die Dichter ihre Gesänge aufführten; von dem Landgrafenzimmer bis zum südlichen Giebel des Palastes reichend, bildete er ein Ganzes, von dem nur ein kleiner Teil über der aufsteigenden Treppe durch eine offene Bogenstellung in der Weise geschieden war, dass dadurch eine schmale erhöhte Bühne, die Laube genannt, gesondert wurde, und diese Laube eben war der Ort, wo die Sänger auftraten ... Mit Recht ist dieser Raum vorzugsweise der Erinnerung an die großen epischen und lyrischen Dichter des Mittelalters und besonders an den Wettstreit derselben im Jahr 1207 gewidmet ... Es ist etwas zweifelhaft, ob dieser Kampf jemals stattgefunden hat.»[65]

Die Einrichtung einer Sängerlaube war offenbar eine der frühen Lieblingsideen Hugo von Ritgens; als sie 1858 auch malerisch vollendet worden war, veröffentlichte er umgehend einen Aufsatz in «Westermanns Jahrbuch», in dem er ausführlich die Ikonographie der Ausmalung darlegte (s. u.). Doch zwischen der architektonischen Einrichtung der Sängerlaube um 1851 und ihrer Ausmalung 1857/58 liegt der Zeitraum, in dem Moritz von Schwind eine andere Auffassung von der Vergegenwärtigung des Sängerkriegs geltend machte.

V.

Zwischen 1837 und 1847, da die intensiven wie kontroversen Diskussionen über die Inhalte einer ‹Wiederherstellung› der Wartburg auf einen baldigen Beginn der Bauarbeiten hoffen ließen, beschäftigte sich der Wiener Maler Moritz von Schwind intensiv mit dem Sängerkriegs-Thema. Ende 1837 hatte er ein Aquarell mit dem ‹Sängerkrieg auf der Wartburg› angefertigt, das er an den Großherzog Leopold von Baden sandte (Abb. 5).[66] Es diente als Beleg für sein Können und zugleich als thematischer Vorschlag für ein Fresko im Treppenhaus der Kunsthalle in Karlsruhe. Für diesen Großauftrag suchte der Großherzog Schwind zu gewinnen, der mit dem Architekten Heinrich Hübsch verhandelte. Obgleich Leopold von Baden das Sängerkriegs-Aquarell ankaufte, entschied er sich schließlich (auch aus politischen Gründen) für ein anderes Thema im Kunsthallentreppenhaus.[67]

Die Stilistik der Karlsruher Fassung ist deutlich von Schwinds Bewunderung für die Fresken Raffaels in der «Stanza della Segnatura» geprägt, die er zwei Jahre zuvor gesehen hatte. Am stärksten orientierte sich der Maler an Raffaels

66 Staatliche Kunsthalle Karlsruhe, Kupferstichkabinett, Inv.-Nr. VIII 2467, 47,8 x 75,1; ich verweise nur auf die jüngste Literatur: SIEGMAR HOLSTEN: Moritz von Schwinds Leben. In: SIEGMAR HOLSTEN [Konzeption]: Moritz von Schwind. Meister der Spätromantik. [Katalog Karlsruhe 1997], S. 13; Nr. 166 ff., S. 148 f.; BARBARA ROMMÉ: Moritz von Schwind – Fresken und Wandbilder. Ostfildern 1996, S. 49 ff. und S. 75 ff.

67 Es handelt sich um «Die Einweihung des Freiburger Münsters», von Schwind Anfang der 1840er ausgeführt.

Abb. 5:
Moritz von Schwind,
Der Sängerkrieg auf
der Wartburg, 1837,
Aquarell, Staatliche
Kunsthalle Karlsruhe,
Kupferstichkabinett,
Inv.-Nr. VIII2467,
47,8 x 75,1.
Aus: Petra Schall:
Schwind und die
Wartburg. Bilder
eines Spätromanti-
kers. Leipzig 1995,
S. 21.

«Disputà» aus dem Jahre 1509. Dabei entlehnte Schwind nicht nur die register-
artige Komposition für das Sängerkriegs-Aquarell, sondern ließ sich selbst von
einzelnen Figuren des Raffael-Freskos unmittelbar anregen.[68]

Als literarische Grundlage für die Auseinandersetzung mit dem Sänger-
kriegsthema diente Schwind Ludwig Bechsteins 1835 erschienenes Thüringer
Sagenbuch.[69] Dem unter einem festlichen Baldachin platzierten Landgrafenpaar zu Füßen tobt der Streit der Sänger, der in der Auseinandersetzung
Klingsors von Ungarn mit Wolfram von Eschenbach ihren Höhepunkt findet.
Klingsor war dem hinter ihm postierten Heinrich von Ofterdingen zu Hilfe
geeilt, als dieser wegen seines Lobes für den Herzog von Österreich den Tod
fürchten musste. Mit einem Rätsel drängt Klingsor Wolfram von Eschenbach
in die Enge, der als Anerkennung seiner Niederlage resignierend die rechte
Hand erhoben hat. Das Figurenpersonal nimmt zum Zeichen der Kon-

---

68 Vgl. KONRAD OBERHUBER: Raffael. Das malerische Werk. München/London/New York 1999, S.
     85 ff. Deutlich sind die Anlehnungen bspw. bei der Rückenfigur im rechten Bildvordergrund
     sowie bei dem Jüngling am oberen linken Bildrand zu erkennen. Zudem sei auf die ostentative
     Gestik der Kirchenväter hingewiesen, die sich bei Klingsor und Wolfram wiederfindet.

69 Zu Schwinds Quellen: FRIEDRICH GROSS: Zum Nutzen oder Nachteil der Gegenwart? Geschichte
     in Bildern Schwinds. In: Katalog Karlsruhe 1997 (wie Anm. 66) S. 33–53, bes. S. 44 ff.

70 Vgl. die Briefe an Eduard Bauernfeld vom 4. November 1844. In: STOESSL, Briefe 1924 (wie
     Anm. 2) S. 182, sowie ebd., S. 202, Brief an Bonaventura Genelli vom 27. August 1846; zum
     Frankfurter Bild grundlegend: Katalog Karlsruhe 1997 (wie Anm. 66) Nr. 256-259, S. 176 f.

71 Öl auf Leinwand, 276 x 266 cm, Frankfurt am Main, Städelsches Kunstinstitut; vgl.: HOLSTEN,
     Schwinds Leben (wie Anm. 66) S. 15; siehe auch den Brief an Ernst Förster vom 3. Juni 1845. In:
     STOESSL, Briefe 1924 (wie Anm. 2) S. 192 f.

fliktlösung nur verhältnismäßig geringen Anteil an der Auseinandersetzung. Im Gegensatz zum Landgrafen, dessen gespannte Körperhaltung auf den Höhepunkt des Dramas verweist, thront die Landgräfin gelassen und frontal, ihre Tochter an der Seite.

1844, nur wenige Jahre später, Schwind war gerade zum Professor für Historienmalerei am Städelschen Kunstinstitut der Stadt Frankfurt berufen worden, erhielt er erneut Gelegenheit, sich mit dem Sängerkrieg auseinander-zusetzen. Im Auftrag seines neuen Arbeitgebers fertigte Schwind ein Ölgemäl-de zu diesem Thema an, dessen Ausführung ihn zwischen Herbst 1844 und Sommer 1846 beschäftigte.[70]

Dieses Frankfurter Ölgemälde (Abb. 6) stellt eine gegenüber dem Karlsruher Aquarell leicht modifizierte Fassung des Sängerkriegsthemas dar. Die Auseinandersetzung zwischen Klingsor und Wolfram von Eschenbach bildet weiterhin das Handlungszentrum. Obwohl er das Karlsruher Querformat für eine fast quadratische Bildfläche aufgab, folgte Schwind weiterhin der Komposition mit zwei Registern. Darüber hinaus wechselten Landgraf und

Abb. 6:
Moritz von Schwind,
Der Sängerkrieg auf
der Wartburg,
1844/46, Öl auf
Holz, Frankfurt am
Main, Städelsches
Kunstinstitut.
Aus: Moritz von
Schwind. Meister der
Spätromantik.
Katalog Karlsruhe
1997, S. 177.

Landgräfin die Seiten. Ungeachtet der Tatsache, dass Schwind im Juni 1845 auf der Rückreise von Dresden nach Frankfurt erstmals die Wartburg besucht und dabei auch Burgkommandant Bernhard von Arnswald kennengelernt hatte, stellte ihn die malerische Bewältigung des Stoffes vor große Schwierigkeiten.[71] In einem Brief an Bonaventura Genelli vom Juni 1845 klagte er, «An meinem Bilde übermale ich jetzt, kann mich aber nicht recht dreinfinden», im November monierte Schwind, «ich arbeite an meinem Bild wie unsinnig, und es will kein Ende nehmen.»[72]

Als Schwind drei Jahre nach der Fertigstellung des Frankfurter Bildes, das der Maler Anton von Werner immerhin zu den Hauptattraktionen der Frankfurter Städelgalerie zählte,[73] nach Thüringen reiste, um die Burgen der Grafen von Gleichen für ein Gemälde zu studieren, traf er auf seinen Jugendfreund Franz von Schober, der mittlerweile als Kammerherr und Hofrat seinen Dienst am Weimarer Hof versah. Schober sollte in der Folgezeit eine wichtige Vermittlerrolle zwischen dem Erbgroßherzog und Schwind übernehmen. Von ihm hatte Carl Alexander vermutlich Kenntnis davon erhalten, dass sich Schwind bereits seit Jahrzehnten mit dem Thema des Sängerkriegs beschäftigte. Schwind wiederum sah seine Chance gekommen, an der in ganz Deutschland verfolgten Wartburgrestaurierung mitzuwirken: «Sag dem Großherzog», forderte er Schober nach der Vertragsunterzeichnung auf, «ich sehe seinen Auftrag an als eine große Gabe, die soweit es möglich ist, mir das Leben noch teurer macht. Ich hoffe, die tausend Irrtümer, vergebliche Versuche, all das soll an dieser Arbeit seine Lösung finden. Noch ein tüchtiges Wort mitzureden zugunsten unserer ganz verfahrenen deutschen Kunst, es ist aller Mühen eines geprüften Mannes wert.»[74]

Im Vorfeld des Wartburgauftrags veränderte Schwind die inhaltliche Konstellation des Sängerkriegsthemas. Unmittelbarer Ausgangspunkt der Modifizierungen ist eine Zeichnung des unter dem Mantel der Landgräfin Zuflucht suchenden Heinrich von Ofterdingen, die der Maler Großherzogin Maria Pawlowna schenkte (Abb. 7).[75] Die hochformatige Zeichnung beruht fast wörtlich auf Bechsteins Text und sollte die Komposition des Freskos bestimmen.[76] In einem beiliegenden Brief an Franz von Schober erläuterte Schwind seine Intentionen: Die Zeichnung möge der Großherzogin als Beleg

---

72 Stoessl, Briefe 1924 (wie Anm. 2) S. 195 f.

73 Dominik Bartmann (Hrsg.) und Karin Schrader (Komm.): Anton von Werner: Jugenderinnerungen. (1843–1870) (Quellen zur deutschen Kunstgeschichte vom Klassizismus bis zur Gegenwart. 3). Berlin 1994, S. 93.

74 27. Juli 1853, Brief an Schober. In: Stoessl, Briefe 1924 (wie Anm. 2) S. 334.

75 Feder in Braun auf hellblauem Tonpapier, 20,2 x 31,5 cm, Kunstsammlungen zu Weimar, Graphische Sammlung, Inv.-Nr. KK 7910; siehe: Katalog Karlsruhe 1997 (wie Anm. 66) Nr. 334, S. 206.

dienen, dass «das Gefühl nicht ausgestorben ist für den inneren Wert des Schutzes einer wohlwollenden Fürstin». Zudem sei es ein «geringe(r) Beweis der großen Ehrfurcht, die ich, wie jeder Deutsche, vor einer Fürstin hat, der die Blütezeit deutscher Kunst angehörte.»[77] Unverblümt vollzieht Schwind die Identifizierung des Weimarer Fürstenhauses mit dem mittelalterlichen Musenhof, um den Anspruch an das fürstliche Mäzenatentum der eigenen Zeit anzumelden. Es ist, etwas überspitzt formuliert, der Maler selbst, der unter den Rock der Großherzogin kriecht.

Jahrzehnte später sollte der Großherzog in seinen Erinnerungen an die Wiederherstellung diese Auffassung wiederholen. Carl Alexander wollte die Wartburg als eine «unablässige ernste Mahnung an die idealen Aufgaben» verstanden wissen, «deren Erfüllung das Vaterland und die ganze gebildete Welt von ihnen, den Trägern so großer Überlieferung, erwart(et)» hätten.[78] Im Adel des 19. Jahrhunderts erblicken Schwind und Carl Alexander gemeinsam die «Träger», das personale Gerüst historischer Überlieferung und Vergegenwärtigung – eine Denkfigur des konservativen Historismus.

Angesichts dieses Anspruchs ist es von Bedeutung, dass Carl Alexander bis zur Jahrhundertwende kaum den Rat der Gelehrten, besonders der Historiker, suchte, um die Wartburggeschichte zu erkunden. Immerhin schrieb in dieser Zeit Johann Gustav Droysen an der Landesuniversität in Jena seine ‹Historik› nieder,[79] das zum lange benutzten grundlegenden Handbuch für Historiker werden sollte. Mit Droysens methodischem Rationalismus hatte die Mittelalterverklärung auf der Burg allerdings kaum etwas gemein. Mit der Wartburg

76 BECHSTEIN, Sagenschatz 1835 (wie Anm. 33) S. 36: «... und schon wollten sie ihn (Ofterdingen) ergreifen, aber er entfloh zu den Füßen der Landgräfin Sophia, die mit ihren Frauen dem Wettkampf beiwohnte, und der barg sich in ihrem Faltenmantel. Die Landgräfin erhob sich und hob schirmend ihre Rechte über den Sänger ...».

77 Brief an Franz von Schober vom 14. Dezember 1849. In: STOESSL, Briefe 1924 (wie Anm. 2) S. 252.

78 CARL ALEXANDER, Erinnerungen (wie Anm. 38) S. 14.

79 THOMAS PESTER: Im Schutze der Minerva. Kleine illustrierte Geschichte der Universität Jena. Jena 1996, S. 83.

stellte Carl Alexander der sich als Leitwissenschaft etablierenden Geschichtsschreibung gewissermaßen einen herrschaftlichen Geschichtsentwurf entgegen, in dem der Adel und die Kontinuität seiner Dynastien als Protagonisten
und zugleich als Deuter der Geschichte auftraten. Zwar förderte der Fürst die
Jenenser Universität,[80] deren Professoren den liberalen Geist in Jena lobten,
doch die Wartburg entwarf er als antiakademisches Gegenbild. Das Motiv, der
im Historienbild verklausulierten ethischen wie ästhetischen Führungsrolle
einer zeitgenössischen fürstlichen Autorität geriet in diesem Kontext zur ideo-
logischen Botschaft des Schwindfreskos.

Nach der positiv am großherzoglichen Hof aufgenommenen Zeichnung
drängte Schwind auf einen schnellen Vertragsabschluss. Im März 1850 versi-
cherte er dem Erbprinzen, «in dem Sagenkreis und geschichtlichen Ereig-
nissen, die sich zunächst auf die Wartburg und überhaupt auf Thüringen beziehen, glaube ich mich vollkommen orientiert zu haben, und E. K. H. Befehl
anzufangen, wird mich wohlgerüstet finden ...»[81] Doch der Erbgroßherzog
gelangte nicht kurzfristig zu einer Entscheidung, was auch darauf zurückzuführen war, dass erst einmal die neuen Raumdispositionen im Palas geklärt werden mussten, ehe an die Ausmalung gedacht werden konnte. Ein Jahr später
resignierte Schwind bereits wegen der ausbleibenden Entscheidung. Im
Gespräch waren bisher ein Sängerkriegsfresko, weitere vierzehn kleine Fresken
sowie an der Rückwand der Laube Szenen aus dem Nibelungenlied, was auf
einen Vorschlag des Erbgroßherzogs zurückging.[82] Im Mai 1852 erhielt
Schwind die Nachricht, dass Carl Alexander beabsichtige, drei Jahre lang jähr-
lich 3000 Taler für die Ausmalung auszugeben.[83] Die Aussicht auf den
Vertragsabschluss erfüllte Schwind erneut mit Ungeduld, die abermals ent-
täuscht wurde. Im Oktober sah sich der Maler mit einem neuen Vorschlag des
Großherzogs und Ritgens konfrontiert, die das Programm der auszugestalten-
den Wände modifiziert hatten. An Schober gerichtet, beklagte sich Schwind
nicht nur über die Änderungen, sondern machte erneut auf den dynastischen
Aspekt des Sängerkriegsthemas und damit auf den Kern seiner Ikonographie
aufmerksam: «Ich will auf den ganzen Vorschlag weiter nicht eingehen, sondern nur sagen, daß ich an Arnswald geschrieben, daß ein Eingreifen in die
Hauptanordnung der Bilder von Seite Ritgens ebensowenig angehe, als wollte
ich ihm zu einem Gebäude den Grundriß machen; daß ich bisher mich von der
Richtigkeit der mit dem Erbgroßherzog besprochenen Gegenstände immer

80 ANGELIKA PÖTHE: Carl Alexander. Mäzen in Weimars «Silberner Zeit». Köln/Weimar/Wien
   1998, S. 374 ff. Enge Beziehungen pflegte Carl Alexander zu dem Kirchenhistoriker Karl August
   Hase, der seine «Kirchengeschichte» (Leipzig 1858) dem Großherzog gewidmet hatte.
81 Brief an den Erbgroßherzog vom 5. März 1850. In: STOESSL, Briefe 1924 (wie Anm. 2) S. 164 f.
82 Vgl. Brief an Schober vom 29. Mai 1852. In: STOESSL, Briefe 1924 (wie Anm. 2) S. 292.
83 Brief an Friedrich Preller vom 31. Mai 1852. In: STOESSL, Briefe 1924 (wie Anm. 2) S. 293.

mehr überzeugt, dem ganzen in diesem Sinne nachgehangen und an Dich schreiben werde in dem Sinne, dass ich im Falle es nötig wäre, bereit sei, die Richtigkeit der früher besprochenen Gegenstände zu verteidigen, was aber um so weniger nötig sein wird, als es die natürlichen, vom Erbgroßherzog selbst ausgegangenen Gedanken sind: Der Sängerstreit und die Dichtungen der Sänger für den Saal, das Nibelungenlied für die Laube – die heilige Elisabeth für das Frauengemach und Geschichtliches – wenn's reicht, für den Landgrafensaal ... Spräche nicht alles dafür, so spräche unabweislich der Umstand, daß im Sängerstreit das Thüringische Haus, als Mittelpunkt der Beschützer der deutschen Dichtkunst, eben darin als Vorfahr des Weimarischen Hauses erscheint.»[84] Zielte das Sängerkriegsfresko auf die Illustration einer überwiegend literarisch überlieferten Szene, die als historisches Ereignis aufgefasst wurde, so enthält diese Aussage die zentrale ikonographische Botschaft des Freskos, eine buchstäbliche Botschaft, die von Zeitgenossen, wie wir bereits gesehen haben, als angemessen betrachtet wurde.

Zu den Zumutungen, gegen die sich Schwind in dem zitierten Brief zu wehren genötigt sah, gehörte der Plan Ritgens, im Sängersaal mittelalterliche Rüstungen auszustellen. So reiste er im Frühjahr 1853 auf die Wartburg, um sich die Räume noch einmal anzusehen und mit dem Erbgroßherzog die Ausmalung zu diskutieren. In einem Brief an den Erbgroßherzog vom 10. Mai 1853 spricht Schwind offen seinen Rückzug aus,[85] doch mit dem Tod von Großherzog Carl Friedrich und der Thronfolge durch Carl Alexander im Juli 1853 sollte der Weg zur Vertragsunterzeichnung frei werden. Noch im Juli bekam Schwind den Vertrag zugesandt und rechnet sich unbescheiden den Durchbruch selbst an: «Der Großherzog war so freundlich, meine endliche Meinung nicht zu mißkennen, und den Landgrafensaal, Sänger-Saal und den Gang zur Kapelle ins Auge zu fassen, wozu ich mich denn auch bereit erklärte, und auf welcher Basis denn auch der Kontrakt abgeschlossen ist.»[86]

Zwischen Mitte Mai und Ende September 1854 freskierte Schwind das Landgrafenzimmer, im Jahr darauf die Elisabeth-Galerie sowie das Sängerkriegsbild (Abb. 8).[87] Aufgrund der Raumsituation mit der stirnseitigen Laube, musste Schwind vom phantastischen architektonischen Hintergrund der beiden früheren Fassungen abrücken. Die Idee, den Saal im Bild darzustellen, um so eine authentische Vorstellung vom historischen Ort zu erzeugen, hatte er bereits früher als «Haupthebel» der historischen Vergegenwärtigung begrif-

---

84 Brief an Schober vom 24. Oktober 1852. In: STOESSL, Briefe 1924 (wie Anm. 2) S. 295.

85 Vgl. Brief an den Erbgroßherzog vom 10. Mai 1853. In: STOESSL, Briefe 1924 (wie Anm. 2) S. 316 f.

86 WSTA (wie Anm. 14) Hs 39, Brief an Bernhard von Arnswald vom 26. August 1853.

87 Zu Schwinds Sängerkriegsfresko: AUGUST WILHELM MÜLLER: Moritz von Schwind. Sein Leben und künstlerisches Schaffen, insbesondere auf der Wartburg. Eisenach 1871 (trotz der zeitlichen Nähe nicht als seriöse Quelle zu gebrauchen); LUKAS R. FÜHRICH: Moritz von Schwind. Eine

fen.[88] Insofern nahm er die architektonische Vorgabe der Sängerlaube dankend an und folgte in der Hintergrundgestaltung des Bildes Ritgens Stirnwandarchitektur mit der Bühne. Damit vermittelte der Maler dem Betrachter den Eindruck der Identität von Bildraum und Bildort. Ein Blickschwenk um neunzig Grad und jeder Betrachter wandte sich vom bildlich vermittelten Raumbild zur architektonisch inszenierten Bühne, die sich als historischer Artefakt ausgab. Damit ging Schwind weit darüber hinaus, die

Lebensskizze. Leipzig 1871; Otto Weigmann: Moritz von Schwind. Des Meisters Werke (Klassiker der Kunst. 9). Stuttgart/Leipzig 1906; Conrad Höfer: Der Sängerkrieg auf Wartburg. Eine Studie zur Geschichte und Deutung des Schwindschen Bildes (Zeitschrift des Vereins für Thüringische Geschichte und Altertumskunde. 26. Beiheft). Jena 1942 (hilfreich wegen der darin abgebildeten Einzelstudien zu den Sängerkriegsbildern); Eugen Kalkschmidt: Moritz von Schwind. München 1943, S. 101–115; Helga Hoffmann: Die Fresken Moritz von Schwinds auf der Wartburg. Berlin 1976, S. 19–23; Hannelore Gärtner: Der Sängerkrieg auf der Wartburg von Moritz von Schwind. In: Wissenschaftliche Zeitschrift der Ernst-Moritz-Arndt-Universität Greifswald, Gesellschafts- und Sprachwissenschaftliche Reihe. 30(1981)3/4, S. 59–63; Helga Hoffmann: Die Stellung der Wartburgfresken in der Wandmalerei des 19. Jahrhunderts. In: Hans-Joachim Mrusek (Hrsg.) Architektur in Thüringen (Schriften der Winckelmann-Gesellschaft. VIII). Stendal 1982, S. 71–78; Petra Schall: Schwind und die Wartburg. Bilder eines Spätromantikers. Leipzig 1995; Rommé, Schwind 1996 (wie Anm. 66) S. 74 ff.; Katalog Karlsruhe 1997 (wie Anm. 66) S. 206 ff.

88 Brief an Schober vom 6. Februar 1853. In: Stoessl, Briefe 1924 (wie Anm. 2) S. 30f: «Ein größeres Glück, eine günstigere Stellung ist einer monumentalen Arbeit gar nicht zu wünschen, als wenn jeder Besuchende sich gleich fragt: ‹Hier also war der Sängerkrieg? Hier lebte die Hl. Elisabeth? Hier wohnte Dr. Luther?›, Das muß denn auch in erster Reihe zu sehen sein, sonst ist der Haupthebel gebrochen.»

Abb. 8:
Moritz von Schwind,
Der Sängerkrieg
auf der Wartburg,
Wartburg, Fresko
im Sängersaal,
Wartburg-Stiftung
Eisenach

«wahre Architektur» Ritgens nur mit «Handlung» zu versehen. In einem aus-
führlichen Brief an den Großherzog, der das Bildprogramm vorstellt, konsta-
tiert er, «daß jeder unbefangene Beschauer des Saals, in welchem die
Begebenheit gemalt ist, für den nehmen wird, in dem sie sich zugetragen.»[89]
Schwind war sich bewusst, dass die Wiederholung der Laube im Bild die
Authentizität des Saals erhöhte. Dabei berief er sich auf den Großherzog selbst:
«Eure Königliche Hoheit bemerkten noch selbst, daß zwischen den Bögen die
Gestalten der Damen und Hofleute sich günstig präsentiert haben»,[90] erinnerte
der Maler seinen Auftraggeber an dessen Worte.

Schwind besaß alle Freiheiten bei der Komposition und musste das
Geschehen auf einen dramatischen Höhepunkt hin verdichten. Bechsteins
Sagentext blieb weiterhin die maßgebliche Grundlage.[91] Die im Bild festgehal-
tene Szene bedient sich eines seit dem Mittelalter genutzten Verfahrens der
kontinuierenden Darstellung, bei der verschiedene Zeitschichten einer
Erzählung momenthaft fixiert werden. Schwind vereint zwei zwölf Monate
auseinander liegende Szenen – den Streit und seine Schlichtung durch
Klingsor. Noch wird Heinrich von Oferdingen vom Strick des Henkers zu seiner Linken bedroht, da erscheint Klingsor schon im Sängersaal. Die Vereinigung verschiedener Zeitebenen nutzt Schwind geschickt zur Blicklenkung.
Die zentrale Szene der den Mantel öffnenden Landgräfin erhält durch die
Ankunft des Magiers Klingsor am linken Bildrand ein Gegengewicht. Alle
Augen sind auf den Zauberer gerichtet, der, der Sage nach, nicht nur den Streit
zu schlichten versteht, sondern auch die Geburt Elisabeths von Ungarn weis-
sagt und deren Ehe mit dem Landgrafensohn Ludwig prophezeit. Ein Geflecht
aus Gesten und ostentativen Blickrichtungen spitzt die Szene auf Klingsors
Ankunft zu.

Die in den vorherigen Fassungen entwickelte Komposition zweier Höhen-
ebenen, derjenigen des Landgrafen mit seiner Gemahlin und derjenigen der
Sänger, wird zwar noch beibehalten, aber doch aufgelockert. Die Bildstruktur
geht zurück auf die Darstellung des Sängerkriegs in der «Manessischen Liederhandschrift», die Schwind offenbar kannte.[92] Eine zeitgenössische Beschreibung des Sängerkriegsbildes der «Manesse», die wir dem Germanisten Friedrich
Heinrich von der Hagen (1856) verdanken, sah in Landgraf und Landgräfin
«Beschützer und Richter der unten versammelten Dichter»[93] – eine Parallele
zur Lesart Schwinds.

---

89 Brief Schwinds an Großherzog Carl Alexander vom 24. Dezember 1854. In: Stoessl, Briefe 1924
    (wie Anm. 2) S. 361.

90 In: Stoessl, Briefe 1924 (wie Anm. 2) 24.12.1854, S. 361.

91 Höfer, Sängerkrieg 1942 (wie Anm. 87) S. 32 ff.; es existierte eine persönliche Niederschrift
    Schwinds mit der Zusammenfassung der Handlung, die sich auf Bechstein beruft.

92 Er hält sie aber für die «Jenaer Liederhandschrift», vgl. seine Äußerung im Brief an den
    Großherzog vom 24.12.1854. In: Stoessl, Briefe 1924 (wie Anm. 2) S. 362.

Zum Zwecke der Authentizität hatte der Maler 1853 Arnswald um das Zusenden einer mittelalterlichen Chronik ersucht; ein Jahr später berichtete er selbstkritisch, «es thäte not, läse ich Walther von der Vogelweide und Wolfram von Eschenbach wieder durch, um in der Individualisierung ganz sicher zu gehen.» Es kam Schwind also keinesfalls auf realienkundliche oder stilgeschichtliche Korrektheit an, wie dies Ritgen für seine Architektur zum Maßstab gemacht hatte, sondern auf eine Harmonisierung der Darstellung mit populären zeitgenössischen Vorstellungen vom Mittelalter. So äußert er gegenüber dem Großherzog: «Zwei Pilger in der Nähe des Henkers dürften zur Bezeichnung des Zeitalters beitragen.»[94]

Neben solchen Formen der Charakterisierung seiner Figuren mit Hilfe einer effektvollen Kostümierung legte Schwind besonderen Wert auf die allegorische Ebene und, das wurde bereits deutlich, auf eine Lesart, die die eigene Gegenwart im Fresko gespiegelt sah. Dabei entwuchs die Idee, das Historienbildpersonal mit zahlreichen zeitgenössischen Porträts auszustatten, überwiegend der Vorstellungswelt des Malers. (Abb. 9) An den Großherzog gerichtet, erörtert Schwind seine Vorstellungen von den Porträts, deren Anbringung er als «Parallelausdrücke» bezeichnete: «Kann etwas näher liegen, als in ihr (der Landgräfin) das Bild einer späteren Fürstin desselben Landes zu sehen, eine Fürstin, die der Mittelpunkt und der Schutz des deutschen Dichterhofes in Weimar war, gerade wie die thüringische Landgräfin unsres Bildes. Es treten Goethe und Schiller als Jünglinge auf, begeisterte Verehrer der hohen, schutzreichen Frau ...» Ohne eine historische «Parallelisierung», wie sie hier zwischen der Landgräfin und Anna Amalia vorgenommen wurde, sollte der Großherzog bleiben; seine Stellung im Bild beschreibt Schwind folgendermaßen: «Es war Eurer Königlichen Hoheit vorbehalten, die Wartburg und mit ihr die Erinnerung an jene große Zeit in kräftigen Schutz zu nehmen. Es kann von Schmeichelei nicht die Rede sein, wenn Eure Königliche Hoheit in eigner Person, umgeben von den Würdezeichen des Großherzogs in Sachsen, auf dem Bilde erscheinen, als der Fürst, der preisend hinweist auf die Herrlichkeit einer vergangenen Zeit, überkräftig, gewalttätig meinethalb, aber die Würde der Frau ehrend, von Poesie durchdrungen und gottesfürchtig.»[95] Diese Einladung zur Maskerade nahm der Großherzog nur zögernd an. «Ich bin Ihnen sehr dankbar für den besonderen Sinn, für die besondere Deutung, die Sie dem ganzen Werke unterlegt sehen wollen.», antwortet er Schwind, «Über mein Portrait sprechen wir wohl noch an Ort und Stelle. Es bleibt immer eine gewagte Sache, eine Vergangenheit sich aneignend als Stempel der Zukunft aufzudrücken.»[96]

---

93 Friedrich Heinrich von der Hagen: Minnesinger. Deutsche Liederdichter des XII. bis XIV. Jahrhunderts (Bildersaal Altdeutscher Dichter). Berlin 1856 (Neudruck Aalen 1963) S. 256 ff.

94 Brief an den Großherzog vom 24.12.1854. In: Stoessl, Briefe 1924 (wie Anm. 2) S. 362.

95 Brief an den Großherzog vom 24.12.1854. In: Stoessl, Briefe 1924 (wie Anm. 2) S. 362 f.

Abb. 9:
Sängerkriegsfresko
mit der Bezeichnung
einzelner Porträt-
figuren, Licht-
druck nach einer
Fotografie. Aus:
Georg Voss:
Die Wartburg.
Bau- und Kunst-
denkmäler Thürin-
gens. Bd. XLI:
Großherzogtum
Sachsen-Weimar-
Eisenach.
Jena 1917,
Tafel zwischen
S. 80/81

Junker Jörg. Klingsor Biterolf Walter v. d. Vog. Wilh. v. Kaulbach Henker Abt v. Reinhardtsbrunn Ludw. d. Heil als Kind Heinr. v. Otterdingen

Der Sänge

Wandgemälde v

Wolfram v. E.
(Liszt)

Göthe
Schiller

Reinmar
v. Zweter

Der tugendhafte
Schreiber
(Rich. Wagner)
H. v. Ritgen
Bern. v. Arnswald

Großherzog
Carl Alex

Erbpr. Karl Aug.
als Knabe
Ernst II. v.Coburg

Graf Henkel
M. v. Schwind

f der Wartburg.
nd im Sängersaal. 1855.

Zu seinen Füßen wollte der Großherzog den eigenen Sohn sitzen sehen, eine Figur sei mit den Zügen des Hofkapellmeisters Franz Liszt auszustatten.

Die stilistische Idealisierung der Malerei Schwinds entspricht weitgehend der inhaltlichen Idealisierung des Mittelalters. Zur wichtigsten Person dieser Epochenverschmelzung erklärte Schwind den Auftraggeber, einen «Träger» historischer Überlieferung. Der Großherzog präsentierte die Geschichte seiner Dynastie und schöpfte daraus Legitimation qua Geschichte. Das Sängerkriegs-fresko geriet so zum zentralen Programmbild, das die bereits zitierten Grund-überzeugungen Carl Alexanders von Sachsen-Weimar-Eisenach unmittelbar zur Anschauung brachte. Die Bau- und Dekorationsgeschichte des Sängersaals belegt, dass der Großherzog sich nicht nur an der Herstellung von historischer Authentizität interessiert zeigte, sondern auch unmittelbar daran beteiligt war.

Wie die gesamte Neuausstattung der Wartburg so wurde auch das Bild im Sängersaal als Instrument zur Volksbildung angesehen, denn es war im öffent-lich zugänglichen Teil der Wartburg kurz nach Vollendung von jedem Besucher zu besichtigen. Unter den Besuchern, die schon im 19. Jahrhundert von Führern durch den Palas begleitet wurden, kam es nicht selten zu Identifizierungsversuchen der einzelnen Figuren im Bild. Dabei entstand auch die Legende, Schwind habe Richard Wagner in der Sitzfigur im rechten Bildvordergrund in einer Karikatur dargestellt.[97] Zudem stand die Frage im Raum, ob Heinrich von Ofterdingen nicht mit Tannhäuser zu identifizieren sei. Zu diesem Streitpunkt zitierte Philipp Freytag in seinen «Wartburg-erinnerungen» einen der Wartburgführer, der geäußert haben soll: «Die Hauptsache an diesem Bilde ist übrigens weder der Tannhäuser, noch Heinrich von Ofterdingen, sondern Seine Königliche Hoheit der Herr Großherzog.» Freytag selbst hält das Auftreten des Großherzogs im Sängerkriegsfresko für die «feinste und geistreichste Ovation, welche jemals einem Mäcen durch den von ihm beschützten Künstler zu Theil geworden ist.»[99]

VI.

Unberührt von der spezifischen Ikonographie der Verehrung des Fürsten als moralische Instanz und Mäzen, ließ der Wartburgarchitekt Hugo von Ritgen kurze Zeit nach Vollendung des Bildes die Sängerlaube des Saals malerisch aus-

96 Brief Carl Alexanders an Schwind vom 6. Januar 1855. In: Carl Alexander in Briefen 1924 (wie Anm. 48) S. 57.

97 Vgl. besonders: Höfer, Sängerkrieg 1942 (wie Anm. 87) S. 102 ff. Die Legende wird als solche auch noch im «Baumgärtel» wiederholt: Baumgärtel/Ritgen, Wiederherstellung 1907 (wie Anm. 63) S. 377.

98 Freytag, Wartburgerinnerungen 1876 (wie Anm. 1) S. 41.

99 Freytag, Wartburgerinnerungen 1876 (wie Anm. 1) S. 41.

schmücken. Dabei entwickelte er nicht nur eine neue Ikonographie des Sängerkriegs, sondern demonstrierte auch, welche Medien ihm als Ausdruck archäologisch-historischer Wahrheit geeignet erschienen. In der Sängerlaube, die überwiegend der Darmstädter Maler Rudolf Hofmann[100] ausgestaltete und die Konrad Welter aus Köln vollendete[101], erblickte er das «Bild einer blühenden Rosenlaube ... von Licht durchstrahlt, von Rosen, von Laub und von blühenden Gewächsen umrankt».[102] Den Hintergrund der Bühne bildet ein auf die Wand gemalter stilisierter Teppich, auf dem mittelhochdeutsche Spruchdichtungen der Minnesänger zu lesen sind. Die glaubhaft überlieferten Worte der Minnesänger galten Ritgen offenbar als Parallele zur archäologisch fundierten Wiederherstellung der Wartburg. «Den Hintergrund dieser Laube bildet eine große glatte Wand ... die Wand nach dem Landgrafenzimmer. Diese passend und bedeutungsvoll zu schmücken, verlangte schon die historische Wichtigkeit des Orts, und Mancher würde vielleicht gewünscht haben, grade auf dieser Wandfläche den Sängerstreit gemalt zu sehen.»[103] Während die aufgemalten Textausschnitte der Minnesängerdichtung eine Parallele zur Evidenz seiner archäologischen Auffassung von ‹wahrer› Architektur bildeten, half die malerische Laubendekoration poetisch die Praxis der Minnesänger zu verklären: «Spruchbänder mit sinnvollen Worten sollten durch die Zweige flattern und zierliche Vögelein sich auf den Ästchen schaukeln, wie die Minnesänger selbst so tausend Mal vom Mai gesungen haben.»[104] Noch wichtiger erschien dem Architekten aber der Anspruch, der «Vergegenwärtigung der sieben Sänger durch den Geist ihrer Werke. Wie aber war das möglich zu machen? Gewiss nicht durch Malerei allein; wohl aber durch die Worte der Sänger selbst.»[105] Die Reime erscheinen auf Höhe der Dichterporträts, die sich, im Stil von Miniaturbildern, in den seitlichen Teppichborden verbergen und von Rankenwerk gerahmt werden. (Abb. 10a, b/11a, b)

Inhaltlich steht nun aber nicht mehr das Fürstenlob des Sängerkriegs im Zentrum, sondern das Tannhäuser-Programm. Frau Minne und der Schlange der Verführung am Baum der Erkenntnis ist die Allegorie des Glaubens entgegengestellt, dessen Macht, Sieg und Ausbreitung damit, so Ritgen, dokumen-

---

100 K. Noack: Hofmann, Rudolf. In: Thieme/Becker, Lexikon (wie Anm. 42) Bd. 17. Leipzig 1924, S. 281.
101 Ursula Blanchebarbe: Michael Welter (1808–1892). Ein Kölner Dekorationsmaler im 19. Jahrhundert. Bd. 2 (Kölner Schriften zur Geschichte und Kultur 7,2). Köln 1984, S. 438 f.
102 Hugo von Ritgen: Der Saal der Minnesänger und die Sängerlaube auf der Wartburg. In: Westermann's Jahrbuch der Illustrirten Deutschen Monatshefte. 5 (Oktober 1858 – März 1859), S. 550–560, hier S. 552.
103 Ritgen, Saal 1858/59 (wie Anm. 102) S. 552.
104 Ritgen, Saal 1858/59 (wie Anm. 102) S. 552.
105 Ritgen, Saal 1858/59 (wie Anm. 102) S. 552.

tiert worden sei.[106] Nicht das Fürstenlob, sondern die Frage nach den Formen sittlicher Liebe steht in der Sängerlaube im Zentrum. Nicht eine Auseinandersetzung um höfisches Mäzenatentum wird ausgefochten, sondern eine religiöse Deutung vorgenommen, in der aber auch nichts mehr von der Zerrissenheit der Tannhäuser-Figur bei Wagner zu spüren ist. Die erfolgreiche Aufnahme des Sängersaals durch die Besucher sollte den ikonographischen Bruch mit dem

---

106 RITGEN, Saal 1858/59 (wie Anm. 102) S. 560.

Abb. 11a:
Malerei in der
Sängerlaube,
rechte Ranken-
leiste, oben

Abb. 11b:
Malerei in der
Sängerlaube,
rechte Ranken-
leiste, unten

Fresko nicht beeinträchtigen, er fiel nicht einmal auf. Der anonyme Berichterstatter der «Leipziger Illustrirten Zeitung» sieht 1859 in der Lage des Sängersaals geradezu die Beziehung des Landgrafen zu seinen Sängern versinnbild-
licht: «Dicht an seinem Wohnzimmer erschallten die Lieder der Minne, die aus
der Innigkeit und Glaubensbegeisterung des deutschen Gemüths hervorström-
ten, ertönten auch die Heldengesänge, welche den Geist ritterlichen Muthes in
Lobpreisungen tapferer Vorfahren und noch lebenden Helden verkünde-

ten.»[107] Mit Blick auf das Schwind-Fresko bemerkt er, dass der Sängerkrieg nicht nur die verschiedenen Sänger vergegenwärtige, sondern auch «ein Bild jener Anhänglichkeit an geliebte und verehrte Fürsten» gebe, «die bis zu dem Extrem feuriger Begeisterung, selbst mit der friedlichen Leier im Arm, einen Kampf auf Leben und Tod zu bestehen sehnte.»[108] Erneut wird die Auseinandersetzung nicht etwa als Ausdruck ritterlicher Tugenden angesehen, sondern das Verhältnis des Fürsten zu seinen Untertanen in den Mittelpunkt gerückt.

Zu den mittelalterlichen Versen der Sängerlaube sollte es 1892 heißen: «Die meisten Sprüche der Laube sind dem Gedicht vom Wartburgkrieg entnommen und gehören daher nicht mehr der Blüthezeit des höfischen Gesangs an; sie können schon deshalb schwerlich unmittelbar mit der Wartburg in Verbindung gestanden haben. Hingegen darf man sich die ersten drei Strophen, welche unter Walthers von der Vogelweide Namen stehen, wirklich als in der Sängerlaube gesungen denken, sowohl von Walthern selber, da er auf der Wartburg weilte, als auch von den anderen Sängern, an denen am gastfreien Hofe des Landgrafen niemals Mangel war.»[109] Diese Beschreibung ist dem Buch über die von Viktor von Scheffel gedichteten «Wartburgsprüche» aus dem Jahre 1892 entnommen.[110] Das Buch gilt – neben Architektur und Malerei – einem dritten Medium der Mittelalterimagination auf der Wartburg – der Dichtkunst. Nicht nur die Sängerlaube oder die Wandbilder Schwinds wurden von gemalten Sprüchen untertitelt, sondern die gesamte Innenarchitektur, nahezu jeder Raum der Wartburg, mit Weisheiten moralischen Inhalts ausgestattet. Der Herausgeber Franz Lechleitner informiert über die Bestimmung der Sprüche: «Sie führen am besten in den Geist der Burg ein. Sie bilden an und für sich eine kleine, aber in markigen und ausdrucksvollen Zügen redende Kulturgeschichte der herrlichen deutschen Burg.»[111] Den belehrenden Charakter stellt er dabei besonders heraus: «Saxa loquuntur! Die Steine reden - wofür passte dieser alte Spruch denn besser als für die Wartburg ... Nun ist es aber nicht eines jeden Menschen Vermögen und Beruf, die Steine reden zu hören, wenigstens ohne sinngemäße Mittel. Und da hat jenes sinnige Schwesterkind der Baukunst, die architektonische Malerei, ein Mittel gefunden, daß auch für einen minder Eingeweihten die Steine auf sinngemäße Art zu reden vermögen. Das muß ein knappes Wort sein, so knapp und feste wie der Stein selbst ist. Und das ist der Spruch.»[112]

Die Wände der Wartburg erfuhren damit eine vollständige Medialisierung.

107 Leipziger Illustrirte Zeitung, Nr. 814, 5. Februar 1859, S. 91.

108 Leipziger Illustrirte Zeitung (wie Anm. 107) S. 92.

109 Wartburg-Sprüche. Ausgewählt und angebracht von JOSEPH VIKTOR V. SCHEFFEL und BERNHARD VON ARNSWALD. Neu aufgeschrieben und vervollständigt herausgegeben von FRANZ LECHLEITNER. Weimar 1892, S. 15.

110 Vgl. PÖTHE, Carl Alexander 1998 (wie Anm. 80) S. 332 ff.

Die Wandsprüche bildeten das äußerste Mittel für eine eindeutige und nachhaltige Bedeutungszuweisung – sowohl en detail als auch im Gesamtzusammenhang. Mit ihrer Hilfe wurde der volkstümlich-dynastischen Überformung der Wartburgikonographie Dauerhaftigkeit verliehen. Nachdem die einzelnen Erinnerungsmomente – Elisabeth, Sängerkrieg, Luther – architektonisch und malerisch eingerichtet waren, verhinderte nun ihre ‹Beschriftung› im Zeichen fürstlicher Ethik eine neue Lesart der Wartburg und ihrer Geschichte.[113]

Die im Sängersaal verwirklichten Intentionen des Architekten, des Malers und des Großherzogs wurden in den späteren Beschreibungen und Deutungen beständig aufgegriffen. Nicht zuletzt Ritgen selbst steuerte diese Rezeption durch seinen 1860 erstmals publizierten Wartburgführer: «Dieser Saal», so Ritgen hier über den Sängersaal, «ist der ursprüngliche Festsaal, in welchem auch die Dichter ihre Gesänge aufführten; von dem Landgrafenzimmer bis zum südlichen Giebel reichend, bildete er ein Ganzes, von dem nur durch einen kleinen Theil, über der aufsteigenden Treppe durch eine offene Bogenstellung in der Weise geschieden war, daß dadurch eine schmale erhöhte Bühne, die Laube genannt, gesondert wurde, und diese Laube eben war der Ort, wo die Sänger auftraten.»[114] Ritgen beschreibt hier die zweifellos von ihm mitersonnene und baulich gestaltete Laube als historische Architektur. Die anfänglichen Schwierigkeiten, den schmalen Raum über der romanischen Palastreppe zu deuten, waren binnen zweier Jahrzehnte der Überzeugung gewichen, hier eine ursprüngliche Bühnenlaube rekonstruiert zu haben.

Nur selten verraten dagegen die mit ästhetischen Maßstäben gemessenen Beschreibungen der Sängerlaube den Kern der Wartburg-«Wiederherstellung». In seiner «kleinen Volksschrift für Haus und Reise», die sich der ‹Wartburg und Hohenschwangau› widmet, so der Titel, beschreibt der Autor Adolf Nagel 1881 die Laube folgendermaßen: «Die Sängerlaube stellt eine blühende Rosenlaube und zugleich die Bühne dar, wo die Sänger saßen und einzeln auftraten. Die reizende Laube ist ein Kunstwerk des Professors H. v. Ritgen und des Malers R(udolf). Hofmann in Darmstadt.»[115] Hier besitzt nun Ritgens Laubenbühne nicht mehr die Realität eines historischen Fragments, das nur rekonstruiert werden musste, sondern die eines «Kunstwerks», das den Gesetzen des Phantastischen wie Schöpferischen unterlag. Doch die architektonische Faktizität der Bühnenlaube blieb noch lange resistent gegen ihre Realität als phantasievolles Kunstwerk. Noch im amtlichen Burgführer der 20er und 30er Jahre des 20. Jahrhunderts beruft sich Hermann Nebe, vermutlich wider besseres Wissen,[116]

---

111 Wartburg-Sprüche 1892 (wie Anm. 109) S. 4.

112 Wartburg-Sprüche 1892 (wie Anm. 109) S. 1

113 Es wäre in diesem Zusammenhang von Interesse, wie die Umbauten nach 1945 in den Kontext einer neuen Bedeutungszuweisung – die zweifellos stattfand – zu stellen wären.

114 RITGEN, Führer 1860 (wie Anm. 21) S. 92.

115 ADOLF NAGEL: Wartburg und Hohenschwangau. Zwei Berühmte deutsche Bergschlösser. Eine kleine Volksschrift für Haus und Geist. Münden 1881, S. 9.

auf die Authentizität der Wiederherstellung: «Er [Ritgen] hatte den glänzen-
den Einfall, die vorhandene «Brücke» über der alten Landgrafentreppe zur
‹Sängerlaube› auszubauen. Auf diese Weise gelang es, die schon damals nach
dem ‹Steinhof› in Eisenach neigende Sage des Sängerstreits auf der Wartburg
zu lokalisieren.»[117] Nebe ist sich der doppelten Bedeutung seiner Worte nicht
bewusst. Die Vorstellung, mit der scheinrekonstruierten Bühne belegt zu
haben, dass der Sängerkrieg tatsächlich auf der Wartburg stattgefunden hätte,
wurde nicht einmal von Ritgen vertreten. Doch gelang es ihm mit der Bühne
tatsächlich, dem Sängerkrieg einen Ort im historischen Palas zuzuweisen. Das
Verhältnis von Wandfresko und Laubenarchitektur erkannte er als grundlegend für dieses Verständnis an: «Überzeugender wurde wohl kaum je eine
Architekturidee durch die Kunst der Wirklichkeit [sic!] näher gebracht, als
Ritgens ‹Sängerlaube› durch Moritz von Schwind, der seinem Sängerstreitbilde
eben jene Laube zum Hintergrund gegeben hat.»

VII.

Die hier unter Bezug auf die Interpretation der Sängersaal-Ikonographie vertre-
tene These, dass das Bildprogramm des Schwindschen Sängerkriegsfreskos
geeignet war, das Mäzenatentum der Landgrafen von Thüringen als mittelalterliche Präfiguration des großherzoglichen Fürstenhauses Sachsen-Weimar-
Eisenach zu inszenieren, kann sich, wie dargelegt wurde, auf zahlreiche zeitgenössische Deutungen stützen. Ein letztes Beispiel sei für dieses dynastische
Deutungsmotiv erwähnt, das deshalb von besonderem Interesse ist, weil es
offenbar zeitgleich mit der Fertigstellung der Schwind-Fresken erschien. 1855
veröffentlichte Franz Fritze seine «Eindrücke von der Wartburg» in
Gedichtform. Den Reimen ist zu entnehmen, dass der Autor eine erstaunliche
Kenntnis über das Bildprogramm sowie über die Auseinandersetzungen der
Protagonisten besitzt. Fritzes poetische Deutung ist ein früher Beleg des dyna-
stischen Verständnisses und nimmt die Typik der späteren Interpretations-
semantik vorweg: «Also in Dir sind einst sie ertönt die unsterblichen
Lieder,/Welche der staunenden Welt zeigten germanische Kraft?/Welche das
Dunkel zuerst von dem Namen: Deutschland verscheuchten,/Welchen die
üppigste Schaar herrlichster Lieder gefolgt?/Und als ob's ein Geschenk, ein
reichstes, der Himmlischen wäre,/Dichter beschirmen und froh ihrer
Gedanken sich freun,/Also erb' auf die Enkel des Stamms, der hier einst gewal-
tet,/Auch der beglückende Sinn, Dichtern Beschützer zu sein./Und wie ein-
stens in Dir, Du prunkende, festliche Halle,/Zahllose Sänger gewallt, zog auch

116 Vgl. Voss, Wartburg 1907 (wie Anm. 64) S. 68

117 Hermann Nebe: Die Wartburg. Amtlicher Führer vom Burgwart. Berlin [6]1937, S. 45, auch für
    das folgende Zitat.

118 Franz Fritze: Eindrücke von der Wartburg. Berlin 1855, (ohne Paginierung) S. 9.

der Enkel sie an;/Und es begannen auf's neu die geistig belebenden
Kämpfe,/Göthe und Schiller erstand, Wielanden Herdern gesellt. Und auch
jetzt, - welch erhabene Schau! – wetteifern voll Streben –/Meister und Künstler
in Dir, würdigen Schmuck Dir zu leihn./Ritgen und Schwind bekämpfen sich
ernst mit gewaltigen Waffen,/Aber die Muse verleiht Jedem die Krone des
Siegs./Segen begleitet ihr Mühn, und wenn sie Dich herrlich vollendet,/Töne
Dir, festlicher Saal, wieder aufs Neue das Lied;/Preise die frühere Zeit und die
spätere, doch es erhebe/Sich zum begeisterten Schwung, wenn es der jetzigen
denkt.»[118] Schwind und Ritgen treten uns nun als Protagonisten des Sängerkriegs entgegen. Die Vergegenwärtigung des Mittelalters ist um eine weitere
Facette bereichert, in der die Schöpfer der Epoche zugleich ihre Subjekte darstellen.

Das Wartburg-Milieu um Bernhard von Arnswald, Hugo von Ritgen,
Moritz von Schwind, Ludwig Bechstein, Viktor von Scheffel und nicht zuletzt
Carl Alexander selbst setzte die Burg als Dokument des Mittelalters und
Maßstab der eigenen Gegenwart zugleich in Szene. Das Mittelalter taugte dem
Großherzog, seinen Bediensteten, besonders den Architekten, Malern und
Autoren, als soziales Musterbild der eigenen Zeit. Das imaginierte Mittelalter
bot ihnen Modelle für soziale Ordnung, für Normen und Werte der Gegenwart
– eine spezifische Grundhaltung des Historismus, die politisch im reaktionären
Konservatismus des Jahrzehnts nach 1848 beheimatet war.[119] Die Protagonisten beließen es nicht dabei, ihre Mittelaltervorstellung in Architektur,
Malerei und Literatur zu manifestieren, sondern entwarfen ein belehrendes,
volkspädagogisches Gesamtkunstwerk, das fürstliches Mäzenatentum verklärte
und eine volkstümliche dynastische Identität zu kreieren suchte.

Carl Alexander hatte sich mit Arnswald und seinen Hofkünstlern in der
Geschichte wohnlich eingerichtet, ganz so, wie es ihrer Vorstellung nach, wohl
auch Landgraf Hermann mit seinen Minnesängern getan hatte. Die Vergangenheit vermochte die Dynastie zu verklären und diente dem Großherzog
und seiner Entourage als Fluchtburg angesichts einer von Industrialisierung,
Konstitutionalismus sowie dem Aufstieg der bürgerlichen Welt geprägten Zeit.
1839 hatte Ludwig Feuerbach derartige Fluchtversuche ins Historische bereits
abqualifiziert und «Wahrheit», wie sie seiner Ansicht nach von Kant, Fichte,
Herder, Lessing, Goethe und Schiller geschöpft worden sei, der «Historie»
gegenübergestellt.[120] Noch prägnanter erhob Friedrich Nietzsche den Historismus zum grundlegenden Problem der Gegenwart: «Es giebt einen Grad von
Schlaflosigkeit, von Wiederkäuen, von historischem Sinne», heißt es bei ihm,
«bei dem das Lebendige zu Schaden kommt, und zuletzt zu Grunde geht, sei es
nun ein Mensch oder ein Volk oder eine Cultur.»[121]

119 Vgl. Thomas Nipperdey: Deutsche Geschichte 1800–1866. Bürgerwelt und starker Staat.
    München 1998 (zuerst 1983) S. 499 ff. sowie S. 732 ff.
120 Vgl. Otto Gerhard Oexle: «Historismus». Überlegungen zur Geschichte des Phänomens und

Nietzsches endgültige Thematisierung der «Krise des Historismus» erfolgte vor einem Hintergrund, der leicht aus dem Blickfeld gerät: Die Aneignung und Deutung von Geschichte entsprach durchaus auch tagespolitischen Erfordernissen. Die Wartburg bildete nämlich nicht nur für den Großherzog und seinen kleinstaatlichen «Musenwitwensitz»[122] eine Möglichkeit, Geschichte legitimatorisch zu verklären. Auch die sich auf die Ideale der Aufklärung berufende liberale Bewegung hatte sich die Wartburgmythologie längst angeeignet, verband mit ihr aber eine Mahnung an staatliche Einigkeit im Rahmen eines demokratischen Verfassungsstaates.[123] Daher wurde die Erinnerung an das Wartburgfest der deutschen Burschenschaften im Jahre 1817 bei der Wiederherstellung der Burg vollständig ausgeblendet. Im März 1848 unterbrachen mehrere Dutzend Abgeordnete des Frankfurter Vorparlaments ihre Reise in Eisenach – unter ihnen Jacob Grimm, der im übrigen 1811 eine der ersten fundierten Abhandlungen über den Minnegesang veröffentlicht hatte,[124] sowie der Historiker Friedrich Christoph Dahlmann, ein Vorreiter quellenkundlicher Geschichtsschreibung – um, im Gedenken an das Wartburgfest von 1817, auf die Wartburg zu ziehen. Auf dem Burghof wurde eine Versammlung einberufen, die Robert Blum, der «Protagonist der linksliberalen Bewegung in Sachsen»[125], zu einer Ansprache nutzte. Sein Eintrag in das Gästebuch der Wartburg wurde später herausgetrennt.[126]

des Begriffs. In: OTTO GERHARD OEXLE: Geschichtswissenschaft im Zeichen des Historismus. Studien zur Problemgeschichte der Moderne (Kritische Studien zur Geschichtswissenschaft. 116). Göttingen 1996, S. 46 ff.

121 FRIEDRICH NIETZSCHE: Unzeitgemäße Betrachtung I. In: GIORGIO COLLI und MASSIMO MONTANARI (Hrsg.): Friedrich Nietzsche. Kritische Studienausgabe. Bd. 1. München 1999, S. 250.

122 HEINRICH HEINE: Der Tannhäuser. In: HEINRICH HEINE. Sämtliche Werke. Bd. 7/3. Hamburg 1861, S. 254: «Zu Weimar, dem Musenwitwensitz»

123 Zum Verhältnis von Liberalismus und Historismus vgl.: NIPPERDEY, Geschichte 1998 (wie Anm. 119) S. 503 f.

124 JACOB GRIMM: Ueber altdeutschen Meistergesang. Göttingen 1811.

125 ALFRED ESTERMANN: Blum, Robert. In: WALTHER KILLY (Hrsg.): Deutsche Biographische Enzyklopädie. (DBE). Bd. 1. München u. a. 1995, S. 582 f.; Blum wurde nach dem Scheitern der Revolution noch im November 1848 standrechtlich hingerichtet.

126 Hierzu: JUTTA KRAUSS und JOACHIM BAUER: «Wartburg-Mythos» und Nation in der ersten Hälfte des 19. Jahrhunderts. In: HANS-WERNER HAHN und WERNER GREILING (Hrsg.): Die Revolution von 1848/49 in Thüringen. Aktionsräume – Handlungsebenen – Wirkungen. Rudolstadt/Jena 1998, S. 513–533, bes. S. 525; sowie zum Kontext: JUTTA KRAUSS: Das zweite Wartburgfest der deutschen Studenten im Revolutionsjahr 1848. In: Wartburg-Jahrbuch 1998. 7(1999). S. 11–43.

«Leben, Tat oder Tod» – der Wartburgerneuerer Carl Alexander Simon

Jutta Krauß

Ist von der Wiederherstellung der Wartburg im 19. Jahrhundert die Rede, wird Carl Alexander Simon[1] meist nur am Rande genannt. Obwohl die Idee auf ihn zurückgeht und er als Urheber vieler Details gelten darf, schied er bereits in der Frühphase des Vorhabens aus, blieben sein Lebensweg und eine durchaus nicht unbedeutende künstlerische Hinterlassenschaft weitgehend unbekannt. Die Spurensuche in Museen und Archiven förderte jedoch eine außerordentliche Biographie zutage, die hier skizziert werden soll.

I. JUGEND, STUDIEN UND REISEN

Als ältester Sohn des Stadt- und Kreiswundarztes Johann Gottfried Simon am 18. November 1805 in Frankfurt an der Oder geboren, wuchs Carl Alexander in einem kulturell aufgeschlossenen Hause auf. Des Vaters grafische Sammlung reizte den Knaben früh zu ersten Zeichenübungen, ein miniaturhaftes Selbstporträt stellt ihn auf der Gitarre spielend dar[2], in einer 1938 aufgefundenen Kreidezeichnung übte sich der 17-Jährige als Kopist eines Gemäldes von Pompeo Batoni[3]. Seine künstlerischen Grundfertigkeiten erwarb der Schüler des Frankfurter Friedrich-Gymnasiums in den Zeichenstunden des Porträtmalers Friedrich Geisler, an denen laut Schulprogramm von 1818 neun Kinder teilnahmen.

Ein städtisches Stipendium ermöglichte Simon ab 1821, einer anderen Angabe zufolge ab 1823, das Studium an der Königlichen Akademie der Künste in Berlin. Mit dem hoffnungsvollen Zeugnis seines Lehrers Heinrich Anton Dähling[4] in der Tasche wandte er sich Ende 1824 nach München, um

---

1 Ulrich Thieme und Felix Becker (Begr.): Allgemeines Lexikon der bildenden Künstler von der Antike bis zur Gegenwart. 36 Bde. Leipzig 1907–1950, hierzu Bd. 31(1937), S. 52; Theodor Musper: Carl Alexander Simon – Ein vergessener Maler der Spätromantik. In: Die graphische Kunst. 52(1929), S. 23–31.

2 Wartburg-Stiftung Eisenach, Archiv (WSTA), Erich Köhler-Dores: Carl Alexander Simon, Kurzbiographie [maschinenschriftliches Manuskript, 1992].

3 Stadtarchiv Frankfurt/Oder (StaFO), Frankfurt Oder Zeitung vom 6. 6. 1939. Hier beruft sich der Autor auf den Kunsthistoriker Köhler-Dores, aus dessen Besitz oder Vermittlung 1938 49 Grafiken Simons in den Bestand des Stadtarchivs gelangten.

seine Ausbildung bei Peter Cornelius[5] zu vervollkommnen. Die nach eigener
Aussage[6] gleichzeitig betriebenen philosophischen Studien lassen an den seit
1818 in Berlin berühmt gewordenen Hegel denken, dessen Vorlesungen zu
Geschichtsphilosophie, Religion und Ästhetik vom ganzen bildungshungri-
gen Publikum der städtischen Gesellschaft aufgesogen wurden. Dass Simon im
Auditorium saß, ist umso wahrscheinlicher, als Hegels Philosophie in der
Malerei des Cornelius ihre ästhetische Formel gefunden hatte[7] und den jun-
gen Eleven zum Wechsel von Berlin nach München motiviert haben könnte.
Hier verbrachte er etwa vier Jahre, in denen er sich wiederum auch den Geistes-
wissenschaften widmete und mit einiger Sicherheit die Theorien des 1827 an
die Münchener Universität berufenen Schelling kennen lernte. Im Juni dessel-
ben Jahres berichtete das Frankfurter Wochenblatt ausführlich über zwei
Gemälde, mit denen sich der nunmehr fast 22-Jährige den Gönnern seiner
Heimatstadt empfahl.[8]

Eine leidenschaftliche, vom Vater jedoch nicht gebilligte Liebesaffäre zu
der Pfarrerstochter Charlotte Kindermann aus dem Pommerschen Ziegen-
hagen veranlasste Simon zu einer rund vierjährigen Wanderung, die ihn
zunächst durch Südtirol, ab 1830 nach Italien führte. In der deutschen
Malerschule in Rom glaubte er eine geistige Heimat gefunden zu haben. Hier
freundete er sich mit dem etwas jüngeren Komponisten Carl Banck[9] an, der
zahlreiche Gedichte Simons vertonte und später als Opus erscheinen ließ.[10]
Während ihrer gemeinsamen Reisen über die Halbinsel bis nach Sizilien entstanden vor allem Skizzen und Zeichnungen[11], doch wiesen schriftstellerische
Arbeiten und naturwissenschaftliche Studien den jungen Mann als unablässig
Suchenden aus. Dies änderte sich auch nicht, nachdem ihn verzehrende
Sehnsucht nach Berlin zurückgezogen und er sich 1832 mit Charlotte ver-
mählt hatte.

Die Präsentation zweier seiner Bilder in der Berliner Kunstausstellung 1834
löste den ersten Eklat aus. In mehreren Blättern, vor allem in dem von

---

4   Heinrich Anton Dähling (1773–1850), THIEME/BECKER, Lexikon (wie Anm. 1) Bd. 23(1929), S.
    366.

5   Peter Cornelius (1783–1867), THIEME/BECKER, Lexikon (wie Anm. 1) Bd. 7(1912), S. 432–438.

6   FREIHERR VON BIEDENFELD: Weimar. Ein Führer für Fremde und Einheimische durch die Stadt
    und ihre Umgebungen. Weimar 1841.

7   Dazu RICHARD HAMANN: Die deutsche Malerei im 19. Jahrhundert. Leipzig/Berlin 1914, S. 59.

8   StaFO (wie Anm. 3) SPIEKER: Karl Wilhelm Alexander Simon. In: Frankfurter Patriotisches
    Wochenblatt Nr. 26, 30. Jg. 1827, S. 267. Die beiden Bilder – eine Madonna mit Kind und ein
    Christuskopf – werden vom Autor milde kritisiert («Was er erreicht hat, spricht für das Bessere,
    das in ihm zurückgeblieben ist.»), gerühmt wird dagegen sein «sichtbares Streben nach dem
    Edelsten und Höchsten»; vgl. auch Frankfurt-Oder-Zeitung vom 3. 3. 1939.

9   Karl B. Banck (1809–1889) Komponist, Musiker und Musikschriftsteller; vgl. Allgemeine
    Deutsche Biographie (ADB). Bd. 46. Berlin 1902, S. 199–202. Zum Freundeskreis zählte ver-

Abb. 1:
Carl Alexander Simon,
Selbstbildnis,
um 1830,
Stiftung Weimarer
Klassik und
Kunstsammlungen,
Schlossmuseum

mutlich auch der später in Düsseldorf wirkende Maler Rudolf Jordan (1810–1887), der u. a. Illustrationen zu Musäus' Volksmärchen schuf und Simon möglicherweise zur Bearbeitung ähnlicher Themen anregte. Vgl. Zeichnungen im Bestand des StaFO (wie Anm. 3).

10 Simons Gedichte, Lieder und Übersetzungen von italienischen Operntexten erstmals zusammengestellt von GOTTFRIED FITTBOGEN: Alexander Simon und Willibald Alexis. In: Zeitschrift des Vereins für die Geschichte Berlins. 57. (1940)2, S. 63–75, hier S. 75.

11 ULRIKE GAUSS (Bearb.): Die Zeichnungen und Aquarelle des 19. Jahrhunderts in der Graphischen Sammlung der Staatsgalerie Stuttgart. Bestandskatalog. Stuttgart 1976, S. 189–190; weitere Bestände im StaFO (wie Anm. 3).

Willibald Alexis[12] herausgegebenen «Freimüthigen»[13] unterzog man Simons
Werke – «Il Riposo» («Die Ruhe») und vor allem die «Erschaffung des Menschen»[14] – massiver Kritik. Interessant darin ist die abwertende Feststellung,
Simon sei «der erste Maler des jungen Europas», womit ihn seine Gegner im
Lager der «Jungdeutschen» und des Vormärz platzierten. «Herr Häring», so
schrieb der Maler voll ungezügeltem Zorn in sein Tagebuch, «welcher seinen
stinkenden Namen damals in das romantische Alexis übersetzte, begoß mein
Kunstwerk mit dem stark gesalzenen Lack, in welchem er zu schwimmen
gewohnt war, und vernichtete meine künstlerische Existenz, indem er bewies,
daß ich gefährlichen Ideen huldige.»[15] Dass er den Pinsel beiseite warf und sich
auf länger nur noch dem Schreiben zuwandte, mochte aber mehr dem
Vorwurf künstlerischen Versagens geschuldet gewesen sein. In einem späteren
Brief an Ludwig von Schorn[16], den er um Ausstellung der überarbeiteten
«Erschaffung des Menschen» in Weimar bat, bevor es in Leipzig versteigert
werden sollte, geht Simon auf die Berliner Auseinandersetzung[17] sachlicher
ein: «Man hat mich getadelt, daß ich Allegorien male, daß ich die Gottheit per-
sonifiziere, sie nannten mich einen malerischen Demagogen und meine
Manier eine Herausforderung des guten Geschmacks, die Ausgeburt eines zer-
rissenen Gemüths. Alle diese Verbrechen konnten sie mir vergeben, nur die
Eine nicht, die Quintessenz aller genannten; daß ich zu denken erregte.»[18]

    Etwa gleichzeitig müssen Banck und Simon ihr glückloses Dasein in der
preußischen Metropole aufgegeben haben. Während jener durch Vermittlung
Robert Schumanns in Leipzig tätig wurde, wandte sich dieser 1835 nach
Weimar.[19] Da sich von 1830 bis 1832 im Kreise der Deutschrömer auch
Weimarer Stipendiaten wie Julie von Egloffstein, Louise Seidler, vor allem
aber Friedrich Preller d. Ä. aufgehalten hatten, ist deren Bekanntschaft, in der

12 Willibald Alexis (eigentl. Georg Wilhelm Heinrich Haering, 1798–1871), Schriftsteller und
    Publizist, seit 1827 in Berlin, von 1830–1835 Redakteur des «Freimüthigen», Mitglied der – von
    z. B. Heine, Laube und Grabbe als konservativ bis reaktionär eingeschätzten – Mittwochs-
    gesellschaft; vgl. WALTHER KILLY und RUDOLF VIERHAUS (Hrsg.): Deutsche biographische Enzy-
    klopädie (DBE). Bd. 1. München u. a. 1995, hier Bd. 1, S. 89.

13 Anonym: «Die Erschaffung des Menschen und die ersten Menschen». In: «Der Freimüthige
    oder Berliner Conversationsblatt», hrsg. von Willibald Alexis, Nr. 206 vom 17.10.1834.

14 DIETULF SANDER (Bearb.): Museum der Bildenden Künste Leipzig. Katalog der Gemälde 1995.
    Stuttgart 1995, S. 183.

15 Zitiert nach FITTBOGEN, Simon 1940 (wie Anm. 10) S. 4.

16 Ludwig von Schorn (1793–1842), Studium der Theologie und bildenden Künste, redigierte
    1820–1842 das Cottasche «Kunstblatt», 1826 Professor in München, seit 1832 in Weimar, seit
    1833 Leiter des dortigen Kunstinstitutes und der Sammlungen, Mitglied verschiedener gelehrter
    und künstlerischer Akademien, 1839 nobilitiert; vgl. KILLY/VIERHAUS, DBE (wie Anm. 12) Bd. 9
    (1998), S. 118; ADB (wie Anm. 9) Bd. 32. Berlin 1971, S. 379–382.

17 FITTBOGEN, Simon 1940 (wie Anm. 10) S. 63 ff.

18 Goethe-Schiller-Archiv Weimar (GSA), 85/29,3: Simon an Schorn (1837).

Folge sogar die Vermittlung Simons in die großherzogliche Residenzstadt
möglich. Die Verbindung zwischen ihm und Banck blieb weiter bestehen,
indem dieser seinen Freund zu den Zusammenkünften der «Davidsbündler»[20]
heranzog. Ihre geistigen Väter Schumann und Friedrich Wieck verfolgten das
heute kaum noch bekannte Anliegen, der Zeit die vermeintlich verloren gegan-
gene Poesie zurückzugeben, was seinen Niederschlag in Musik- und Kultur-
kritiken fand und sich im weitesten Sinne gegen das philiströse Bürgertum und
seine Ideale wandte. Die gedankliche Richtung führte zu den nationalroman-
tischen Werken großer Komponisten und mag später in der Wirkungsmacht
Wagnerischer Opern gegipfelt haben, worin die historisch gewandte Utopie
von einer neuen Gesellschaft atmet. In dieser hier nur grob umrissenen
Aufbruchstimmung, die nach dem Pariser Juliaufstand von 1830 ganz
Deutschland erfasst hatte, wies man im Sinne des zeitgenössischen Fort-
schrittsdenkens der Kunst die Funktion zu, neue gesellschaftliche Ideale zu
kristallisieren, wofür auch das Folgende als Beispiel dienen kann.

2. WEIMAR UND WARTBURG – KÜNSTLERISCHE WERKE UND IDEEN

Simons Hoffen auf die Anerkennung eines «dankbareren Landes» schien sich
in der sächsisch-weimarischen Residenz zunächst zu erfüllen. In Ludwig von
Schorn fand er einen einflussreichen Vermittler zur kunstsinnigen Großherzogin Maria Pawlowna und erhielt von ihr unter anderem den Auftrag zu
einem Historienbild mit freier Themenwahl. In der Weimarer Stadtgeschichte
habe er außer Bernhard dem Großen nichts gefunden «als Träumereien,
Kirchenvisitatoren und Gebetbuchschreiber, die kaum ein Vorwurf für historische Compilatoren sind. Seit Luther gehört die Geschichte einer Zeit an, welche den Neigungen der Frau Großherzogin schwerlich verwandt ist. Ich liebe
die Sonne des Verstandes, aber ich beklage es, dass die süße Dämmerung der
Fantasie nicht in ihrem Gefolge ist. Die Reformation, das Pulver, die Buchdruckerkunst haben die Kunst, die heiligste, in Phrasen und Weibergekreisch
verwandelt.»[21] Mit der Darstellung des Sängerkriegs entschied sich Simon für
ein mittelalterliches Sujet, wofür ihm zu Studienzwecken ein längerer Aufenthalt auf der Burg gewährt wurde. Andere der von ihm erwogenen Stoffe – wie
«Landgraf Ludwig II. in der Schmiede bei Ruhla oder ackernd mit vor-

---

19 StaFO (wie Anm. 3), Zeitungsausschnitte IV. 171. 4,2, Bl. 62: [THEODOR] MUSPER: Karl
Alexander Simon. 1805-1852. Zur Ausstellung von Handzeichnungen im Kupferstichkabinett.
20 Der Davidsbund war eine gemischte Freimaurerloge, der u. a. auch Franz Liszt und Clara Wieck
angehörten. Organ dieser mehr fiktiven Vereinigung war die «Neue Zeitschrift für Musik, herausgegeben durch einen Verein von Künstlern und Kunstfreunden» (vor allem durch seinen
Begründer Robert Schumann), deren Dialoge zum Rahmen für Musik- und Kulturkritik
gemacht wurden.
21 GSA (wie Anm. 18) 85/29,3.

gespanntem Adel», Albrecht der Unartige, Ludwig der Salier und die heilige Elisabeth – fanden später Eingang in die Wartburgfresken Moritz von Schwinds und bekräftigen einmal mehr den Eindruck, dass Simons Vorschläge nachhaltige Basis der Wartburgwiederherstellung geworden waren. Am 12. Juni 1838 teilte er die Vollendung des Bildes mit und wünschte bei der Übergabe nichts sehnlicher, als der Großherzogin die Erhaltung der nationalen Altertümer, insbesondere der Wartburg, ans Herz zu legen.[22] Auch wenn dieses Bestreben Denkmalpflege im heutigen Sinne impliziert, ging es Simon nicht um den bloßen Erhalt alter Gemäuer. Es war auch keine einfache Reverenz an die ohnehin florierende Burgenromantik. Für den universalen Geist besaß die Burg die universale Qualität der «Bundeslade»[23] eines (sich) zu erneuernden Volkes, das – ganz nach Schelling – sich in der Erfahrung des «Kunstwerks Wartburg» seiner selbst bewusst werden könne.[24]

Die nachfolgenden Briefe Simons geben Auskunft darüber, wie sehr er sich an diesem Gedanken entzündet hatte und welche Hoffnungen er dabei in den gerade 20-Jährigen Erbgroßherzog Carl Alexander setzte. Dass dieser «die Ehre seiner Häuser zu hüten» wisse, weist trotz tiefer Verbeugung vor Weimar über die verklärende Fürst-Volk-Harmonie der Romantik hinaus, erinnert vielmehr an die «politische Ouvertüre» Wagners, die dieser nach der Thronbesteigung des jungen Hoffnungsträgers Friedrich August von Sachsen 1830 mit dem euphorischen Titel «Friedrich und Freiheit» bedachte.[25] Simon ging alles andere als oberflächlich an sein Werk, immer zugleich um den ihm zugedachten idealischen Gehalt fürchtend. An der Wartburg, schrieb er an Schorn, sei «der Baumeister schon anno 1200 dagewesen» und man brauche nur noch «gute Gesellen, sonst rinnt der süße Saft in den Magen der Wissenschaft und die That bleibt hungrig.» Dem viel eher der klassischen Antike zugeneigten Schorn dachte er die Rolle des Beförderers zu, wenn er am Ende schreibt: «Wohlan, das alte Kind schmiegt sich jetzt an Ihre Seite, nur die Klugheit kann es großfüttern.»[26] Obwohl Schorn, seit 1833 Direktor der freien Zeichenschule und des Museums, zu dieser Zeit vornehmlich die Ausgestaltung des von Coudray errichteten Westflügels des Weimarer Schlosses leitete, gehörte er

---

22 GSA (wie Anm. 18) 85/29,3: Simon an Schorn, 12. 6. 1838.

23 WSTA (wie Anm. 2) Hs 3496, CARL ALEXANDER SIMON: Die Wartburg. eine archäologische Skizze. 1839, S. 90.

24 Das Kunstwerk bei Schelling bedeutet nicht nur – als Allegorie – die erzeugte Totalität, sondern ist sie – als Symbol. Die es erzeugende ästhetische Tätigkeit ist nichts als die objektiv gewordene intellektuelle; durch sie wird die Identität des Realen und Idealen im Realen dargestellt, mithin die Blüte des Realen selbst. Kunst wird als Produkt des Menschen zu einem zwar inmitten der Wirklichkeit angesiedelten, aber dennoch höchst verborgenen Refugium seiner Identität. Vgl. STEFFEN DIETZSCH (Hrsg.): Friedrich Wilhelm Joseph Schelling: System des transzendentalen Idealismus (Reclams Universal-Bibliothek. 789). Leipzig 1979, S. 364 f.

25 EIKE MICHELL (Hrsg.): Richard Wagner: Mein Leben. Bd. 1. Leipzig 1986, S. 50.

26 GSA (wie Anm. 18) 85/29,3: Simon an Schorn, 30. 8. 1838.

Abb. 2:
Charlotte Simon,
geb. Kindermann,
Gemälde ihres
Gatten Carl
Alexander Simon,
um 1830,
Stiftung Weimarer
Klassik und Kunst-
sammlungen,
Schlossmuseum

bald auch der 1839 ins Leben gerufenen Wartburgkommission an, in der die Vorschläge Simons erörtert wurden.

Zu Beginn der Weimarer Zeit, zeitweise noch parallel zum Wartburg-projekt, war Simon für die Ausgestaltung der Dichterzimmer im Residenz-schloss herangezogen worden. Die von ihm entworfenen Arabesken im Wielandzimmer[27] fanden viel Beifall: «Preller schuf die großen landschaftli-

---

27 ALEXANDER SIMON: Oberon von Wieland: eine freie Ill. In Bildern und Arabesken. Gestochen von E. Eichens, Berlin [1847]. Des Weiteren war Simon der Urheber des Kunstblattes «Faust im Studierzimmer», Stahlstich von Carl Mayer, erschienen bei Göpel in Stuttgart nach 1835.

chen Prospekte, während es Simon vorbehalten blieb, sie mit Arabesken-
streifen zur verzieren. Eine Aufgabe, wie er sie sich nicht schöner hätte wünschen können und der er sich denn auch mit dem ganzen Feuer seiner Person
hingab. Wir haben Urteile von Zeitgenossen, die sich in begeisterter Rede darüber ergehen. In der Tat sind diese Arabesken von einer duftigen Leichtheit
der Erfindung und einer sprudelnden Genialität des Wurfes, wie sie kaum
einem andern zu Gebote standen. Und doch konnte der Künstler nicht ganz
zufrieden sein: in dilettantischer Verkennung der Wichtigkeit eines solchen
Unternehmens wurde die Ausführung einfachen Handwerkern überlassen.»[28]

War dies schon Grund genug zum Ärgernis, um wie viel enttäuschender
noch muss für Simon die zu vermutende Außenseiterrolle im begonnenen
Wartburgprojekt gewesen sein, für das er sich so sehr engagiert hatte. Nach
vollendeter Denkschrift[29], die er Schorn mit der Bitte um Weiterleitung zu-
sandte, sah er sich offenbar entbehrlich: «Ihnen, verehrtester Herr, übergebe
ich denn das liebste Kind meiner Ideen. Sie haben es aus der Taufe gehoben
und werden es am sorgsamsten pflegen. Lieben Sie es wie Ihr eigenes, es wird
Ihnen keine Schande machen.»[30] Unter dem Hinweis auf seine anhaltende
finanzielle Notlage kündigte er für das Frühjahr 1840 seinen Weggang aus
Weimar an.

Möglicherweise zwang ihn die Geburt einer Tochter[31] zur Änderung dieses
Plans, allerdings zeugen kritische Berichte über Restaurierungsarbeiten am
Palas auch von Wartburgvisiten[32] und scheinen zu belegen, dass man den geis-
tigen Urheber punktuell einbezog oder wenigstens zuließ. Es ist anzunehmen,
dass das von Schorn geforderte und höchst positive Gutachten über Simons
Denkschrift den Ausschlag dazu gegeben hatte. Jenem schien die Schrift
«Grundlage für die gesamte Restauration», der darin enthaltene großartige
Geist unübersehbar und Simons Verdienst als Initiator der Wiederherstel-
lungsidee jeder, auch der materiellen Anerkennung würdig.[33]

Im Juni unternahm Simon eine Reise, die ihn über Bamberg, dessen Dom
ihm «viel Licht gegeben», nach München führte, wo er der Architektur die
größte Aufmerksamkeit widmete. In seiner Klassifizierung der zeitgenössi-

28 StaFO (wie Anm. 3) Zeitungsausschnitte IV, 171. 4,2, Bl. 62: [THEODOR] MUSPER: Karl Alexander
Simon. 1805–1852. Zur Ausstellung von Handzeichnungen im Kupferstichkabinett.

29 SIMON, Wartburg 1839 (wie Anm. 23); 2 Aquarelle im Thüringer Hauptstaatsarchiv Weimar
(ThHStAW), HA A XXVI, Nr. 1576, Bl. 1 und 2.

30 GSA (wie Anm. 18) 85/29,3: Simon an Schorn, 27. 9. 1839.

31 Nach den Taufregistern wurden in Weimar insgesamt vier Kinder Simons geboren: Anna Louise
am 7. 3. 1836 (Taufregister der Ev.-Luth. Stadtkirche in Weimar 1833–1840, S. 138, Nr. 41), Paul
Franz am 6. 3. 1838 (S. 224, Nr. 40), Elisabethe Malvina am 28. 1. 1840 (S. 519, Nr. 17); Georg
Alexander am 31. 1. 1843 (Taufregister 1841–1847, S. 104, Nr. 16).

32 GSA (wie Anm. 18) 85/29,3: Simon an Schorn, 27. 5. 1840 und 12. 6. 1840.

33 ThHStAW (wie Anm. 29) HA A XXVI 1576, Bl. 89 ff., Schorn an Carl Alexander, 10. 10. 1839.

schen Baumeister nannte er Klenze den «griechischen», Gärtner den «maurisch-byzantinischen» und nahm bei beiden gelegentliche «Abirrungen» des Geschmacks wahr. Allerdings muss ihn die seit 1839 im Bau befindliche Walhalla von Klenze beeindruckt haben, da eine ideelle Verwandtschaft zu seinen Wartburgplänen unverkennbar ist. Die «byzantinische» Bauweise Zieblands schien ihm «bei weitem das gediegenste und größte der Zeit» – was ihn zu dessen Empfehlung für das Wiederherstellungswerk bewog. Bewunderung zollte er seinem ehemaligen Lehrer Cornelius und sah in der Ludwigskirche «alle Wünsche erfüllt.» Öfter zu Besuch bei Boisserée, berichtete er über die Neuigkeiten auf der Wartburg, die dieser «sehr warm aufnahm». Dabei erinnerte sich Simon seiner «Lieblingsidee» – einem monografischen Werk über die Wartburg[34], die Großherzog Carl Alexander aufgriff und durch den 1907 herausgegebenen Prachtband[35] schließlich verwirklicht worden ist.

Ende Oktober aus München zurückgekehrt, wehte Simon in Weimar kühle Distanziertheit entgegen, über deren Gründe er nach allen Richtungen witterte. Zwar sei es keine Schande, arm zu sein, und eine Ehre, viele Kinder zu haben, doch bringe beides nichts ein[36], äußerte er, um kurz darauf Intrigen der an den Dichterzimmern beschäftigten Maler zur vermuten. Er habe das Werk Nehers[37] nicht aus Neid getadelt, sondern weil er es nicht loben könne, erklärte er Schorn und fügte gekränkt tröstend hinzu: «Und so dürfen Sie unbesorgt sein, daß ich die Harmonie der hiesigen Künstler stöhre. Mein Streben ist ein anderes, und meine Einsamkeit, in welcher so viele Fledermäuse des Verdachts flattern, schützt mich gegen dieses Verbrechen. Verschieden müssen wir alle sein, denn der Einklang der Welt besteht nicht im Uniform, sondern im Accorde.»[38]

Von einer Harmonie in Weimars Künstlerschaft wird kaum je die Rede gewesen sein können, aber das «gemeine und lächerliche Manöver, um sich des ungebetenen Mitarbeiters zu entledigen»[39], war wohl von vielen Seiten genährt worden. Vor allem liefen Simons geradezu sakralisierenden Pläne für die Wartburg den großherzoglichen Intentionen immer deutlicher zuwider. Im März 1841 aufgefordert, seine Bemühungen um die Wartburg in Rechnung zu stellen, verstand dies der Maler sicher zu Recht als «totale Abfertigung», hoffte jedoch weiter auf eine Stelle, die ihm wenigstens eine Beraterrolle

34 GSA (wie Anm. 18) 85/29,3: Simon an Schorn, 12. 6. 1840.
35 MAX BAUMGÄRTEL (Hrsg.): Die Wartburg. Ein Denkmal Deutscher Geschichte und Kunst. Berlin 1907.
36 GSA (wie Anm. 18) 85/29,3: Simon an Schorn, 30. 10. 1840.
37 Bernhard Karl B. Neher d. J. (1806–1886) Figuren- und Bildnismaler, 1836–1841 in Weimar, wo er Darstellungen aus Goethes und Schillers Werken schuf, ab 1846 Professor und Direktor an der Stuttgarter Kunstschule; vgl. THIEME/BECKER, Lexikon (wie Anm. 1) Bd. 25(1931), S. 380.
38 GSA (wie Anm. 18) 85/29,3: Simon an Schorn, 6.11.1840.
39 StAFO (wie Anm. 3) Zeitungsausschnitte IV, 171.4,2 Bl. 62.

ermögliche.[40] Wie dieses Schreiben blieben ein weiteres im April und die im September[41] wiederholte Bitte um Audienz bei Carl Alexander ungehört.

Wegen der Gestaltung des Herderzimmers war es währenddessen zum offenen Bruch zwischen Simon und Schorn gekommen, womit der Maler seinen einflussreichsten Fürsprecher verlor. Wenn er sich trotzdem noch bis zum Frühjahr 1842, seine Familie sogar noch länger, in Weimar aufhielt, so mag dies ein Zeichen dafür sein, wie schwer ihm die Aufgabe seiner Wartburgpläne fiel. Ein Brief Friedrich Prellers d. Ä., auch Pate einer Tochter Simons[42], schildert dessen Weimarer Isolation. Der überraschend verstorbene Schorn sei ein selten guter Mensch gewesen, und doch habe Simon hart zu ihm «contrastirt», bejubele nun dessen Tod und lästere aufs gemeinste. Seither, so resümierte Preller, verachte er ihn und jeder Gebildete müsse ihn fliehen.

«Ich glaubte immer, es sei blos Verzweiflung, die ihn zu manchem verabscheuungswürdigen bringe. Ich glaube auch durchaus nicht, das etwas reelles von ihm zu erwarten stehe, denn seine Kenntnisse in den Dingen sind durchaus nicht gründlich und ausreichend genug. Ein Mensch von Geist, der er doch einmal ist, und solcher enormen Berliner Schwafelei hat wohl leichte Arbeit, andre zu bethören, die selbst nicht tacktfest in der Sache sind. Aber Wahrheit bleibt nie ganz versteckt und so glaub ich sicherlich, daß man schon angefangen, ihn zu erkennen.»[43]

Wenngleich der Brief die eigentliche Sachlage kaum erhellt, schätzte Preller wohl nicht nur Simons wirtschaftliche Misere richtig ein; vielmehr deutet seine Darstellung das Dilemma eines höchst schwierigen Menschen an, der sich mit einer Idee identifiziert hat. Genial, aber kompromisslos und undiplomatisch, brüskierte er um sich herum nahezu jeden und geriet so zur gesellschaftlichen Unperson.

3. POLITISCHES WIRKEN IN STUTTGART

Im Frühjahr 1842 ging Simon nach Stuttgart, wo er sich um einen Lehrstuhl an der Akademie bewarb. Ob er als Vertreter der sogenannten «Ideenmalerei» die erhoffte Stelle nicht erhielt – statt seiner wurde Heinrich Franz Gaudenz von Rustige[44] berufen –, bleibe dahingestellt. Ungeachtet naheliegender Konsequenzen griff der Abgewiesene zu wenig dienlichen Mitteln: In einer 1846 veröffentlichten Kritik der damaligen Ausstellung nahm er sich mit Witz und gal-

---

40 ThHStAW (wie Anm. 29) HA A XXVI Nr. 1576, Bl. 110 ff.

41 ThHStAW (wie Anm. 29) HA A XXVI Nr. 1576, Bl. 112 ff. und Bl. 146.

42 Zusammen mit Malvina Bouterweck aus Weimar und Louis Berard aus Berlin. Taufregister 1833–1840, Jg. 1840, S. 519, Nr. 17. Von Malwina Bouterweck existiert ein Porträt im StaFO (wie Anm. 3).

43 WSTA (wie Anm. 2) Hs 3634, Briefe Friedrich Prellers d. Ä. an Bernhard von Arnswald, März 1842.

liger Ironie die Werke der Stuttgarter Professoren vor. Das war umso unge-
schickter, als seine eigene Malerei hohem künstlerischen Anspruch nicht
standhielt und sich nach der Attacke erst recht alle Türen verschlossen.[45]
Ohne Option auf ein Lehramt warf er sich mit der ihm eigenen Leidenschaft
nun in die aktuelle Tagespolitik und fand neue Freunde: Die «Pfizer[46],
Römer[47] und Tafel[48]», wie Simons Biograph Musper abfällig schrieb[49], waren
führende Persönlichkeiten der «Liberalen Demokraten» im südwestdeutschen
«Herde der nationalen Idee»[50]. Hier profilierte sich Simon als politischer
Agitator, gleichermaßen gewandt in Rede und Schrift. «Die Feder ist mein
Instrument! Den Pinsel verachte ich, ich kann nicht mehr Leinwand mit bun-
ten Grimassen bemalen, ich will Leben, Tat oder Tod.»[51] notierte er während
seines späteren französischen Exils. Die Beobachtung sozialen Elends in den
Hungerjahren und eigene Erfahrungen hatten Simons Engagement zuneh-
mend radikalisiert.

Als der württembergische König Wilhelm im Frühjahr 1847 gegen die
Aufständischen des sogenannten «Brotkrawalls» den blutigen Waffeneinsatz
befahl[52], gehörte Simon am 4. Mai zu den 62 Unterzeichnern eines obrigkeits-
feindlichen Protestschreibens.[53] Zumal er seinen Namen am 10. Juni unter
eine weitere Eingabe setzte, verfügte die Stadtdirektion, den «Ausländer» und

---

44 Heinrich Franz Gaudenz von Rustige (1810–1900); Thieme/Becker, Lexikon (wie Anm. 1) Bd. 29 (1935), S. 236.

45 StaFO (wie Anm. 3) Zeitungsausschnitte IV. 171. 4,2, Bl. 62.

46 Paul Achatius Pfizer (1801–1867), Jurist und Politiker, 1831–1848 Führer der liberalen Opposi-
tion in der württembergischen Kammer, 1848 Kultusminister im württembergischen März-
ministerium und Mitglied der Frankfurter Nationalversammlung. Vgl. Killy/Vierhaus, DBE
(wie Anm. 12) Bd. 7 (1998), S. 648; Frank Raberg (Bearb.): Die Landtagsabgeordneten
1815–1933. Stuttgart 2001, S. 659–662.

47 Christof Gottlob Heinrich Friedrich von Römer (1794–1869), Jurist, seit 1832 politisch aktiv,
württembergischer Märzminister und Mitglied der Frankfurter Nationalversammlung, nach
1850 zunehmend konservativ; vgl. ADB (wie Anm. 9), Bd. 2. Berlin 1970, S. 117–122; Raberg,
Landtagsabgeordnete 2001 (wie Anm. 46) S. 734–735.

48 Johann Friedrich Gottlob Tafel (1801–1874), Jurist, Schriftsteller und Politiker, 1848/49
Mitglied der Deutschen Nationalversammlung; vgl. Raberg, Landtagsabgeordnete 2001 (wie
Anm. 46) S. 918–919. Tafel gehörte bis zu Simons Tod zum Freundeskreis der Familie.

49 StaFO (wie Anm. 3) Zeitungsausschnitte IV. 171, 4, 2, Bl. 62.

50 Heinrich von Treitschke: Deutsche Geschichte des 19. Jahrhunderts. Bd. 5. Leipzig 1929, S. 657.

51 StaFO (wie Anm. 3) Zeitungsausschnitte IV. 171, 4, 2, Bl. 62.

52 Vgl. Treitschke, Deutsche Geschichte (wie Anm. 50) S. 659 f.

53 Hauptstaatsarchiv Stuttgart (HStAS) E 146/1 Bü 1939 (Die Ausweisung des Malers Alexander
Simon aus Frankfurt a/Oder. 1847, 1848), Bl. 2; weiter dazu verzeichnet in: Wilhelm Heyd
(Begr.): Bibliographie der Württembergischen Geschichte. Bd. 8,1. Stuttgart 1953, S. 180 Nr.
5848 Zeitungsbeiträge von Theodor Musper und in Bd. 8,2. Stuttgart 1956, S. 539 Nr. 10566 ein
Aufsatz von Theodor Musper (1938) über den Stuttgarter Brotkrawall, der auf eigenen
Aufzeichnungen Simons beruht. Diese Information verdanke ich Herrn Dr. Michael Klein,
Kommission für Geschichtliche Landeskunde in Baden-Württemberg.

seine Familie – Simon war mittlerweile Vater von neun Kindern – aus der Stadt und dem Königreich Württemberg auszuweisen. Für einen zeitgenössischen Kommentator bestand zwar kein Zweifel daran, dass sich Ausländer der Beteiligung an jeglichem Aufruhr zu enthalten hätten, allerdings schien sogar ihm das Vorgehen gegen den fähigen Schriftsteller nicht korrekt. Er mutmaßte vielleicht nicht zu Unrecht, dass «die spitzige Kritik über die Kunstschule und über einige Stuttgarter Angelegenheiten», die aber doch nicht Sache der Polizei sein könne, eine Rolle gespielt hätte.[54]

Mit Hilfe seines wortgewandten Anwalts Friedrich Römer legte Simon gegen die Ausweisung Beschwerde ein. Grundsätzlich, heißt es in Römers Schrift, fehle in der Bundesakte eine Regelung über Landesverweise. Das württembergische Gesetz gehe nur gegen Vagabunden vor, zu denen Simon ja wohl nicht zu zählen sei, und werde nun unzulässigerweise auf einen Deutschen angewendet, der «die vaterländische Idee einer deutschen Einheit» verfochten hat, was in einem Rechtsstaat – und die Regierung werde wohl nicht von sich behaupten wollen, sie verwalte keinen solchen – keine unerlaubte Handlung sei. Römer zweifelte auch an der Befugnis des Stadtdirektors, überhaupt einen Landesverweis anzuordnen. Jedoch überzeugt, dass sein «Mandant von jedem Oberamtmann aus seinem Bezirke weggewiesen werden würde», erwirkte der Anwalt am Ende lediglich eine verlängerte Aufenthaltsgenehmigung für die betroffene Familie, die «gegen nichts protestiert, sich über nichts beschwert, auch keine mißliebigen Zeitungsartikel, wie Kunstkritiken geschrieben hat», bis Simon anderswo eine neue Existenzgrundlage aufgebaut habe.[55] Vermutlich schon früher, spätestens aber zu diesem Zeitpunkt muss der extremistische Feuerkopf mit dem eigenen bürgerlichen Stand gebrochen und sich den proletarischen Schichten zugehörig gefühlt haben. Am 20. August verließ Simon als einziger von den zahlreichen an der Protestaktion beteiligten Oppositionellen Stadt und Land.

Im März 1848 kehrte er nach Stuttgart zurück, da er – wie später zu Protokoll gegeben – geglaubt habe, von der neuen Regierung keine Repressalien mehr befürchten zu müssen. Um nicht etwa den Anschein von Schuldbewusstsein zu erwecken, habe er nicht um Rehabilitierung ersucht.[56] Ein Bericht an das Königliche Ministerium des Innern zeigt Simons Irrtum. Die neue Stadtregierung hatte sehr wohl seine «illegale» Rückkunft wie auch seine politischen Aktivitäten beobachtet: «In neuerer Zeit hat sich nun Alexander Simon mit einigen Andren an die Spitze des hiesigen demokratischen Vereins gestellt, dessen wühlerische Umtriebe dem hohen Ministerium bereits

---

54 HStAS (wie Anm. 53) E 146/1 Bü 1939 (Die Ausweisung des Malers Alexander Simon aus Frankfurt a/Oder. 1847, 1848), Bl. 2.

55 HStAS (wie Anm. 53) E 146/1 Bü 1939 (Verteidigungsschrift vom 5. 8. 1847).

56 HStAS (wie Anm. 53) E 146/1 Bü 1939 (Verhandlung der Stadtdirektion am 29. 6. 1848) .

bekannt sind. Er ist Mitarbeiter an dem Tagblatt «Die Sonne»[57], dessen
Auftrag offenbar dahin geht, unsere Verfassungsform umzustürzen und dem
Communismus Eingang zu verschaffen, wie denn Simon in einem von ihm
entworfenen Aufsatz[58] aufforderte, zum Schwert zu greifen.» Da die Schäd-
lichkeit Simons klar vorliege, fragte der Berichterstatter, ob an der Ausweisung
nicht besser festzuhalten sei.[59] Nachdem man Ende Juni 1848 den Dissidenten
wiederum vorgeladen hatte[60], drohte das Innenministerium die Ausweisung
nach Preußen an, falls Simon – der nicht einmal mehr das Gastrecht besitze –
«sich nicht augenblicklich von jenem republikanisch-communistischen
Verein lossage und sich jeder Aufreizung der Menge enthalte.»[61] Nach
namentlich veröffentlichter «Rechtfertigung»[62] und «Erwiderung»[63], worin
auch die unausweichlichen Konflikte mit einstigen Parteifreunden deutlich
werden, stellte er seine Mitarbeit zumindest offiziell ein. Per Annonce wird
Auswanderungswilligen jedoch weiterhin die Simon'sche Wohnung am
Tübinger Tor als Kontaktadresse genannt, und Zeitungsartikel zum gleichen
Thema machen Simons fortgesetzte Tätigkeit wahrscheinlich. Am 30. Sep-
tember zeigte die Zeitung eine Welle von Verhaftungen an, darunter die
Festnahme Struves[64], sowie Simons Flucht.[65] Damit entging er der drohenden
Internierung auf dem Hohenasperg, die dem bisherigen Redakteur der
«Sonne» nicht erspart blieb.

4. EXIL UND AUSWANDERUNG

Über sein französisches Exil berichtet ein Tagebuch[66] – die Dokumentation
einer erzwungenen «Studienreise» – deren Marschroute von den einzelnen
Präfekten festgeschrieben wurde. Sie führte während eines etwa halbjährigen
Zeitraums von Straßburg über Besançon, Lyon, rhôneabwärts bis Avignon,

57 «Die Sonne», Organ der württembergischen Arbeiter-Vereine, erschienen in Stuttgart (1)1848
   (18. Mai) bis (187)1848 (31. Dezember).
58 ALEXANDER SIMON: Die Kunst und die Zeit. In: Die Sonne (wie Anm. 57) Nr. 25, 22. 6. 1848, S.
   100.
59 HStAS (wie Anm. 53) E 146/1 Bü 1939 (Bericht der Königlichen Stadtdirektion an das Königliche Ministerium des Innern, 30. 6. 1848).
60 HStAS (wie Anm. 53) E 146/1 Bü 1939 (Verhandlung der Stadtdirektion am 29. 6. 1848).
61 HStAS (wie Anm. 53) E 146/1 Bü 1939 (Ministerium des Innern an Stadtdirektion, 9. 7. 1848).
62 Die Sonne (wie Anm. 57) Nr. 52, 23. 7. 1848, S. 207 f.
63 Die Sonne (wie Anm. 57) Nr. 63, 5. 8. 1848, S. 250 f.
64 Gustav von Struve (1805–1870), Publizist und radikaler Demokrat; vgl. KILLY/VIERHAUS DBE
   (wie Anm. 12) Bd. 9 (1998), S. 600. Struve leitete gemeinsam mit Friedrich Hecker (1811–1881)
   – vgl. KILLY/VIERHAUS DBE (wie Anm. 12) Bd. 4 (1996) S. 471 – den Aprilaufstand 1848 und
   weitere Aufstandsversuche in Baden, die jedoch scheiterten. Beide flüchteten in die USA.
65 Der republikanische Aufstand in Baden und Württemberg. In: Die Sonne (wie Anm. 57) Nr.
   109. 30. 9. 1848, S. 435.

weiter nach Marseille und durch die Provence über Genf zur deutschen Grenze zurück.

Sozialkritische Beobachtungen des Demokraten wechseln in den Aufzeichnungen mit ekstatischen Landschaftsbeschreibungen des Malers. «Ich glaubte, mein Herz wäre alt geworden im Leben, im politischen Gewirr und in Wissenschaft erstarrt. Ich trat mit Zittern in den Tempel der Natur zurück und mein Herz ist jung, jetzt erst verstehe ich die Natur»[67], notierte er in der Milde des provencalischen Winters vor den Bergen des Aupir. In hartem Kontrast zu überschwänglichen Hymnen stehen sein Bettlerdasein, das Empfinden, alle menschliche Würde verloren zu haben, und die stets schuld-bewussten Gedanken an die zurückgelassene Familie. Besessen davon, für ein freies und gerechtes Vaterland leben zu wollen, schwanken seine Stimmungen zwischen tiefer Resignation, unbändigem Zorn und selbstzerstörerischer Euphorie.

Sich an ein selbstverfasstes und wieder vernichtetes Drama erinnernd, resü-miert er: «Es waren gute Momente darin, aber vollendet war es nicht. Ich kann nichts vollenden. Eine Skizze bin ich und Skizzen habe ich geschaffen.»[68] Sein «Gastland» Frankreich, dessen Gnadenbrot er isst, und das mit Napoleon den natürlichen Erben der Kaiserkrone auf den «Sessel der Republik» gesetzt hat, empfindet er als Schande, kaum noch verschieden von der Geißel der Tyrannei in Deutschland. Vom Zusammenbruch Europas ist er überzeugt, erfüllt von der märtyrerhaften Pflicht, sich auf die tiefste Stufe menschlicher Existenz begeben zu müssen, um deren Anwalt und Erlöser werden zu kön-nen, beseelt von seinem Sendungsbewusstsein: «Ich bin frei! Ich will dem Volke und meinen und ihren Kindern einen freien Staat erringen, sie zu Erben eines bessren gerechten Zustands machen, darum fort! Ich muß als Opfer fal-len.»[69]

«Vaterland» ist ihm ein «närrischer Begriff» geworden, wo doch der Geist keine geografischen Grenzen ziehe,[70] daher fliegt seine Hoffnung über den Atlantik zum südamerikanischen Kontinent in ein imaginäres Traumland. «Es ist ein göttlicher Zug – ein Schicksal – ich bin ein Führer der Zeit. Ich muß den Grundstein legen zu einem neuen Volkstempel. Ich vollbringe und sollte auch, was ich liebe, mit mir untergehen. Mein Auge ist prophetisch geworden.

---

66 Nachlass von Walther Scheidig, Direktor der Kunstsammlungen zu Weimar: ALEXANDER SIMON: Reiseskizzen durch das stolze Frankreich im Winter 1848–49 (Abschrift des Originals aus dem Besitz von Helene Simon, Stuttgart-Sillenbuch, 1938). Ich danke Frau Dr. Renate Müller-Krumbach, die mir den Nachlass Walther Scheidigs freundlich zur Verfügung stellte.
67 SIMON, Reiseskizzen (wie Anm. 66) S. 12.
68 SIMON, Reiseskizzen (wie Anm. 66) S. 18.
69 SIMON, Reiseskizzen (wie Anm. 66) S. 16.
70 SIMON, Reiseskizzen (wie Anm. 66) S. 26.

Mein Geist hat am Ufer des Meeres seine Zukunft erschaut. Ich sehe Völker höherer Kultur im Paradies dieser Erde, segnend meinen Namen. Ob sie ihm auch fluchen, ob ich vergessen liege im Abgrund der Geschichte, vollbringen muß ich es doch.»[71]

Die heimliche Rückkehr nach Stuttgart im späten Frühjahr 1849 konfrontiert Simon nicht nur mit dem Schlussakt des politischen «Possenspiels», das auch für ihn, nach dem die Polizei fahndet, mit «Rutenstreichen» hätte enden können. In seinem eigenen Haus ist er nur noch geduldet, seine ausweglose Lage erzeugt auch hier kein Verständnis mehr. Der längst gehegte Gedanke auszuwandern wird zum zwangsläufigen Entschluss, der die Familienfehde zwar kurzzeitig beizulegen vermag, aber Frau und Kindern auch keine vertrauenerweckende Alternative auftun will. Begleitet vom ältesten Sohn Karl verlässt er Stuttgart Anfang November in Richtung Hamburg. Völlig auf die Unterstützung seines seit 1836 als Kaufmann im chilenischen Valparaiso lebenden Schwagers Franz Kindermann[72] angewiesen, verbringt er in der Hoffnung auf ein günstiges Schiff den Winter in der Hansestadt, hält sich im Februar 1850 noch einmal kurz bei Freunden in Paris auf und geht am 20. Februar 1850 zusammen mit weiteren 34 Emigranten an Bord der «Johannes und Helene» zur Überfahrt nach Südamerika.[73]

Von Kindermann beeinflusst, hatte sich Simon bereits während seiner politisch aktiven Phase mit dem Thema der Auswanderung befasst[74] und in Zusammenarbeit mit jenem und mit der Stuttgarter Gesellschaft für nationale Auswanderung und Kolonisation[75] eine kleine Publikation[76] veröffentlicht. Das einleitende Kapitel stellt ein politisches Resümee des Autors dar und charakterisiert die Auswanderung als einzig ehrliche Alternative der unterlegenen Demokraten Deutschlands.

---

71 Simon, Reiseskizzen (wie Anm. 66) S. 19 f.

72 Franz Kindermann gilt neben Karl Anwandter als einer der Pioniere der deutschen Besiedlung Chiles.

73 Nachlass Scheidig (wie Anm. 66), Briefe von und an Carl Alexander Simon 1849–1852 (Abschrift der Originale im Besitz von Helene Simon, Stuttgart-Sillenbuch, 1938); vgl. auch: Eugenio Pereira Salas: El pintor alemán Alexander Simon y su trágica utopía chilena. In: Boletín de la Academia Chilena de la Historia, Nr. 77, Santiago de Chile 1968, S. 16. Ich danke Frau Nana Gabadadse für die Übersetzung des Beitrags.

74 Laut mehrfacher Anzeigen in der «Sonne» nahm Simon unter seiner Adresse am Tübinger Tor Anfragen zur Auswanderung entgegen.

75 Die Gesellschaft ist der Ansicht, dass die Auswanderung staatlich gesteuert werden müsse, um den Abzug von Kapital zu verhindern, und stattdessen die «unruhigen Elemente» außer Landes zu befördern helfen, ihnen eine neue Lebenssphäre zu eröffnen und sie zur «Grundlage einer neuen Völkerfamilie» zu machen. Dazu: HStAS (wie Anm. 53) E 146/1 Bü 1861 (Gesellschaft an das königl. Ministerium des Innern, 6. 9. 1848).

76 HStAS (wie Anm. 53) E 146/1 Bü 1861, Alexander Simon: Die Auswanderung der Demokraten und Proletarier und deutsch-nationale Colonisation des südamerikanischen Freistaates Chile,

5. SEIN LEBEN IN CHILE

Mit der aus Proudhons, Fouriers und Cabets Werken[77] gespeisten Vision einer neu zu gründenden gerechteren Gesellschaft erreichte Simon am 31. Mai 1850 den Hafen von Corral. Angesichts der sich ihm darbietenden Landschaft um das Städtchen Valdivia beschrieb er seiner Ehefrau paradiesische Bilder. Für deutsche Auswanderer finde sich kein günstigeres Land als Chile, und jene zwanzig schon ortsansässigen Familien wünschten nichts weniger als die Rückkehr nach Deutschland. Geld freilich habe er keines, doch wolle er malen, seinen während der Schiffsreise entstandenen Roman[78] vollenden und für ein gutes Honorar an Hofmeister, Banck oder Fallersleben schicken, um so zum Unterhalt der Familie beizutragen.[79]

Valdivias Idylle hinter sich lassend, wurden die neuen Kolonisten jedoch schon bald von der rauhen Wirklichkeit eingeholt. Das von Franz Kindermann für die Einwanderer erworbene Siedlungsland war nach einem Rechtsstreit konfisziert worden, das neue Zuhause samt erwarteter Starthilfe erwies sich damit als gegenstandslos, die verheißene Zukunft als Trugbild. Auch war Simon der Ruf des aufrührerischen Kommunisten bereits vorausgeeilt und schien der Plan des «Wahnsinnigen» in Regierungskreisen gefährlich[80], wodurch die widrigen Umstände möglicherweise begünstigt worden waren. Simon selbst sah sich auf das Übelste getäuscht, als er am Ziel seiner Träume, dem künftigen Heimatort Bellavista, ankam: fast unzugängliches und schwer kultivierbares Gebirgsland, erbärmliche Verhältnisse, keinerlei Unterstützung. Trotz pantheistischer Schwärmerei angesichts schneebedeckter Gipfel der

---

Stuttgart 1848. Die Broschüre erfuhr 1850 eine Zweitauflage: ALEXANDER SIMON: Auswanderung und deutsch-nationale Kolonisation von Süd-Amerika. Mit bes. Berücks. des Freistaates Chile. 2, umgearb. u. für Ansiedler u. Auswanderer mit e. Anh. verm. Aufl./Hrsg.: TRAUGOTT BROMME. Bayreuth 1850.

77 Der französische Sozialist Pierre Joseph Proudhon (1809–1865) mit seinem Werk «Das Recht auf Arbeit, das Eigentumsrecht u. die Lösung der sozialen Frage» sowie der Entwurf von François Marie Charles Fourier (1772–1837) einer egalitären Gemeinschaft der Harmonie, die agrarisch geprägt, solidarisch organisiert und auf die Schaffung von Freiheit und Glück gerichtet ist, waren zweifellos Simons geistige Quellen. Noch unmittelbarer scheint das Vorbild Etienne Cabets (1788–1856), der die ideale kommunistische Gesellschaft seines utopischen Romans «Reise nach Ikarien» (1842) seit 1848 in den USA in die Realität umzusetzen versuchte.

78 Nach SALAS, Simon 1968 (wie Anm. 73), S. 16 handelt es sich um den Seeroman «Die Steuermänner».

79 Nachlass SCHEIDIG, Briefe (wie Anm. 66 und 73), Simon an seine Ehefrau, 5. 6. 1850 (S. 30).

80 Vgl. SALAS, Simon 1968 (wie Anm. 73) S. 14, nach EDUARD WINKLER: Aufzeichnungen seiner Beobachtungen und Erlebnisse in Chile. In: GEORG SCHWARZENBERG (Hrsg.): Geschichtliche Monatsblätter. Quellensammlung und Beiträge zur Geschichte der Deutschen Einwanderung nach Chile. 10(1917).

Kordilleren ließ er seine Ehefrau über die heillosen Zustände nicht im Un-
klaren. «Oft schon habe ich eingesehen, um wieviel ruhiger und weiser Du in
die Zukunft gesehen als ich», schrieb er nach Stuttgart. «Ich werde nicht ver-
langen, daß Du mit meinen teuren Kindern darben oder wie Vieh arbeiten
oder in trauriger Öde hinziehen sollst. Nur wenn ich Dir alles bieten kann,
werde ich Dich holen. Ich suche umsonst nach Reichtum, umsonst nach
Schätzen, die ich Euch senden könnte, und daß Franz sein Versprechen nicht
erfüllen wird und auch nicht kann, das sehe ich voraus.»[81]

Im August 1850 zerstritt er sich mit Kindermann und schlug auch dessen
einlenkendes Angebot eines Weidgeheges in der Bucht von Lamihuapi aus.
Nahezu mittellos und gänzlich auf die Unterstützung von Freunden angewiesen, widmete er sich wiederum künstlerischen Arbeiten, von denen zumindest
ein Teil erhalten ist.[82] Ohne je sein utopisches Ziel aufgegeben zu haben,
brach er Ende 1851 mit der Zeichenmappe unter dem Arm nach Süden auf,
durchstreifte die Insel Chiloé, studierte Natur, Bewohner und deren Lebensweise – immer auf der Suche nach dem Ort, an dem er die Idee der idealen
Gesellschaft verwirklichen konnte. Die letzte bekannte Skizze trägt das Datum
des 7. Februar 1852.

Während seines Aufenthaltes auf der Insel traf Simon auf den deutschen
Naturforscher Bernhard Philippi[83], mit dem er bereits als junger Mann in
Italien Freundschaft geschlossen hatte. Wegen des gleichgearteten Plans, im
südlichen Chile deutsche Siedlungsgebiete zu erschließen, mochte der Kontakt nie gänzlich abgebrochen gewesen sein, jedoch darf man davon ausgehen,
dass sich beider Motivationen und Visionen ansonsten voneinander unterschieden[84]. Der rührige Philippi, von der chilenischen Regierung mittlerweile
zum Gouverneur berufen und stets in der Mission als Einwanderungsagent
unterwegs, bereitete eine zweijährige Expedition in das Gebiet der Magellan-
straße vor, der sich Simon als Bildchronist anschließen durfte. Dafür wollte er
die «vorteilhafte Staatsanstellung», von der er einem anderen Schwager in
Liverpool mitteilte und ihn um die Zusendung von Farben bat[85], wohl zunächst nicht antreten.

---

81 Nachlass SCHEIDIG, Briefe (wie Anm. 66 und 73) Simon an seine Ehefrau, 27. 7. 1850.
82 Eine grafische Sammlung befand sich 1968 im Privatbesitz Julio Philippis, woraus einige Blätter
    in SALAS, Simon 1968 (wie Anm. 73) veröffentlicht wurden.
83 Bernhard Philippi (1811–1852) bereiste seit den 1830er Jahren das südliche Chile und ent-
    wickelte Kolonisationspläne für deutsche Siedler im Gebiet um Valdivia und am Llanquihue-
    See. 1848 ernannte ihn die chilenische Regierung zum Einwanderungsagenten, 1852 zum
    Gouverneur.
84 Simon erläuterte seine Konzeptschrift zur Organisation einer «idealen Gesellschaft» gegenüber
    Philippis Bruder Rudolf, der ihn in seinen Memoiren den «Welterlöser» nannte; vgl. SALAS,
    Simon 1968 (wie Anm. 73) S. 13.
85 Nachlass SCHEIDIG, Briefe (wie Anm. 66 und 73) Simon an Kindermann, 10. 8. 1852.

Am 13. August 1852 bestieg die Gruppe die Fregatte «Infatigable» und erreichte nach sechstägiger Schiffsreise den bei jüngsten Unruhen weitgehend zerstörten Ort Punta Arenas[86]. Hier vertraute sich Simon der Führung von zwei patagonischen Indianern und einem Sträfling an und drang einige Tage vor Philippi in die Wildnis des Landesinnern ein, um Kontakt zu einheimischen Häuptlingen herzustellen. Auch wollte er mit einer Zeichnungsserie beginnen, die er der chilenischen Regierung vorzulegen hoffte. Beide Deutsche fielen im Oktober kurz nacheinander einem Anschlag zum Opfer, den man als Racheakt wertete, dessen nähere Umstände aber dunkel blieben.[87]

*

Der abenteuerliche Weg Carl Alexander Simons besitzt trotz scheinbarer Brüche das Format eines sich konsequent entwickelnden Lebensentwurfs, dessen Ziel bereits in den Ideen zur Wartburg angelegt ist. In ihr sieht er Tugend und Wahrheit als «Religion» verkörpert, ihre Erneuerung bedeutet ihm die zweckgerichtete Metamorphose der enthaltenen ewigen Werte. Sie bewahren, sie in künstlerischer Umsetzung aufheben, um das Volk an seinem unvergänglichen Gut zu lehren, sich selbst zu schätzen, sich aus der «traurigsten aller Sklavereien»[88], der geistigen Unmündigkeit zu befreien, sich selbst im doppelten Sinne «aufzuheben», ist der Grundgedanke in Simons Werk. «Wenn ich mithin von der Erhaltung der Wartburg, ja von ihrer Wiedergeburt durch Kunst rede, so verstehe ich darunter einen Tempel der Geschichte, in welchem die Nazion sich an den Beispielen seiner Altvordern sammeln kann. Gibt es aber noch höhere Interessen als die intellektuelle Bildung des Volkes? Die Ehre also des Fürstenhauses und Moral des Volkes sind die eigentlichen Motive meiner Bestrebungen.»[89]

Bewusst hatte sich Simon für Weimar entschieden – für den 30-Jährigen das deutsche Eldorado des Geistes und der Liberalität. Größte Erwartungen in den jungen Erbgroßherzog Carl Alexander setzend, sollten seine Wartburgideen zwar reiche Früchte tragen, doch dürften sie Simons Intentionen kaum je genügt haben. Inwieweit und wie lange sich der Maler als «der missverstandene und einsame Prophet» sah, «der den Mächten des Philistertums die Stirne bot, um schließlich als Sieger hervorzugehen»[90], kann nur erahnt werden. Weshalb

---

86 Die Stadt war 1851 durch Motín de Cambiaso weitgehend zerstört worden; Philippi hatte den Auftrag, Ruhe und Ordnung wiederherzustellen.

87 Salas, Simon 1968 (wie Anm. 73) S. 26.

88 Simon, Wartburg 1839 (wie Anm. 23) S. 90.

89 Simon, Wartburg 1839 (wie Anm. 23).

90 Ernst H. Gombrich: Kunst und Fortschritt. Wirkung und Wandlung einer Idee. (Klassiker der Kunstgeschichte). Köln 1996, S. 99.

er die Mittel zum Zweck veränderte, zwischen Wissenschaft, Kunst und Politik hin- und hersprang, mag in seiner Vielfachbegabung und den Umständen der Zeit gelegen haben, in der erstmals «den Kunststilen die Rolle zufiel, als Gesinnungsabzeichen zu gelten»[91]. Die Erfahrungen der Revolutionszeit, die politische Positionierung und das Exil ließen ihn alle obrigkeitlichen Instanzen und endlich auch das reale Deutschland zugunsten seines Ideals verwerfen. Sein Aufruf zur Auswanderung, um «mitzubauen an dem schönsten Nationaldenkmal, an dem Tempel der Größe, der Ehre, der Auferstehung des deutschen Volkes»[92] und die von ihm übernommene Rolle des Wegbereiters und Führers sind im Grunde die letzten Fortsetzungen seiner Wartburgschrift.

---

91 GOMBRICH, Kunst 1996 (wie Anm. 90) S. 97.
92 SIMON, Auswanderung 1848 (wie Anm. 76) S. 48.

«Nicht was gewesen ist, ist die Geschichte, sondern was groß gewesen ist.» Carl Alexander Simon: Die Wartburg. eine archäologische Skizze

Grit Jacobs

Am 5. September 1838 berichtete Friedrich Preller d. Ä. seinem Freund Bernhard von Arnswald die «große Neuigkeit, daß die Wartburg, das alte Haus ... wieder in alten Stand gesetzt wird und zwar auf Anregung Simons, der dort war, alles untersuchte, und eine Zeichnung machte, die sehr schön war.»[1] Tatsächlich kann man dem Maler Carl Alexander Simon das Verdienst zusprechen, die Wiederherstellung der Wartburg angeregt, eine erste ausführliche Forschungsarbeit geleistet und, vor allen Dingen, das erste Wiederherstellungskonzept entwickelt zu haben. Später wollte sich zwar der greise Großherzog Carl Alexander daran erinnern, dass seine Mutter Maria Pawlowna ihn zu dem Vorhaben ermutigt habe[2], doch geschah dies wohl erst, als bereits die Untersuchungen und Ergebnisse des Malers vorlagen.[3]

Simon, in Carl Alexanders Erinnerung ein Mann «von Talent, dabei eigentümlich und phantastisch»[4], wurde 1838 von Maria Pawlowna mit einem Gemälde beauftragt, das den Sängerkrieg auf der Wartburg darstellen sollte.[5] Sie genehmigte die dazu erforderlichen Studien vor Ort, während derer Simon «ein Sims kleiner romanischer Bogen an der Hofseite des Palas» entdeckte. Die Vermutung, dass noch mehr Schmuckwerk zu finden sein würde, bestätigten

---

1 Wartburg-Stiftung Eisenach, Archiv (WSTA), Hs 3618, Friedrich Preller an Bernhard von Arnswald, 5. 9. 1838.

2 CARL ALEXANDER, Großherzog von Sachsen-Weimar-Eisenach: Erinnerungen an die Wiederherstellung der Wartburg. In: MAX BAUMGÄRTEL (Hrsg.): Die Wartburg. Ein Denkmal deutscher Geschichte und Kunst. Berlin 1907, S. 5–14, hier S. 5.

3 Thüringisches Hauptstaatsarchiv Weimar (ThHStAW), HA A XXVI 1576, Ludwig von Schorn an Carl Alexander, 16. 10. 1839, Bl. 89–90, hier Bl. 89r. Ludwig von Schorn schrieb an Carl Alexander, dass allein das Verdienst, auf diesen Gegenstand aufmerksam gemacht zu haben, eine Anerkennung wert sei. Vgl. auch JUTTA KRAUSS: «Leben, Tat oder Tod» – der Wartburgerneuerer Carl Alexander Simon, in diesem Wartburg-Jahrbuch.

4 CARL ALEXANDER, Erinnerungen (wie Anm. 2) S. 5.

5 CARL ALEXANDER SIMON: Der Sängerkrieg auf der Wartburg, 1838, Öl auf Leinwand, Wartburg-Stiftung Eisenach, Kunstsammlung, Inv.-Nr. M 148. Vgl. KRAUSS, Wartburgerneuerer (wie Anm. 3) und STEFAN SCHWEIZER «Der Saal wird zur mächtigen Halle von ehedem» oder: Wie der «Sängerkrieg auf der Wartburg» seinen Ort und seine «Bilder» fand, ebenfalls in diesem Wartburg-Jahrbuch.

weitere Untersuchungen. Für Carl Alexander verlangten diese Funde nun nach ernsthafter Beschäftigung mit der Wartburg, beginnend mit der Suche nach einem geeigneten Architekten.[6] Mit der Entdeckung von «Schmuckwerk» ist in den Erinnerungen des Großherzogs der Einsatz Simons für die Wartburg bereits umrissen. Bekanntlich blieb die Ausführung der Restaurierung anderen vorbehalten, jedoch sind Simons Einflüsse und entscheidende Impulse nicht ganz so gering anzusetzen, auch wenn er Weimar bereits verlassen hatte, als die Suche nach einem Konzept und dem ausführenden Architekten endlich abgeschlossen war.

Bereits am 27. September 1839 hatte Simon das Ergebnis seiner Forschungen in Form einer Denkschrift vorgestellt.[7] Dass eine darin deutlich formulierte Prämisse «Wohnen kann hier Niemand wieder!» den Vorstellungen des «Protectors» der Burg, Carl Alexander, so ganz und gar nicht entsprach, mag letztlich auch dazu geführt haben, dass man seine Vorschläge ad acta legte.

Dessen ungeachtet bleibt Carl Alexander Simons «Die Wartburg. eine archäologische Skizze» als ein bemerkenswertes Zeugnis der frühen Burgenforschung bestehen. Seine Studien, in die er sowohl Geschichtsquellen als auch die von ihm für unabdingbar gehaltene Untersuchung der Baulichkeiten einbezog, zeugen vom Bemühen um die wissenschaftliche Bearbeitung des Themas. Das Ergebnis hatte sich jedoch einer romantisch-idealisierten Sichtweise unterzuordnen. Der Versuch einer kritischen Befragung und objektiven Bewertung des Herausgefundenen musste am Anspruch scheitern, den Simon an Geschichte und ihre Erforschung stellte: Der Blick in die Vergangenheit sollte das Volk Moral und Tugend lehren und dabei vornehmlich das Empfinden für die Leistungen der eigenen – nationalen – Denker, Weisen und Helden wecken. Da aber das «Wesen der Kunst, der Historie» für Simon nur Bedeutung hatte, «in so fern es Theil der Offenbarung ist, zur Religion wird – die Religion selber ist», konnte auch nur jene Epoche den Zweck erfüllen, in der «das ganze Leben sich aus der Religion bildete» – das Mittelalter.[8]

Auf dieser Grundlage entwickelte Simon die Idee von dem ‹Denkmal Wartburg›, das als allgemeiner Sammelplatz der Tugenden der Nation, zu einem «Katheder» werden sollte, «von dem herab deutsche Tugenden gelehrt werden, auf daß die Jugend einmal den Riesenlaib seiner vaterländischen Literatur und sich selber achten lernt.»[9]

---

6   CARL ALEXANDER, Erinnerungen (wie Anm. 2) S. 6.

7   Goethe-Schiller-Archiv Weimar (GSA), 85/29, 3 (unpaginiert) Carl Alexander Simon an Ludwig von Schorn, 27. 9. 1839.

8   ThHStAW (wie Anm. 3) HA A XXVI 1576, Carl Alexander Simon an Christian Wilhelm Schweitzer, Ende August 1838, Bl. 185–188, hier Bl. 187r; vgl. auch BAUMGÄRTEL, Wartburg 1907 (wie Anm. 2) S. 290 f.

I. DIE ÜBERLIEFERTEN HANDSCHRIFTEN SIMONS

Die überlieferten Handschriften umfassen eine Materialsammlung, die Konzeptschrift sowie vollständige Abschriften der «archäologischen Skizze» mit einem dazugehörigen Zeichnungsband. Im Kontext dieser unterschiedlichen Texte und Zeichnungen wird es möglich, die Arbeit Carl Alexander Simons von den Studien bis zur fertigen Denkschrift zu verfolgen.

Materialsammlung

Die Materialsammlung ist als lose Blattsammlung, dem Zeichnungsband beiliegend, überkommen.[10] Sie umfasst 20 nicht paginierte Blätter im Folioformat. Simon hat im Stil einer Kollektaneensammlung Zitate aus der ihm erreichbaren Literatur erfasst und sie mit eigenen Bemerkungen versehen. Auf mehreren Blättern sind die aufgefundenen Wartburgdarstellungen abgezeichnet und kommentiert.

Konzeptschrift

Die Konzeptschrift enthält einen zwar nicht vollständigen, aber umso aussagekräftigeren Entwurf zur «Skizze».[11] Sie ist als lose Blattsammlung unterschiedlicher Größe und Papierqualität sowie ohne durchgängige Paginierung erhalten. Ein großer Teil besteht aus Simons Handschrift, einige Seiten gehören zu einer von einem Schreiber ausgeführten Abschrift, in der Simon Streichungen und Korrekturen vorgenommen hat. Bis auf wenige Fehlstellen[12] ist dieses Konzept identisch mit der Reinschrift. Einzig in dieser Handschrift befinden sich aber die Passagen, in denen die Fürstengruft beschrieben ist. Sie sind sämtlich durchgestrichen. Mit dieser Konzeptschrift sind vier Doppelseiten mit Studien und gezeichneten Karten zum Himalajagebiet überliefert.

Die Wartburg. eine archäologische Skizze (Abschrift) und Zeichnungsband

Im Archiv der Wartburg-Stiftung befindet sich eine vollständige Abschrift[13] mit dem dazugehörigen Zeichnungsband.[14] Beide Bände im Folioformat mit

9 Simon an Schweitzer, Ende August 1838 (wie Anm. 8) Bl. 188r.
10 WSTA (wie Anm. 1) Hs 3496 b, Materialsammlung in: CARL ALEXANDER SIMON: Die Wartburg. eine archäologische Skizze. Zeichnungsband.
11 WSTA (wie Anm. 1) Hs 3497, CARL ALEXANDER SIMON: Konzeptschrift zu: Die Wartburg. eine archäologische Skizze.
12 Es sind vorhanden (Seitenzählung nach der vollständigen Abschrift Hs 3496 a) S. 1, S. 2, 1–3. Zeile; S. 7, 11. Zeile bis S. 89.
13 WSTA (wie Anm. 1) Hs 3496 a, CARL ALEXANDER SIMON: Die Wartburg. eine archäologische Skizze.

Fadenheftung haben den gleichen grauen Einband, auf dem oben rechts die Ziffern 1. und 2. vermerkt sind. Der Textteil enthält das Titelblatt, von der Hand Simons in Schönschrift ausgeführt: «Die Wartburg./eine archäologische Skizze.» Nach der Inhaltsanzeige folgt der durchgängig paginierte Text auf 91 Seiten, von der gleichen Schreiberhand wie im Konzept. Die «archäologische Skizze» selbst ist in acht Kapitel unterteilt. Nach einer Einleitung widmet sich das erste Kapitel der Erbauung der Burg, im zweiten untersucht Simon die Authentizität der Ruinen. Die allgemeine Einteilung und der Grundriss werden im dritten Kapitel behandelt, im vierten und fünften die einzelnen Gebäude und der Palas. Nachfolgend widmet sich Simon dem Inneren des Hauptgebäudes. Im siebten Kapitel stellt er einen kurzen chronologischen Überblick der Bauphasen vor. Das letzte Kapitel enthält die Ideen zum «Wiederbau der Wartburg».

Der Zeichnungsband weist weder Titel noch Paginierung auf. Er wurde von Carl Alexander Simon eigenhändig gestaltet. Auf 16 Seiten befinden sich 26 nummerierte Abbildungen, die hier im Anhang tabellarisch aufgeführt werden.

Für sämtliche Handschriften ist nicht mehr nachzuvollziehen, wann sie in das Archiv der Wartburg-Stiftung gelangten. Bei der vollständigen Abschrift mit dem dazugehörigen Zeichnungsteil dürfte es sich mit einiger Wahrscheinlichkeit um die Bände handeln, die Carl Alexander Simon am 27. September 1839 an Ludwig von Schorn sandte und um Übergabe an Erbgroßherzog Carl Alexander bat.[15]

Im Thüringischen Hauptstaatsarchiv Weimar befinden sich zwei Blätter, die von der Hand Simons stammen.[16] Blatt 1 zeigt die in Aquarell ausgeführte Westansicht der wiederhergestellten Wartburg, mit dem Titel der Schrift «Die Wartburg. eine archäologische Skizze». Das zweite Blatt ist mit «Fürstengruft» überschrieben. Es zeigt in Grund- und Aufriss die geplante Grabkapelle am Südende der Wartburg. Beide Zeichnungen erreichten Carl Alexander mit einem ausführlichen Schreiben im Jahre 1841.[17] Sowohl Format als auch Qualität entsprechen dem Papier, das zur Abschrift genutzt wurde. Es ist

---

14 WSTA (wie Anm. 1) Hs 3496 b, CARL ALEXANDER SIMON: Die Wartburg. eine archäologische Skizze. Zeichnungsband. Das Archiv der Wartburg verwahrt noch eine weitere Abschrift des 19. Jahrhunderts ohne Zeichnungsteil. WSTA Hs 3496. Sie ist inhaltlich identisch mit der vollständigen Abschrift WSTA Hs 3496 a. Möglicherweise wurde sie von Bernhard von Arnswald veranlasst, der 1841 angab, nicht im Besitz von Simons Arbeit zu sein, sie aber offenbar im Jahr 1848 zur Abschrift erhielt; vgl. WSTA (wie Anm. 1) K 2, Bernhard von Arnswald an Carl Alexander, 1841; WSTA (wie Anm. 1) K 9, Bl. 22, Carl Alexander an Bernhard von Arnswald, undatiert (April 1848): «die von dem Maler Simon verfaßte Schrift werde ich Ihnen zur Abschrift zusenden lassen ...»

15 Simon an Schorn, 27. 9. 1839 (wie Anm. 7). Am 16. 10 1839 leitete Ludwig von Schorn die Arbeit an Carl Alexander weiter. ThHStAW (wie Anm. 3) HA A XXVI 1576, Bl. 89–90.

16 ThHStAW (wie Anm. 3) HA A XXVI 1576, Bl. 1 und 2.

Abb. 1:
Deckblatt der
ersten Abschrift
«Die Wartburg.
eine archäologische
Skizze», 1839,
Thüringisches
Hauptstaatsarchiv
Weimar

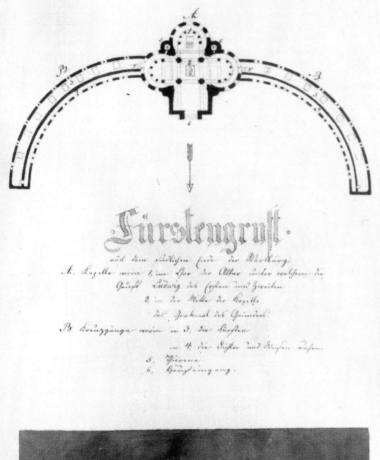

Abb. 2:
Zweites Deckblatt
der ersten Abschrift
«Die Wartburg.
eine archäologische
Skizze», 1839,
Thüringisches
Hauptstaatsarchiv
Weimar

durchaus zu vermuten, dass dies die Deckblätter der ersten Abschrift gewesen sind, die nach der Tilgung der Idee bedeutungslos geworden waren (Abb. 1 und 2).

Da alle vorhandenen Exemplare der «archäologischen Skizze» ohne Angabe eines Verfassers überliefert sind, muss noch im 19. Jahrhundert die Kenntnis der Urheberschaft verloren gegangen sein. Darüber hinaus mag der ähnliche Titel, den Johann Wilhelm Sältzer 1846 für seine Denkschrift – «Die Wartburg. Eine archäologisch-architektonische Skizze»[18] – wählte, für Verwirrung gesorgt haben, denn auch er vergaß, seinen Namen zu vermerken. Ein Verzeichnis der wichtigsten Handschriften zur Wartburgwiederher-stellung aus dem 19. Jahrhundert kennt die Verfasser, mit Ausnahme Bernhard von Arnswalds, schon nicht mehr.[19] Max Baumgärtel bedauerte im Wartburg-werk, die Schrift Simons nicht in den Akten gefunden zu haben.[20] Erst im Jahre 1931, nach einer erhellenden Korrespondenz mit dem Weimarer Archiv, scheint Hans von der Gabelentz die richtige Zuschreibung erkannt zu haben; zuvor hatte er in Sältzer den Autor der «archäologischen Skizze» vermutet.[21]

II. C. A. SIMONS UNTERSUCHUNGEN ZUR GESCHICHTE DER WARTBURG

Als Simon sich seinen Studien auf der Wartburg widmete, informierte er sowohl Ludwig von Schorn als auch Christian Wilhelm Schweitzer ausführ-lich über seine Ergebnisse, die sich zunächst auf die vor Ort gemachten Untersuchungen am Palas bezogen.[22] Er beschrieb die äußere Gliederung des Bauwerks mit drei Stockwerken, denen jeweils eine offene Galerie vorgelagert war. Zur Erklärung gab er eine Zeichnung bei, die das Aussehen der Palas-westfassade rekonstruiert, schränkte jedoch ein, dass er dargestellt habe, «was da sein müßte, nicht was ist»[23] (Abb. 3).

---

17 ThHStAW (wie Anm. 3) HA A XXVI 1576, Simon an Carl Alexander, 12. Februar 1841, Bl. 91r–97v.

18 WSTA (wie Anm. 1) Hs 3501, JOHANN WILHELM SÄLTZER: Die Wartburg. Eine archäologisch-architektonische Skizze.

19 WSTA (wie Anm. 1) Verzeichnis, (ohne Nr.): «Die Wartburg, eine archäologische Skizze. Zeich-nungen dazu. Verfasser nicht genannt.»

20 MAX BAUMGÄRTEL: Vorgeschichte der Wiederherstellung der Wartburg. In: BAUMGÄRTEL, Wartburg 1907 (wie Anm. 2) S. 292.

21 WSTA (wie Anm. 1) W. Pirkel an Hans von der Gabelentz, 2. 4. 1931; HANS VON DER GABE-LENTZ: Materialsammlung zu Chroniken und älterer Literatur (ohne Nr.).

22 GSA (wie Anm. 8) 85/29, 3, unpaginiert, Simon an Schorn, 20. 8. 1838; Simon an Schweitzer, Ende August 1838 (wie Anm. 8), Bl. 185–188; vgl. auch BAUMGÄRTEL, Wartburg 1907 (wie Anm. 2) S. 290–291.

23 Simon an Schorn, 20. 8. 1838 (wie Anm. 22). Dem Schreiben an Schweitzer war ebenfalls eine Zeichnung beigegeben, sie ist nicht erhalten.

In der Arkade des unteren Stockwerks E F vermutete er den frühesten Haupteingang. Die Tür X sei erst 200 Jahre alt, die darüber liegende Tür Z lieferte ihm den Beweis für einen Treppenturm, da zwischen dem zweiten und dritten Stockwerk keine Verbindung bestanden habe. Eine weitere Pforte, die er an der nördlichen Palaswand vorfand, schien ihm als Verbindung zwischen Landgrafenhaus und Neuem Haus gedient zu haben. Die Dachkonstruktion ergänzte er in der Zeichnung «nach den am nördlichen Giebel vorgefundenen Spuren.»[24]

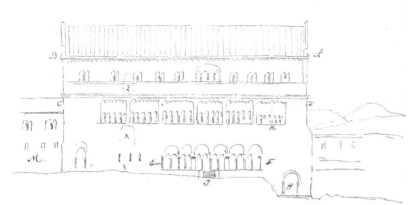

Abb. 3:
Rekonstruktion
der Westfassade
des Wartburgpalas,
1838,
Goethe-Schiller-
Archiv Weimar

Parallel zu seiner Arbeit auf der Wartburg vertiefte sich der Maler in ein gründliches Quellenstudium. Die Materialsammlung offenbart die Fülle an Literatur, die er hierfür heranzog. Simon war die Mehrheit des zahlreich überlieferten älteren Schrifttums zur Wartburg ebenso bekannt wie die jüngeren Beschreibungen aus dem 18. und frühen 19. Jahrhundert. Inwieweit er alle Werke, deren Angaben er notierte, selbst in Augenschein nahm, ist heute nicht bis in jede Einzelheit nachvollziehbar. An einigen Stellen lässt sich exemplarisch auch die Übernahme aus «zweiter Hand» nachweisen. Bei seinen Studien befragte Carl Alexander Simon die Literatur nach unterschiedlichen Themen der Wartburggeschichte, wie etwa Architektur und Alter des Palas oder Vorhandensein einer Kapelle in frühesten Zeiten (Abb. 4 und 5).

Die ältesten Überlieferungen fand er in der dreibändigen Edition des Johann Burchard Mencke[25], in der sich beispielsweise die Chronik des Erfurter Petersklosters findet.[26] Häufigste Quelle waren ihm jedoch die Chroniken des

---

24 Simon an Schorn, 20. 8. 1838 (wie Anm. 22).
25 J.(OHANN) BURCHARD MENCKE (Hrsg.): Scriptores rerum Germanicarum praecipue Saxonicarum. 3 Bde. Leipzig 1728–1730.
26 Chronicon S. Petri, vulgo Sampetrinum Erfurtense ab Anno Christi XXXI, sive potius ab anno MXXXVI usque ad Annum MCCCLV. In: MENCKE, Scriptores (wie Anm. 25) T. III, Sp. 201– 344.

Abb. 4

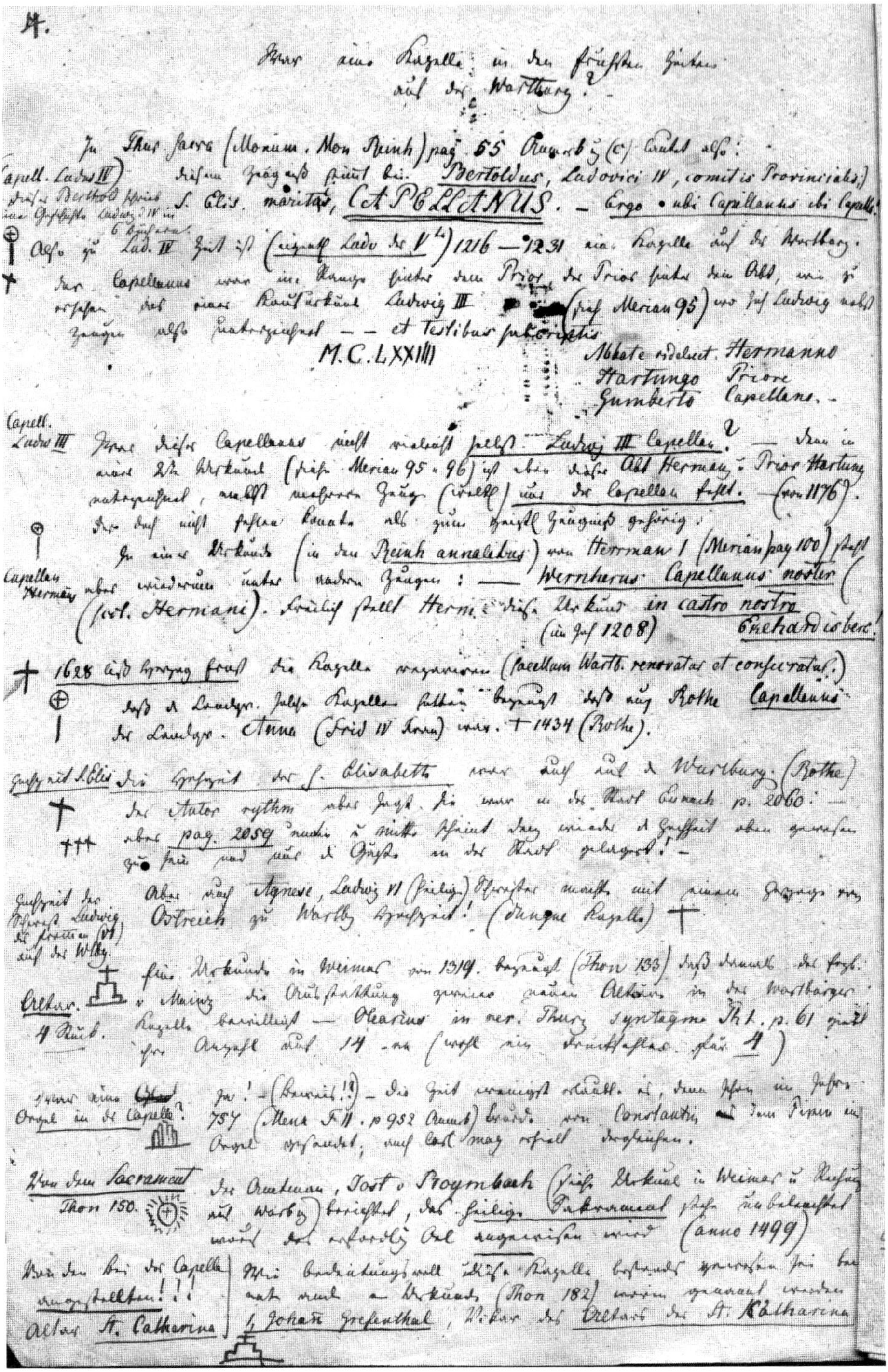

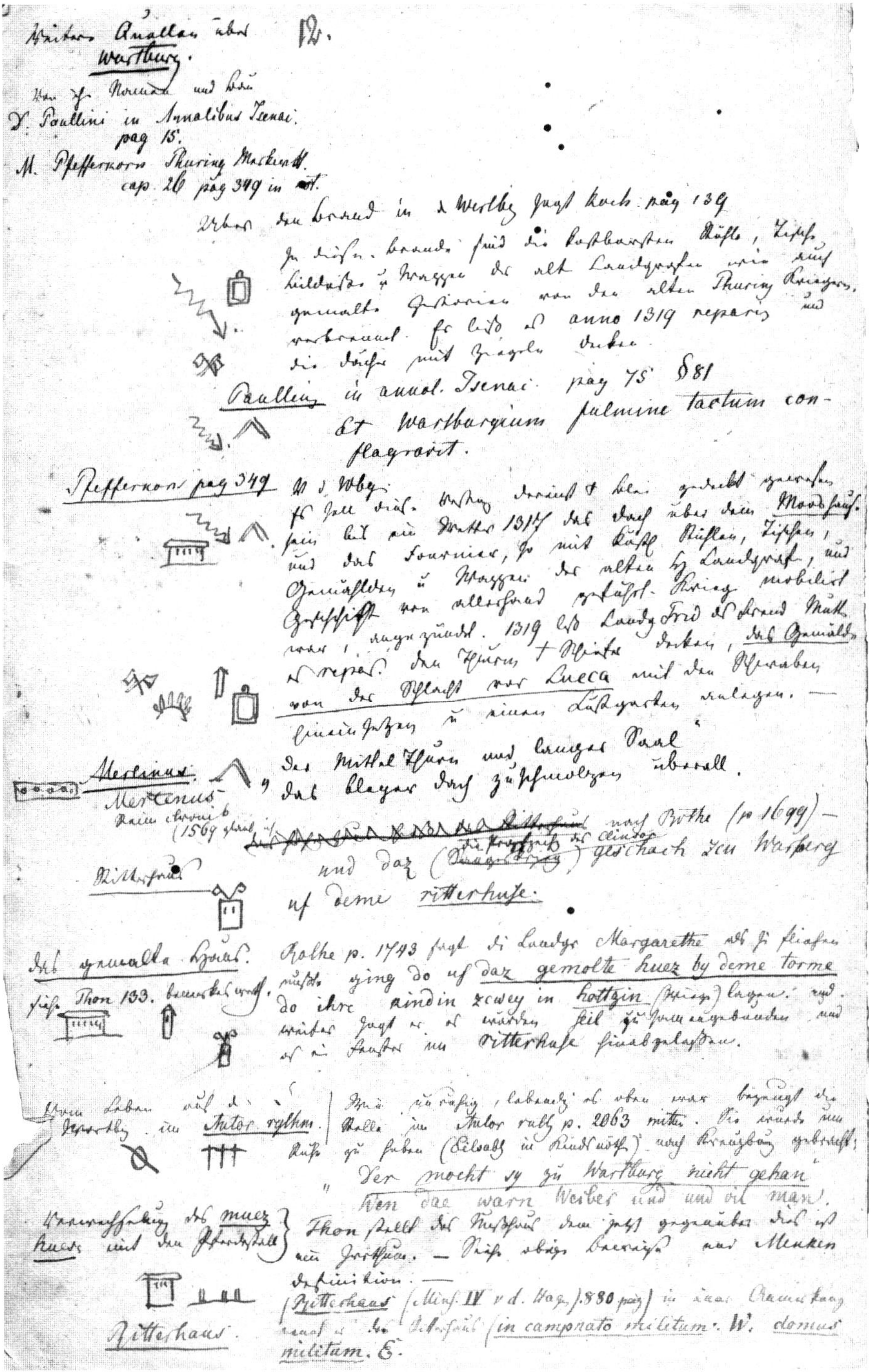

Abb. 5:
Auszüge aus
der Material-
sammlung
Carl Alexander
Simons,
Wartburg-
Stiftung
Eisenach

Johannes Rothe[27]. Dass sich Rothe auch hinter dem Auctor Rhythmicus verbarg, war Simon damals nicht bekannt. Dem ebenfalls bei Mencke abgedruckten Chronicon Thuringiae des Adam Ursinus[28], einer Kopie bzw. Bearbeitung von Rothes «Thüringischer Landeschronik»,[29] entnahm er zahlreiche Informationen. Ebenso intensiv nutzte Simon die Chroniken, die im Jahre 1710 von Christian Juncker zusammengetragen worden waren: Johann Michael Kochs «Historische Erzehlung», Andreas Toppius' «Historia der Stadt Eisenach», die Hortleders Beschreibung der Wartburg enthält und Melchior Merles Reimchronik.[30] Schließlich sei noch die Historia Isenacensis des Paullini als grundlegende Quelle genannt.[31]

Unter den älteren Beschreibungen der Wartburg wurden neben Hortleder vor allem Johannes Limberg und Carl Wilhelm Schumachers «vermischte Nachrichten» verwendet.[32] Unverzichtbar für den Forscher waren des Weiteren die Schriften Carl Salomo Thons, Johann Heinrich Schönes und Johann Wilhelm Storchs.[33]

Da er vornehmlich den kaiserlichen Palas zu Gelnhausen zu Vergleichen heranzog, verwendete er das Werk von Bernhard von Hundeshagen und die Stiche von Julius Eugen Ruhl.[34] Um die Wartburg neben andere Burgen der Zeit stellen zu können, bediente er sich entsprechender Literatur.[35]

---

27 JOHANNES ROTHE: Chronicon Thuringiae, vernaculum, alias Isenachense vel Erfordiense dictum. MENCKE, Scriptores (wie Anm. 25) T. II, Sp. 1633–1824; [JOHANNES ROTHE]: Auctor Rhythmicus de vita S. Elisabethae, landgraviae Thuringiae. In: MENCKE, Scriptores (wie Anm. 25) T. II, Sp. 2034–2102.

28 ADAM URSINUS: Chronicon Thuringiae Vernaculum usque ad annum M CCCCC. In: MENCKE, Scriptores (wie Anm. 25) T. III, Sp. 1239–1360.

29 Vgl. zur Thüringischen Landeschronik und der Bearbeitung durch Adam Ursinus: SYLVIA WEIGELT: Studien zur Thüringischen Landeschronik des Johannes Rothe. Jena, Friedrich-Schiller-Universität, Habilitationsschrift, 1998 (Computerausdruck), S. 318–328.

30 ANDREAS TOPPIUS: Historia der Stadt Eisenach, verfasset Anno 1660; JOH. MICHAEL KOCH: Historische Erzehlung von dem Hoch-Fürstl. Sächs. berühmten Berg-Schloß und Festung Wartburg ob Eisenach/ [FRIEDRICH] HORTLEDER: «Fürstl. Häuser und Schlösser umb Eisenach». [1630]. In: ANDREAS TOPPIUS: Historia der Stadt Eisenach, verfasset Anno 1660, S. 202–205. MELCHIOR MERLE: Reimchronik/Hrsg.: CHRISTIAN JUNCKER. Eisenach/Leipzig 1710.

31 CHRISTIAN FRANZISCUS PAULLINI: Historia Isenacensis, variis literis et bullis … Frankfurt/M. 1698.

32 JOHANNES LIMBERG: Das im Jahr 1708 lebende und schwebende Eisenach, welches anno 1709 zum erstenmal gedruckt und zusammengetragen worden. Eisenach 1712; [CARL WILHELM SCHUMACHER]: Vermischte Nachrichten und Anmerkungen zur Erläuterung und Ergänzung der Sächsischen besonders aber der Eisenachischen Geschichte. 1.–6. Sammlung. Eisenach 1766–1772.

33 (JOHANN CARL SALOMO THON): Schloß Wartburg. Ein Beytrag zur Kunde der Vorzeit. Gotha 1792. Simon benutzte die dritte vermehrte und verbesserte Auflage 1815; J.(OHANN) H.(EINRICH) SCHÖNE: Beschreibung der Wartburg und ihrer Merkwürdigkeiten, Eisenach 1835; JOHANN WILHELM STORCH: Topographisch-historische Beschreibung der Stadt Eisenach sowie der sie umgebenden Berg- und Lustschlösser, insbesondere der Wartburg und Wilhelmsthal nebst Regenten-Geschichte. Eisenach 1837.

Die Aufzeichnungen in der Materialsammlung beziehen sich sämtlich auf historische Literatur,[36] in der Simon nur sehr wenig über das Aussehen und die Einrichtung der mittelalterlichen Wartburg finden konnte. Deshalb nahm er die Dichtungen der Minnesänger zu Hilfe und nutzte vornehmlich die Abhandlung Heinrich Leos, die anhand der mittelhochdeutschen Dichtung den Burgenbau und die Burgeneinrichtung des 11. bis 14. Jahrhundert zu ermitteln suchte.[37]

Auch Bände aus Johann Dominik Fiorillos Kunstgeschichte gehörten zu seiner Lektüre. Abschließend sei noch Sulpiz Boisserées Arbeit über Denkmale der Baukunst am Niederrhein genannt.[38]

Genauso gründlich beschäftigte sich der Maler mit einer Vielzahl älterer bildlicher Darstellungen der Wartburg. Er trug sie zunächst zusammen und unternahm dann den Versuch einer chronologischen Ordnung. Obwohl Simon bei einigen die Authentizität der Darstellung oder die Datierung anzweifelte, verwendete er schließlich alle, um daraus einen Grundriss der Burg mit den Gebäuden sämtlicher Bauphasen zu erstellen (Abb. 6).

Zwei Ansichten konnte er aus Merians Topographie entnehmen, die sich in der Ausgabe von 1690 finden. Irrtümlicherweise datierte er Fig. VII auch in das Jahr 1690, obwohl diese bereits in der ersten Auflage von 1650 abgebildet war (Abb. 7 und 8).[39]

---

34 Bernhard von Hundeshagen: Kaiser Friedrichs Barbarossa Palast in der Burg zu Gelnhausen. Eine Urkunde vom Adel der von Hohenstaufen und der Kunstbildung ihrer Zeit. 2. Aufl. [Mainz] 1819; Jul. Eugen Ruhl: Gebäude des Mittelalters zu Gelnhausen in vier und zwanzig Ansichten aufgenommen und radirt. Frankfurt a. M. 1831.

35 Melissantes: Das erneuerte Alterthum und curieuse Beschreibung einiger vormals berühmter ... Bergschlösser in Teutschland. Frankfurt und Leipzig 1713; Ludwig Friedrich Hesse: Geschichte des Schlosses Blankenburg im Fürstenthume Schwarzburg-Rudolstadt. 2 Bde. Rudolstadt 1820; Gustav Schwab (Hrsg.): Die Schweiz in ihren Ritterburgen und Bergschlössern historisch dargestellt von vaterländischen Schriftstellern. Teil 1. Stuttgart-Chur 1828; Friedrich Hesse: Geschichte des Schlosses Kevernburg. In: Neue Zeitschrift für die Geschichte der germanischen Völker. Bd. 1. Halle 1832.

36 Die im Folgenden genannten Publikationen sind nicht in der Materialsammlung behandelt. Ihre Nutzung lässt sich aus den Fußnoten der Abschrift ersehen. Die Vorarbeiten zu ihrer Verwendung sind nicht erhalten.

37 U. a. genutzt: Karl Lachmann (Hrsg.): Wolfram von Eschenbach. Werke. Berlin 1833; Friedrich Heinrich von der Hagen (Hrsg.): Minnesinger. Deutsche Liederdichter des zwölften, dreizehnten und vierzehnten Jahrhunderts. Teil 4. Geschichte der Dichter und ihrer Werke. Leipzig 1838; Heinrich Leo: Über Burgenbau und Burgeneinrichtung in Deutschland vom 11ten bis zum 14ten Jahrhundert. In: Friedrich Raumer (Hrsg.): Historisches Taschenbuch. 8. Jg. Leipzig 1837, S. 165–245.

38 U. a. Johann Dominik Fiorillo: Sämtliche Schriften. Teil 6. Geschichte der zeichnenden Künste in Deutschland und den vereinigten Niederlanden. Hildesheim [u.a.] 1997 (Nachdr. d. Ausg. Hannover 1815); Sulpiz Boisserée (Hrsg): Denkmale der Baukunst vom 7. bis zum 13. Jahrhundert am Nieder-Rhein. München 1833.

39 Fig VI und VII im Zeichnungsband (wie Anm. 10) Vgl. die tabellarische Auflistung im Anhang.

Christian Junckers Chronik erwies sich auch für den Abbildungsteil als überaus ergiebige Quelle; sechs der insgesamt zwölf älteren Darstellungen im Zeichnungsband der «archäologischen Skizze» wurden daraus entnommen (Abb. 8, 9, 10).[40]

Ein Grund- und Aufriss der Wartburg, den Simon nach Zeichnungen und Baurissen von Christian Friedrich Schnaus anfertigte, muss als besonders wertvoll gelten, da dessen Werk bisher nur über Simons Nachzeichnungen erschließbar ist (Abb. 11, 12)[41].

Figur X in Simons Abbildungen zeigt das Titelkupfer von Johann Christoph Kurz' 1757 erschienem Werk über die Wartburg (Abb. 11).[42] Ein Gemälde konnte der Maler selbst in Augenschein nehmen. Das lebensgroße Bildnis des Herzogs Johann Ernst, in dessen Hintergrund die Wartburg dargestellt ist, befand sich damals noch im Landgrafenzimmer auf der Burg (Abb. 13).[43]

Simon versuchte, eine Baugeschichte der Wartburg von 1040 bis zur Gegenwart zu entwerfen und fertigte deshalb zu jedem «Bauabschnitt» Rekonstruktionszeichnungen an. Obwohl sich ein großer Teil seiner Ergebnisse als unrichtig erwiesen hat, muss man sie als ersten Versuch einer Datierung würdigen, der auf archäologischen Forschungen, Quellen- und Literaturstudium sowie dem Vergleich mit älteren Darstellungen basierte.

Die Anfänge der Burg datierte Simon nicht in die 60er Jahre des 11. Jahrhunderts, wie damals allgemein angenommen, sondern griff unkritisch eine Information aus der Reinhardsbrunner Chronik auf, die Ludwig den Bärtigen als Erbauer der Wartburg ausweist.[44] Dieser habe das Gebiet anlässlich der Taufe Ludwig des Springers von Abt Bardo von Fulda erhalten[45] und die lediglich aus zwei Türmen bestehende ‹Urwartburg› bereits um 1040 errichtet (Abb. 14)[46].

---

40 Fig IV, Fig V, Fig VIII a und b, Fig XIII, Fig XIV im Zeichnungsband (wie Anm. 10) Vgl. die tabellarische Auflistung im Anhang.

41 Fig IX im Zeichnungsband (wie Anm. 10) und in der Materialsammlung mit Grundriss: «Wartburg nach einer Zeichnung von 1743. von C. F. Schnaus. indessen Eisenachsche u. andern Baurisse und Zeichnungen (WB K. 1:46)». Vgl. zu Christian Friedrich Schnaus: HANS-JÜRGEN LEHMANN: Der Elisabethen- und der Margarethengang in der Vorburg der Wartburg. In: Wartburg-Jahrbuch 2002 11(2003), S. 185-198, hier S. 195-198.

42 (JOHANN CHRISTOPH KURZ): Kurz doch gründliche Nachricht von dem Festungs-Schloß Wartburg, bey Eisenach, wie dessen Lage, Prospecte, Gebäute und darinnen befindliche Antiquitäten würcklich zu ersehen sind. Eisenach 1757, Titelkupfer.

43 Herzog Johann Ernst von Sachsen-Eisenach, CHRISTIAN RICHTER oder MICHAEL SPINDLER, 1628, Öl auf Leinwand, Kunstsammlungen zu Weimar, G 1488. Das Bild wurde noch im 19. Jahrhundert von der Wartburg nach Weimar gebracht. Vgl. RENATE LÜHRMANN: Das «große herrliche Gemälde» von der «gutthätigen Elisabeth» in der Kapelle der Wartburg. In: Wartburg-Jahrbuch 2000. 9(2002), S. 134–179, hier S. 153.

44 SIMON, Skizze (wie Anm. 13) S. 3–8; HEINRICH FRIEDRICH OTTO (Hrsg.): Thvringia Sacra, Sive Historia Monasteriorvm, Qvae Olim In Thvringia Florvervnt ... accedunt Samvelis Reyheri Monvmenta Landgraviorvm Thvringiae et Marchionvm Misniae, aucta et emendata. Francofurti: Weidmann 1737, S. 927.

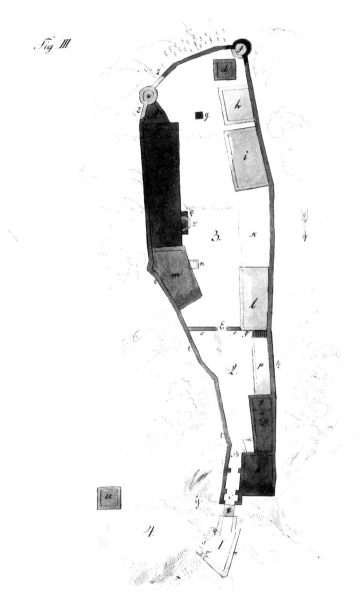

Abb. 6:
Carl Alexander
Simon:
Die Wartburg. eine
archäologische Skizze.
Zeichnungsband,
Fig. III: Grundriss
der Wartburg,
Rekonstruktions-
versuch aller Bauten
zwischen 1040
und 1406

Abb. 7:
Carl Alexander Simon:
Die Wartburg. eine
archäologische Skizze.
Zeichnungsband,
Fig. VI (Vgl. tab.
Auflistung S. 156 f.)

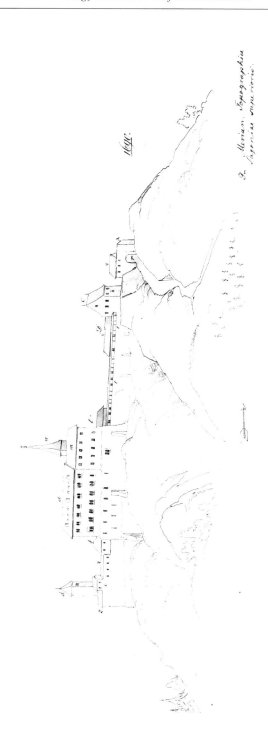

Abb. 8:
Carl Alexander Simon:
Die Wartburg. eine
archäologische Skizze.
Zeichnungsband,
Fig. VII, Fig. VIII a,
Fig. VIII b (Vgl. tab.
Auflistung S. 156 f.)

Abb. 9:
Carl Alexander Simon:
Die Wartburg.
eine archäologische Skizze.
Zeichnungsband,
Fig. IV, Fig. V
(Vgl. tab. Auflistung
S. 156 f.)

Fig XIII.

Abb. 10: Carl Alexander Simon: Die Wartburg. eine archäologische Skizze. Zeichnungsband

Fig. Tafel VII: Reliefplatte Simson im Kampf mit dem Löwen, Bauplastik, Wartburg-Stiftung, Bauplastik, Inv.-Nr. B 101.

Fig XIV

und Fig. XIV: Tympanon Ritter und Drache, Wartburg-Stiftung, Bauplastik, Inv.-Nr. B 102 (Vgl. tab. Auflistung S. 156 f.)

Abb. 11:
Carl Alexander Simon:
Die Wartburg. eine
archäologische Skizze.
Zeichnungsband,
Fig. IX

Fig. X
(Vgl. tab. Auflistung
S. 156 f.)

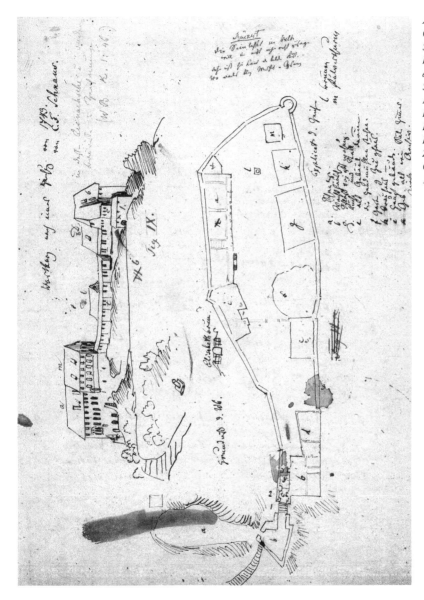

Abb. 12:
Carl Alexander
Simon:
Die Wartburg.
eine archäologische
Skizze.
Materialsammlung,
Fig. IX nach:
Eisenachsche
Baurisse und
Zeichnungen von
C. F. Schnaus.
1743

Abb. 13:
Carl Alexander Simon:
Die Wartburg. eine
archäologische Skizze.
Zeichnungsband
Fig. XI

Fig. XII
(Vgl. tab. Auflistung
S. 156 f.)

Erbauer des angeblich 1062 begonnenen Palas war für Simon Ludwig der Springer. Die frühe Datierung der Burg ließ Simon auch zu dem Schluss kommen, die Gründungslegende, nach der jener das Land ergaunert habe, müsse in den Bereich der Lüge verbannt werden.

Diesen Zeitraum der Baugeschichte datiert Simon von 1062 bis 1130. Neben dem bereits erwähnten Palas hätten das Ritterhaus mit vier Stockwerken, ein großer Torturm, Gesinde- und Waschhaus, Pferdeställe und Kellerei bestanden (Abb. 15).

Die Erhebung in die Landgrafenwürde habe Ministerialen und eine größere Dienerschaft auf die Burg geführt. In einem dritten Bauabschnitt sei der benötigte Platz durch das einstöckige neue Haus und den Mittelturm geschaffen worden (Abb. 16).

Die Regentschaft Hermanns I. habe erneute Veränderungen eingeleitet. Da sich die Sitten verfeinerten, seien größere Ansprüche an die Bequemlichkeit gestellt worden: Man errichtete einen Treppenturm am Palas und trennte die Höfe durch eine Toranlage voneinander (Abb. 17).

Nach dem Brand im Jahre 1317 sei das hölzerne Haus mit dem Palas unter einem Dach vereinigt worden, an die Stelle des Treppenturms am Palas eine Außentreppe getreten. An der Südwand des Palas habe man einen Anbau errichtet. Zudem vermutete Simon im zweiten Burghof nun einen Garten (Abb. 18).

Die sechste und letzte Periode rechnet Simon von Balthasar bis zur Gegenwart. Es sei die Zeit des Verfalls gewesen: Nach dem Tod Balthasars 1406 wurde die Wartburg nicht mehr als Residenz genutzt; 1477 stürzte der Torturm ein. Diesem behandelten Abschnitt ist keine Zeichnung mehr beigegeben.

Nach dieser Rekonstruktion der Bauphasen widmen sich das fünfte und sechste Kapitel der Skizze der Beschreibung und Deutung des Hauptgebäudes der Burg. Simon beschreibt seine Beobachtungen gründlich und gibt Grundrisse und Detailzeichnungen aller Stockwerke bei (Abb. 19–21).

So könnten sich im Kellergeschoss möglicherweise Vorratsräume befunden haben; ein Gang neben der Eingangstür wird als Treppe in das erste Geschoss gedeutet. Diese Etage soll als Frauengemach, als Kemenate, gedient haben. Fälschlicherweise rekonstruiert Simon für alle drei Räume gewölbte Decken.

---

45 SIMON, Skizze (wie Anm. 13) S. 4, Anm. 3.
46 Den einen Turm vermutete Simon in dem quadratischen Fundament, das sich ca. 8,60 m unterhalb der Schanze der Wartburg befindet. Vgl. HANS-JÜRGEN LEHMANN und HILMAR SCHWARZ: Zum Fischerturm, einem vorgelagerten Befestigungswerk der Wartburg. In: Wartburg-Jahrbuch 1996. 5(1997), S. 67–74. Der zweite Turm sei der Südturm gewesen, der jedoch erst um 1320 errichtet worden ist. Vgl. HANS-JÜRGEN LEHMANN: Der Südturm (Pulverturm) der Wartburg. Beschreibung der Baugeschichte, Konstruktion, Bauplanung und -ausführung der Sanierungen 1997/98. In: Wartburg-Jahrbuch 1997. 6(1998), S. 179–190.

Abb. 14:
Carl Alexander Simon:
Die Wartburg. eine
archäologische Skizze.
Zeichnungsband

Fig. I und II a, b:
Rekonstruktion des
Grund- und Aufrisses
der ersten Bauten der
Wartburg, Errichtung um
1040 unter Ludwig dem
Bärtigen angenommen

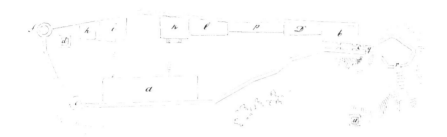

Abb. 15:
Carl Alexander
Simon:
Die Wartburg.
eine archäologische
Skizze.
Zeichnungsband

Fig. XXIII a und b:
Rekonstruktion des
Grund- und
Aufrisses der
Wartburg von Osten
1062 – 1130

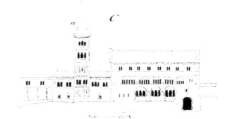

Abb. 16:
Carl Alexander
Simon:
Die Wartburg.
eine archäologische
Skizze.
Zeichnungsband

Fig. XXIV a, b, c:
Rekonstruktion des
Grund- und Aufriss
der Wartburg von
Osten und Westen
1130–1190

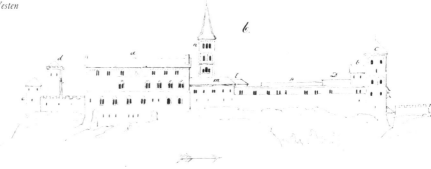

Abb. 17:
Carl Alexander
Simon:
Die Wartburg.
eine archäologische
Skizze.
Zeichnungsband

Fig. XXV a und b:
Rekonstruktion des
Grund- und Aufriss
der Wartburg
1190–1317

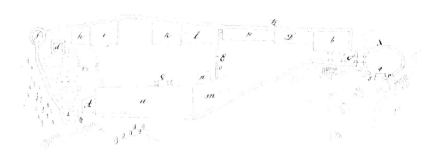

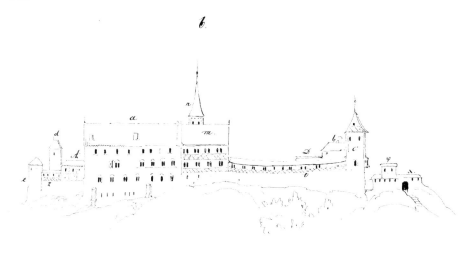

Abb. 18:
Carl Alexander Simon:
Die Wartburg. eine
archäologische Skizze.
Zeichnungsband,
Fig. XXVI a und b:
Rekonstruktion des
Grund- und Aufriss der
Wartburg 1319–1406

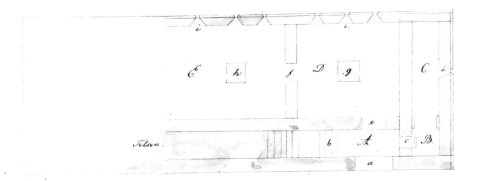

Abb. 19:
Carl Alexander Simon:
Die Wartburg. eine
archäologische Skizze.
Zeichnungsband

Fig. XVIII:
Grundriss des
Kellerschosses des Palas

und Fig. XIX:
Grundriss des
Erdgeschosses des Palas

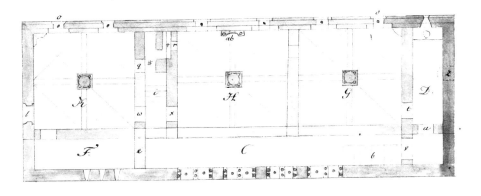

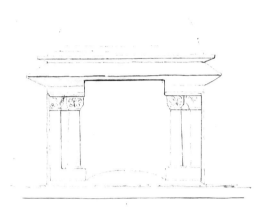

Abb. 20:
Carl Alexander Simon:
Die Wartburg. eine
archäologische Skizze.
Zeichnungsband

Fig. XX:
Kamin im Speisesaal,
im Erdgeschoss des Palas

und Fig. XXI:
Grundriss des ersten
Geschosses des Palas

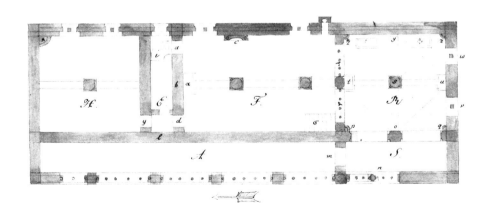

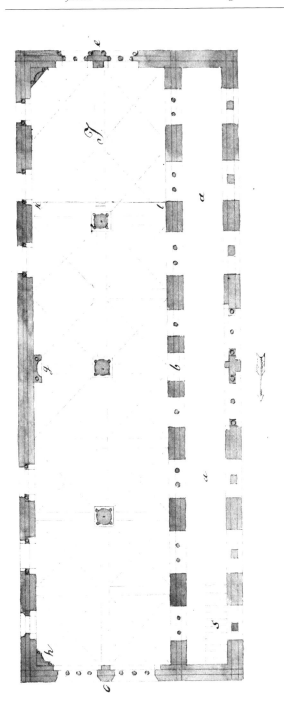

Abb. 21:
Carl Alexander Simon:
Die Wartburg. eine
archäologische Skizze.
Zeichnungsband

Fig. XXII:
Grundriss des obersten
Stockwerks des Palas

Über eine Innentreppe sei man in das zweite Stockwerk zu den Gemächern der Landgrafen gelangt. Als Hauptraum wird der heutige Sängersaal angenommen, der durch einen Kamin heizbar gewesen sei. An der nördlichen Seite, der Stelle der späteren Sängerlaube ist ein Fürstenstuhl eingezeichnet. Die südliche Wand zur Kapelle sei in frühester Zeit offen gewesen, nur durch Bogenstellungen geteilt. Eine hölzerne Treppe an der nordwestlichen Seite habe in den großen Festsaal geführt, den Simon als gewölbt annahm.

III. DIE WIEDERGEBORENE WARTBURG

In einem Denkmalprojekt, wie es Simon vor Augen stand, findet man die vielfältigsten Strömungen der Zeit auf die Wartburg fokussiert. Die Denkschrift erscheint als ein Werk, das auch die Auseinandersetzung seines Autors mit der Philosophie Schellings und Hegels widerspiegelt.[47]

Dass im Gefolge von Französischer Revolution und Aufklärung die Kirche als Stätte der Erhebung und Andacht des Menschen ihre Monopolstellung verloren hatte, hinterließ bei vielen Menschen ein schmerzhaft empfundenes Vakuum. Die Künste, ihrer jahrhundertealten Bestimmung im Rahmen von Religiosität und Kirche zumindest teilweise beraubt, bedurften neuer Interpretationen sowohl ihres Zwecks als auch ihrer Legitimation. Einen Weg, die entstandene Lücke zu schließen, suchte man in der Planung von «Weihestätten der Nation». Beim Anblick von Simons Plänen ist man unwillkürlich an Denkmalentwürfe der ersten Jahrhunderthälfte erinnert, die versuchten, eine komplexe Idee mit Hilfe von Geschichte und Kunst zu verherrlichen.

Schon Friedrich Gilly ließ mit seinen Entwurf für das Berliner Denkmal Friedrichs des Großen den bloßen Gedanken an ein Personendenkmal hinter sich und wollte ein Baukunstwerk als «Beförderungsmittel großer und patriotischer Zwecke» schaffen.[48] Vor der Stadt plante er einen lichten dorischen Tempelbau, in dessen Grund die Gruft und der Sarkophag des Königs Platz finden sollte. Das Vorhaben wurde nie in dieser oder ähnlicher Form umgesetzt, ebenso wenig wie der um 1814/1815 propagierte Bau eines Deutschen Doms als Denkmal für die Befreiungskriege, an dessen Planung sich auch Karl Friedrich Schinkel beteiligte. Auch sein Entwurf hat sakralen Charakter, denn auch der Dom sollte vor der Stadt liegen, der Weg dorthin eine Wallfahrt sein.

---

47 Vgl. Krauss, Wartburgerneuerer (wie Anm. 3).

48 Vgl. hierzu Hermann Beenken: Das neunzehnte Jahrhundert in der deutschen Kunst. München 1944, S. 22 f.; Thomas Nipperdey: Nationalidee und Nationaldenkmal in Deutschland im 19. Jahrhundert. In: Historische Zeitschrift. 206(1968), S. 529–585, hier S. 536–539; Winfried Nerdinger (Hrsg.): Leo von Klenze. Architekt zwischen Kunst und Hof 1784–1864. Katalog München 2000, S. 198–199.

Vaterländische Geschichte, Statuen von Fürsten, Staatsmännern, Gelehrten, Künstlern und Heiligen begründeten ein «unmittelbar bildendes und im Volk historischen Sinn stiftendes Monument».[49]

Tatsächlich gebautes Nationaldenkmal der ersten Jahrhunderthälfte blieb einzig die Walhalla bei Regensburg, unter Schirmherrschaft des Bayernkönigs Ludwig I. und der Leitung seines Architekten Leo von Klenze.[50]

Die Gedanken an die Erweiterung von Kunst und Geschichte um den erzieherischen und erhebenden Aspekt wurden seit Beginn des 19. Jahrhunderts häufiger formuliert[51], doch lähmte dies nicht selten die Ansprüche an historische Genauigkeit und Wahrhaftigkeit der Darstellung. Sie mussten zurücktreten hinter eine in die Historie blickende Kunst, die in «optimaler» Gestalt und Wirkung nicht zuletzt den schwindenden Einfluss der Kirche zu ersetzen suchte.

Simon fand seine Antworten offenbar in der Vision der zukünftigen Wartburg, die, nachdem ihre Historie künstlerisch aufbereitet und sprechend gemacht worden war, eine Möglichkeit eröffnete, eine neu definierte religiöse Bindung der Menschen entstehen zu lassen. Geschichte und Kunst als die Lehrer der «Moral des Volkes» sollten den Platz der christlichen Kirche einnehmen, an die Stelle der Heiligen die Helden der Vorzeit treten.[52] «Aber des Volkes Schule, die Kirche ist verödet, der Geist der Religion ausgewiesen ... Es ist kein Zweifel, dass die Kirche wieder erstehen muss; aber sie wird eine andre sein als die des Bonifacius. Die Geschichte vielleicht wird, wenn auch nicht sie entwickeln doch ihrer Bildung behülflich sein. Das Volk wird in den Handlungen der Tugendhaften die Hand Gottes finden, obschon hierdurch wie in Rom die Menschheit groß, die Götter aber klein werden. Genug! Hellas Größe und Roms Helden hatten ihren Grund in den Tugenden welche die bildende Kunst zur unwiderstehlichen Mahnung vor der flüchtigen Erinnerung des Volkes festzauberte. Darum sind historische Denkmale die heiligsten nach der Offenbarung und ihre Verachtung führt ins Verderben.»[53]

Auch Hegel definierte die Kunst als «Lehrerin der Völker». Die historische Wahrheit, wenngleich wissenschaftlich zu erforschen, hatte sich doch am Ende diesem Zweck unterordnen: «Das Kunstwerk muß uns die höheren

---

49 Zitiert nach: NIPPERDEY, Nationaldenkmal 1968 (wie Anm. 48) S. 547.

50 NERDINGER, Klenze 2000 (wie Anm. 48) S. 249–258.

51 Vgl. hierzu: KLAUS DÖHMER: «In welchem Stile sollen wir bauen?» Architekturtheorie zwischen Klassizismus und Jugendstil (Studien zur Kunst des 19. Jahrhunderts. Bd. 36). München 1976, S. 101.

52 Vgl. auch LUDGER KERRSEN: Das Interesse am Mittelalter im deutschen Nationaldenkmal. Berlin/New York 1975, S. 56–57.

53 Simon an Schweitzer, Ende August 1838 (wie Anm. 8) Bl. 187r und v; vgl. auch BAUMGÄRTEL, Wartburg 1907 (wie Anm. 2) S. 291.

Interessen des Geistes und Willens, das in sich selber Menschliche und Mächtige, die wahren Tiefen des Gemüts aufschließen ... das ist die Hauptsache, um welche es sich wesentlich handelt. Die wahre Objektivität enthüllt uns also das Pathos ... Ist solch ein Gehalt gefunden und im Prinzip des Ideals entfaltet, so ist ein Kunstwerk an und für sich objektiv, sei nun auch das äußerlich Einzelne historisch richtig oder nicht.»[54]

So versteht sich auch Simons denkmalpflegerische Forderung, die uns aus heutiger Sicht so fortschrittlich erscheint, nur mit einer großen Einschränkung. «Es ist das erste Gebot bei der Restauration des Alterthums: Erhalte, was irgend zu erhalten ist; das Schadhafte ergänze streng nach dem Vorhandenen. Das Fehlende muß im Geiste des Alterthums gedacht, der Idee unserer Zeit angepaßt werden und selbst gegen antiquarische Wahrheit denjenigen Werth erhalten, welchen ihm Tradition und Geschichte gegeben haben.»[55] Obwohl der Maler in seiner Arbeit versucht hatte, alle Gebäude der Burg zu rekonstruieren und sie in den vermeintlichen Phasen ihrer Baugeschichte darzustellen, musste er folgerichtig nahe legen, bezüglich ihrer Erhaltung eine Auswahl zu treffen. «Wird von diesem Denkmal einst nichts mehr als der Palas in ursprünglicher Klarheit sich aus dem einsamen Hügel erheben, so wird er dem Zweck, den man bei der Erhaltung der Alterthümer vorzüglich im Auge haben soll, durch Erweckung der Tugend ein Lehrer der Nachwelt zu sein, um so gewisser erfüllen, um so reiner und getrennter von irdischen Bedingungen es dasteht.»[56] Die «Erhaltung der Alterthümer» durfte im gleichen Atemzug Zerstörung bedeuten. Aber auch Geschichte konnte nicht allgemein, sondern nur selektiv vermittelt werden; glaubt man Simon, kann man nur am Tugendhaften lernen. «Nicht was gewesen ist, ist die Geschichte, sondern was groß gewesen ist.»[57] (im Original unterstrichen)

Das «Große» der Geschichte trat Simon in Gestalt der mittelalterlichen Helden der Wartburggeschichte entgegen, in der Blüte mittelhochdeutscher Dichtkunst unter der Herrschaft Hermanns I. und in der großartigen Architektur der Epoche, im Palas, dem Hauptgebäude der Burg. Wenn er die Zeit seiner Erbauung zunächst der klassischen Kunst gegenüberstellt, die in ihrer Objektivität über die Freiheit der Phantasie siegen konnte, scheint er sich sowohl in Begrifflichkeit wie im Verständnis der Kunst mit Hegels Ästhetik auseinanderzusetzen. Während Hegel 1823 in Berlin seine Vorlesungen über Ästhetik hielt, war Simon Student an der Königlichen Akademie der Künste und gehörte vielleicht selbst zu den Hörern.[58]

---

54 GEORG WILHELM FRIEDRICH HEGEL: Werke [in 20 Bänden]. Frankfurt am Main: Suhrkamp 1969, hier Bd. 13. 1970, S. 359–360.

55 Simon an Carl Alexander, 12. Februar 1841 (wie Anm. 17) 92v–93r.

56 SIMON, Skizze (wie Anm. 13) S. 75–76.

57 Simon an Schorn, 20. 8. 1838 (wie Anm. 22).

Der «romantischen» Kunst, nach Hegel die Kunst des christlichen Mittelalters[59], ist die freieste Gestaltung individueller Begriffe eigen. Simon: «Die neue Kunst, weil sie nicht mehr objektiv wie die klassische, sondern den Gedanken gab, wie er im Bildenden reflektierte, wurde nun auch eine Reflektion des Göttlichen im Menschen.»[60] Die romantische Kunst, vom Innersten des Künstlers beseelt, «trat als eine Inkarnative der Gottheit in Reihe empfindungsvoller Wesen.» Auch die zweite «Phase» der Wartburggeschichte, die Simon mit besonderer Aufmerksamkeit bedenkt, die Blüte der Dichtkunst, wird nach Hegel gedeutet: Aus der ermatteten religiösen Begeisterung erwächst die «Mutter der Künste», die Poesie.[61] Die Zeit Hermanns repräsentiert das weltlich gewordene Rittertum: «indem die Galanterie die Religion ergreift, verschmolz der Mariendienst im Frauendienst.»[62] Die Architektur treibt in dieser Zeit «in poetischer Wärme»; die romanischen Bögen, für Simon Sinnbild der Unschuld und Einfachheit, weichen der Leichtigkeit gotischer Architektur. «Alles ward vom Zauberhorn der Poesie ergriffen. Es war die höchste Blüthe deutscher Kunst auch ihr Tod.»[63] Nicht anders sah Hegel in der Poesie als besonderer Kunst bereits ihren Verfall begründet und beschreibt sie «… als diejenige besondere Kunst, an welcher zugleich die Kunst selbst sich aufzulösen beginnt und für das philosophische Erkennen ihren Übergangspunkt zur religiösen Vorstellung als solcher sowie zur Prosa des wissenschaftlichen Denkens erhält.»[64] Die zunehmende Meisterschaft des Künstlers in der folgenden Zeit, der Mangel an Geheimnisvollem in der Kunst begleitet diese Phase des Niedergangs. Wenn Simon «die Sonne des Verstandes» anerkennt, aber beklagen muss, «daß die süße Dämmerung der Fantasie nicht in ihrem Gefolge ist», nimmt dies nicht wunder, denn für ihn hatten spätestens die «Reformation, das Pulver, die Buchdruckerkunst … die Kunst, die heiligste, in Phrasen und Weibergekreisch verwandelt.»[65]

Die Frage, warum einige Denkmäler des Altertums in «ewige Vergessenheit» geraten konnten, andere aber nicht, will Carl Alexander Simon ausdrücklich nicht mit deren Materialbeschaffenheit beantworten, denn einzig die «Quelle der Zeugung» eines Monumentes sei die Quelle seiner Unsterblichkeit. Auch

---

58 Vgl. Krauss, Wartburgerneuerer (wie Anm. 3).

59 Vgl. Hegel, Werke (wie Anm. 54) Vorlesungen über Ästhetik II, Dritter Abschnitt «Die romantische Kunstform», Bd. 14, S. 127 ff.

60 Simon, Skizze (wie Anm. 13) S. 10.

61 «Die Poesie nun, die redende Kunst, ist das dritte, die Totalität, welche die Extreme der bildenden Künste und der Musik auf einer höheren Stufe, in dem Gebiete der geistigen Innerlichkeit selber, in sich vereinigt.» Hegel Werke (wie Anm. 54) Bd. 15, S. 224.

62 Simon, Skizze (wie Anm. 13) S. 13.

63 Simon, Skizze (wie Anm. 13) S. 13.

64 Hegel, Werke (wie Anm. 54) Bd. 15, S. 233.

65 GSA (wie Anm. 8) 85/29,3.

die Riesendome von Elora und Elephanta blieben unzerstört, weil Tugend und Wahrheit – «kurz die Religion, wie sie auch gestaltet sei» – sie schufen. Die These, dass alle Kunstwerke, auch bereits die der nichtchristlichen Welt, ihre Grundlage in der Religion fanden, hat Sulpiz Boisserée 1818 seiner Untersuchung «Von dem Einfluße der Religion auf die Kunst der alten Welt» vorangestellt: «Die Geschichte lehrt uns, daß alle Kunst ihren Ursprung von der Gottesverehrung genommen. Dies zeigt sich am auffallendsten bei der Baukunst. Aus dem bloßen Bedürfnisse des Schutzes und der Wohnung konnte wohl ein Bauwesen, aber keine Baukunst entstehen.»[66] Für Boisserée ließ das höhere Bedürfnis nach dem Gottesdienst die Baukunst entstehen. In diesem nur in zwei Kapiteln erhaltenen Manuskript untersucht er die Baukunst Ägyptens und Indiens. Es ist nicht bekannt, ob Simon diese Arbeit rezipieren konnte, persönliche Kontakte sind erst für das Jahr 1840 belegbar.[67] Er kannte die berühmte Sammlung der Brüder Boisserée; dass er möglicherweise schon früher mit dem Neugotiker zusammengetroffen ist und sich mit ihm austauschte, kann nur vermutet werden. Dass er sowohl die Sammlung der Brüder als auch die wissenschaftliche Kompetenz von Sulpiz Boisserée sehr hoch schätzte, läßt sich an mehreren Stellen in seinen Texten nachweisen.

Einzig die Religion ist zur Schaffung der Baukunst fähig; nur «was aus dieser Quelle vorgeht, ist unsterblich, ist das Wahre, das Große und der Erinnerung werth.»[68] Der Palas der Wartburg scheint Simon all diese Forderungen erfüllen zu können: In seinem Erbauer, Ludwig dem Springer, erblickt er ein Musterbild an Demut und Religiosität, die in der Palasarchitektur ihren steingewordenen Ausdruck finden.

Damit beantwortet sich die Frage, in welcher Form die Burg wiederherzustellen sei, schnell. Eine «lehrreiche Ergötzlichkeit» sei es zwar, durch die Gassen Pompejis zu gehen und bei den kleinen Menschlichkeiten eines vergessenen Volkes einzukehren, doch diene ein solches Herangehen keineswegs dem Zweck der Geschichte. Der Anblick von Wasch- und Badehäusern ziehe die Helden zu den niedrigen Kreaturen hinab, verhindere Bewunderung und Nachahmung. «Nicht an Scheuern, Vorratshäusern, Festungswerken, nur an Kirchen, Palästen und an den Orten des Friedens, der Ruhe und des geistigen Genusses wird man die Physiognomie der Muse wieder finden.»[69]

Simons Vision der wiederhergestellten Wartburg lässt sich an Hand der überlieferten Handschriften nachvollziehen. Eine Trennung zwischen «Vater-

66 SULPIZ BOISSERÉE: Von dem Einflusse der Religion auf die Kunst der Alten Welt. In: JENS BISKY: Poesie der Baukunst. Architekturästhetik von Winckelmann bis Boisserée. Weimar 2000, S. 389–412, hier S. 389.
67 Vgl. KRAUSS, Wartburgerneuerer (wie Anm. 3).
68 SIMON, Skizze (wie Anm. 13) S. 75–76.
69 SIMON, Skizze (wie Anm. 13) S. 11.

ländischer Zentralgalerie» und «Fürstengruft», wie sie im Folgenden vorgenommen wird, formulierte er in der Konzeptschrift nicht. Es sollten vielmehr beide Gedanken, die Vorschläge zur Gestaltung des Palas und des Ritterhauses (Zentralgalerie) sowie der Bau einer Grabkapelle im südlichen Teil der Burg (Fürstengruft), die vollständige Idee der wiedergeborenen Wartburg bilden. Der ursprüngliche Plan vereinigte «Restauration» und neu geschaffenes Denkmal an einem Ort. Nachdem die erste Abschrift, die ja zu Teilen im Konzept erhalten ist, angefertigt worden war, muss Simon zu dem Entschluss gekommen sein, alles nochmals zu überarbeiten. In der Folge entstand die Endfassung der «archäologischen Skizze», in der zwar die gedankliche Grundlage dessen, was er für die zukünftige Wartburg plante, unverändert stehen blieb, der entscheidende und spektakuläre Teil der Umsetzung, die Fürstengruft, aber getilgt worden war. Was den Maler zu dieser Entwurfsänderung bewog, lässt sich heute nicht mehr klären. Vielleicht wurde ihm, als er seine Schrift verfasste, die Unausführbarkeit eines so kühnen Gedankens bewusst. Die beiden Aquarelle, die die Fürstengruft darstellen, sandte er erst 1841 an Carl Alexander, erläuterte im dazugehörigen Brief seine Idee, bemerkte aber, dass er dieses nurmehr «zur Ergötzung» schicke, ohne an eine Ausführung zu glauben. «Es war ein Traum, der sich vielleicht im Bilde schöner ausnahm als in der Vorstellung.»[70]

Die vaterländische Zentralgalerie

In dem Abschnitt der archäologischen Skizze, der mit «Art und Weise der Restauration» überschrieben ist, finden sich die Vorschläge zur Einrichtung des Palas als Zentralgalerie.[71] An dieser Stelle formuliert Simon noch einmal mit aller Klarheit, dass hier nie wieder wirkliches Leben einziehen könne. Ein «Grab» müsse die Wartburg bleiben, in dem allein die bildende Kunst als Vermittlerin zwischen der Geschichte und dem Volk regieren kann. Ihr soll es übertragen werden, dem «Ungebildeten» die heroischen Taten der Vorzeit verständlich zu machen.

Um eine «Zentralgalerie aller vaterländischen (thüringischen) Alterthümer» entstehen zu lassen, empfiehlt er das gezielte Sammeln von Schätzen des Altertums, vornehmlich der Poesie und Dichtkunst, die, wenn nicht im Original erhalten, so doch in alten Drucken oder Kopien «in einem alterthümlichen Schreine in großen verschlossenen Pergamentbänden irgendwo im Palas» aufgestellt werden könnten «und neben ihnen alle späteren klassischen Produkte nationaler Dichter und Weisen.»[72]

70 Simon an Carl Alexander, 12. Februar 1841 (wie Anm. 17) Bl. 97r.
71 Simon, Skizze (wie Anm. 13) S. 77–87.

In allen Räumen sollten sich Ausstellungsstücke und erklärende Malerei ergänzen. Der «düstere[n] Kemenate», dem ersten Geschoß, wurde die früheste germanische thüringische Geschichte zugeordnet. Im heutigen Rittersaal sollten Urnen und Waffen aus vorchristlicher Zeit von Wandbildern erklärt werden, die Opfer- und Totenbräuche und die heiligen Orte Thüringens – «Dornburg als Burg des Thor oder Dienstedt als Odins Dingstätte» – wieder aufleben; Elisabethkemenate und Speisesaal das alte Königreich und seinen Untergang präsentieren.

Dem ersten Obergeschoss als Fürstenwohnung war «die schönste Periode der Wartburg, begonnen mit Ludwig II geschlossen mit Herman», vorbehalten. In diesen Räumen war damals der größte Teil der Rüstsammlung aufgestellt. Nach den Beschreibungen Johann Heinrich Schönes und Johann Wilhelm Storchs erblickte der Besucher dort unter anderem die Rüstungen der Landgrafen.[73] Dieser Annahme folgend schlug Simon die Umverteilung der Stücke vor; wieder sollten die einzelnen Persönlichkeiten von Malereien begleitet werden. Die Rüstung Ludwig des Springers könne an der Nordwand des Saales aufgestellt werden und ihm gegenüber Ludwig der Heilige, gerahmt von Szenen aus dem Leben der heiligen Elisabeth.

Sollte dem Landgrafenzimmer die wettinische Geschichte zugeordnet, oder besser, die Rüstungen der Wettiner aufgestellt werden, sei dies nur mit größter Vorsicht zu tun – die Torheiten Albrechts des Unartigen und die Verbrechen Kunigundes von Eisenberg dürfe man nicht zu sehr betonen, sondern nur als Folie für die Tugend Friedrichs des Freidigen benutzen.

Obwohl der Maler fürchtete, es «werde die orthodoxen Lutheraner gewaltig in Harnisch bringen», müsse die Kapelle nach «altkatholischem Typus» restauriert werden.

Der heutige Festsaal, der «einer fast gänzlichen architektonischen Wiedergeburt» bedürfe, sollte ‹wieder› eine gewölbte Decke erhalten. Die Konzeption nimmt einige der bereits für das untere Stockwerk geplanten Themen auf. Auf Goldgrund gemalt könnten an der östlichen Längswand die sieben Fürsten «der glorreichen Periode» den sieben Minnesängern von Klingsor bis Biterolf an den Pfeilern der Westwand gegenüber stehen, in den Wölbungen der Decke die Sagen der Edda aufleben. Anders als in den düsteren Kemenaten, in denen der Dienst der Menschen an den Göttern verbildlicht werden sollte, sind es in der Höhe des obersten Geschosses die Götter selbst, die ihren Platz finden. Dem Sängerfenster als gewichtige Stelle an der südlichen Seite des Palas, sollte die Ausführung der übrigen Fenster untergeordnet sein.[74]

---

72 SIMON, Skizze (wie Anm. 13) S. 90.
73 SCHÖNE, Beschreibung 1835 (wie Anm. 33) S. 47–107; STORCH, Beschreibung (wie Anm. 33) S. 285–286.

Denkbar sei es schließlich noch, auch das Ritterhaus in die Zentralgalerie einzubeziehen. Da Simon Rothes Beschreibung des Sängerkriegs folgte, die die Entscheidung Klingsors «zcu Warperc uf deme ritterhuse» stattfinden ließ, vermutete er dort einen zweiten Palas.[75] Als Ort der Entscheidung des Sängerwettstreits sei dieses Bauwerk deshalb der Erhaltung würdig und besser als im Palas seien hier die Rüstungen der Wettiner zu platzieren. Zum einen könnte die Zentralgalerie im Hauptgebäude zeitlich mit der Geschichte der heiligen Elisabeth enden, zum anderen würde mit der Einbeziehung des Ritterhauses dem Anspruch an museale Gestaltung besser Genüge getan. Die Sammlung der Brüder Boisserée habe bewiesen, dass die Wirkung einer Ausstellung nicht in der Masse von Kunstwerken, sondern in ihrer sinnvollen Aufstellung liege.[76]

Die Fürstengruft

Neben den Passagen in der Konzeptschrift, finden sich auch in der Materialsammlung Belege dafür, dass Simon sich von Anfang an mit der Ausgestaltung des südlichen Burgbereichs als Fürstengruft beschäftigte. Im Folgenden sollen die später getilgten Textstellen vorgestellt werden.

«Die Wartburg, jetzt nur ein geistiger Wallfahrtsort für Weise, Gelehrte, Gläubige wird aber dann erst das in meiner Vorstellung vollendete sichtbare Walhalla, ein vollkommener Friedhof des Alterthums, ein allgemeiner Sammelplatz der Tugenden der Nation werden, wenn sie alle Schätze, die sie ausgesäet und darum erndten muß, wieder in sich vereinigt hat. Und diese Schätze sind das Größte und Ehrwürdigste – es sind die Gräber ihrer Fürsten, Helden, Weisen! Welcher Ort hat wie sie das Recht zu sagen: ich war der Schooß meiner Fürsten, Helden und Weisen – ich bin ihre Gruft! Wohlan! Man stelle ihr Eigenthum zurück, die Steine und Särge ihres edlen Geschlechtes. Es wird in dem Felsen seiner Wiege einen beständigen und würdigern Ruheplatz finden, als in dem düsteren Thale.»[77]

Noch kann die Burg in ihrer Bedeutung ausschließlich von Kennern der Geschichte, Gläubigen oder Menschen mit der Fähigkeit, die Weihe des Ortes zu empfinden, verstanden werden. Erst mit der Einrichtung eines vaterländischen Museums und der Errichtung einer Fürstengruft kann jedermann lernen, bewundern und nachahmen, ja muss es sogar. Ein Tempel soll entstehen, dessen Architektur und Ausstattung keinen Zweifel an der zu erzielenden

---

74 Vgl. SCHÖNE, Beschreibung 1835 (wie Anm. 33) S. 136.
75 ROTHE, Chronicon Thuringiae (wie Anm. 27) Sp. 1699; vgl. auch Auctor Rhythmicus (wie Anm. 27) Sp. 2043; SIMON, Skizze (wie Anm. 13) S. 24–25.
76 SIMON, Skizze (wie Anm. 13) S. 87.
77 Konzeptschrift (wie Anm. 11) unpaginiert

Abb. 22:
Detail von Abb. 2,
Fürstengruft am
Südende der
Wartburg

Abb. 23:
Detail von Abb. 1,
Westansicht der
Wartburg mit
projektierter
Fürstengruft im
südlichen Teil

Wirkung lassen. Zuvor gereinigt von allem, was einer moralisierenden Geschichtsvermittlung entgegensteht, unterstützt von einer Galerie nationaler Kunstwerke, erscheint Geschichte nun in ‹geheiligter› Form. Der durch das nördliche Tor in Simons Wartburg eintretende Besucher erschauert vor der Größe seiner Vergangenheit, die sich im südlichen Teil in einer Denkmals-kirche manifestiert.

Deshalb sollte sich «... aus der Mitte der südlichen Mauer eine einfache Kapelle nach dem Geschmacke der ersten Taufkapellen der Kristen erheben, sich nach Osten und Westen in zwei lange geschlossene Kreuzgänge auszwei-gen, die ihr Licht von Süden empfangen, während die Kapelle von dem Empor herab erläuchtet würde. In der unteren Gruft werden die alten Gründer der Burg Ludwig I und II ruhen in steinernen Bildern. In den Kreuzgängen werden in weißen Stein gehauen (vielleicht nach Vorbildern zu Reinhardsbrunnen die freilich auch nur Kopien sind) die Fürsten liegen. Da wird die entzückte Nachwelt Hermann und Sophia in der Mitte seiner Sänger, Amalie und Carl August zwischen Goethe, Schiller, Herder, Wieland schlafen sehen. Vor dem geschlossenen Kreuzgange, der nur von der Kapelle zugänglich, könnten offe-ne Arkaden herlaufen, in denen diejenigen des Volkes, welche sich durch Tugenden oder Talente würdig gemacht haben, in dem irdischen Walhalla, den Meth der Unsterblichkeit zu trinken, begraben würden.»[78]

In der Grabkapelle ruhen Ludwig der Bärtige und Ludwig der Springer als Gründer der Wartburg; Hermann I. als Förderer der Dichtkunst erscheint «in der Mitte seiner Sänger». Gleich neben ihnen darf «die entzückte Nachwelt» die Protagonisten von Weimars Goldenem Zeitalter bewundern. Simon rückt Carl August und Anna Amalia in den Rang mittelalterlicher Mäzene, unter deren Ägide Weimar zu einem Musenhof analog zur Wartburg wurde. Erhabene Gründer, Förderer der Poesie und schließlich die Poeten und Denker bevölkern diesen «Sammelplatz der Tugenden der Nation», der die mittelalterlichen Ahnen mit den Großen der jüngsten Vergangenheit ver-knüpft. Die «Tugenden der Nation» werden beispielhaft vorgeführt an den Tugenden des Hauses Sachsen-Weimar-Eisenach und seiner Vorfahren.

Betrachtet man die zwei Zeichnungen, die vielleicht einst der Skizze voran-gestellt werden sollten, gerät man in Zweifel, ob die Architektur des Palas, die Simon doch so hoch schätzte, noch ihre einzigartige Wirkung hätte behalten können (Abb. 22, 23).

Die geschwungene Architektur der Kreuzgänge, in deren Mitte die Grabkapelle thront, wäre sicher das dominierende Bauwerk der Anlage gewor-den. Von einer Burg hätte sich nicht länger sprechen lassen, das strahlende Weiß des Mauerwerks in Simons Zeichnung lässt an Marmor, nicht an

---

78 SIMON, Konzeptschrift (wie Anm. 11) unpaginiert.

Sandstein, denken. Hoch und transzendent schwebt ein neoromanischer Wartburgtempel über dem tiefgrünen Wald.

Im Blick hatte Simon auch reale Vorbilder, etwa die Grabsteine der Thüringer Landgrafen in Reinhardsbrunn. Die Architektur der Trikonchenanlage verbirgt nicht ihre Verwandtschaft mit den Kölner Kirchen St. Maria im Kapitol oder Sankt Aposteln, die Simon vielleicht aus eigener Ansicht, zumindest jedoch aus der Lektüre von Boisserées Werk «Denkmale der Baukunst vom 7. bis zum 13. Jahrhundert am Nieder-Rhein», das ihm für seine Studien zur Verfügung stand, kannte.[79]

Die Westseite der Burg wäre unbebaut geblieben. In einer offenbar ersten Entwurfsskizze, die sich in der Materialsammlung befindet, steht dem Palas als Haus der Geschichte an dieser Stelle noch ein spiegelbildliches Bauwerk, das «Haus des Alterthums», gegenüber. Auch hier sind schon die Bogenstellungen über der Grabstätte des Wartburggründers erkennbar. Er wäre gleichsam personifiziert nochmals in einer Statue vor seinem Grab erschienen. Einzig in dieser frühen Skizze hätte auch der Wiedererbauer seine Verewigung gefunden. Eine Gartenlandschaft im Bereich der Vorburg wäre der Rahmen für ein Standbild von Carl Alexander gewesen. Diese Skizze bietet darüber hinaus einen Ansatz, wie Simon sich den Eingang vorgestellt haben könnte, den die zwei Weimarer Zeichnungen nicht zeigen. An der Stelle des Haupteingangs im Norden der Burg findet sich eine breite, nach Osten zweigende Treppe, die einen monumentalen Eingang in den Denkmalbezirk gebildet hätte (Abb. 24).

Der Verbindung von Verehrung und Lehre gewann Simon schließlich noch eine praktische Seite ab: «Und dann, wenn alle genannten Quellen der Schönheit gesammelt sind, würde sich in natürlicher Folge hier oben eine ästhetische Schule bilden, unter der Leitung eines gelehrten und begeisterten Mannes. Hier könnten, wenn auch nur wenige geistig begabte Jünglinge des Landes in der schönen Literatur ihre letzte Ausbildung erhalten. Sie würden den Hort bewahren, ihn pflegen ...»[80]

---

79 Abbildungen der Kirchen in: Boisserée, Denkmale 1833 (wie Anm. 38). Auf die Vorbildwirkung der Kölner Bauten verwies bereits Wilfriede Fiedler in ihrer Dissertation; vgl. Wilfriede Fiedler: Die Wiederherstellung und der Ausbau der Wartburg – ihre Stellung und Funktion in der Erbe- und Denkmalpflege des 19. Jahrhunderts. Halle und Wittenberg, Martin-Luther-Universität, Dissertation, 1989, [maschinenschriftlich], S. 34 und Anm. 28; vgl. Tina Rup-recht: Die Rekonstruktion der Wartburg im 19. Jahrhundert. Konstruktion und Ausführungen im Sinne des Historismus. In: Thesis. Wissenschaftliche Zeitschrift der Bauhaus-Universität Weimar. 1(2003)2, S. 63–97, hier S. 70 benennt St. Aposteln als Vergleich.

80 Simon, Konzeptschrift (wie Anm. 11) unpaginiert.

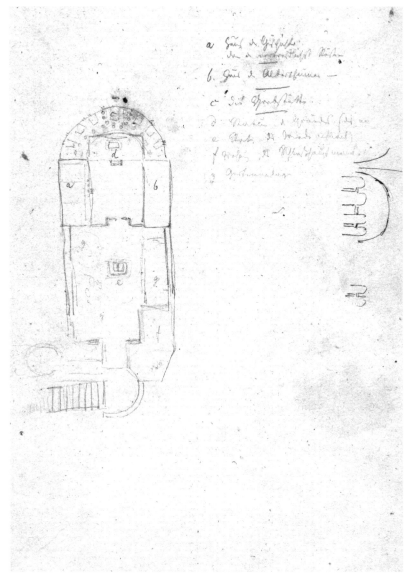

Abb. 24:
Carl Alexander
Simon,
frühe Entwurfsskizze
zur Umgestaltung
der Wartburg als
Fürstengruft,
Materialsammlung,
Wartburg-Stiftung
Eisenach

IV. AUSBLICK

Zunächst wurde die archäologische Skizze wohlwollend aufgenommen, Ludwig von Schorn hatte sie gelobt und sogar als Grundlage für die gesamte geplante Wiederherstellung in Betracht gezogen.[81] Simon blieb in das Geschehen involviert und hatte den Auftrag, Carl Alexander vom Fortgang der Arbeiten zu berichten.[82]

Allerdings zeigten sich in der Folgezeit auch erste Schwierigkeiten. Unter der Leitung Sältzers war 1839 auf der Wartburg mit Sicherungsarbeiten am Palas begonnen worden.[83] Simon war mit etlichen ausgeführten Arbeiten keineswegs zufrieden und machte das mit deutlichen Worten klar. Er kritisierte die Ausführung der Ankermauern und Strebepfeiler ebenso wie die Qualität der Kapitelle.[84] Seine Ansichten habe er Münchener Baumeistern vorgelegt, die ihm beigetreten seien. Zur bisherigen Leitung der Restaurationsarbeiten meinte er: «auf der einen Seite mangelt es an Kenntnis des Althertums und der Geschichte, auf der anderen an Geschmack, Energie – Pietät»[85]. Dem Verhältnis zwischen Bauleitung, in diesem Fall Baurat Sältzer und Clemens Wenzeslaus Coudray, und Simon dürften so harte Worte kaum zuträglich gewesen sein.

Die intensive Beschäftigung mit dem Palas förderte darüber hinaus Theorien zu Tage, die Simons Ergebnissen entgegentraten. So setzte in dieser Zeit die noch lange geführte Diskussion um das Alter der Kapelle im Palas ein, den Festsaal datierte man in eine spätere Zeit, was Simon nötigte, seine Arbeit zu verteidigen. Für ihn zeigte das Landgrafenhaus weiterhin «die innigste Harmonie der Form vom Grundstein bis zu dem letzten Gesims am verdeckten Giebel».[86] Er wies die baulichen Argumente einer späteren Entstehung der Kapelle zurück, die vornehmlich von Johann Wilhelm Sältzer hervorgebracht wurden. Dass es eine ältere Kapelle, quasi einen Vorgängerbau, an der westlichen Mauer gegeben haben könnte, war für ihn gänzlich ausgeschlossen. Die Zeichnungen Friedrich Adolf Hofmanns aus der Zeit um 1750,[87] die als Beweis eines solchen Baus dienten, tat er als «Einfall eines Malers aus dem 18. Jahr-

---

81 ThHStAW (wie Anm. 3) HA A XXVI 1576. Schorn an Carl Alexander, 27. 9. 1839, Bl. 89 – 90.

82 ThHStAW (wie Anm. 3) HA A XXVI 1576, Simon an Carl Alexander, 13. Januar 1841, Bl. 98r – 99.

83 Baumgärtel, Wartburg 1907 (wie Anm. 2) S. 293.

84 Clemens Wenzeslaus Coudray sah sich bereits 1840 genötigt, sich gegen Simons Vorwürfe zu rechtfertigen: ThHStAW (wie Anm. 3) HA A XXVI 1576, Coudray an Carl Alexander (nachträglich mit Graphit 1840 hinzugefügt), 76r – 80v.

85 Simon an Carl Alexander, 12. Februar 1841 (wie Anm. 17) Bl. 92v.

86 Simon an Carl Alexander, 12. Februar 1841 (wie Anm. 17) Bl. 93v.

hundert» ab und hielt die älteren Darstellungen, die er für die archäologische Skizze zusammengetragen hatte, dagegen. Er gab nicht ganz zu Unrecht zu bedenken, dass der «sehr genaue[r] Grundriss von Schnaus» aus dem Jahr 1743 keine Kapelle zeigt und auch in der Beschreibung des «thüringischen Salust Hortleder» nichts zu finden ist.[88] Bezüglich der späteren Datierung des Festsaals sah er seine Argumente als «Wahrheiten die man sich zu beweisen schämt».[89]

Simon verteidigte seine Ergebnisse leidenschaftlich und mit Nachdruck. Wenn er abwertend schrieb, die neueren Forschungen seien «im Taumel der Begeisterung» hervorgebracht worden, verbirgt das kaum die verletzte Eitelkeit. Allerdings korrigierte er im selben Brief auch Irrtümer, die ihm bei seinen eigenen Untersuchen unterlaufen waren. Eine neuerliche Besichtigung habe ihn herausfinden lassen, dass es entgegen der früheren Annahme im Großen Festsaal kein Gewölbe gegeben habe. Auch hinsichtlich der Zahl der Kamine glaubte er sich geirrt zu haben.[90]

Am selben Tag, als Carl Alexander Simon seinen Brief an den Erbgroßherzog verfasste, schrieb Carl Alexander eigene Gedanken und Fragen zur Wartburgwiederherstellung nieder.[91] Einen umfassenden Restaurationsplan hielt er für erforderlich und sann vor allem darüber nach, ob eine «Restauration sich a, auf alle Gebäude der Wartburg erstrecken (jetzt oder später) oder ob sie b, nur auf den Palas oder das Ritterhaus beschränkt seyn sollte.» Letzteres hätte Simons Argumentation entsprochen, doch zog Carl Alexander in Erwägung, ob nicht auch die Gebäude, die nicht aus «byzantinischer Zeit» stammten, wegen der historischen Erinnerungen, die sich an sie knüpften, der Erhaltung würdig sein könnten.[92] Derlei Gedanken nahmen sicherlich Bezug auf die Bedeutung der Wartburg als Aufenthaltsort Martin Luthers, die Simon ja ganz bewusst verbannt hatte.

Carl Alexander hingegen scheint die historische Bedeutung seiner Burg umfassender gesehen zu haben. 1844 schrieb er an Hans Christian Andersen begeistert über seine Wohnung auf der Wartburg: «Die obere Reihe gehört dem Saale wo die deutschen Minnesänger zuerst dichteten und sangen, die

---

87 Vgl. die Darstellungen Friedrich Adolph Hoffmanns: Die Wartburg von Westen, Wartburg-Stiftung Eisenach, Grafik und Zeichnung, Inv.-Nr. G 223 und Innenansichten des Wartburghofes nach Osten und Westen, Inv.-Nr. G 227. Abb. in: Baumgärtel, Wartburg 1907 (wie Anm. 2) S. 120, 121; Die Burg und die Stadt: Die Wartburg und Eisenach im Spiegel graphischer Darstellungen aus Vergangenheit und Gegenwart. [Eisenach 1971]. Nr. 4, 5.

88 Simon an Carl Alexander, 12. Februar 1841 (wie Anm. 17) Bl. 94v.

89 Simon an Carl Alexander, 12. Februar 1841 (wie Anm. 17) Bl. 95r.

90 Simon an Carl Alexander, 12. Februar 1841 (wie Anm. 17) Bl. 95v.

91 ThHStAW (wie Anm. 3) HA A XXVI 1576 Carl Alexander, Bezügliches auf die Wartburg, 12. Febr. 1841, Bl. 86r-88v, hier Bl. 86r.

92 Carl Alexander, Bezügliches Wartburg, 12. Febr. 1841 (wie Anm. 91) Bl. 86r.

zweite den Sälen wo die alten thüringer Landgrafen Hof hielten und wo ihre
Rüstungen jetzt prangen, und der Capelle in der Luther predigte, die dritte den
Gemächern wo die heilige Elisabeth still ihren Segen spendete, ein Segen, der
in frommen Stiftungen bis heute in Eisenach fortlebt. Auf dem Gange den ich
bewohne, gleich neben meinem Schlafzimmer liegt das Gemach wo Luther die
Bibel übersetzte ...».[93] Die Funktion, die Carl Alexander den einzelnen Räu-
men zuschreibt, folgt immer noch Simons Thesen, doch hafteten für Carl
Alexander historische Erinnerungen eben «an jedem Stein dieses Schlosses».[94]

Als Simon in der «Skizze» befürchtete, sein Vorschlag, die Kapelle «nach
altkatholischem Typus» zu restaurieren «werde die orthodoxen Lutheraner
gewaltig in Harnisch bringen»[95], ging er nicht fehl. Die Verehrung der
Wartburg als Lutherburg blickte auf eine lange Tradition zurück; die Kapelle
hielt man für den authentischen Ort von Predigten Luthers. Eine ausschließli-
che Konzentration auf das Mittelalter und folgliche Auslassung der
Reformationszeit musste zu Kontroversen anregen. Eine geradezu entgegen-
setzte Haltung nahm Johann Wilhelm Sältzer ein, der 1846 seine Ideen in
einer «archäologisch-architektonischen Skizze»[96] niederlegte. Eingangs be-
grüßte der Baurat den Gedanken, ein vaterländisches Museum einzurichten.
Doch scheint sich noch sieben Jahre später seine «auch mal eine andere
Ansicht!» mit den Ideen Carl Alexander Simons auseinanderzusetzen: «Dem
kunstliebenden Ludwig II. und dem Beschützer und Förderer der Poesie des
Mittelalters, Hermann I. ist die Wartburg das herrlichste Monument, und dessen Erhaltung eine heilige Pflicht unserer Zeit», schreibt er, vermisst aber das
Denkmal für «Luther, der von da das Licht und Freiheit über die deutsche
Welt verbreitete. Sollte es tadelnswert erscheinen, daß ich den Ort seines
segensreichen Strebens durch einen himmelanstrebenden mehr kirchlichen
als burglichen Thurm bezeichnete ...?»[97] Entsprechend seiner Annahme des
späteren Kapelleneinbaus legte Sältzer für das zweite Stockwerk des Palas zwei
Pläne vor. Der erste nahm die Kapelle als nicht «ursprünglich» an und eröffnete die Möglichkeit, den späteren Sängersaal bis zur südlichen Wand auszudeh-
nen. Dem zweiten Entwurf, der die Kapelle berücksichtigte, gab Sältzer augen-
scheinlich den Vorrang[98]; nicht nur der Lutherturm und die Kapelle sollten
den Reformator ehren, auch im Palas sollte die Reformationsgeschichte darge-

---

93 Ivy York Möller-Christensen und Ernst Möller-Christensen (Hrsg.): Mein edler, theurer
    Großherzog! Briefwechsel zwischen Hans Christian Andersen und Großherzog Carl-Alexander
    von Sachsen-Weimar-Eisenach. Göttingen 1998, S. 16–18: Carl Alexander an Hans Christian
    Andersen, 13. 11. 1844.

94 Carl Alexander an Hans Christian Andersen (wie Anm. 93).

95 Simon, Skizze (wie Anm. 13) S. 84.

96 Sältzer, Skizze (wie Anm. 18).

97 Sältzer, Skizze (wie Anm. 18) S. 6.

stellt werden. Deshalb fragte er, ob im zweiten Stockwerk des Landgrafenhauses «das Motiv der Geschichte der erhabenen Gründer der Wartburg, oder
der Reformationsgeschichte entlehnt werden, ob Einzelnen, mit der Wartburg
vertrauten, oder Tausenden genügt werden soll, deren Herzen die
Reformation jetzt mehr als je erfüllt und bewegt und denen die Wartburg des-
wegen ein heiliger Ort, weil in deren Capelle Luthers kräftige Worte gehört
worden, ...?»[99]

So konträr sich die Entwürfe Carl Alexander Simons und Johann Wilhelm
Sältzers gegenüber zu stehen scheinen, ist ihnen letztlich eines doch gemeinsam. Beide verpflichteten sich einer einzigen Idee, der sie die gesamte
Wiederherstellung der Wartburg unterordnen wollten. Während Carl Alexander Simon die Wartburg als ein Denkmal des Nationalstolzes auszubauen
gedachte und Friedrich Wilhelm Sältzer sich dem glorifizierten Luther verpflichtet fühlte, fehlte beiden doch ein gewichtiger Punkt, der den Fürsten-
häusern immer wieder als Motor zur Restaurierung ihrer Stammsitze diente:
die legitimierende Wiedererweckung einer mächtigen dynastischen Tradition,
die man nicht selten mit der eigenen Präsenz am Ort der Geschichte in die
Gegenwart zu transportieren versuchte. Wann sich Carl Alexander entschloss,
die Wartburg auch als Wohnung zu nutzen, ist nicht auf das Jahr festzulegen.
Als Ferdinand von Quast 1846 seine Entwürfe einreichte, gehörte die
Wohnfunktion bereits zu den Forderungen. Wenigstens Sältzer hat davon
gewusst; seine Pläne und natürlich noch weniger Simons ließen Spielraum für
eine solche Absicht. Besonders Simon schwebte ein Denkmal vor, das diesen
wichtigen Aspekt völlig ausblendete. Burgen und Schlösser waren jedoch von
alters her befestigte Wohnsitze.

Bekannt ist, dass letztlich Hugo von Ritgen die ausgewogene Mischung
aller geschichtlich bedeutenden Momente und der großherzoglichen Wünsche in einem Konzept zu vereinigen vermochte. Er legte 1847 die «Gedanken
über die Restauration der Wartburg» vor und kennzeichnete fast sachlich die
«Zeit des deutschen Minnesangs» und die Reformationszeit als historische
Eckpunkte, die durch die erhaltene Architektur vorgegeben sind.[100] Zwischen
den ersten Vorschlägen Simons und dem Eintritt Ritgens hatten sich die architektonischen, künstlerischen und historiographischen Ansprüche an die
Wiederherstellung der Burg entscheidend geändert: Die auf romantischen
sowie idealistischen Ideen beruhenden und von religiösen Überzeugungen
geleiteten Vorstellungen traten als Leitmotive zur Restaurierungspraxis in den

---

98 Abb. in: L.(udwig) Puttrich: Mittelalterliche Bauwerke im Großherzogthum Sachsen-Weimar-Eisenach. Leipzig 1847, Tf. 3b.
99 Sältzer, Skizze (wie Anm. 18) S. 38.
100 WSTA (wie Anm. 1) Hugo von Ritgen: Gedanken über die Restauration der Wartburg, 1847,
    Hs 3499, S. 4.

Hintergrund. Dagegen vertrat Ritgen eine wissenschaftliche, auf «archäologi-schen» Befunden beruhende Herangehensweise bei der Wiederherstellung, mit der er den Großherzog überzeugen konnte. Begriffe wie das «Burgliche», aber auch die «Wahrheit» der Architektur wurden zu wichtigen Kategorien.[101] Nun glaubte man daran zu gehen, verlorene Zustände «wiederherzustellen». Tatsächlich erschuf Ritgen bereits in seinem ersten Entwurf eine scheinbar authentische Burg der Stauferzeit, in der alle historischen Inhalte, Intentionen und Wünsche des Bauherrn ihren Platz finden konnten.

Die Räume des Palas wurden in den folgenden Jahren aus- und umgestaltet und einige Gedanken Simons scheinen doch ihren Weg in die Wieder-herstellung gefunden zu haben. Zwar wurde bald nicht mehr der Festsaal als Austragungsort des legendären Sängerwettstreites angenommen, weshalb sich die Sänger eine Etage tiefer verewigten,[102] doch findet sich die Thematik der Edda auch in Ritgens Festsaalkonzeption wieder und erscheinen die Land-grafen in großer Figur auf Goldgrund an den Wänden. Seit 1858 wurden auch «Originalausgaben der großen epischen und lyrischen Dichter des Mittel-alters» in einem Schrank gelagert, den Hugo von Ritgen eigens entworfen hatte und durch Rudolf Hofmann mit Darstellungen aus dem Themenkreis der Minnesänger schmücken ließ. Allerdings wurde dieses Möbel nicht in den öffentlich zugänglichen Räumen aufgestellt, es zierte als ein Geschenk seiner Gemahlin das Arbeitszimmer des Großherzogs in der Neuen Kemenate.[104] Auch die Ablehnung des Barock teilte Hugo von Ritgen noch mit Carl Alexander Simon: Hatte der Eine die 1628 unter Johann Ernst umgestaltete Kapelle als «Geschmacklosigkeit» bezeichnet,[105] musste der Andere die Gestal-tung im «schwülstigen Style des 17ten Jahrhunderts» verurteilen.[106] Hugo von Ritgen ging davon aus, dass die Kapelle im Jahr 1319 in den Palas eingefügt worden war und dass Martin Luther sie im unveränderten Zustand gesehen

---

101 RITGEN, Gedanken (wie Anm. 100) S. 7. Ritgen war bemüht «auf dem Grund der strengsten Kritik der vorhandenen Baureste und der historischen Quellen, ein treues Bild der Burg zu entwerfen, wie sie wirklich gewesen ist, nicht wie die Phantasie sie sich spielend ausmalen möchte.»

102 Vgl. SCHWEIZER, Saal (wie Anm. 5).

103 Sammlungsschrank mit Minnesangmotiven, Wartburg-Stiftung Eisenach, Möbel, Inv.-Nr. KM 40; vgl. HERRMANN FILTITZ (Hrsg.): Der Traum vom Glück. Die Kunst des Historismus in Europa. Bd. 2. Wien 1997, S. 365, Kat.-Nr. 4.28; mit unwesentlichen Veränderungen nachge-druckt: BARBARA MUNDT: Sammlungsschrank mit Minnesangmotiven. In: Wartburg-Jahrbuch 1996. 5(1997), S. 261–264.

104 HUGO VON RITGEN: Der Führer auf der Wartburg. Ein Wegweiser für Fremde und ein Beitrag zur Kunde der Vorzeit. Zweite, vermehrte und verbesserte Auflage Leipzig 1868, S. 201–202; BAUMGÄRTEL, Wartburg 1907 (wie Anm. 2) S. 447.

105 SIMON, Skizze (wie Anm. 13) S. 62.

106 HUGO VON RITGEN: Einige Worte über die Geschichte der Kapelle auf der Wartburg. Eine Festgabe zu deren Wiedereinweihung am 7. Juni 1855, S. 10.

und dort gepredigt habe. Deshalb entschied der Großherzog, dem Raum wieder die «ursprüngliche Einrichtung» zu geben, «eben weil sie zu Luthers Zeiten ... so erhalten war und mithin auch seine Zeit am besten repräsentirt.»[107] Die von den barocken Einbauten befreite Kapelle jedoch ließ in ihrem Aussehen wohl weniger an protestantische Lehren als vielmehr an ein durchaus mittelalterliches – katholisches – Gotteshaus denken. In der Fürstengruft sollten Hermann und Sophie neben Carl August und Anna Amalia ruhen – mit dieser Verbindung mittelalterlichen und neuzeitlichen Mäzenatentums versuchte Carl Alexander Simon die dynastische Traditionslinie zu ziehen. Einen vergleichbaren Bogen spannte dann Moritz von Schwind im Sängerkriegsfresko, in dem Anna Amalia zur Landgräfin Sophie wurde und Carl Alexander, selbst am legendären Geschehen teilnehmend, mit weiter Geste auf die Leistungen seiner Dynastie und den Anspruch, sie fortzuführen, verweisen konnte.[108]

Das Verdienst Carl Alexander Simon bleibt es, den entscheidenden Impuls zur Wiederherstellung vermittelt zu haben. Seine Vorschläge verbanden erstmals die Idee nationaler Einigung mit dem konkreten Ziel – der Wiederherstellung der Wartburg. Indem er sich mit Simons Plänen auseinandersetzte, dachte Carl Alexander bereits 1841 darüber nach, «ob der Wartburgs-Restauration nicht auch ein tieferer, edler Zweck unterlegt werden könnte als der welcher [bei] einem gewöhnlichen Wiederherstellen äußerer architektonischer Verhältnisse leitet.»[109] Zwar hatte auch schon Johann Wolfgang von Goethe zur Einrichtung eines Museums auf der Wartburg geraten, doch wurde es dank Simon ein «vaterländisches Museum», denn Carl Alexander wünschte «nach und nach die Wartburg zu einem Museum unseres Hauses, unseres Landes, ja von ganz Deutschland zu gestalten.»[110]

Noch an seinem Lebensende konnte der Großherzog das vollendete Werk «als eine Verkörperung großer erhebender Augenblicke der deutschen Geschichte» würdigen und der «Nation das Gefühl des Eigentumsrechtes» bescheinigen.[111] Doch war er selbst Teil der Vision geworden, in dem er das «Gesamtkunstwerk» Wartburg mit seiner Person belebte.«

---

107 RITGEN, Worte 1855 (wie Anm. 106) S. 10–11. 1850 hatte Ritgen noch dafür plädiert, dass «durch den Lauf der Zeiten aufgedrückte Gepräge unverändert zu erhalten». ThHStAW (wie Anm. 3) HMA 1615, Hugo von Ritgen an Carl Alexander, 21. 3. 1850, Bl. 62r. Offenbar musste er sich jedoch den Veränderungswünschen Carl Alexanders beugen.

108 Vgl. STEFAN SCHWEIZER: Der Großherzog im Historienbild. Fürstliche Legitimationsstragie in der Vergegenwärtigung des Mittelalters auf der Wartburg. In: OTTO GERHARDT OEXLE, ÁRON PETNEKI, LESZEK ZYGNER (Hrsg.): Bilder gedeuteter Geschichte. Das Mittelalter in der Kunst und Architektur der Moderne. Göttingen 2004, S. 376–438.

109 CARL ALEXANDER, Bezügliches Wartburg (wie Anm. 91) Bl. 86r und v.

110 CARL ALEXANDER, Bezügliches Wartburg (wie Anm. 91) Bl. 86v.

111 CARL ALEXANDER, Erinnerungen (wie Anm. 2) S. 14.

Anhang:
Tabellarische
Auflistung der
Abbildungen im
Zeichnungsband
zu Carl Alexander
Simon:
Die Wartburg.
eine archäologische
Skizze.

Fig.-Nr. Simon	Bezeichnung bei Simon	Herkunft bzw. Erklärung	Abb.Nr. im Text
I und II a, b		Rekonstruktion des Grund- und Aufriss der ersten Bauten der Wartburg, Errichtung um 1040 unter Ludwig dem Bärtigen angenommen	14
III		Grundriss der Wartburg Rekonstruktionsversuch aller Bauten zwischen 1040 und 1406	6
IV	1310/ nach einem alten Gemälde auf dem Rathause zu Eisenach./ Koch Beschreib d. Wartburg	Bei dem Rathausbild handelt es sich um: Eisenach um 1589, Johannes Köhler (?), Öl auf Leinwand, 1663 (1668 oder 1683 ?), Thüringer Museum Eisenach, Inv.-Nr. a 2; z. Z. auf der Wartburg, Simon verwendete den anonymen Kupferstich Taf. XVI. In: Joh. Michael Koch: Historische Erzehlung von dem Hoch-Fürstl. Sächs. berühmten Berg-Schloß und Festung Wartburg ob Eisenach. Hrsg.: Christian Juncker. Eisenach und Leipzig 1710.	9
V	1710. / In Chr. Junker: der Staat des Fürsten-/thums Eisenach. Koch	1. Titelkupfer: «Eisenach die Stadt wie sie vor Alters gestanden hat» In: Juncker. Eisenach und Leipzig 1710	9
VI	1690./ In: Merian. Topographia Saxoniae superioris.	Schloß und Festung Wartburg, J. S. (Jakob von Sandrart?), Kupferstich nach Zeichnung Wilhelm Richter. In: M.(artin) Z.(iller): Topographia Superioris Saxoniae, Thuringiae, Misniae, Lusatiae, etc./Hrsg.: Matthaeus Merian. [2. Auflage. Frankfurt 1690]	7
VII	1690. / In: Merian Topogr.	Stadtansicht Eisenach, Kupferstich nach Zeichnung von Matthäus Merian d. Ä. In: M.(artin) Z.(iller): Topographia Superioris Saxoniae, Thuringiae, Misniae, Lusatiae, etc./Hrsg.: Matthaeus Merian. Frankfurt 1650. [2. Auflage. Frankfurt 1690] Diese Abbildung wurde bereits der ersten Ausgabe von Merians Topographie aus dem Jahr 1650 bei-gegeben. In der zweiten Auflage erscheint sie ge-meinsam mit Fig. VI, daher Simons falsche Datierung auf das Jahr 1690.	8
VIII a	1710./ Chr. Junker der Staat des f. Eisenach.	2. Titelkupfer: In: Juncker. Eisenach und Leipzig 1710	8
VIII b	In der hist. Erzählung der Wartburg von Koch.	Tafel IX in: Juncker/Koch. Eisenach und Leipzig 1710.	8
IX	1743. Eisenachsche Baurisse und Zeichnungen von C. F. Schnaus.	Diese Darstellung ist bislang nur durch Simons Abbildung bekannt. Dazu gehört die Vorzeichnung in der Materialsammlung, die offensichtlich noch einen Grundriss der Wartburg von Schnaus überliefert Vgl. Abb. 11 und Anm. 41 im Text	11, 12

X	1757/ Nachricht von dem Schloß Wartburg von J.C. Kurz.	Titelkupfer in: (Johann Christoph Kurz): Kurz doch gründliche Nachricht von dem Festungs-Schloß Wartburg, bey Eisenach, wie dessen Lage, Prospecte, Gebäute und darinnen befindliche Antiquitäten würcklich zu ersehen sind/. Eisenach 1757.	11
XI	1629 /Nach einem Ölgemälde auf der Wartburg.	Herzog Johann Ernst von Sachsen-Eisenach, Christian Richter oder Michael Spindler, 1628, Öl auf Leinwand, Kunstsammlungen zu Weimar, G 1488	13
XII	Nach einer Münze	Die Ansicht der Wartburg ähnelt am ehesten einer Medaille aus dem Jahr 1717: Gedenkmedaille, Christian Wermuth, Silber. Simon könnte sie in Heinrich Gottlieb Kreußler: D. Martin Luthers Andenken in Münzen ... Leipzig 1818, Taf. 41, Nr. 36 oder im Original gesehen haben. Exemplare der Wartburg-Stiftung Eisenach, Münzen und Medaillen, Inv.-Nr. N 134-136 u. 483	13
XIII		Tafel VII in: Juncker/Koch. Eisenach und Leipzig 1710. Reliefplatte: Simson im Kampf mit dem Löwen, Bauplastik, Wartburg-Stiftung, Bauplastik, Inv.-Nr. B 101	10
XIV		Tafel XVII in Juncker/Koch. Eisenach und Leipzig 1710. Tympanon: Ritter und Drache, Wartburg-Stiftung, Bauplastik, Inv.-Nr. B 102	10
XV		Rekonstruktion des Grundrisses des Torturms mit Erker	
XVI		Tür an der Nordseite des Palas	
XVII		Eingangstreppe an der Westfassade des Palas	
XVIII		Grundriss des Kellerschosses des Palas	19
XIX		Grundriss des Erdgeschosses des Palas	19
XX		Kamin im Speisesaal, im Erdgeschoss des Palas	20
XXI		Grundriss des ersten Geschoss des Palas	20
XXII		Grundriss des obersten Stockwerks des Palas	21
XXIII a und b		Rekonstruktion des Grund- und Aufrisses der Wartburg von Osten 1062 – 1130	15
XXIV a, b, c		Rekonstruktion des Grund- und Aufrisses der Wartburg von Osten und Westen 1130 – 1190	16
XXV a und b		Rekonstruktion des Grund- und Aufrisses der Wartburg 1190 – 1317	17
XXVI a und b		Rekonstruktion des Grund- und Aufrisses der Wartburg 1319 – 1406	18

Zu den Bauzeichnungen
von Johann Wilhelm Sältzer.
Ein Vorbericht

Ernst Badstübner

Der Bestand an Bauzeichnungen als Teil der Kunstsammlungen der Wartburg umfasst nach der letzten Erfassung und Restaurierung 1515 Inventarnummern. Sie befinden sich seit 1936 im Besitz der Stiftung. Der damalige Burghauptmann Hans von der Gabelentz hatte sie für 14.000 Reichsmark von der Großherzoglichen Schatullverwaltung in Weimar erworben und durch Blätter, die sich im Thüringer Museum Eisenach befanden, ergänzt.[1] In den entsprechenden Unterlagen heißt es: «Es sind verschiedene Sonderlisten angelegt, die über den Inhalt einzelner der in Frage kommenden Mappen Aufschluß geben. Zusammenfassend handelt es sich um ... 29 Mappen mit Übersichtsplänen, Zeichnungen, Entwürfen für verschiedene Teile der Wartburg, Innenausschmückung, einzelne Möbel usw. darunter solche von Sältzer, H. v. Ritgen, Dittmar u. a.» Gabelentz selbst schrieb an die Schatullverwaltung: «Die Blätter sind, soweit sich das noch feststellen läßt, zum überwiegenden Teil als Schenkungen an Großherzog Carl Alexander in den Besitz des Großherzoglichen Hauses gelangt.» Er stützte sich dabei offensichtlich auf Max Baumgärtel, der als Ergänzung einer 1907 sich im Großherzoglich Sächsischen Hofmarschallamt in Weimar befindenden Aktensammlung zur Geschichte der Wartburg-Wiederherstellung die «umfangreiche Sammlung von Zeichnungen und graphischen Blättern» erwähnt und angibt, dass Carl Alexander sie «in der Elisabeth-Kemenate des Wartburg-Palas [hatte] verwahren lassen.» Sie müssten dann spätesten vor der 1904/06 erfolgten Ausmosaizierung der Elisabethkemenate nach Weimar verbracht worden sein. Weiter schrieb Baumgärtel, sie enthalte «als Hauptbestandteil die von seinem [des Großherzogs] Baumeister Hugo von Ritgen für die Wiederherstellung, Ausschmückung und innere Einrichtung gemachten Risse, Skizzen, Entwürfe, Zeichnungen aller Art, Hunderte von Blättern großenteils von delikater Ausführung. Ferner befinden sich in dieser Sammlung die von Spittel, Sältzer,

---

1 Aktenvorgang aus den Jahren 1935/36 im Archiv der Wartburg-Stiftung Eisenach (WSTA). In einer späteren Notiz von Sigfried Asche und dem seinerzeit tätigen Archivar Bock heißt es: «14.000 RM sind an die Schatulle gezahlt worden und zwar 7000 RM am 4. 3. 1936 Bel. 955/ 1936 und 7000 RM am 5. 6. 1936 Bel. 1111/1937».

Abb. 1:
Aufriss der Westseite
des Wartburg-Palas,
Johann Wilhelm Sältzer,
Feder/Sepia/Pinsel-
zeichnung, 1840,
Wartburg-Stiftung
Eisenach,
Bauzeichnungen,
BE 43

von Quast und anderen für die Wartburg gezeichneten Blätter, auch viele Werkzeichnungen und Ansichten früherer Zustände der Wartburg in verschiedenen Zeiten.»[2]

Auch beim gegenwärtigen Bestand handelt es sich um Aufnahmen des Zustandes vor der Erneuerung der Wartburg, vereinzelt um Zwischenzustände während der Wiederherstellung (z. B. BE 43) sowie um Entwürfe und Ausführungszeichnungen für die eigentliche Restauration, vornehmlich für die des Palas. Als Zeichner und Entwerfer sind fast alle namentlich vertreten, die als Bauleute und Architekten in der Erneuerungsgeschichte erwähnt werden, an erster Stelle selbstredend Hugo von Ritgen, dann, seit 1851, sein Helfer Karl Dittmar und später dessen Sohn Hugo; er hatte seit 1885 die Bauleitung auf der Wartburg inne.[3] Aus der Zeit vor Ritgen, der sich zwar schon seit 1846-47 intensiv mit der Wartburg befasste, aber erst nach 1849 den Zuschlag als leitender Architekt erhielt, stammen neben den Zeichnungen von Carl Spittel[4] und Heinrich August Hecht[5] und den 13 Blättern von Ferdinand

---

2 Max Baumgärtel (Hrsg.): Die Wartburg. Ein Denkmal deutscher Geschichte und Kunst. Berlin 1907, S. 708.

3 Baumgärtel, Wartburg 1907 (wie Anm. 2) S. 586.

4 Zu Carl Spittel siehe Hans von der Gabelentz: Die Wartburg. Ein Wegweiser durch ihre Geschichte und Bauten. München 1931, S. 16 (1841), S. 115 (1842) und S. 173 f.

von Quast[6] die meisten Aufnahmen und Entwürfe von Johann Wilhelm Sältzer (BE 35 – BE 66). Der 1780 in Madelungen geborene Sältzer war mit 24 Jahren Baukonducteur in Weimar und von 1809 bis zu seiner Pensionierung 1843 in Eisenach für das fiskalische Bauwesen zuständig.[7] 1826 wurde er zum Baurat ernannt. Er starb 1853 in Rudolstadt, wurde aber in Eisenach beigesetzt. Die Bedeutung Sältzers für die Überlegungen, die in Zusammenhang mit der spätestens 1838 beschlossenen Erneuerung der Wartburg im Umkreis des Erbgroßherzogs Carl Alexander in Weimar und Eisenach angestellt wurden, erhellt sich aus den Zeichnungen (Feder und Bleistift): Ansichten, Grundrisse, Schnitte, Details, sowohl minutiöse Aufnahmen des zeitgenössischen Zustandes wie auch Entwürfe zur Wiederherstellung, ferner große Blätter und Kartons (Aquarelle). Sie machen den größten Teil der Sammlung vor dem Ritgenbestand aus. Eine Reihe von ihnen sind allerdings Kopien, und nicht immer sind dann die Hände der Zeichner von Vorlagen sicher zu scheiden, zumal auch Spittel und Hecht nach 1841 mit Sältzer gleichzeitig gezeichnet und wohl auch kopiert haben. Ritgen hat seine auf jeden Fall späteren Kopien meistens mit einem entsprechenden Vermerk versehen.

Gemeinhin gilt die Episode aus dem Jahr 1838, die Carl Alexander in seinen Erinnerungen 1896 mitteilt, als Beginn der Wartburgerneuerung.[8] Tatsächlich wurden am 29. November 1838 Grundrisse vom Palas, mit deren Aufnahme Sältzer beauftragt gewesen ist und die den Entwürfen für die Erneuerung zugrunde gelegt werden sollten, in Weimar der Oberbaubehörde übergeben. Im Januar des nächsten Jahres folgte der Auftrag an Sältzer für Entwurf und Kostenanschlag zu den beabsichtigten Erneuerungsarbeiten am Palas. Zu den Aufträgen an Sältzer gehörten auch Veränderungspläne für das «Neue Angebäude», für das 1793 anstelle des großen Fachwerkhauses Friedrichs des Freidigen aus dem 14.Jahrhundert erbaute herzogliche Wohngebäude neben dem Palas, und die Sicherung der Westwand des Palas, was sich bis 1840 einschließlich der Öffnung der Galeriearkaden auch im «zweiten» Stockwerk, dem ersten Obergeschoss, hinzog. Obwohl Sältzer in seiner 1845 oder 1846 verfassten «archäologisch-architektonischen Skizze» über die Vorgänge selbst

---

5 Zu Heinrich August Hecht siehe Baumgärtel, Wartburg 1907 (wie Anm. 2) S. 296 f. (1843) und Gabelentz, Wartburg 1931 (wie Anm. 4) S. 118.

6 Wartburg-Stiftung Eisenach, Bauzeichnungen (WST-Bauzeichnungen), BE 504–512; Peter Findeisen: Die Wartburgentwürfe Ferdinand von Quasts aus den Jahren 1846 und 1848. In: Wartburg-Jahrbuch 1993. 2(1994), S. 102–114.

7 Biographische Angaben aus dem Archiv der Wartburg-Stiftung Eisenach.

8 Carl Alexander Großherzog von Sachsen-Weimar-Eisenach: Erinnerungen an die Wiederherstellung der Wartburg. In: Baumgärtel, Wartburg 1907 (wie Anm. 2) S. 3–14, hier S. 5; wieder abgedruckt in: Jutta Krauss (Hrsg.): Carl Alexander. «So wäre ich angekommen, wieder, wo ich ausging, an der Wartburg». Eisenach 2001, S. 27–40, hier S. 27.

berichtete,[9] sind die Sältzerschen Zeichnungen, vor allem die des Zustandes vor der Restaurierung, in den bisher vorliegenden Inventarkarteien überwiegend in das Jahr 1838 datiert worden. In den Beschriftungen sind Daten selten enthalten. Wenn es der Fall ist, muss geprüft werden, ob die Beschriftungen original oder nachträglich sind, wie möglicherweise auch die Nennung des Zeichners. Auf jeden Fall hat sich die Herstellung der erhaltenen Zeichnungen bis in die vierziger Jahre hingezogen, wobei nicht ausgeschlossen werden darf, vor allem dann, wenn es sich um Kopien für die beauftragten auswärtigen Architekten Ziebland und von Quast handelt, dass sie auf der Grundlage Sältzerscher Erstaufnahmen von 1838 entstanden sind.

In das Jahr 1838 fallen auch die ersten Aktivitäten des seinerzeit in Weimar ansässigen, aus Frankfurt an der Oder gebürtigen Malers Carl Alexander Simon. Er hatte «das kunstlose Bild vom Sängerkrieg gemalt» und «seine durchaus vernünftigen Ansichten über eine mögliche Erneuerung der Wartburg kundgetan»[10]. Den weiteren Gang der Dinge schildert Max Baumgärtel 1907 aus seiner Sicht (und wohl auch aus der des Großherzogs) so: Simon gab mit seinen baugeschichtlichen und bauarchäologischen Erkenntnissen den Anstoß zu weiteren Untersuchungen, die Carl Alexander, damals noch Erbgroßherzog, anordnete. Offenbar hat Sältzer diese durchgeführt, und über dessen Ergebnisse wurde dann wiederum Simon durch Ludwig Schorn, der seit 1833 Leiter der Kunstsammlungen in Weimar war, noch im selben Jahr 1838 informiert. Simon wünschte schließlich einen künstlerisch begabten und in die Geschichte einfühlsamen Architekten für die Aufgabe der Erneuerung, meinte aber damit keineswegs den schon seit langem mit der Burg und ihrer geschichtlichen Bedeutung vertrauten Sältzer. 1840 urteilte er zwar positiv über dessen Leistung als Bautechniker, der die Statik des Palas gesichert habe, bemängelte aber die künstlerische Qualität des Umgangs mit damals schon freigelegten Galeriearkaden. Er warnte vor zuviel Erneuerung und kritisierte die Entwürfe zur Neuanfertigung von Kapitellen für die Säulen der Galerien. Da ihm der entscheidende Einfluss jedoch verwehrt blieb, schied er 1841 aus dem Geschehen aus und verließ schließlich das Großherzogtum. Vielleicht war sein Weggang eine Folge der Berufung Bernhard von Arnswalds zum Burghauptmann und -kommandanten, was schon 1840 geschehen war, wie auch der Einbeziehung des Weimarer Oberbaudirektors, des Klassizisten Coudray in die Wartburgvorgänge.[11]

---

9 WSTA (wie Anm. 1) ad Hs 3501: Die Wartburg, eine archäologisch-architektonische Studie (Reinschrift), Hs 3495 der Entwurf. Das Entstehungsjahr ist auf dem Titelblatt der Reinschrift von 1846 auf 1845 korrigiert und (von anderer Hand) unter Bezug auf Arnswald auf «im Winter 1845/46» präzisiert.
10 Gabelentz, Wartburg 1931 (wie Anm. 4) S. 112.
11 Baumgärtel, Wartburg 1907 (wie Anm. 2) S. 296.

Arnswald trat seinen Dienst erst am 1. April 1841 an. Er widmete sich sofort der Suche nach einem geeigneten Architekten für die Erneuerung. Carl Alexander wünschte einen «mit dem byzantinischen Styl» vertrauten Baumeister. Mit Georg Friedrich Ziebland in München glaubte man einen solchen gefunden zu haben. Für Ziebland erfolgte 1841/42 offenbar erneut eine genaue Vermessung von einem eigens aufgestellten Gerüst, von dem aus auch Mauerwerksuntersuchungen durchgeführt werden konnten.[12] Obwohl Sältzer in genannter «Skizze» angibt, am 11. März 1841 den Auftrag dazu erhalten zu haben und die Zeichnungen am 28. Juli 1842 an Ziebland geschickt worden seien, war aus Weimar damals Carl Spittel für Aufmaß und Zeichnung hinzugezogen worden. Auch ein Baumeister Wolfram aus Erfurt soll für Ziebland gezeichnet haben.[13] Wie weit der kurz vor seiner Pensionierung – sie erfolgte 1843 – stehende Sältzer noch dazu beigetragen hat, lässt sich nicht sicher ermitteln. Die aus diesem Zusammenhang stammenden Zeichnungen sind nicht einwandfrei zuzuordnen. Spittel wird schon von Carl Alexander in einer Denkschrift vom 12. Februar 1841 als derjenige benannt, der «vielleicht den Plan ausarbeiten könne, besser allerdings würde es sein, wenn Sachkundigere damit beauftragt würden, z. B. Sälzer (die Dispensation seiner übrigen amtlichen Arbeiten, wenigstens zum Teil, wird dann nötig).»[14]

Aus dem Jahre 1842 überliefert Max Baumgärtel einen möglicherweise mit dieser Denkschrift Carl Alexanders in Zusammenhang stehenden, auf jeden Fall aber als Vorgabe für zu beauftragende Architekten gedachten Restaurierungsplan, dessen 23 Positionen zum Teil erst in der späteren eigentlichen Restaurationsphase Berücksichtigung fanden.[15] Dazu gehört die «Überdachung des großen Festsaales in Basilikenart», wenn damit die ausgeführte Holzbalkendecke mit dem trapezförmigen Querschnitt gemeint gewesen sein sollte. Dem würde der Wunsch nach einer «Teilung des Saalraumes durch Säulenstellungen in drei Abschnitte» allerdings widersprechen. Ritgen hat aber einen dem entsprechenden, auch recht beeindruckenden Entwurf dann doch noch vorgelegt.[16] Die «niedrigere Bedachung des Palas» ergab sich aus den Baubefunden und blieb für die Restauration Selbstverständlichkeit. Die «Erbauung eines viereckigen Turms» stand 1842 noch nicht fest, wie gerade Sältzers Entwurfsvarianten in Zusammenhang mit seiner «Skizze» von

---

12 Gabelentz, Wartburg 1931 (wie Anm. 4) S. 16 unf 115 ff.; Baumgärtel, Wartburg 1907 (wie Anm. 2) S. 297.

13 Gabelentz, Wartburg 1931 (wie Anm. 4) S. 16. Anfängliche Zuordnungen der Zeichnungen an Sältzer sind mehrfach (v. d. Gabelentz, Bachmann) mit handschriftlichen Bleistiftnotizen als von Spittel bestimmt worden.

14 Baumgärtel, Wartburg 1907 (wie Anm. 2) S. 296.

15 WST-Bauzeichnungen (wie Anm. 6) BE 196.

16 Gabelentz,Wartburg 1931 (wie Anm. 4) S. 15 und 114.

1845/46 bezeugen, auch nicht die im Restaurationsplan verlangte «Ausschmückung des Neuen Hauses im byzantinischen Stil».

Die Stagnation nach Ausbleiben der erhofften Entwürfe von Georg Friedrich Ziebland wurde beendet, als auf Empfehlung des preußischen Königs Friedrich Wilhelms IV., dessen Brüder Wilhelm (der spätere deutsche Kaiser) und Carl Schwestern Carl Alexanders geheiratet hatten und in Berlin lebten, Ferdinand von Quast mit Entwürfen für die Wiederherstellung der Wartburg beauftragt wurde. Am 20. Februar 1846 gingen Bauaufnahmen, die Heinrich August Hecht – er war 1843 als Baukonducteur an die Stelle des pensionierten Sältzers getreten – angefertigt hatte, an Quast nach Berlin. Vermutlich waren es Kopien nach den Sältzerschen Aufnahmen, möglicherweise mit Eintragungen und Zusätzen (in roter Farbe) neuerer Untersuchungsergebnisse. Das Schicksal der Quastschen Entwürfe ist bekannt, wie auch das Ende der Tätigkeit des preußischen Konservators im Dienste des Erbgroßherzogs.[17] Aus Berichten über die Tagung des Architektenvereins in Gotha und des anschließenden Besuchs der Versammlung in Eisenach im September 1846 ist zu erfahren, dass die Führung auf der Wartburg durch den Kammerherrn von Ziegesar und den Schlosshauptmann von Arnswald «vom Baurat Sältzer und den Bauinspektoren Mäder und Pütschmann sowie namentlich vom Baukonducteur Hecht» unterstützt worden sei. In der gleichen Notiz werden Sältzers Verdienste um die Wartburg gerühmt: «Mit seltener Kunstliebe und Ausdauer hat dieser Greis den größten Abschnitt seines Lebens diesem Bauwerk gewidmet. Die Forschungen, die derselbe über die Wartburg angestellt hat, sind ebenso interessant und belehrend und von der größten Wichtigkeit für die Restauration derselben. Wenn auch die Sälzerschen Pläne zur Wiederherstellung der Wartburg in manchen einzelnen Teilen andere Formen wünschen lassen, wenn der Stil vielleicht mit so vielen altdeutschen, sogenannten gotischen Formen vermischt ist, so darf man nicht übersehen, dass diese Pläne in eine Zeit fallen, in welcher die Forschung noch keineswegs zu dem Punkte gelangt war, wo eine solche strenge Sonderung der Stile so leicht möglich war.»[18]

Bei den im eben herangezogenen Bericht genannten «Sälzerschen Plänen» könnte es sich um die großen aquarellierten Kartons gehandelt haben, die durchaus den Eindruck von Demonstrationsblättern machen oder für eine Publikation vorbereitet waren, worauf auch die sorgfältigen Bezeichnungen in Druckschrift auf einigen der Darstellungen hindeuten. Obwohl Sältzer eine ganze Reihe von Entwürfen mit Varianten für den Bergfried als «Lutherturm»

17 Carl Alexander, Erinnerungen (wie Anm. 8).

18 WSTA (wie Anm. 1) K 11 / K 12: «Registrande für die Commandantur der Wartburg» sowie «Chronich» 1843–1846, betreffend Bau- und Reparaturmaßnahmen. Auszug aus Bericht über die fünfte Versammlung der deutschen Architekten und Jungingenieure zu Gotha (ohne Datum).

in Form (rund und quadratisch) und Stil (romanisch und gotisch) wie auch für das «Angebäude» gezeichnet hat, beschreibt er in seiner «Skizze» nur sechs der Blätter. In der Reinschrift des Wartburg-Archivs werden sie wie folgt benannt: «Die westliche Ansicht des Landgrafenhauses mit dem neuen Angebäude vor der Restauration 1838», «Die östliche Ansicht des Landgrafenhauses mit dem neuen Angebäude vor der Restauration 1838», «Grundrisse vom Landgrafenhaus und dem neuen Angebäude vor der Restauration 1838», «Die westliche Ansicht des Landgrafenhauses und des neuen Angebäudes restauriert», «Die östliche Ansicht des Landgrafenhauses und des neuen Angebäudes restauriert», «Grundrisse zur Wiederherstellung des Landgrafenhauses und Umwandlung des neuen Angebäudes.»

Abb. 2:
Aufriss der
Westseite
des Wartburg-Palas
und des Neuen
Hauses vor der
Wiederherstellung,
Johann Wilhelm
Sältzer, Feder/
Pinselzeichnung,
Wartburg-Stiftung
Eisenach,
Bauzeichnungen,
BE 48

Die Zeichnungen in unserer Sammlung, die man mit Sältzers Beschreibungen identifizieren möchte, haben abweichende Bezeichnungen: «Abendseite des Landgrafenhauses der Wartburg mit dem neuen Angebäude vor der Wiederherstellung 1838» (BE 48), «Morgenseite des Landgrafenhauses mit dem neuen Angebäude vor der Wiederherstellung 1838» (BE 49), «Grundrisse des Landgrafenhauses der Wartburg mit dem neuen Angebäude vor der Wiederherstellung 1838» (BE 42) «Entwurf zur Wiederherstellung der Abendseite des Landgrafenhauses und zur Umwandlung des neuen Angebäudes» (BE 44), «Entwurf zur Wiederherstellung der Morgenseite des Landgrafenhauses der Wartburg und zur Umwandlung des neuen Angebäudes» (BE 47),

«Grundrisse zur Wiederherstellung des Landgrafenhauses der Wartburg und zur Umwandlung des neuen Angebäudes» (BE 45). Die Blätter «vor der Wiederherstellung 1838» sind mit dem Vermerk «J. W. Sältzer gez.» versehen, die «Entwürfe zur Wiederherstellung» dagegen mit «J. W. Sältzer inv.». Daten fehlen. Es fällt auf, dass sich alle in Rede stehenden Blätter bis zum Erwerb durch die Wartburg-Stiftung im Thüringer Museum Eisenach befanden.

In den Zusammenhang dieses Konvolutes gehört noch ein großes Blatt für einen Gesamtentwurf, dessen mehr handschriftliche Bezeichnung lautet: «östl. Ansicht v. der Wartburg Entwurf v. J. W. Saeltzer» (BE 57). Dieser höchst phantasievolle Entwurf enthält die Palasrekonstruktion, wie sie aus den Einzelblättern hervorgeht, dazu einen mächtigen runden Bergfried und einen Zwischenbau, der den Burghof in einen südlichen und einen nördlichen

Abb. 3:
Aufriss der Ostseite des Wartburg-Palas und des Neuen Hauses vor der Wiederherstellung, Johann Wilhelm Sältzer, Feder/Pinselzeichnung, Wartburg-Stiftung Eisenach, Bauzeichnungen, BE 49

Abschnitt teilt. Die Grundrisse auf demselben Blatt zeigen, dass der Zwischenbau für das zu verändernde oder im «byzantinischen Styl» neuzubauende «Angebäude» steht und durch ein gleichgestaltiges Gebäude an der westlichen Hangseite zu einer symmetrischen Anlage werden sollte mit einer mittleren Durchfahrt zwischen zwei Rundtürmchen. An den Hangfassaden sind polygonale Erker vorgesehen. Der Polygonerker und die Teilung der Höfe sind wesentliche Bestandteile in der Architekturkomposition Ferdinand von Quasts, und es ergibt sich die Frage, wer der Urheber dieser wichtigen Elemente der zukünftigen Wartburggestalt ist? Die Teilung des Hofes, allerdings in drei Abschnitte, war schon eine Forderung im erwähnten Restau-

Abb. 4:
Grundrisse der
Geschosse des
Wartburg-Palas
und des Neuen
Hauses vor der
Wiederherstellung,
Johann Wilhelm
Sältzer,
Feder/Pinselzeich-
nung, Wartburg-
Stiftung Eisenach,
Bauzeichnungen,
BE 42

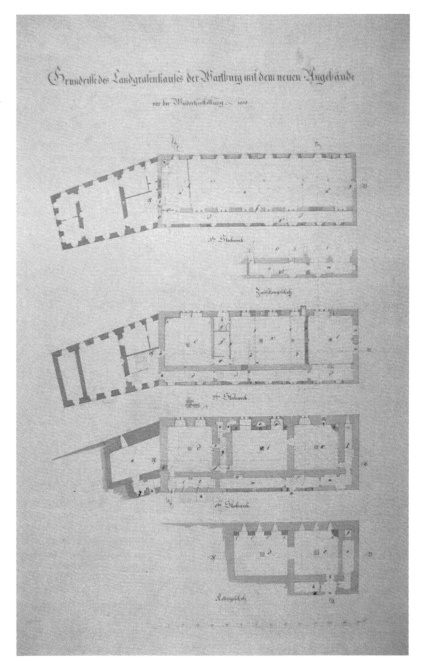

Abb. 7:
Grundrisse der
Geschosse des
Wartburg-Palas
und des angrenzenden
Gebäudes, Johann
Wilhelm Sältzer,
Feder/Pinselzeich-
nung, Wartburg-
Stiftung Eisenach,
Bauzeichnungen,
BE 45

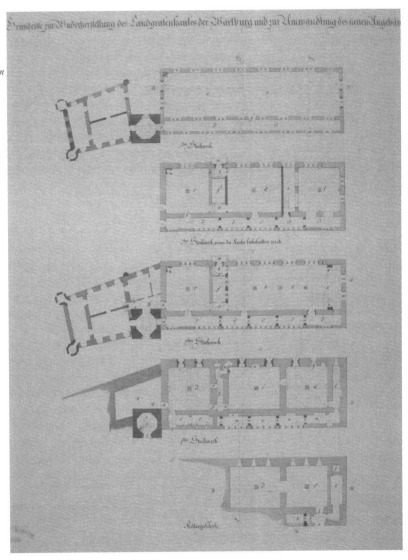

rierungsplan von 1842. Sollte Ferdinand von Quast den Polygonerker eingeführt haben – er wurde als den neuromanischen Burgen am Rhein entlehntes
Motiv von Arnswald vehement abgelehnt – könnte der Entwurf Sältzers nicht
vor 1846 entstanden sein.[19] Im April dieses Jahres waren die Zeichnungen von
Quasts in Eisenach eingetroffen. Bei einer früheren Entstehung wäre Sältzers

Entwurf der erste, der dieses Motiv, das von den nachfolgenden Architekten übernommen worden ist, in die Wartburgarchitektur eingeführt hätte. Auch von Ritgen hatte zunächst den Erker abgelehnt – eine Entwurfszeichnung für die Neue Kemenate verzichtet auf ihn –, später aber mit der vorzüglichen Aussicht in die umgebende Landschaft gerechtfertigt.

Die «östl. Ansicht» in Sältzers eben erwähnten Entwurf hat überraschende Ähnlichkeit mit einem Phantasiebild der Wartburg von Bernhard von Arnswald, die um 1845 datiert wird. In einer späteren, auf 1848 datierten und signierten Zeichnung Arnswalds taucht eine ähnliche Ansicht noch einmal auf.[20] Während Sältzer die herzogliche Kemenate anstelle des bisherigen Angebäudes zweigeschossig hält, zeichnet es von Arnswald höher als den Palas und nimmt damit gerade das auf, was von Quasts Entwurf so harsche Kritik eingebracht hat. Wieder ergibt sich die Frage nach den Prioritäten.

Man kann wohl davon auszugehen, dass die oben angeführten farbig lavierten oder aquarellierten Blätter, auch wenn sie nicht mit den von Sältzer beschriebenen identisch sein sollten, in Zusammenhang mit seiner «Skizze» nach 1843, nach der Pensionierung des Baurats entstanden sind.[21] Die Angabe «vor der Wiederherstellung 1838» ist der Hinweis auf den Beginn der Erneuerung, aber keine Datierungsangabe. Als sicher kann aber angenommen werden, dass Sältzer die 1838 angefertigten Bauaufnahmen als Vorlagen benutzt hat. Ein Grund für die Anfertigung mag in der Absicht einer Veröffentlichung gelegen haben, die er selbst in einem Brief an den Hofsekretär Vent vom 28. September 1846 kundtat.[22] Ludwig Puttrich übernahm 1847 eine Reihe von Sältzerschen Aufnahmen von der Wartburg in sein Abbildungswerk.[23] Die wiedergegebenen Ansichten und Grundrisse sind mit zahlreichen Blättern unserer Sammlung verwandt, aber kaum identisch und auf jeden Fall in dieser Hinsicht noch einmal vergleichend zu überprüfen. Die Bezeichnungen der Grundrisse haben die Zusätze «vor der Restauration» und «nach der Restauration», wobei letzterer eben nicht den ausgeführten, sondern

---

19 So WILFRIEDE FIEDLER: Die Wiederherstellung und der Ausbau der Wartburg – ihre Stellung und Funktion in der Erbe- und Denkmalpflege des 19. Jahrhunderts. Halle und Wittenberg, Martin-Luther-Universität, Dissertation, 1989, [maschinenschriftlich], S. 41.

20 GÜNTER SCHUCHARDT (Hrsg.): «Romantik ist überall, wenn wir sie in uns tragen». Aus Leben und Werk des Wartburgkommandanten Bernhard von Arnswald. Eisenach 2002, Kat. Nr. 404 und 410.

21 So auch GÜNTER SCHUCHARDT: Restaurierungs- und Entrestaurierungskampagnen auf der Wartburg. Das Baugeschehen im 19. und der Rückbau im 20. Jahrhundert. In: Jahrbuch der Stiftung Thüringer Schlösser und Gärten. Bd. 5 für das Jahr 2001. Lindenberg 2002, S. 140–148, hier S. 141 f., Abb. 2 und 3.

22 BAUMGÄRTEL, Wartburg 1907 (wie Anm. 2) S. 301.

23 LUDWIG PUTTRICH: Mittelalterliche Bauwerke im Großherzogtum Sachsen-Weimar-Eisenach. Leipzig 1847, Taf. 3a, 3b, 3c, 7[a].

den von Sältzer vorgeschlagenen Zustand meinte. Puttrich müsste die Sältzerschen Aufnahmen und Entwürfe spätestens 1846 kennengelernt haben, sie lagen neben denen von Quasts der Architektenversammlung vor, bei der Puttrich zugegen war. In dem von ihm unterzeichneten Gutachten des Vereins gegen die von Quastschen Entwürfe heißt es übrigens zusätzlich, dass der Sältzersche Plan «fast noch größere Schwierigkeiten und Kosten herbeizuführen scheint, als der des Herrn von Quast.»[24]

Es wird so gesehen, dass Sältzer seine Schrift wie auch die ihr zuzuordnenden Ansichten und Entwürfe als eine Art Rechtfertigung angefertigt hat.[25] Offenbar gab es auch vor Ort Vorbehalte gegen seine ersten Reparaturmaßnahmen, die er nach seiner Vorstellung vom ehemaligen Aussehen der Burg durchgeführt hatte. So äußerte sich von Arnswald dahingehend, dass gründliche Kenntnis des Lokalen in architektonischer Hinsicht aus Sältzers Entwürfen leuchte, aber gründliches Studium des Burgenwesens und der mittelalterlichen Architektur (besonders deren Details) ihm gänzlich abginge.[26] Dennoch scheint Sältzer mit seinem Bemühen, sich nicht aus dem Geschehen verdrängen zu lassen, Erfolg gehabt zu haben, denn der Burghauptmann von Arnswald beklagt sich am 16. Mai 1847, also zu einem Zeitpunkt, als Hugo von Ritgen schon auf der Wartburg, allerdings noch ohne Auftrag, tätig war, im Rapport an den Erbgroßherzog: «Wie ich vernommen habe, ist Herrn Baurat Sältzer die Satisfaktion geworden, dass durch den Herrn Geh. Staatsrat Thon ihm die Leitung des Wartburgbaus mit übertragen worden sei. So sehr ich mich auch für Herrn Sältzer ob dieser Satisfaktion freue und ihm von Herzen gönne, verdientermaßen an der Wartburg-Restauration teilzunehmen, so weit es seine Kräfte erlauben, so kann ich doch nicht umhin, dagegen zu bemerken ...» Es folgen sieben Punkte, weswegen es besser sei, die Mitwirkung des inzwischen Siebzigjährigen zumindest einzuschränken: «Er urteilt und spricht weit besser, als er auszuführen vermag beim besten Willen.» In demselben Rapport bittet von Arnswald Carl Alexander «untertänigst, Herrn v. R. [von Ritgen] gewähren und fortarbeiten zu lassen ...»[27] Noch aber stand Ferdinand von Quast unter Vertrag. Erst nachdem er aus diesem entlassen war, was 1849 geschehen ist, wurde Hugo von Ritgen zum Wartburgarchitekten berufen.

---

24 BAUMGÄRTEL, Wartburg 1907 (wie Anm. 2) S. 303.

25 WSTA (wie Anm. 1) Unveröffentlichtes Manuskript von Dr. WALTER BACHMANN (in den 1950er Jahren Mitglied des Wissenschaftlichen Beirates der Wartburg-Stiftung): Die Baugeschichte der Wartburg.

26 BAUMGÄRTEL, Wartburg 1907 (wie Anm. 2) S. 300.

27 WSTA (wie Anm. 1) K 13: Auszug aus «Manual des Expedirten» 1846–1850, betreffend Baumaßnahmen und Reparaturen.

Kuppeldächer für die Wartburg.
Das merkwürdige Projekt
Wilhelm Ludwig von Eschweges

Günter Schuchardt

Über die Schwierigkeiten, einen geeigneten Architekten für das Wiederher-
stellungsvorhaben Wartburg zu finden, ist schon berichtet worden.[1] Die
Suche dauerte mehr als ein Jahrzehnt und entbehrte nicht manch ungewollter
Komik. Sicher zu Recht kaum oder gar nicht beachtet blieb bisher eine
Persönlichkeit, die ihre Kindheit im unmittelbaren Umfeld der Wartburg ver-
brachte: Wilhelm Ludwig von Eschwege. Auch heute noch in Portugal und
Brasilien gut bekannt, ist er hierzulande völlig vergessen. In der die Wiederherstellung reflektierenden großen Wartburg-Monografie, 1907 von Max
Baumgärtel herausgegeben, findet sich der folgende Abschnitt:
«In der ersten Hälfte des Jahres 1849 kam die Weiterführung der Pläne nicht
recht in Fortgang; ‹wie schmerzlich ich seit längerer Zeit der mir so lieb gewordenen Beschäftigung mit der Wartburg entbehrt habe› klagt Hugo von Ritgen
am 17. April 1849 in einem Briefe aus Darmstadt an den Erbgroßherzog. Wohl
hatte er sich ‹mit heiterem Muthe wieder den Wartburgs=Studien zugewen-
det, aber, ich gestehe es, ohne bestimmten Plan, da ich nicht wußte, ob für diesen Sommer irgend an ein Weiterbauen zu denken sein würde›. Doch belebe
ein Schreiben des Erbgroßherzogs seine Hoffnungen. Auch der Kommandant
von Arnswald giebt in dieser Periode keine Anregungen; wohl aber taucht in
ihr ein von W. von Eschwege entworfenes merkwürdiges Projekt auf. Erbgroßherzog Carl Alexander schrieb am 4. April 1849 an W. von Eschwege, der
damals in Portugal lebte und den er als einen «Enthusiasmirten für Burgbau»
kannte, der für sich aber nicht mehr beanspruchte, als ‹durch Anschauung so
mancher alten und neuen Burgen und durch die Aufführung der Burg Pena

---

1 Vgl. Jutta Krauss: Die Wiederherstellung der Wartburg im 19. Jahrhundert (Kleine Schriften-
reihe der Wartburg-Stiftung. 1). (Kassel 1990), S. 15–26; Peter Findeisen: Die Wartburgentwürfe
Ferdinand von Quasts aus den Jahren 1846 und 1848. In: Wartburg-Jahrbuch 1993. 2(1994),
S. 102–114; Günter Schuchardt: Restaurierungs- und Entrestaurierungskampagnen auf der
Wartburg. Das Baugeschehen im 19. und der Rückbau im 20. Jahrhundert. In: Jahrbuch der
Stiftung Thüringer Schlösser und Gärten. Forschungen und Berichte zu Schlössern, Gärten,
Burgen und Klöstern in Thüringen. Bd. 5 für das Jahr 2001. Lindenberg 2002, S. 140–148, hier
S. 140–143.

sich einen gewissen praktischen Blick erworben zu haben.› Er schlug vor, um im byzantinischen Styl, den er für den Palas annahm, zu bleiben, Palas und Ritterhaus mit Kuppeldächern zu bedecken. Dabei nahm dieser Architekt für den Palas drei Kuppeln in Aussicht, von denen die mittlere die beiden seitlichen hoch überragte; auf den beiden westlichen Ecken des Gebäudes gedachte er sich ein kuppelbedecktes Treppentürmchen. ‹Die innere Ausschmückung durch Marmor und Mosaik›, schreibt er am 4. Juni 1849, ‹würde zu kostbar sein, allein der schöne Stuckmarmor, den man zu verfertigen versteht, würde ein guter Stellvertreter sein, auch geschichtliche Fresco=Malereien in dem großen Rittersaale, dem die hohen Kuppeln mit dem Lichte von oben in der Mittelkuppel einen erhöhteren Werth ja sogar eine größere Pracht geben werden, würden ganz an ihrer Stelle sein (die heilige Elisabeth, die Minnesänger, Luther pp. würden den besten Stock [Stoff] dazu liefern).›»[2] Bisher ist dies einfach überlesen worden und der Name Ludwig von Eschwege blieb im Reigen der Wartburgarchitekten gänzlich unberücksichtigt.[3]

Geboren wurde er am 15. November 1777 auf dem Rittergut Aue bei Eschwege und war ab 1793 Schüler am Eisenacher Gymnasium, wo er bei seinem Lehrer Prof. Thiepe wohnte. 1796 schrieb er sich an der Universität Göttingen ein, studierte zunächst Jura, dann Medizin und Naturwissenschaften, Baukunst, Handels- und Forstwesen. 1799 wechselte er nach Marburg, belegte Mineralogie, Geognosie (Geologie), Berg- und Hüttenkunde. 1801 examiniert, ging er als Bergwerksassessor ohne Gehalt ins hessische Richelsdorf, um im Kupferschieferbergwerk eine Tätigkeit aufzunehmen. Anstellungen in Frankenberg und Clausthal folgten.

1803 trat Eschwege in portugiesische Dienste; für Portugals Bergbau und die Anlage von Eisenhütten wurden bevorzugt Deutsche angeworben. Nach dem Einfall Napoleons in Portugal 1807 floh das Königshaus in seine größte Kolonie Brasilien. Eschwege blieb und kämpfte bis 1809 im Range eines Majors auf portugiesischer Seite. 1810 wurde er nach Brasilien beordert und zum Direktor des Königlichen Mineralienkabinetts ernannt. 1812 errichtete er die erste Eisenhütte, ein Meilenstein in Brasiliens Wirtschaftsgeschichte; am Ende sollten es 29 Betriebe sein. Eschwege war somit der Begründer des brasilianischen Hüttenwesens und «Vater der brasilianischen Geologie», sein Hauptwerk heißt «Pluto Brasiliensis» (Gesteine Brasiliens). Er hat den Gold-

---

2 Max Baumgärtel (Hrsg.): Die Wartburg. Ein Denkmal deutscher Geschichte und Kunst. Berlin 1907, S. 311 f.

3 Vgl. Friedrich Sommer: Wilhelm Ludwig von Eschwege, 1777–1855. In: Schriften des Deutschen Auslands-Instituts Stuttgart. Reihe D, Bd. 2. Stuttgart 1928; Hanno Beck: Ergebnisse der Wilhelm Ludwig von Eschwege-Forschung. In: Zeitschrift des Vereins für hessische Geschichte und Landeskunde. 67(1956), S. 164–173; Friedrich Toussaint: Wilhelm Ludwig von Eschwege. Ein deutscher Berg- und Hüttenmann in Portugal und Brasilien. In: Erzmetall. 54(2001) 12, S. 625–634.

bergbau in Brasilien organisiert und ließ ganz nebenbei Straßen und Brücken zur Verbesserung der Infrastruktur errichten. Seine barometrischen Höhenmessungen sind ebenso von Bedeutung, wie seine kartographischen Leistungen. Zwei Nebenflüssen des Rio Abalté im von ihm erforschten Gebiet Minas Gerais gab er die Namen «Werra» und «Fulda». 1810 hat er überdies, der er auch immer Soldat war, die Brasiliani-sche Militärakademie mitgegründet.

Abb. 1:
Porträt Wilhelm
Ludwig von
Eschwege, 1845

1821 kehrte das portugiesische Königs-haus aus dem Exil zurück, auch Esch-wege kam wieder nach Europa. In Paris traf er Alexander von Humboldt, in Weimar begegnete er Anfang 1822 Carl August, dann Goethe. Jener vermerkte in seinen Tag- und Jahresheften (Anna-len): «Herr von Eschwege kommt aus Brasilien, zeigt Juwelen, Metalle und Gebirgsarten vor. Serenissimus machen bedeutenden Ankauf ... Ferner theilte Herr von Eschwege brasilianische Ge-birgsarten mit, die abermals bewiesen, dass die Gebirgsarten der neuen Welt mit denen der alten in der ersten Urerscheinung vollkommen übereinstim-men; wie denn auch sowohl seine gedruckten als handschriftlichen Bemer-kungen hierüber dankenswerthen Aufschluß verleihen.»[4] Der direkte Kontakt kam vermutlich über Karl Friedrich Philipp Martius zustande, den bedeuten-den Botaniker, der Brasilien zwischen 1817 und 1820 bereist hatte. Mit Goethes Hausarzt Wilhelm Rehbein[5] war Eschwege aufgewachsen und in Weimar lebte seine Cousine Sophie von Baumbach[6], die er schon als junger Mann verehrt hatte. 1823, mittlerweile war er 46, konnte er sie endlich heira-ten, verblieb jedoch auch weiterhin im Dienst der portugiesischen Krone, die ihn zum Oberberghauptmann des Königreichs mit Dienstsitz in Lissabon ernannte.

Die Jahre zwischen 1830 und 1834 verbrachte Eschwege in Deutschland. Sein Versuch, in der Heimat Gold zu waschen – das «Edergoldunternehmen» – scheiterte schließlich ebenso, wie die Bemühungen, in russische Dienste zu

4 Goethes Werke/Hrsg. im Auftr. der Großherzogin Sophie von Sachsen [Sophienausgabe]. Bd. 41 = Abth. 1, Bd. 36. Weimar 1893. Unveränd. Nachdr. 1999, S. 213 f.
5 Wilhelm Rehbein, 1775–1825, Hofmedikus in Weimar, seit 1819 Goethes Hausarzt. Rehbeins Vater war Gutsverwalter derer von Eschwege in Aue gewesen.
6 Sophie von Baumbach, Hofdame in Weimar, gest. 1869. Die Familie stammt aus Nentershausen, unweit von Eschwege gelegen. Während der Richelsdorfer Zeit 1801 wohnte Eschwege bei sei-nem Onkel.

treten, wofür er sich bei Maria Pawlowna als Leiter der Krongoldwäschereien im Ural mit allerdings überhöhten finanziellen Vorstellungen bewarb. Eschwege war seit 1815 korrespondierendes Mitglied der kaiserlichen Akademie der Wissenschaften in St. Petersburg.

König Ferdinand von Portugal, Herzog von Coburg, beauftragte ihn schließlich nach der Überwindung des Thronstreits 1834, der ihn für vier Jahre im Lande hatte untätig werden lassen, die alte Burg Pena im nördlich von Lissabon gelegenen Sintra zu einer königlichen Sommerresidenz auszubauen. 1839 wurde begonnen, 1849 war das portugiesische «Neuschwanstein» – heute häufig so genannt[7] – fertiggestellt. Das märchenhafte, eklektizistische Ergebnis vereint romanische, gotische, maurische, manuelinische und barocke Neostil-Elemente. 73-jährig, im Range eines Generalleutnants, kehrte Eschwege in seine hessische Heimat zurück und starb am 1. Februar 1855 in Kassel-Wolfsanger. Seine zehnbändigen handschriftlichen Memoiren wurden nie gedruckt; eine gekürzte Fassung befindet sich in der Murhard-Bibliothek Kassel.

Wie Carl Alexander von der Existenz Eschweges und von dem beinahe ebenso spektakulären Bauvorhaben der portugiesischen Krone erfuhr, ist nicht bekannt. Der europäische Adel nahm jedoch wie auch später bei der Wartburg am Geschehen in Pena regen Anteil. Vermutlich 1847 besuchten Carl Alexanders Onkel Prinz Bernhard von Sachsen-Weimar-Eisenach, seine Gemahlin Ida und vier ihrer Kinder Portugals neue Sommerresidenz, trafen auf Eschwege und zollten ihm höchste Anerkennung.[8] Ein erster erhaltener Brief an Carl Alexander trägt das Datum des 25. Februar 1849 und ist eine späte Antwort auf eine Rolle mit Zeichnungen, die womöglich schon Ende 1848 aus Weimar abgeschickt worden war.[9] Da das Anschreiben mit der genauen Adresse offensichtlich fehlte, blieben die Zeichnungen auf einer Poststelle liegen, bis sie ein Freund Eschweges zufällig entdeckte und deren Weiterleitung veranlasste. Jener begann sogleich, sich mit den überlassenen Blättern zu beschäftigen, bedauerte allerdings, dass sie keinerlei Maßstabsangaben und Gebäudebezeichnungen enthielten. Auch er setzte seinen Überlegungen die übliche Höflichkeitsfloskel voran, indem er nachdachte, «wie man die Wartburg in ihrem alten Lustre [Glanz] wieder aufs imponierendste herstellen könnte und der Name Ew. Königl. Hoheit dadurch sich verewigen würde.»[10] Seine lebendigen Erinnerungen aus den Jugendtagen kämen ihm jedoch zugute. Eschwege vermutete eine weitgehende Zerstörung der Burganlage in

---

7 Auch wenn man die Sommerresidenz heute in Deutschland so nennt, ist das unrichtig, denn der Grundstein für König Ludwigs II. «Neue Wartburg» wurde erst 1869 gelegt.

8 Vgl. SOMMER, Eschwege 1928 (wie Anm. 3) S. 180.

9 Thüringisches Hauptstaatsarchiv Weimar (ThHStAW), Hausarchiv Abt. XXVI. Carl Alexander, Nr. 226.

10 Wie Anm. 9, Bl. 1.

spätmittelalterlicher Zeit, auf die im 16. Jahrhundert aus Geldmangel eine nur notdürftige Reparatur erfolgte. Dieser Wiederaufbau «deutet nur auf einen Nothbau hin, in dem man auf die oberen Etagen der Gebäude nach Eisenach zu einen Holzbau setzte, und die Mauer mit den schönen Fenstern mit Kalk verklebte und vielleicht der alte Burgherr das Zipperlein hatte und keine Zugluft vertragen konnte.»[11] Hinsichtlich der anfänglichen Baugestalt der Wartburg vermutete er: «würde ich, wenn ich darum befragt würde, dafür sein,

Abb. 2:
Ansicht der
Burg Pena
in Portugal,
errichtet 1839–1849

von allen Restaurationen, die an der Burg vorgenommen wurden, nur in byzantinisch-arabischem Geschmack ... zu bauen, weil dies der ursprünglichste an der Wartburg war, damit man nicht in die Fehler von Anomalien verfällt.»[12] Eschwege endete mit dem Ausdruck der Hoffnung, dass er, wenn er in eineinhalb Jahren nach Deutschland zurückkehre, detaillierte Zeichnungen vorlegen dürfe.

Spätestens Anfang April 1849 hat ihm Carl Alexander wieder nach Pena geschrieben, und wird ihm darin seine Grundidee zur Wiederherstellung der Wartburg detaillierter geschildert haben. Und wieder heißt es: «Leider vermisste ich auch auf dem letzten mir zugesendeten Grundriß, so wie auf den früheren Zeichnungen den so nothwendigen Maßstab, so dass ich in dieser Hinsicht völlig im dunklen tappe ...»[13]

Eschwege empfahl Carl Alexander eine größtmögliche Beibehaltung des

---

11 Wie Anm. 9.
12 Wie Anm. 9.

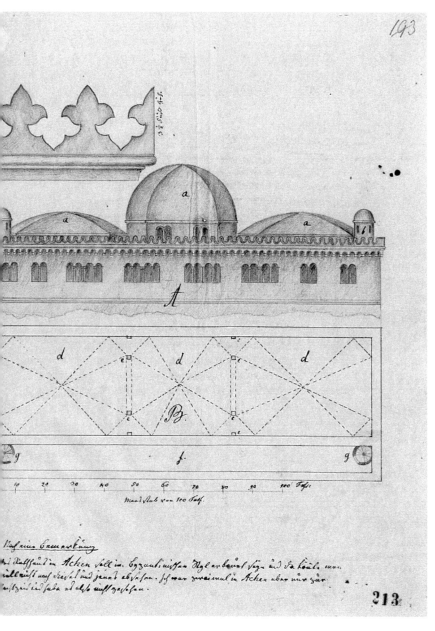

Abb. 3:
Entwurf von
Eschwege für den
Wartburg-Palas
und Neubau,
1849,
Thüringisches
Hauptstadtsarchiv
Weimar

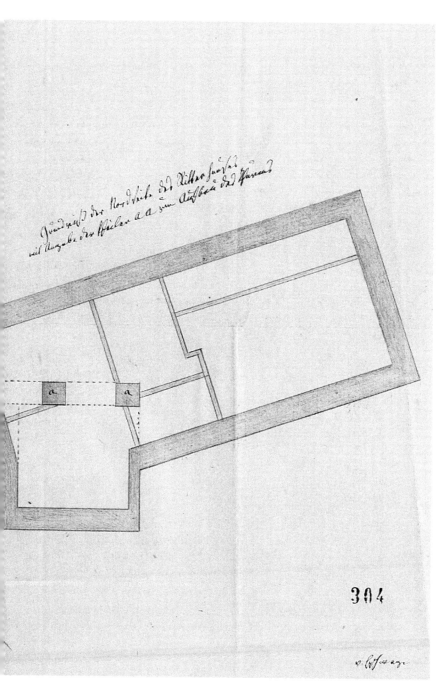

Abb. 4:
Entwurf von
Eschwege für das
Tor- und Ritterhaus
der Wartburg, 1849
Thüringisches
Hauptstaatsarchiv
Weimar

«alten Baustyls». Das Byzantinische, zu jener Zeit mit dem Romanischen gleichgesetzt, lasse gar nichts anderes als Kuppeldächer zu: «Ew. K. Hoheit haben sehr zweckmäßig beschlossen, alles auf der Wartburg beizubehalten, was auf die Spuren des alten Baustyls hindeutet, dahin gehören hauptsächlich Fenster, Thüren und Dachgestalten. Erstere zur Betrachtung in der Nähe, letztere aber um in der Ferne zu imponiren. Byzantinischer Baustyl ist auf der Wartburg anerkannt, die Dächer, welche die Hauptsachen, ohne welche alles übrige unpassend erscheint, müssen also als etwas wesentliches in diesem Styl umgeschaffen werden. Es ist die Kuppelgestalt welche ihn so vortheilhaft auszeichnet und die so ausgezeichnet zu Burgen passt, nie Giebeldächer die oben grade Linien bilden.»[14] Es folgen Nennungen von Kirchen und Palästen, in denen Eschwege Vorbildhaftes zu erkennen glaubt. «Nach diesen Beschreibungen byzantinischer Gebäude, da bleibt eigentlich keine Frage mehr über das was man auf der Wartburg vorzunehmen hat und es ist nur einzig die Frage, womit man anfangen soll. Da man nun aber mit dem Landgrafenhause schon angefangen, so kann man auch damit fortfahren und da werden förderste zwei Dinge nöthig sein, dieses schöne Gebäude von seinem hässlichen Giebeldache und dann auch von dem desselben verstellenden Anbau zu befreien, das Giebeldach durch einen Kuppelbau zu ersetzen und den Anbau durch ein von dem Hauptgebäude abgerücktes Haus, welches durch verdachte Corredore mit ersteren in Verbindung steht zu ersetzen.»[15]

Für die innere Ausstattung hatte Eschwege Teppiche und Diwane nach orientalischer Sitte empfohlen, die Wände sollten mit Marmor, Mosaik und Fresken versehen werden. Womöglich war dies ausschlaggebend für die Entscheidung hinsichtlich der Wandmalereien im ersten Obergeschoss des Palas und die Beauftragung Moritz von Schwinds. Carl Alexanders Antwortbrief kennen wir nicht, doch scheint er gewisse Zweifel angemeldet zu haben, auch wenn er sich Eschweges Ideen nicht prinzipiell verschloss.

Im letzten bekannten Brief vom 8. September 1849 heißt es darauf reflektierend: «Ew. Königl. Hoheit sprachen sich in dem vorhergehenden gnädigen Schreiben ganz kunstverständig darüber aus, dass man den byzantinischen Baustyl auf der Wartburg so rein wie möglich wieder herstellen müsste und so bin ich denn auch überzeugt, dass Hochdieselben nicht Ihre Zustimmung dazu geben werden blos wegen Vorhandenseins eines alten Giebelgesimses, ein Giebeldach auf einen byzantinischen Bau zu setzen. Es würde etwas unerhörtes sein und diesen übrigens so schönen Bau nicht nur grausam verstellen,

---

13 Brief Eschweges an Carl Alexander, Pena, 4. 6. 1849, ThHStAW (wie Anm. 9) Hofmarschallamt
    I, 24. Wartburg, Bauwesen Bd. 4 1848–49, Nr. 1614, Bl. 211–214.
14 Wie Anm. 13.
15 Wie Anm. 13.

sondern auch der schärfsten Critik aussetzen und mit vollkommenen Recht, wozu Ew. Königl. Hoheit gewiß nicht die Hand bieten werden.»[16] Im Mittelpunkt dieses Briefes stand die Umgestaltung der Vorburg. Eschwege wünschte, die Nordfassade von Ritter- und Torhaus «in Harmonie» zum Palas zu stellen und eine Kuppel mit Fayence-Fliesen – wie er sie auf Burg Pena realisiert hatte – und mit vier Ecktürmchen versehen, zu errichten. Ob Carl Alexander auf den letzten Brief vom 8. September 1849 aus Portugal reagiert hat, ist ebenfalls nicht bekannt. Die Episode Eschwege war wohl zu Ende und fand nicht einmal Eingang in die Tagebuchaufzeichnungen des Wartburgkommandanten Bernhard von Arnswald, der womöglich von der Inaussichtnahme Eschweges als Architekt der Wartburgwiederherstellung gar nichts erfuhr.

Hugo von Ritgen war zu dieser Zeit schon mehrere Jahre auf der Wartburg tätig, Ferdinand von Quast von seiner Aufgabe noch nicht ausdrücklich entbunden. War der Großherzog immer noch misstrauisch und gedachte er gar, sich von Ritgen wieder zu trennen? Auch das ist nicht überliefert. Jedenfalls hatte sich der Gießener schließlich doch durchsetzen können. Ritgen hat die Niederschriften Simons und Sältzers gut gekannt, ebenso die Entwürfe Quasts. Und er hat sie zitiert, hat Simons Gestaltungsvorschlag, den Festsaal mit überlebensgroßen Fürstendarstellungen auszustatten, übernommen, oder den großen stadtseitigen Erker und die Außentreppe Sältzers. Eschweges Ideen indes blieben gänzlich unberücksichtigt.

16 Brief Eschweges an Carl Alexander, Pena, 8. 9. 1849. ThHStAW 1614 (wie Anm. 9) Bl. 303–305.

Die archäologischen Untersuchungen
im Palas-Sockelgeschoss der Wartburg

Ines Spazier

I. ANLASS DER MASSNAHME

Von Dezember 2000 bis Januar 2001 fand im Palas-Sockelgeschoss eine archäologische Grabung statt, die sich auf den südöstlich gelegenen Bereich konzentrierte.[1] Das plötzliche Auftreten von Setzungserscheinungen im Boden gab Anlass dazu. Zur Analyse des Untergrundes wurden deshalb drei unmittelbar nebeneinander liegende Sondagen (A–C) bis auf den anstehenden Fels niedergebracht (Abb. 1): der Schnitt A in der südöstlichsten Ecke auf einer Fläche von 2,60 x 2,70 m, unmittelbar nördlich davon Schnitt B mit 4,10 x 2,70 m, die Sondage C wurde am Mittelpfeiler des Raumes mit 0,70 x 0,90 m angebracht. Während in den Schnitten B/C der anstehende Fels bei 0,60 bzw. 1,00 m erreicht wurde, war dieses bei A erst bei 3,20 m der Fall. Die Ursache

Abb. 1:
Grundriss Palas
Sockelgeschoss;
Lage der Sondage-
schnitte A-C;
nach Altwasser 2001
(wie Anm. 1) S. 61
oben

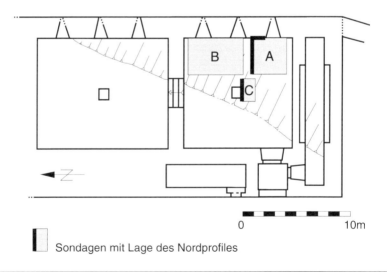

0   10m

Sondagen mit Lage des Nordprofiles

1 ELMAR ALTWASSER: Aktuelle Bauforschung am Wartburg-Palas. Bericht und Resümee. In: GÜNTER SCHUCHARDT (Hrsg.): Der romanische Palas der Wartburg. Bauforschung an einer Welterbe-stätte. Bd. 1. Regensburg 2001, S. 23–106, hier S. 61, Abb. oben, S. 68 ff.

dafür war das im Bereich des Palas anstehende Felsniveau. Die Felskante verläuft nicht parallel zur Ostwand des Palas durch das Gebäude, sondern diago-
nal von Nordost nach Südwest.[2] Mit der Aufnahme des Nordprofils der
Sondageschnitte A–C (Abb. 2) konnte auf einer Länge von 3 m ein Höhenniveau des anstehenden Felsens von 1,57 m festgestellt werden. Die Süd- und
Ostwand des Palas waren in das Hangende des abfallenden Plateaus gesetzt
worden. Der dadurch entstandene Hohlraum zwischen dem Muschelkalk-
relief und der südöstlichen Palasinnenmauer wurde beim Bau im 12. Jahrhundert nicht mit Schutt und Steinen zugeschüttet, sondern enthielt eingebettet
in humosen Schichten reichlich Fundmaterial, das stratigraphisch den Zeit-
horizont vom 12. bis ins 14./15. Jahrhundert wiedergibt. Da in den Verfül-
lungsstraten keine Fußboden- bzw. Laufhorizonte festgestellt werden konnten, deutet die Fundkonzentration auf eine mittelalterliche «Speisekammer»
hin. Jüngst wurde die Nutzung der untersten Palasräume an der Ostfassade
von E. Altwasser und G. Strickhausen dahingehend diskutiert, dass diese weder
Wohn- noch Repräsentationszwecken gedient haben.[3] Anhand der vorzustel-
lenden Ausgrabungsergebnisse kann deutlich gemacht werden, dass das
Erdgeschoss vom 12. bis 14. Jahrhundert als Wirtschafts- und Lagerraum
genutzt und in diesem Zusammenhang auch zur Abfallbeseitigung eingesetzt
wurde. Nachfolgend soll das Fundmaterial kurz vorgestellt werden.

2. ARBEITSWEISE UND AUSWERTUNG DER PROFILE

Die Ausgrabungen nahm das Thüringische Landesamt für Archäologische
Denkmalpflege, Weimar, vor.[4] Vor allem der personelle Einsatz von Mitarbeitern der Bauhütte der Wartburg machte sich bei der technischen Umsetzung
der Grabungsarbeiten besonders positiv bemerkbar. Somit konnte das anstehende Erdmaterial schichtweise entnommen und vor Ort durchgesiebt werden. Die Abtiefung erfolgte in Straten von 0,15 bis 0,20 m. Das Fundmaterial

---

2 HILMAR SCHWARZ: Der romanische Palas der Wartburg. Bericht zur Arbeitstagung am 1. und 2.
   Dezember 2001. In: Wartburg-Jahrbuch 2001. 10(2002), S. 200–209, hierzu S. 201; ALTWASSER,
   Bauforschung (wie Anm. 1) S. 68 ff.; GERD STRICKHAUSEN: Burgen der Ludowinger in Thüringen,
   Hessen und dem Rheinland. Studien zur Architektur und Landesherrschaft im Hochmittelalter
   (Quellen und Forschungen zur hessischen Geschichte. 109). Darmstadt/Marburg 1998, S. 191 f.
3 Die Ausgrabungen wurden von der Verfasserin selbst vorgenommen. Unterstützt wurden sie
   von Mitarbeitern der Bauhütte der Wartburg, Herrn Thomas Heinze und Herrn Helmut Kallen-
   bach, denen für ihr hohe Leistungsbereitschaft herzlich gedankt wird. Außerdem gilt der Dank
   dem Freien Institut für Bauforschung und Dokumentation e. V. Marburg, das freundlicherweise
   die vermessungstechnischen Daten zur Verfügung stellte.
4 Das Fundmaterial der archäologischen Ausgrabung 2000/2001 wird beim Thüringischen
   Landesamt für Archäologische Denkmalpflege (TLAD) im Inventar unter den Nummer 2804/01
   bis 2868/01 geführt.

Abb. 2:
Palas, Sockelgeschoss, Sondagen A – C, Nordprofil;

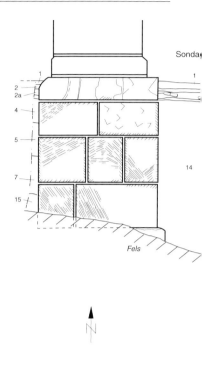

Sonda...

Fels

N

$$0 \qquad\qquad\qquad 10m$$

Legende:
1   *Einebnungshorizont mit Humus, Mörtel und Ziegeln*
     angereichert;
2   *braun humose Schicht mit Dachziegeln und Mörtel*
     durchsetzt;
2a *mit weniger Dachziegeln;*
3   *Kalkmörtel mit Ziegeln durchsetzt;*
4   *braun humose kiesige Schicht, z.T. mit Ziegelstückchen;*
5   *braun humose Schicht mit Konglomeratgesteinen*
     des Rotliegend (Eisenach-Formation);
6   *Kalkmörtelschicht;*
7   *humose Schicht mit stark zerkleinerten*
     Konglomeratgesteinen des Rotliegend (Eisenach-
     Formation), sehr fest und kompakt;
8   *humose Schicht mit größeren Konglomeratgesteinen des*
     Rotliegend (Eisenach-Formation), nicht kompakt;
9   *braun humose Schicht;*
10 *Kalkmörtelschicht, z.T. mit Humus und Holzkohle*
     durchsetzt;
11 *braun humose Schicht mit Holzkohle;*
12 *Mörtel- und Kalksteinschicht;*
13 *braun humose Schicht mit Holzkohle;*
14 *graubraune Schicht, Kies und Schotter;*
15 *rötlich-brauner Sand mit Schottergestein;*

grau: Kalkmörtelschichten;
R   Konglomeratgestein des Rotliegend
     (Eisenach-Formation);
M I – VI   Mörtelproben.

wurde entsprechend der einzelnen Tiefen verzettelt und anschließend inventarisiert.[5] Voneinander abgrenzbare Verfüllschichten wurden weitgehend getrennt ergraben. Eine Zuordnung der in den Profilen dokumentierten
Schichten zu den entnommenen Fundstraten war möglich. Durch diese
Arbeitsweise ist es gelungen, einen in sich geschlossenen stratigraphisch gegliederten Fundkomplex des Hoch- und Spätmittelalters zu erhalten. Außerdem
konnten dadurch kleinste Fundgegenstände, so beispielsweise Fischwirbel und
-gräten, kleinste Glasscherben, Eisenteile u. a. geborgen werden, die ohne
«Sieben» sicher nicht in dieser Stückzahl ans Tageslicht getreten wären.

---

5 Bericht über die Baumaßnahmen der Wartburg-Stiftung im Jahre 2001 im Zuständigkeitsbereich
   der Wartburg-Stiftung. In: Wartburg-Jahrbuch 2001. 10(2002), S. 210–217, hier S. 210–212.

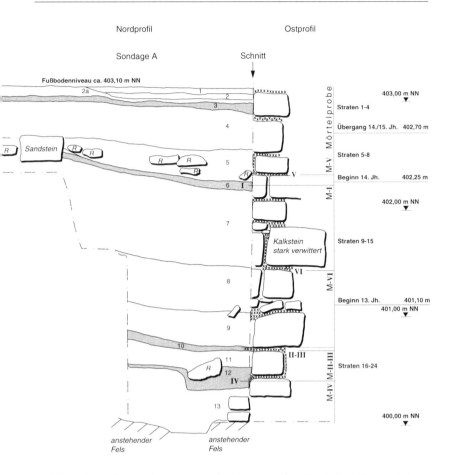

Nordprofil   Ostprofil

Sondage A   Schnitt

Nach Beendigung der gröberen Arbeiten wurden die Erdprofile gezeichnet und ausgewertet. Von besonderer Aussagekraft ist dabei das Nordprofil der Sondagen A–C (Abb. 2), da dieses den Schichtenverlauf sowie das Höhenniveau des Felsens widerspiegelt. Im Profil (Abb. 2) fällt das Vorkommen von vier Mörtelhorizonten (Schichten 3, 6, 10, 12) auf. Dabei begegnet direkt auf dem anstehenden Fels eine braun humose Schicht (13), die mit Holzkohle zersetzt und mit zahlreichem Fundmaterial verfüllt ist.[6] Überlagert wird sie von einem mit Kalkstein durchsetzten Mörtelhorizont (Schicht 12, Mörtelprobe IV).[7] Darüber befand sich ein mit Holzkohle angereicherter Humus (Schicht

---

6 Zu der braun humosen Schicht gehören die Straten 22, 23, 24, siehe Fundkatalog am Ende des Beitrags.

11), der von einer schmalen Kalkmörtelschicht abgedeckt wurde (Schicht 10), gefolgt von einer braun humosen, ca. 0,40 m starken Schicht (Nr. 9). Mit dieser Schicht endet bei 401,10 m ü. NN der Fundhorizont des 12. Jahrhunderts.[8] Die nachfolgenden Schichten 7 und 8 sind mit 1,20 m sehr kompakt und bestehen vor allem aus Konglomeratgesteinen des Rotliegenden (Eisenach-Formation), die mit wenig Humus durchmischt sind. Sie beinhalten ausschließlich Funde des 13. Jahrhunderts.[9] Mit der Mörtelschicht 6 (Mörtelprobe I) beginnt das 14. Jh. ebenfalls mit einer Schicht Konglomeratgesteinen des Rotliegenden. Der obere Bereich (Schichten 1–4) ist mit Ziegelbruchstückchen und Mörtel und vor allem Fundmaterial des 14./15. Jahrhunderts durchsetzt, im Einebnungshorizont 1 finden sich auch Scherben des 14.–18. Jahrhunderts.[10] Ein ähnliches Profil der oberen Schichten konnte mit Profil C westlich des Mittelpfeilers aufgenommen werden. Nur östlich des Pfeilers deutet ein graubrauner Sand, Kies und Schotter (Schicht 14) auf eine spätmittelalterliche Störung hin. Die Eintiefung der Fläche B erfolgt nur ca. 0,60 m und ist daher wenig aussagekräftig.

Bei der Auswertung der Mörtelproben[11] konnte festgestellt werden, dass die Mörtelproben von der Palaswand (Proben III, V und VI) nicht identisch mit den Proben aus den Schichten 10 und 12 (Proben II und IV) sind. Das würde im letzteren Fall bedeuten, dass der Kalkmörtel nicht unabsichtlich im Zusammenhang mit dem Bau in das Erdreich gekommen ist, sondern gesondert und bewusst als Kalkschicht eingebracht wurde. Dieses verwundert bei dem hohen Fundanteil von Knochen in den untersten Schichten nicht. Kalk war ein idealer Sterilisator der «Abfälle». Interessant in diesem Zusammenhang ist die unterschiedliche Zusammensetzung des Mörtels aus den einzelnen Bauhöhen der Palas-Ostwand. Identisch hingegen sind die Proben I aus der

---

7   Sowohl aus den Mörtelschichten 6, 10 und 12 (siehe Abb. 2) sowie aus den Baufugen der Palas-Ostwand wurden Mörtelproben entnommen und im Labor des TLAD (wie Anm. 4) analysiert. Insgesamt wurden 7 Proben entnommen:
    Probe I aus Schicht 6 bei 402,20 m ü. NN,
    Probe II aus Schicht 10 bei 400,70 m ü. NN,
    Probe III aus der Palas-Ostwand bei 400,70 m ü. NN,
    Probe IV aus der Schicht 12 bei 400,40 m ü. NN,
    Probe V aus der Palas-Ostwand bei 402,30 m ü. NN,
    Probe VI aus der Palas-Ostwand bei 401,42 m ü. NN sowie
    Probe VII aus einem Mauerrest bei der Palas-Südwand.
    Siehe Oliver Mecking: Naturwissenschaftliche Analysen aus dem Palasbereich der Wartburg. Beitrag in diesem Jahrbuch.
8   In diesem Bereich finden sich die Fundstraten 16 bis 21, siehe Fundkatalog.
9   Hier befinden sich die Fundstraten 15 bei 401,10 m ü. NN bis 9 bei 402,25 m ü. NN.
10 Das 14. Jahrhundert setzt sich aus den Straten 5-8 (Inv.-Nr. 2817/01-2930/01) und das beginnende 15. Jahrhundert aus den Straten 1–4 zusammen.
11 Vgl. Mecking, Analysen (wie Anm. 7).

oberen Schicht 6 und die aus dem Mauerbefund der Südwand. Hier könnte es sich zeitlich um einen gleichen Horizont handeln.

3. DAS FUNDMATERIAL

Bei der Sichtung des Fundmaterials stellte sich sogleich die Frage, ob die auf dem Fels liegenden Schichten mit Funden des 11. Jahrhunderts angereichert sind, da sich die Ersterwähnung der Wartburg 1080[12] bisher weder im aufgehenden Mauerwerk noch in den bis dato geborgenen Fundmaterialien[13] widerspiegelt.

Mit den geborgenen Funden kommen wir in das 12. Jahrhundert.[14] Fundmaterial dieser Zeitstellung kommt ausschließlich in den Straten 16 bis 24 der Fläche A vor (siehe Fundkatalog). Mengenmäßig ist das 12. Jahrhundert mit 301 Scherben am stärksten vertreten. Demgegenüber treten in den Straten des 13. Jahrhunderts nur 45 Scherben auf, im 14. Jahrhundert sind es dagegen 194. Das Mengenverhältnis ist damit zu erklären, dass mit der Verfüllung des 12. Jahrhunderts verstärkt der entstandene Hohlraum ausgeglichen werden sollte. Wahrscheinlich ging eine verstärkte Nutzung des Areals einher. Ausgehend vom Bau des Palas 1157/58[15] ist es innerhalb von ca. 50 Jahren zu einer Auffüllung zwischen dem anstehenden Fels und der Palaswand von 1,20 m gekommen.

Im Fundinventar fällt der hohe Anteil von Keramik und Knochenfunden auf, dem sehr wenige Kleinfunde gegenüberstehen.[16] Neben einigen verschlackten Eisengegenständen in Form von Nägeln und Bolzen fanden sich in Strate 17 ein Stück eines Glasringes sowie zwei Glasfragmente. In dieser Schicht ist eine Griffschale aus Knochen mit Durchbohrung erhalten (Abb. 3,3 bei Prilloff in diesem Wartburg-Jahrbuch). Sie ist 10,5 cm lang und verjüngt sich nach einer Seite. Hier wurde der Gegenstand mehrfach stumpf aufgeschlagen. An einer Längsseite sind zwei Nietlöcher gearbeitet, oberhalb ist eine 0,5 cm große Bohrung angebracht. Auf Höhe der Bohrung ist der Griff beschädigt, die Fläche aber wieder poliert. Dieses weist auf eine sekundäre

---

12 Hilmar Schwarz: Die Wartburg in den schriftlichen Quellen des 11. bis 13. Jahrhunderts. In: Schuchardt, Palas 2001 (wie Anm. 2) S. 15–22, hier S. 16.

13 Manfred Beck: Ausgrabungen im Kommandantengarten der Wartburg (11. Juli bis 21. August 1997). In: Wartburg-Jahrbuch 1997. 6(1998), S. 39–47.

14 Dabei muss angemerkt werden, dass sich die Keramik des 11.–12. Jahrhunderts recht schwer voneinander trennen lässt. Der Übergang zum 13. Jahrhundert fällt dabei prägender und eindeutiger aus.

15 Thomas Eissing: Dendrochronologische Datierung der Wartburg. In: Wartburg-Jahrbuch 1992. 1(1993), S. 51–62, hier S. 56 und S. 59.

16 Ralf-Jürgen Prilloff: Hoch- und spätmittelalterliche Tierreste aus der Wartburg bei Eisenach, Grabung Palas-Sockelgeschoss. Beitrag in diesem Jahrbuch.

Verwendung im Mittelalter hin, ebenso die Ritzverzierung auf der Innenseite.

Die beiden direkt auf dem Fels ruhenden Fundschichten (Straten 23/24) weisen mittelalterliche Wandungsscherben, Holzkohle und wenig Knochenfragmente auf. Erst im Fundhorizont 22 sind in einer humosen Schicht (Schicht 13) erste mittelalterliche Ränder vorhanden. Darunter befinden sich sechs Randscherben u. a. kantig gearbeitet, nach außen gelegte Ränder (Abb. 3,8), leicht außen gerundete und verdickte Ränder mit einer Innenkehlung (Abb. 3,10) sowie ein kleiner, leicht lippenförmiger Rand und eine Randscherbe eines Deckels. Die Farbgebung ist dunkelbraun bis schwarzbraun, die Magerung grobkörnig. Alle Wandungsscherben sind ohne Verzierung, zwei abgehobene Standböden sind ebenfalls im Fundkomplex.

In den darauf folgenden Straten 20/21 treten ebenfalls sehr viele außen gerundete, verdickte Ränder mit einer kräftigen Innenkehlung auf (Abb. 3,3–4; 3,7). Es handelt sich ausschließlich um Gefäße ohne Halszone. Der Rand geht sofort in die Schulter über. Auffallend ist die Dickwandigkeit der Scherben. Die Farbgebung ist stets braun. Unter den Wandungsscherben tritt nur eine mit einem einfachen Wellenband verzierte auf (Abb. 3,9). In Strate 18 ist ein sehr dickwandiges Randprofil mit einer Wandungsstärke von 1,2 cm vorhanden (Abb. 4,4). Es handelt sich um ein außen gerundetes, leicht keulenförmig gearbeitetes Profil mit einer sehr hoch angesetzten Innenkehlung. Der Scherben besitzt innen eine rotbraune, außen eine braun-schwarze Farbgebung und ist sehr hart gebrannt. Der Mündungsdurchmesser beträgt 30 cm. Das Gefäß weist keine Randzone auf, es geht in eine sehr ausladende Schulter über. Der Scherben fand sich in der braun humosen Schicht 9. Zu diesem Fundhorizont gehören die Randscherben Abb. 3,2; 3,5–6; 4,1 und 4,3. Diese untergliedern sich in kantig gearbeitete Profile sowie außen gerundete Ränder mit ausgeprägter Innenkehlung. Alle Scherben sind braun bis schwarz und relativ grob gearbeitet. Der leicht keulenförmig ausgebildete Rand mit tiefsitzender Innenkehlung (Abb. 3,6) leitet allmählich in das 13. Jahrhundert über, das mit der Strate 15 bei 401,10 m ü. NN beginnt.

Die Keramik des 12. Jahrhunderts ist gekennzeichnet durch außen gerundete, verdickte Ränder. Im Fundinventar sind nur wenige abgehobene, gerundete Standböden vorhanden. Auffallend ist das Fehlen von Henkeln. Weiterhin treten kaum verzierte Scherben auf. Nach W. Timpel werden sie seiner Gruppe E/1 zugeordnet, die er als graubraune Standbodenware bezeichnet und in die zweite Hälfte des 12. Jahrhunderts datiert.[17] Kennzeichnend für diese Keramik sind die Verdickung der Randoberkante und eine flache Kehlung des Innen-

---

17 WOLFGANG TIMPEL: Die früh- und hochmittelalterliche Keramik im westlichen Thüringen. (8. – 12. Jh.) (Weimarer Monographien zur Ur- und Frühgeschichte. Bd. 33). Stuttgart 1995, S. 43–46; WOLFGANG TIMPEL: Mittelalterliche Keramik im westlichen Thüringen. 8.–12. Jahrhundert. Teil 2. Katalog und Tafeln (Weimarer Monographien zur Ur- und Frühgeschichte. 24). Weimar 1990.

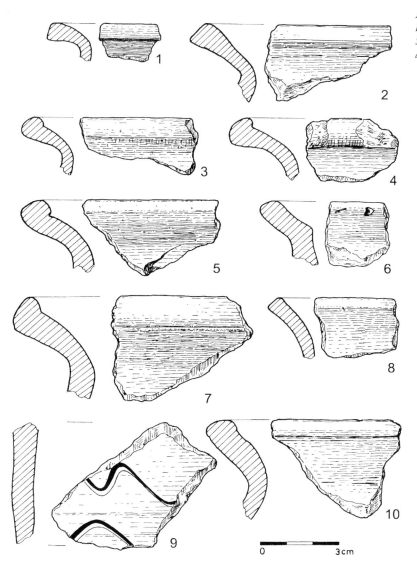

Abb. 3:
Palas, Sockelgeschoss,
Sondage A, Keramik
des 12. Jahrhunderts

Abb. 4:
Palas, Sockelgeschoss,
Sondage A, Keramik
des 12. Jahrhunderts

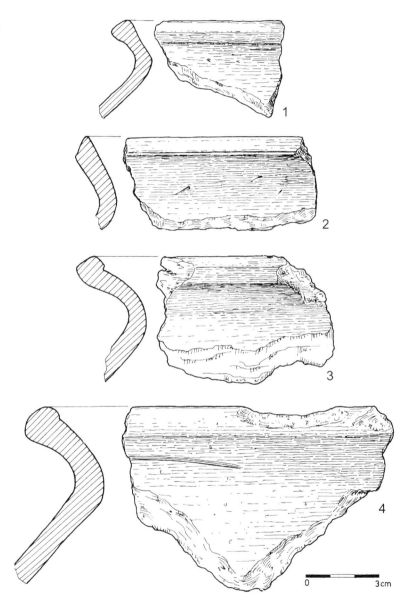

Abb. 4:
Palas, Sockelgeschoss,
Sondage A, Keramik
des 12. Jahrhunderts

randes. Diese Merkmale sind auch typisch für die im Palas-Sockelgeschoss gefundenen Randformen. Sie verdeutlichen einen in sich geschlossenen Fundkomplex, der in der Mitte des 12. Jahrhunderts einsetzt und chronologisch etwa der Bauzeit des Palas-Sockelgeschosses entspricht.

Mit der Fundschicht 8 leitet die Keramik allmählich in das 13. Jahrhundert über. Die Ränder des 13. Jahrhunderts besitzen jetzt eine ausgeprägte Halszone und gehen nicht wie die des 12. Jahrhunderts sofort in die Schulter über. Außerdem ist die Keramik jetzt feiner gemagert und härter gebrannt. Auch kommen neben rotbraun-schwarzen auch orange und ocker Farbtöne vor. Ein außen gerundetes Profil mit hochliegender Innenkehlung weist noch auf den Übergang vom 12. zum 13. Jahrhundert (Abb. 5,4) hin. Die außen gerundeten Ränder haben nun eine tiefer sitzende Innenkehlung (Abb. 5,5). Interessant ist der Rand (Abb. 5,6) mit Einstichverzierungen unterhalb des Randes. Typisch für die Vertreter des 13. Jahrhunderts sind die Kragenränder (Abb. 5,1–3).[18] Sie sind orangefarben bis blaugrau und sehr fein gemagert. Sie gehören zu Standbodengefäßen mit kragenartig gestalteten Rändern. In der Strate 14 ist ein außen geschwungenes Profil einer rotbraunen Schale (Abb. 5,7) vorhanden.[19] Außerdem kommen erstmals Ofenkachelreste aus beiger Keramik vor. Sie gehört dem frühen 13. Jahrhundert an. Sonst treten Ofenkacheln erst wieder Ende des 14. Jahrhunderts auf, jetzt meist mit einer Glasur überzogen. An Kleinfunden ist im Fundhorizont des 13. Jahrhunderts kaum Erwähnenswertes. Verwiesen werden kann hier nur auf einige Ziegelbruchstücke, ein kleines Stück Eisenschlacke sowie die Rute einer Bleiverglasung.

Mit der Strate 9 in Schicht 7 endet das 13. Jahrhundert. Die Mörtelschicht 6 erreicht das 14. Jahrhundert (Straten 5-8). Im Fundinventar befinden sich jetzt auch Scherben mit Innenglasur und aus Steinzeug gearbeitete. Auch unglasierte Grapenfüße lassen das Spätmittelalter erkennen.[20] Die Randformen sind weiterhin von Kragenrändern, außen gerundeten Profilen mit sehr tiefliegender Innenkehlung und keulenförmigen Rändern geprägt (Abb. 6,9; 6,11). Vertreten sind im Fundinventar auch zahlreiche Schüsselrandscherben (Abb. 6,2; 6,8; 6,10). Jetzt tritt Keramik mit rotbrauner bis beiger und oranger Farbgebung auf. Der schwarzbraune bis blaugraue Farbton ist fast nicht mehr relevant. Wandungsscherben haben vor allem Gratverzierung, während die

---

18 Vgl. TIMPEL, Keramik 1995 (wie Anm. 17) S. 45; WOLFGANG TIMPEL: Altenrömhild – Rotemulde – eine mittelalterliche Siedlung im südlichen Thüringen. In: Alt-Thüringen. 29(1995), S. 129–189, hier S. 157–158; HANS-JOACHIM BARTHEL und ARTHUR SUHLE: Ein mittelalterliches Haus in Mosbach bei Eisenach. In: Alt-Thüringen. 7(1965), S. 296–306, hier S. 300–303.

19 ULRICH LAPPE: Mittelalterliche Keramik mit Eigentumsmarken von Frauensee, Lkr. Bad Salzungen. In: Ausgrabungen und Funde. 39(1994), S. 259–264.

20 WOLFGANG TIMPEL und ROLAND ALTWEIN: Zwei Brunnen und eine Kloake aus dem Spätmittelalter im Stadtgebiet von Eisenach. In: Ausgrabungen und Funde. 39(1994), S. 264–272, hier S. 270.

Abb. 5:
Palas, Sockelgeschoss,
Sondage A, Keramik
des 13. Jahrhunderts

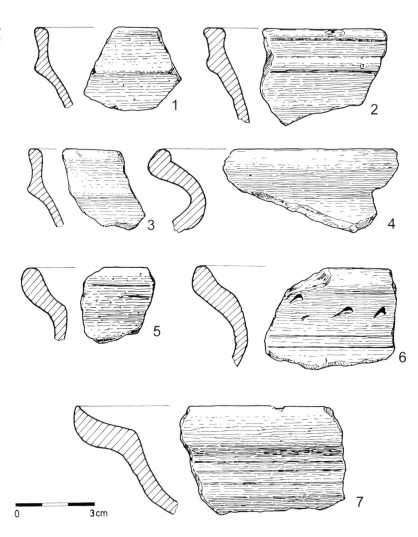

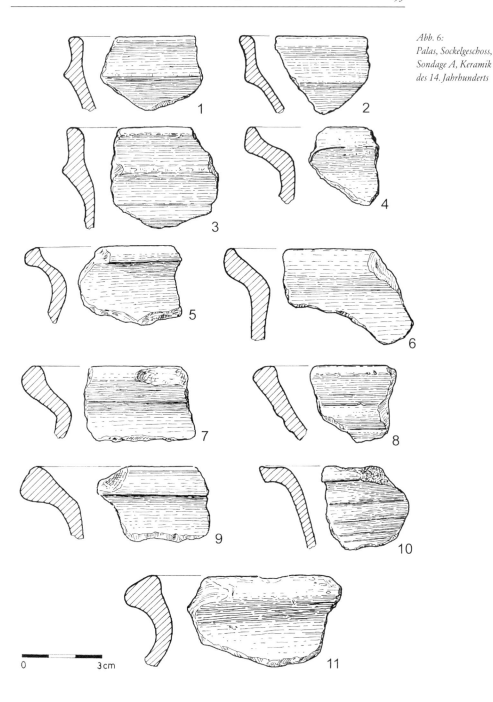

Abb. 6:
Palas, Sockelgeschoss,
Sondage A, Keramik
des 14. Jahrhunderts

Scherben sonst unverziert sind. Wie schon in den Straten des 13. Jahrhunderts sind zahlreiche Ziegelbruchstücke enthalten, die fast ausschließlich von Dachziegeln stammen.[21] Das Vorkommen von Ziegeln weist verstärkt auf die Verwendung dieses Baumaterials ab Beginn des 13. Jahrhunderts hin.

Mit den nachfolgenden Schichten 1–4 geht das Fundmaterial vom 14. allmählich in das 15. Jahrhundert über, wobei die Strate 1 als Einebnungshorizont anzusehen ist, in dem sich Fundmaterial des 14.–18. Jahrhunderts befindet. Fast ausschließlich erscheinen innenglasierte Scherben (Abb. 7,2) und Steinzeug (Abb. 7,4). Zu nennen wäre noch ein rotbrauner Halsrand mit Schlitzverzierung (Abb. 7,1), der sich in der Strate 1, einem Mischhorizont, befindet und wesentlich älter anmutet.[22] Neben der Keramik kommen sehr wenige Kleinfunde vor, so Ruten von Bleiverglasung und Pfeifenbruchstücke. Erwähnenswert erscheint ein Metallbeschlag mit Gesichtsmotiv (Abb. 9), der in den Mischhorizont und das späte Mittelalter gehören dürfte.

Das Fundmaterial der nach Westen anschließenden Fläche C erbrachte keine nennenswerten Stücke. In den Straten 3–6 (Höhe 402,75–402,05 m ü NN) treten nur wenige, dem 13./14. Jahrhundert angehörende Keramikscherben auf. Ihre Profile mit Innenkehlung sind außen gerundet. Die darüber folgenden Schichten 1 und 2 sind mit Ziegelbruchstücken, grün glasierten Kachelbruchstücken sowie Glasscherben und Knochen angereichert.

In Fläche B ist mit Strate 4 bei 402,50 m ü. NN eine humose Schicht zu erkennen, die wenig Fundmaterial des 13./14. Jahrhunderts enthält. Die darüberliegende Schicht ist mit Funden des 14. Jahrhunderts angereichert: glasierten Scherben, Steinzeug, dem Bodenstück eines Noppenglases, Eisennägeln u. a. Die beiden oberen Schichten enthalten ebenfalls glasierte Ofenkacheln und Dachziegelbruchstücke.

Fundmaterial des 12. Jahrhunderts wie in Fläche A befindet sich in keiner der höher liegenden Flächen B und C.

Der Nachweis älterer Siedlungshorizonte gelang nicht. Die 1845/46 in einer Felshöhlung gefundenen Schwurschwerter aus dem 2./1. Jh. v. Chr. könnten auf eine eisenzeitliche Höhensiedlung hindeuten, doch erbrachte weder die Grabung im Kommandantengarten noch die Untersuchung im Palas-Sockelgeschoss bisher Keramik bzw. Siedlungsspuren der vorrömischen Eisenzeit.[23]

---

21 Im Fundinventar des 12. Jahrhunderts ist kein Ziegelbruchstück vorhanden.
22 Vgl. Timpel, Keramik 1995 (wie Anm. 17) S. 44.
23 Thomas Grasselt: Hallstatt- und Latènezeit. In: Sigrid Dušek (Hrsg.): Ur- und Frühgeschichte Thüringens. Stuttgart 1999, S. 95–115, hier S. 115.

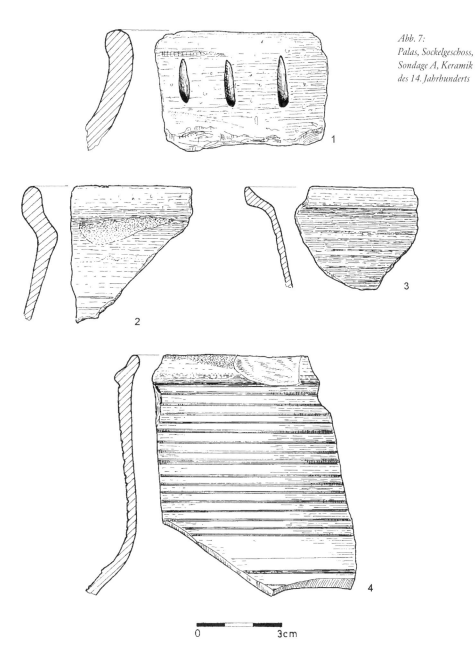

0   3cm

Abb. 8:
Palas, Sockelgeschoss,
Sondage A, Süd- und
Ostinnenwand bis
zu anstehendem Fels;
Aufnahme
11. 01. 2001

Abb. 8:
Palas, Sockelgeschoss,
Sondage A, Süd- und
Ostinnenwand bis
zu anstehendem Fels;
Aufnahme
11. 01. 2001

4. ZUSAMMENFASSUNG

Die archäologischen Grabungen im Palas-Sockelgeschoss erbrachten ein stratigraphisch gegliedertes Profil mit Fundmaterial des 12.-15. Jahrhunderts sowie einen eindeutigen Hinweis auf die Nutzung des Souterrains im Hoch- und Spätmittelalter. Der Palas der Wartburg weist bedingt durch die geologische Formation des Plateaus im Süden ein Sockelgeschoss mit zwei Räumen auf. Dabei verläuft hier die Ostwand versetzt zur Felskante, wodurch eine Kluft zwischen Palasinnenwand und Fels entstanden ist. Die Nutzung dieser Räume ist bereits wissenschaftlich umfassend diskutiert worden. Die archäologischen Untersuchungen zeigen, dass die oben beschriebene Kluft vom 12. bis 14. Jahrhundert systematisch zur Abfallentsorgung genutzt wurde. Dieses «Verhalten» konnte bereits M. Beck bei den Ausgrabungen im Kommandantengarten feststellen.[24] Auch hier wurden die beim Bau der Ringmauer entstandenen Felsklüftungen mit Bauschutt, Küchenabfällen u. a. verfüllt. Damit scheint die Nutzung der untersten Palasräume bis zu Beginn des 15. Jahrhunderts dahingehend geklärt, dass sie als Lagerräume dienten und ebenfalls zur Abfallbeseitigung geeignet waren.

---

24 Vgl. BECK, Ausgrabungen (wie Anm. 13) S. 44.

Das bis zum 15. Jahrhundert ungestörte Fundprofil ist für die durchgehend bewohnte Wartburg ein Glücksfall, der tiefe Einblicke in die Wohn-, Lebens- und Wirtschaftsweise der Burg gewährt. Die erhebliche Fundmenge des 12. Jahrhunderts, die sich anhand der Tierknochen bestätigt (s. Prilloff in diesem Jahrbuch) deutet auf eine beachtliche Anzahl von Burgbewohnern bereits in der Zeit bis zu Landgraf Hermann I. (regierte 1190–1217) hin. Die Nutzung der Burg durch den Landgrafenhof in den letzten Jahrzehnten des 12. und den ersten beiden des 13. Jahrhunderts, die in der Fachliteratur immer wieder bestritten wird, erhält eher Bestätigung.

Die Wohnsituation wird durch die Existenz von Bleiruten für Fensterverglasung im 13. Jahrhundert erhellt, die den bisher ältesten Hinweis auf den Verschluss der großen Fensteröffnungen am Palas darstellt. Das hier beschriebene und kommentierte archäologische Material steht nunmehr der wissenschaftlichen Bearbeitung der Wartburggeschichte zur Verfügung.

Anhang: Fundkatalog, Wartburg, Palas Sockelgeschoss, Ausgrabung 2000/01

FLÄCHE A

Strate: 1

Tiefe/Schicht: brauner Sand und Schotter, oberhalb 402,85 – 403,10 m ü. NN
Inv.-Nr.: 2804 – 2806/01
Fundmaterial: 6 ma. und nz. Rs, darunter: 1 Halsrand, mit Schlitzverzierung, rotbraun, i. Br. dkl. (Abb. 7,1), 3 außen gerundete Profile mit gelb-brauner Innenglasur, Mdm. (Abb. 7,2), 1 Kragenrand, orange, Mdm. 15 cm, 1 Halsrand eines Steinzeuggefäßes, braun, Mdm. 10 cm (Abb. 7,4); Ws, Komplex durchmischter Keramik des 14.–18. Jhs.; 2 Eisenteile; 2 Stück Holzkohle; 8 Knochenbruchstücke, 2 Zähne (Inv.-Nr.: 2804/01);
1 Pfeifenkopf ohne Marke, 4 Pfeifenbruchstücke (Inv.-Nr.: 2805/01);
2 vollständige erhaltene Ziegel im Format Mönch/Nonne, 1 Stück Mörtel (Inv.-Nr.: 2806/01)

Strate: 2

Tiefe/Schicht: brauner Sand und Schotter, 402,85–402,70 m ü. NN
Inv.-Nr.: 2807 – 2810/01
Fundmaterial: 11 ma. Rs, darunter: 7 außen gerundete Profile, beige-rotbraun, z.T. Faststeinzeug (Abb. 7,3); 2 Deckelrandscherben, rotbraun; 3 sehr kleine Rs, v.a. Lippenprofile; 1 ma. Ws blgr.; 20 ma. Ws beige-rotbraun; 1 spätma. Grapenfuß; 2 Ws, Steinzeug, braun-beige; 7 innenglasierte Scherben, darunter

Abb. 9:
Palas, Sockelgeschoss,
Sondage A, neuzeit-
licher Metallbeschlag
mit Gesichtsmotiv

2 Rs mit außen gerundetem Profil; 2 Dachziegelbruchstücke, ca. 40 Knochenbruchstücke (Inv.-Nr.: 2807/01);
1 Tonkugel (Inv.-Nr.: 2808/01);
Metallbeschlag mit Gesichtsmotiv (Abb. 9), 1 Eisenbeschlag, 1 Eisennagel,
1 Metallhaken, 1 Rute einer Bleiverglasung (Inv.-Nr.: 2809/01, 2810/01)

Strate: 3
Tiefe/Schicht: Nordostecke, Tiefe 402,75 m
ü. NN
Inv.-Nr.: 2811/01
Fundmaterial: 2 ma. Ws, beige, rotbraun;
1 ma. Henkelbruchstück; 1 spätma. Rs,
Steinzeug, hellbraun (Inv.-Nr.: 2811/01)

Strate: 4
Tiefe/Schicht: Lesefunde unterhalb 402,75 m
ü. NN
Inv.-Nr.: 2813-2814/01
Fundmaterial: 1 ma. Rs, Kragenrand, braun,
Mdm.: 21 cm; 1 ma. Ws, braun; 1 innen-
glasierte Ws, gelblich; 6 Knochenbruch-
stücke, 3 Dachziegelbruchstücke (Inv.-Nr.:
2813/01); 1 Rute einer Bleiverglasung (Inv.-
Nr.: 2814/01)

Strate: 5
Tiefe/Schicht: Tiefe 402,70 – 402,55 m ü. NN, östliche Hälfte
Inv.-Nr.: 2817 – 2821/01
Fundmaterial: 23 ma. Rs, darunter; 1 keulenförmiger Rand, beige, Mdm 18 cm
(Abb. 6,9), 11 Rs außen gerundete Profile, rotbraun-beige (Abb. 6,7), 6 kleine
lippenförmige Randprofile, 1 lippenförmiger Rand (Abb. 6,5), 3 Kragenränder, rotbraun-blgr. (Abb. 6,1; 6,3), 1 Deckelrandscherbe, beige; 155 ma. Ws.
v. a. braun-rotbraun; 1 ma. Bs, blgr. mit Drehspuren; 3 kleine Grapenfüße,
unglasiert, spätma.; 6 spätma. Henkelbruchstücke, 6 spätma. Ws, Steinzeug,
braun-grau; 8 eiserne Nägel; ca. 50 Knochenbruchstücke und Zähne; 2 Ziegelbruchstücke in Form eines Endstückchens; zahlreiche Stück Holzkohle;
1 Stück Mörtel (Inv.-Nr.: 2817/01);
1 Tonkugel (Inv.-Nr.: 2818/01);
1 Glasring, 9 Glasscherben (Inv.-Nr.: 2819/01);
1 Walnussschalenbruchstück (Inv.-Nr.: 2820/01);
1 bronzener Beschlag - Fingerhut (Inv.-Nr.: 2821/01)

Strate: 6

Tiefe/Schicht: westliche Hälfte, 402,70–402,55 m ü. NN

Inv.-Nr.: 2825–2827/01

Fundmaterial: 8 ma. Rs, darunter; 1 Kachelrandscherbe einer eckigen Kachel, rotbraun; 1 Halsrand, rotbraun, 2 Kragenränder, orange, braun, Mdm. 12 cm und 18 cm (Abb. 6,2; 6,8), 3 Rs mit außen gerundeten Profilen, blgr.-rotbraun, Mdm. 18 cm (Abb. 6,6), 1 kantig nach außen gestellter Rand, rotbraun, Mdm. 12,5 cm (Abb. 6,10); 35 ma. und nz. Ws, v.a. rotbraun-blgr.; 1 Ws mit Glasur; 1 glasiertes Kachelbruchstück; Holzkohlestückchen; 1 eiserner Nagel; 1 Ziegel-bruchstück; 21 Knochenbruchfragmente (Inv.-Nr.: 2825/01); 3 Ziegelbruchstücke, 1 Stück Schlacke (Inv.-Nr.: 2826/01); 2 Stück Glas wohl Butzenscheiben (Inv.-Nr.: 2827/01)

Strate: 7

Tiefe/Schicht: 402,55–402,40 m ü. NN

Inv.-Nr.: 2828/01

Fundmaterial: 4 ma. Rs, darunter: 2 außen gerundete Profile, hellbraun-blgr., 1 keulenförmiger Rand, Mdm. 24 cm, blgr. (Abb. 6,11), 1 lippenförmiger Rand mit Ikl., hellbraun, Mdm. 13 cm (Abb. 6,4); 1 spätma. Steinzeugscherbe, grau; zahlreiche Stück Holzkohle; 4 Dachziegelbruchstücke; einige Knochen, 2 Fischwirbel (Inv.-Nr.: 2828/01)

Strate: 8

Tiefe/Schicht: an der Oberfläche des Mörtelhorizontes Schicht 6, 402,40–402,25 m ü. NN

Inv.-Nr.: 2829–2930/01

Fundmaterial: 6 ma. Ws, orange, beige; 4 Ziegelbruchstücke, 17 Knochen-fragmente (Inv.-Nr.: 2829/01); 1 bearbeiteter Tierknochen (Inv.-Nr.: 2830/01) (Abb. 3,2 bei Prilloff in diesem Wartburg-Jahrbuch)

Strate: 9

Tiefe/Schicht: Schicht 7, oberhalb 402,25–402,13 m ü. NN

Inv.-Nr.: 2836/01

Fundmaterial: 1 ma. Ws, 2 Ziegelbruchstücke, 7 Knochenfragmente

Strate: 10

Tiefe/Schicht:

Inv.-Nr.: 2840/01

Fundmaterial: 1 ma. Rs, Halsrand mit kragenförmiger Ausformung, orange, Mdm. 11 cm, (Abb. 5,1); 1 ma. Ws, orange (Inv.-Nr.: 2840/01)

Strate: 11
Tiefe/Schicht: bei 402,00 m ü. NN
Inv.-Nr.: 2850/01
Fundmaterial: 1 Dachziegelbruchstück, 1 Stück Mörtel, 1 Knochenfragment
(Inv.-Nr.: 2850/01)

Strate: 12
Tiefe/Schicht: 402,00–401,45 m ü. NN
Inv.-Nr.: 2852/01
Fundmaterial: 1 ma. Rs, Kragenrand, ziegelfarben-grau, Mdm. 11 cm (Abb.
5,2); 1 ma. Deckelrandscherbe, 7 ma. Ws, ziegelfarben, 3 Ziegelbruchstücke,
42 Knochenfragmente, 1 Stück Eisenschlacke, 1 Stück Mörtel (Inv.-Nr.:
2852/01)

Strate: 13
Tiefe/Schicht: 401,45–401,30 m ü. NN
Inv.-Nr.: 2853/01
Fundmaterial: 1 ma. Ws.; 2 Dachziegelbruchstücke, 3 Stück Eisen, 1 Rute
einer Bleiverglasung, 20 Knochenfragmente, 1 Kiefernbruchstück (Inv.-Nr.:
2853/01)

Strate: 14
Tiefe/Schicht: 410,30–401,20 m ü. NN
Inv.-Nr.: 2854/01
Fundmaterial: 1 ma. Rs, außen geschwungenes, spitz zulaufendes Profil mit
deutlicher Ikl. einer Schale, rotbraun, Mdm. 40 cm (Abb. 5,7), 1 Deckelrand-
scherbe; 5 ma. Ws, beige; 2 ma. Ws, blgr; 1 ma. Bs, Ofenkachel, rund, orange,
Bdm. 7 cm; 1 Dachziegelabschluss; 1 Ziegelbruchstück; 11 Knochenfrag-
mente, 1 Zahn, 1 Stück Holzkohle (Inv.-Nr.: 2854/01)

Strate: 15
Tiefe/Schicht: Humusschicht 8, 401,20–401, 10 m ü. NN
Inv.-Nr.: 2855–2856/01
Fundmaterial: 6 ma. Rs, darunter 1 Deckelrandscherbe, braun, 3 Rs außen
gerundete Profile, ziegelrot, schwarz, davon 1 mit scharfem Umbruch im Hals-
bereich, Mdm. 16–21 cm (Abb. 5,4–6), 2 Halsränder mit kragenartiger Ausbildung, ziegelrot-braun, Mdm. 11 cm (Abb. 5,3); 6 ma. Ws, schwarzbraun,
2 Stück Ziegel, 20 Knochenfragmente, 3 Kiefernbruchstücke, 3 Stück ver-
schlacktes Eisen, Holzkohle (Inv.-Nr.: 2855/01);
1 Stück bearbeitete Geweihspitze (Abb. 3,1 bei Prilloff in diesem Wartburg-
Jahrbuch) (Inv.-Nr.: 2856/01)

Strate: 16
Tiefe/Schicht: aus Humusschicht 8, 401,10–401,00 m ü. NN
Inv.-Nr.: 2857/01
Fundmaterial: 1 ma. Rs, außen gerundetes Profil, schwarz, sehr grob gearbeitet,
Mdm. 21 cm (Abb. 3,5), 1 ma. Rs, nach außen gestellter kantiger Rand, Mdm.
26 cm, außen braun, innen schwarz (Abb. 3,2); 10 ma. Ws, braun-schwarz, dar-
unter eine grob gearbeitet, 2 Kiefernbruchstücke, 2 Zähne, 52 Knochenfrag-
mente, 1 Ziegelbruchstück, 1 Stück Holzkohle, 1 Stück Eisenschlacke (Inv.-
Nr.: 2857/01)

Strate: 17
Tiefe/Schicht: mit braunem Humus durchsetzte Schicht 9, 401,00–400,90 m
ü. NN
Inv.-Nr.: 2858–2860/01
Fundmaterial: 7 ma. Rs, darunter: 1 rotbraune Deckelrandscherbe, 3 Rs, außen
gerundetes Profil mit leichter Ikl., rotbraun-blgr. Mdm. 23 cm (Abb. 4,3), 1 lip-
penförmig nach außen gestellter Rand mit ausgeprägter Ikl., Mdm. 19 cm,
(Abb. 3,6), 2 nach außen gebogene kantige Ränder; 32 ma. Ws, rotbraun-
schwarz, 1 ma. Bs, abgehobener Boden, mehrere Holzkohlestückchen, 121
Knochenfragmente, Fischwirbel
1 Stück von einem Glasring, 2 Stück von einem Glasgefäß (Inv.-Nr. 2860/01);
Knochengriff mit Durchbohrung (Abb. 3,3 bei Prilloff in diesem Wartburg-
Jahrbuch) (Inv.-Nr.: 2859/01)

Strate: 18
Tiefe/Schicht: braun humose Schicht 9 über einer sehr dünnen Mörtelschicht,
400,90–400,75 m ü. NN
Inv.-Nr.: 2861/01
Fundmaterial: 5 ma. Rs, darunter: 1 Deckelrandscherbe, rotbraun, 1 Rs, außen
gerundetes Profil mit leichter Ikl., sehr dickwandig, innen rotbraun, außen
braun-schwarz, Mdm. 30 cm (Abb. 4,4), 1 Rs außen gerundetes Profil mit
leichter Ikl., rotbraun, Mdm. 18 cm, 1 Rs, kantig nach außen gestellter Rand,
schwarz, 1 Rs, lippenförmiger Rand, blgr. Mdm. 12 cm (Abb. 4,1); 35 ma. Ws,
rotbraun-blgr., 101 Knochenfragmente, 1 Stück Holzkohle, 4 verschlackte
Eisengegenstände (Inv.-Nr.: 2861/01)

Strate: 19
Tiefe/Schicht: braun humose Schicht 11 über der Mörtelschicht 10, 400,75–
400,65 m ü. NN
Inv.-Nr.: 2862/01
Fundmaterial: 1 ma. Rs, leicht nach außen gestellter kantiger Rand mit leichter

Ikl., blgr.-rotbraun, Mdm. 19 cm (Abb. 4,2); 20 ma. Ws, blgr.-rotbraun; 1 Stück
Holzkohle; 51 Knochenfragmente (Inv.-Nr.: 2862/01)

Strate: 20
Tiefe/Schicht: braun humose Schicht über der ausgeprägten Mörtelschicht,
400,65 – 400,50 m ü. NN
Inv.-Nr.: 2863/01
Fundmaterial: 8 ma. Rs, darunter: 1 braune Deckelrandscherbe, 3 außen gerundete Profile mit Ikl., blgr., Mdm. 14 und 16 cm (Abb. 3,3 – 4), 3 kantig nach
außen gestellte Ränder, grau-bräunlich, Mdm. 18 cm (Abb. 3,1); 2 ma. Bs,
abgehoben, 61 ma. Ws, darunter eine mit einfacher Wellenlinie (Abb. 3,9),
2 Mörtelproben, 3 Eisenteile, stark verschlackt, viel Holzkohle, ca. 150 Knochenfragmente, darunter auch einige Fischgräten (Inv.-Nr.: 2863/01)

Strate: 21
Tiefe/Schicht: braun humose Schicht 11 über Mörtelhorizont 10, 400,50 –
400,40 m ü. NN
Inv.-Nr.: 2864/01
Fundmaterial: 3 ma. Rs, darunter: 1 ma. Rs, außen gerundetes Profil, stark aus-
geprägte Ikl. direkt unterhalb des Randes, braun, Mdm. 22 cm (Abb. 3,7);
1 kleine Deckelrandscherbe, rotbraun, 1 sehr kleiner kantiger Rand; 55 ma.
Ws, v. a. schwarzbraun; 1 ma. Bs, schwarzbraun, abgehobener Boden, Kom-
plex von Knochenfragmenten, 3 Eisengegenstände, stark verschlackt; Mörtel
(Inv.-Nr.: 2864/01)

Strate: 22
Tiefe/Schicht: Schicht 13 braun humos mit Holzkohle angereichert, unterhalb der Mörtelschicht, 400,40 – 400,20 m ü. NN
Inv.-Nr.: 2865/01 – 2866/01
Fundmaterial: 6 ma. Rs, darunter: 2 kantig gearbeitete, nach außen gestellte
Ränder, blgr.-schwarzbraun, Mdm. 14 cm (Abb. 3,8), 1 kantig nach außen
gestellter, leicht lippenförmiger Rand, schwarz-braun, 1 Deckelrandscherbe,
2 außen gerundete, verdickte Profile mit ausgeprägter Ikl., dunkelbraun, Mdm.
11 cm (Abb. 3,10); 47 ma. Ws ohne Verzierung, 2 ma. Bs von Standbodengefäßen, abgehoben; 135 Knochenfragmente mit zahlreichen Gebissteilen
und Wirbeln von Fischen; 3 Stück Mörtel, Holzkohle (Inv.-Nr.: 2865/01)
1 bearbeiteter Tierkochen (Inv.-Nr.: 2866/01)

Strate: 23
Tiefe/Schicht: Funde aus Humusschicht direkt auf dem Fels, 400,00 – 400,20 m
ü. NN

Inv.-Nr.: 2867/01
Fundmaterial: 18 Knochenfragmente; 3 Stück Holzkohle (Inv.-Nr.: 2867/01)

Strate: 24
Tiefe/Schicht: Lesefunde aus den untersten Schichten
Inv.-Nr.: 2868/01
Fundmaterial: 3 ma. Ws, blgr.-beige; 3 Knochenfragmente (Inv.-Nr.: 2868/01)

FLÄCHE B

Strate: 1
Tiefe/Schicht: Ziegelschutt unter Bef. 18
Inv.-Nr.: 2815–2816/01
Fundmaterial: 1 grün glasiertes Kachelbruchstück; 2 Dachziegelbruchstücke;
3 eiserne Nägel (Inv.-Nr.: 2815/01);
1 Eisennagel, vollständig, 18,5 cm (Inv.-Nr.: 2816/01);

Strate: 2
Tiefe/Schicht: oberhalb 402,85 m ü. NN
Inv.-Nr.: 2822–2824/01
Fundmaterial: 1 Stück Holzkohle; wenig Eisengegenstände, nicht restauriert;
8 Knochenfragmente (Inv.-Nr.: 2822/01);
3 moderne Glasscheiben (Inv.-Nr.: 2823/01);
3 grünglasierte Bruchstücke von Ofenkacheln, 4 braun glasierte Bruchstücke
von Ofenkacheln (Inv.-Nr.: 2824/01)

Strate: 3
Tiefe/Schicht: 402,85–402,63 m ü. NN
Inv.-Nr.: 2831–2835/01
Fundmaterial: 1 ma. Rs, außen gerundetes Profil mit starker Ikl., außen beige,
innen blgr., Mdm. 19 cm; 24 ma. Ws, beige-orange, darunter 21 mit Gratverzierung; 2 ma. Bs, 1 braun und 1 mit Wellenplattenboden, Steinzeug; 2 ma.
Henkelbruchstücke; 5 graue Steinzeugscherben darunter 1 Halsrand, grau;
2 innenglasierte Scherben mit gelb-brauner Innenglasur, 1 Bruchstück einer
Kachel; 32 Knochenfragmente (Inv.-Nr.: 2831/01)
1 eiserner Nagel, 1 Ziegelbruchstück, Holzkohle (Inv.-Nr.: 2832/01)
1 Stück Eierschale, 1 Pflaumenkernfragment (Inv.-Nr.: 2833/01);
1 Stück Fensterglas, 1 Bodenstück eines Noppenglases, 1 Stück Glasschlacke
(Inv.-Nr.: 2834/01);
1 eiserner Nagelkopf, 1 Stück Eisenbolzen (Inv.-Nr.: 2835/01)

Strate: 4
Tiefe/Schicht: 402,63 – 402,50 m ü. NN
Inv.-Nr.: 2837 – 2838/01
Fundmaterial: 1 ma. Rs, außen gerundetes Profil mit tief sitzender Ikl., blgr.,
Mdm. 18 cm, 8 ma. Ws, beige-orange, wenig Knochenbruchstücke, 1 Eisen-
nagel, Holzkohle (Inv.-Nr.: 2837/01)
1 Glasscherbe mit Henkelansatz (Inv.-Nr.: 2838/01)

Strate: 5
Tiefe/Schicht: Lesefunde oberhalb des Befundes 4
Inv.-Nr.: 2839/01
Fundmaterial: 2 glasierte Ofenkacheln, 1 braune Eckkachel, eine mit grüner
Innenglasur (Inv.-Nr.: 2839/01)

Strate: 6
Tiefe/Schicht: Lesefund
Inv.-Nr.: 2849/01
Fundmaterial: 1 Stück Gipsestrich mit Kalk (Inv.-Nr.: 2849/01)

FLÄCHE C

Strate: 1
Tiefe/Schicht: oberhalb 402,9 m ü. NN
Inv.-Nr.: 2841/01
Fundmaterial: 3 Ziegelbruchstücke (Inv.-Nr.: 2841/01)

Strate: 2
Tiefe/Schicht: 402,90 – 402,75 m ü. NN
Inv.-Nr.: 2842 – 2844/01
Fundmaterial: 2 Ws einer glasierten Kachel, 5 ma. Ws, Teil einer grünglasier-
ten Napfkachel, eiserne Nägel, 7 Knochenfragmente, 1 Stück Mörtel (Inv.-Nr.:
2842/01)
1 bearbeiteter Tierkochen mit Schnittspuren, 1 kleines Knochenstück
(Inv.-Nr.: 2843/01)
1 Stück Glasschlacke, mehrere Stück Fensterglas, 1 Boden eines Glases
(Inv.-Nr.: 2844/01)

Strate: 3
Tiefe/Schicht:402,75 – 402,40 m ü. NN
Inv.-Nr.: 2845/01
Fundmaterial: 2 ma. Rs, außen gerundete Profile mit Ikl., beige-graubraun,

Mdm. 15 cm, 1 ma. Ws; 1 Stück Ziegel; 4 Knochenfragmente, 1 Stück Mörtel, 1 eiserner Nagel (Inv.-Nr.: 2845/01)

Strate: 4
Tiefe/Schicht: 402,40 – 402,20 m ü. NN
Inv.-Nr.: 2846 – 2847/01
Fundmaterial: 1 ma. Rs einer Schale, außen gerundetes Profil mit tiefer Ikl., braun, Mdm. 35 cm; 4 ma. Ws, 1 Stück Ziegel, 1 eiserner Nagel, 1 Stück Eisen, 7 Knochenfragmente (Inv.-Nr.: 2846/01), 1 Stück Fensterglas (Inv.-Nr.: 2847/01)

Strate: 5
Tiefe/Schicht: 402,20 – 402,05 m ü. NN
Inv.-Nr.: 2848/01
Fundmaterial: 1 Stück Ziegel, 1 Rute einer Bleiverglasung (Inv.-Nr.: 2848/01)

Strate: 6
Tiefe/Schicht: unterhalb 402,05 m ü. NN
Inv.-Nr.: 2851/01
Fundmaterial: 3 ma. Ws, braun-schwarz; 1 Stück Ziegel, 1 eiserner Nagel, 7 Knochenfragmente (Inv.-Nr.: 2851/01)

Abkürzungsverzeichnis

blgr.	blaugrau
Bs	Bodenscherbe
dkl.	dunkel
Ikl.	Innenkehlung
ma.	mittelalterlich
Mdm.	Mündungsdurchmesser
nz.	neuzeitlich
Rs	Randscherbe(n)
spätma.	spätmittelalterlich
Ws	Wandungscherbe(n)

Abbildungsnachweis:
Abb. 1 – 7: I. Spazier, G. Schade, beide Thüringisches Landesamt für Archäologische Denkmalpflege
Abb. 8: I. Spazier, Thüringisches Landesamt für Archäologische Denkmalpflege
Abb. 9: B. Stefan, Thüringisches Landesamt für Archäologische Denkmalpflege

Naturwissenschaftliche Analysen an Mörtelproben
aus dem Palasbereich der Wartburg

Oliver Mecking

Am Anfang der Untersuchungen stand die Frage, wie weit lassen sich die Mörtelproben des Palas mit naturwissenschaftlichen Methoden unterscheiden, und kann aufgrund dieser Analysen ein Hinweis auf die Bauphasen des Palas gegeben werden. Dazu wurden sieben Mörtelproben genommen. Die Proben PIII, PVI und PV stammen aus dem Mauerwerk des Palas (Probe PIII und PVI aus dem unteren Teil der Mauer und die Probe PV aus dem oberen Mauerwerk). Die Proben PI, PII und PIV wurden aus der Verfüllung entnommen, dabei die Probe PI aus der Schicht 6, die Probe PII aus der Schicht 10 und die Probe PIV aus der Schicht 12. Die Probe PVII kommt aus einer barocken Mauer.

Mörtel können prinzipiell aus Gipsen oder Kalken aufgebaut sein. Um die Eigenschaften zu verbessern, werden die Mörtel mit unterschiedlichen Zuschlägen versehen. Um Ähnlichkeiten zu betrachten, gibt es zwei Möglichkeiten. Zum einen kann man die Zuschläge, zum anderen die Kalke oder Gipse untersuchen. Da die Zuschläge die technischen Eigenschaften bestimmen können, sind Unterschiedlichkeiten eher auf technologische Unterschiede zurückzuführen als auf unterschiedliche Zeitstellungen. Deshalb befasste man sich bei dieser Arbeit mit den Unterschieden der Kalke und Gipse. Bei den untersuchten Mörteln handelt es sich um reine Kalkmörtel. Der Kalkgehalt der Mörtel liegt zwischen 39,6 und 73,4% (PI: 64,6%, PII: 73,7, PIII: 54,7, PIV: 39,6, PV: 68,4. PVI: 57,4 und PVII: 66,4%).

Die Kalkmörtel werden in mehreren Schritten hergestellt. Zuerst werden die anstehenden Kalke abgebaut und danach gebrannt. Beim Brand wird das Calciumcarbonat zum Calciumoxid umgesetzt, wobei gleichzeitig Kohlendioxid frei wird. Nach dem Brand wird der gebrannte Kalk mit Wasser gelöscht. Durch die Wasserzugabe wird das Calciumoxid unter Wärmeabgabe zum Calciumhydroxid umgesetzt. Das Wasser darf nicht zu schnell zugegeben werden, weil sonst die Temperaturen zu schnell ansteigen und krümelige Strukturen entstehen können, die aus nicht abgelöschten CaO-Teilchen bestehen. Dadurch kann eine Weiterverarbeitung verhindert werden. Durch mehr Wasserzugabe als benötigt entstehen Kartenhausstrukturen von tafelförmigen Calciumhydroxid-Kriställchen[1]. Diese Struktur hat den Vorteil, dass ihre Fließeigenschaften gesteuert werden können. Der Wassergehalt und der Anteil an verschieden gelösten Ionen bestimmt, wie weit der gelöschte Kalk fließfähig oder fest ist.

Verschiedene Additive können zum gelöschten Kalk gegeben werden, um die Aushärtung und das Erhärten zu verbessern. Nach dem Vermauern des Mörtels kommt es zur Aushärtung des Kalkmörtels. Dabei reagiert das Calciumhydroxid mit dem Kohlendioxid der Luft zu Calciumcarbonat unter gleichzeitiger Freisetzung von Wasser. Dieser Vorgang kann einige Zeit benötigen bis die Reaktionsfront in den Mörtel hineingewachsen ist und gleichzeitig das Kohlendioxid durch die Porenstruktur in den Mörtel hineindiffundiert und das Wasser nach außen diffundiert ist. (Ein anderer Aushärtevorgang läuft bei Kalken mit hydraulischen Zuschlägen ab, auf die aber nicht weiter eingegangen wird, weil sie für diese Untersuchungen keine Rolle spielen). Durch die Summe der Umwandlungen wird der Kalk über mehrere Schritte in eine verarbeitbare Form gebracht und bindet ab, indem er wieder zum Kalk wird und dabei den festen Zusammenhalt von zwei Steinen gewährleistet.

Von diesen Prozessen kann nur ein Teil rekonstruiert werden. Für solche Untersuchungen stand die Auswahl der Kalke im Vordergrund. Wenn der Palas in einem Zuge gemauert wurde, ist es wahrscheinlich, dass die Kalkmörtel aus einer Lagerstätte stammen. Da die Spurenelementgehalte des Kalkes über die einzelnen Produktionsschritte erhalten bleiben, können daraus Rückschlüsse auf die Lagerstätte gezogen werden. Wenn Kalke aus einer Lagerstätte gewonnen wurden, sind ihre Spurenelementgehalte zueinander sehr ähnlich. Als Spurenelemente können unterschiedliche Elemente betrachtet werden. Zum einem kann in der Struktur der Kalke das Calcium durch Magnesium ersetzt werden. Man spricht ab 4 Mol % Mg von magnesiumreichem Calcit[2]. Da alle Abstufungen in der Natur vorkommen, kann daraus ein gewisser Rückschluss auf die Lagerstätte geschlossen werden. Bei den untersuchten Proben liegen die Magnesiumwerte zwischen 1,2 und 2,4 %. Die Abstufen erlauben keine sicheren Vergleiche zwischen den Proben. Deshalb mussten andere Parameter zur Probenunterscheidung herangezogen werden. Jeder Kalk entsteht unter anderen geologischen Bedingungen. Diese Unterschiedlichkeit in der Entstehung führt zu unterschiedlichen geologischen Spurenelementgehalten. Dabei sind insbesondere die der Seltenen Erden interessant, weil die Ionenradien eine ähnliche Größe wie das Calcium haben (Douglas Brookins[3] gibt sie wie folgt an: Ca 2+: 1,12 Å; SEE: 0,97 – 1,16 Å). Deshalb können die Seltenen Erden in das Kalkgitter mit eingebaut werden.

---

1 Egon Althaus: Kalkbrennen, Baukalk und Kalkmörtel. In: Xantener Berichte. 5(1994), S. 17–32.

2 Otto Albrecht Neumüller: Calciumcarbonat. In: Römpps Chemie-Lexikon. Bd. 1, Stuttgart [7]1973, S. 470–472.

3 Douglas Brookins: Aqueous geochemistry of rare earth elements. In: Reviews in Mineralogy. 21(1989), S. 201–225.

Da sie z. B. in Tonen höher sein können als in den Kalken, müssen zuerst die Kalke von den Zuschlägen getrennt werden. In Anlehnung an M. Vendrell-Saz[4] wurden die Calcite mit Säure aus den Mörteln gelöst. Andere Phasen wie z. B. Tone, Quarz usw. gehen unter diesen Bedingungen nicht oder nur in so kleinen Teilen in Lösung, dass sie die Untersuchung nicht stören. Dazu wurden ca. 50 g Mörtel homogenisiert und die Siebfraktion kleiner als 100µm abgetrennt (in Anlehnung an M. Dupas[5]). Von dieser Siebfraktion wurde 1 g eingewogen und für 12 h mit 1 % Salpetersäure versetzt. Dass nicht andere Phasen in größerem Umfang mit gelöst wurden, zeigt, dass die Kalkgehalte mit den säurelöslichen Bestandteilen innerhalb der Fehlergrenzen übereinstimmten. Die unlöslichen Bestandteile wurden abfiltriert und die Lösung wurde an der ICP-MS auf Seltene Erden und die Spurenelementzusammensetzung hin vermessen.

Abb. 1: Konzentration der Seltenen Erden auf Chondorit normalisiert, nach Scott McLennan: Rare earth elements in sedimentary rocks: Influence of Provenance and sedimentary processes. In: Reviews in Mineralogy. 21(1989), S. 169–200

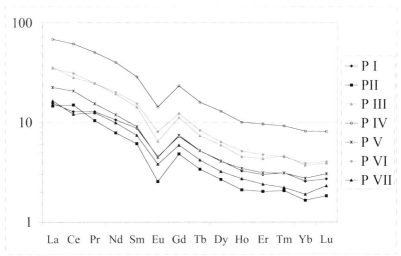

Zuerst wurden die Seltenen Erden betrachtet, wobei die Proben PIII und PVI eine hohe Ähnlichkeit zueinander haben (Abb. 1). Um die Unterschiede besser zu verdeutlichen wurde aus den Proben PIII und PVI eine Gruppe gebildet und in Abbildung 2 wurden alle Proben in Relation dazu angegeben. Da die Proben PIII und PVI eine sehr hohe Ähnlichkeit zueinander aufweisen, kann davon ausgegangen werden, dass beide Proben aus der gleichen Roh-

4 M. Vendrell-Saz, S. Alarcon, J. Molera und M. Gracia-Valles: Dating ancient lime mortars by geochemical and mineralogical analysis. In: Archaeometry. 38(1996)1, S. 143–149.

5 M. Dupas und A. E. Charola: A simplified analysis system of the characterisation of mortars. In: Folker H. Wittmann: Werkstoffwissenschaft und Bausanierung. Ostfildern 1986, S. 309–312.

stoffquelle stammen. Die Probe PIV hat doppelt so hohe Gehalte an Seltenen Erden, so dass diese Probe wahrscheinlich aus einer anderen Quelle stammt. Die Proben PVII und PII haben nur halb so hohe Gehalte an Seltenen Erden. Deshalb stammen auch diese Proben wahrscheinlich aus einer anderen Rohstoffquelle oder aus einem anderen Abbaubereich des gleichen Vorkommens. Die Probe PV hat in der Tendenz mehr schwerere Seltene Erden als die Proben PIII und PVI, so dass auch diese Probe wahrscheinlich aus einer anderen Rohstoffquelle stammt. Zwischen Probe PV und PVI besteht kaum Ähnlichkeit, weil PVI deutlich weniger leichte Seltene Erden aufweist. Die Proben PII und PVII haben einen sehr ähnlichen Verlauf zueinander, nur im Ce-Gehalt liegen Unterschiede vor, die eine sichere Zusammenfassung zu einer Gruppe erschweren (bei Probe PII ist der Gehalt an Ce höher als der Gehalt an La, während die Probe PVII ein umgekehrtes Verhältnis hat).

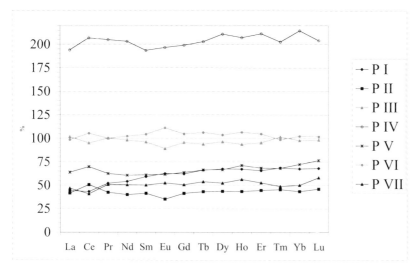

Abb. 2:
Konzentration der
Seltenen Erden in
Bezug auf den
Mittelwert aus
den Proben P III
und P VI

Auch bei den anderen Spurenelementen hat die Probe PIV deutlich erhöhte Werte. Dies stützt die Aussage, dass eine andere Rohstoffquelle verwendet wurde. Um die Unterschiede zwischen den anderen Proben deutlich zu machen, wurde eine Clusteranalyse (average linkage between groups mit Z-Scores; zu Einzelheiten siehe Mike Baxter[6]) aller bestimmten Elemente (Li, Mg, Sc, V, Cr, Mn, Co, Ni, Cu, Ga, Rb, Sr, Y, Ba, La, Ce, Pr, Nd, Sm, Eu, Gd, Tb, Dy, Ho, Er, Tm, Yb, Lu, Pb und Th) bis auf Probe PIV ausgeführt. Wenn

6 Mike Baxter und Caitlin Buck: Data handling and statistical analysis. In: Enrico Ciliberto und Giuseppe Spoto: Modern Analytical Methods in Art and Archaeological. New York 2000, S. 681–746.

Abb. 3:
Clusteranalyse
(average linkage
between groups)
aller bestimmten
Elemente

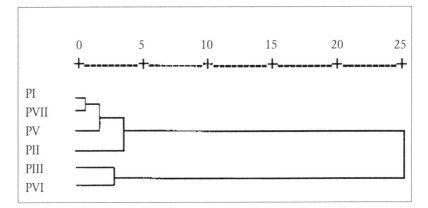

Probe PIV mit in der Clusteranalyse verbleibt, ergeben sich nur zwei Cluster, wobei der eine nur aus der Probe PIV besteht und im anderen Cluster alle anderen Proben liegen. Ein analoges Bild ergibt sich, wenn nur mit den Spurenelementen ohne die SEE eine Clusteranalyse ausgeführt wird. Die Proben PIII und PVI bilden zusammen einen Cluster, der den maximalen Abstand zu den anderen Proben hat. Damit wird erneut deutlich, dass die beiden Proben zusammengehören und keine Probe eine Ähnlichkeit mit diesen beiden Proben hat. Die Proben PI und PVII werden zu einer Gruppe zusammengefasst, aber das oben Gesagte zu den Seltenen Erden spricht gegen die Herkunft aus einer Rohstoffquelle.

Dass die Proben PIII und PVI sehr ähnlich sind, zeigen auch die Kalkgehalte, die bei Probe PIII bei 54,7% und bei Probe PVI bei 57,4% liegen. Dies ist ein weiterer Hinweis auf eine gleichzeitige Kalkherstellung und eine Mörtelherstellung nach einem Rezept. Die Probe PV hat einen deutlich höheren Kalkgehalt mit 68,4%. Auch diese Unterschiede sprechen dafür, dass die Palasmauer mit zwei unterschiedlichen Mörteln gemauert wurde.

Somit lässt sich mit Hilfe der Spurenelementkonzentration sagen, dass die Proben PIII und PVI wahrscheinlich aus einer Rohstoffquelle stammen, während die anderen Proben sich nicht zu Gruppen zusammenfassen lassen und aus anderen Rohstoffquellen stammen. So liegt die Vermutung nahe, dass für den Bau des Palas zwei Kalke als Rohstoffquelle gedient haben, wobei eine Rohstoffquelle im unterem Mauerbereich und die andere im oberen Bereich verwendet wurde.

Hoch- und spätmittelalterliche Tierreste aus der Wartburg bei Eisenach, Grabung Palas-Sockelgeschoss

Ralf-Jürgen Prilloff

Die Wartburg, eine Höhenburg in landschaftlich exponierter Lage hoch über dem Hörseltal vor den Toren der Stadt Eisenach gelegen[1], bedarf einer kontinuierlichen denkmalpflegerischen Betreuung. Sind nicht nur die oberflächlich gelegenen Baustrukturen betroffen, sondern auch diejenigen, die sich im Erdreich verbergen, ist zusätzlich die Archäologie gefordert. So geschehen im Dezember 2000 bis Januar 2001. Starke Risse im Fußboden des Palas-Sockelgeschosses waren der Anlass für drei Sondagen bis auf den anstehenden Fels[2].

Von besonderer Bedeutung für die Stratigraphie erwies sich die Sondage A, da erst nach 3,20 m der Fels erreicht wurde. An Hand der Schichtenfolge lässt sich das Fundmaterial stratigraphisch auf jeweils 100 Jahre genau datieren und somit dem 12. bis 15. Jahrhundert zuordnen, mit einer Fundkonzentration im 12. Jahrhundert. Demzufolge zählen die archäologischen Funde, auch die Tierknochen, in das hohe und späte Mittelalter[3].

Wie nicht anders zu erwarten, gehören zu der archäologischen Ausbeute auch 1330 Tierknochen mit unterschiedlichen Erhaltungszuständen. Nach dem Zusammenfügen zerbrochener Stücke und dem Einpassen loser Zähne in die entsprechenden Alveolen blieben 1183 Knochen mit einem Gewicht von 7719,0 Gramm übrig.

1. ARCHÄOLOGISCHE ANALYSE DER TIERRESTE

1.1. Anzahl der Knochenfunde und Mindestanzahl der Individuen

Haustiere. Im Fundmaterial aus der Wartburg dominieren die Knochenreste vom Schwein unübersehbar deutlich, erreicht doch das Borstenvieh einen relativen Fundanteil von 57,79 Prozent (Tab. 1). Es sind die kläglichen Über-

---

1 MATTHIAS WERNER: Wartburg. In: NORBERT ANGERMANN, u. v. a. (Hrsg.): Lexikon des Mittelalters. Teil 8. München (u. a.) 1997, Sp. 2055 f.; WALTER HOTZ : Kleine Kunstgeschichte der deutschen Burg. Frechen 2002, S. 134 ff.

2 HANS-JÜRGEN LEHMANN: Bericht über die Baumaßnahmen der Wartburg-Stiftung im Jahre 2001. In: Wartburg-Jahrbuch 2001. 10(2002), S. 210–217, hier S. 210–211.

3 Frau Dr. Ines Spazier vom Thüringischen Landesamt für Archäologische Denkmalpflege, Weimar, danke ich für die Grabungsinformationen und einige Literaturhinweise. Siehe auch: INES SPAZIER: Beitrag in diesem Band.

reste von mindestens 23 geschlachteten Individuen[4]. Demgegenüber fallen die fast identischen Fundanteile vom Rind mit 15,80 Prozent und jene der kleinen Hauswiederkäuer mit 14,07 Prozent merklich ab. Mindestens 16 Rinder und 20 kleine Hauswiederkäuer kamen zur Schlachtung. Obwohl seit langem an den Knochen der kleinen Hauswiederkäuer hinreichend osteologische Merkmale zur Unterscheidung nach Schaf oder Ziege bekannt sind[5], gelang es nur 11 Knochenstücke dem Schaf zuzuordnen. Sie repräsentieren mindestens sieben geschlachtete Individuen. Ziegenknochen fanden sich nicht. Ein günstigeres Bestimmungsergebnis verhinderte die intensive Zerkleinerung der Knochen. Oft lagen nur noch kleinste Bruchstücke ohne die arttypischen osteologischen Unterscheidungsmerkmale vor.

Nach den kleinen Hauswiederkäuern reihen sich bereits die Geflügelformen Huhn und Gans ein. Ihre Fundanteile betragen 4,33 und 1,62 Prozent.

Abb. 1: Wartburg, Palas. Fundanteile der Haustiere differenziert nach Jahrhunderten (Werte relativ)

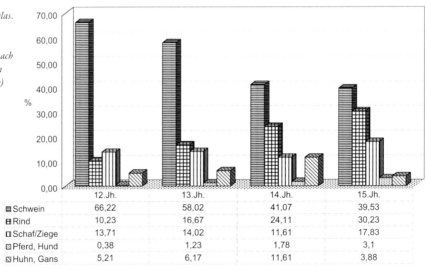

	12.Jh.	13.Jh.	14.Jh.	15.Jh.
Schwein	66,22	58,02	41,07	39,53
Rind	10,23	16,67	24,11	30,23
Schaf/Ziege	13,71	14,02	11,61	17,83
Pferd, Hund	0,38	1,23	1,78	3,1
Huhn, Gans	5,21	6,17	11,61	3,88

4 Die Mindestanzahl der Individuen wurde für jedes Jahrhundert gesondert ermittelt.
5 JOACHIM BOESSNECK, HANNS-HERMANN MÜLLER und MANFRED TEICHERT: Osteologische Unterscheidungsmerkmale zwischen Schaf (Ovis aries LINNÉ) und Ziege (Capra hircus LINNÉ). In: Kühn-Archiv. 78(1964)1/2, S. 1–129; KLAUS POLLOK: Untersuchungen an Schädeln von Schafen und Ziegen aus der frühmittelalterlichen Siedlung Haithabu (Schriften aus der Archäologisch-Zoologischen Arbeitsgruppe Schleswig-Kiel. Heft 1). Kiel 1976; NORBERT SPAHN: Untersuchungen an großen Röhrenknochen von Schafen und Ziegen aus der frühmittelalterlichen Siedlung Haithabu (Schriften aus der Archäologisch-Zoologischen Arbeitsgruppe Schleswig-Kiel. Heft 3). Kiel 1978; WIETSKE PRUMMEL und HANS-JÖRG FRISCH: A Guide for the Distinction of Species, Sex and Body Side in Bones of Sheep and Goat. In: Journal of Archaeological Science 13(1986), S. 567–577.

Mindestens 16 Hühner und vier Gänse beendeten ihr Leben auf dem Hack-klotz. Nach wie vor ist die Unterscheidung archäologisch ergrabener Knochen zwischen Hausgans und Graugans, der Stammform der Hausgänse, nur in wenigen Ausnahmen möglich. Allein die Anzahl der Knochenfunde, immer-hin sind es dreimal so viele als vom Wildgeflügel insgesamt, lässt auf die Haustiernatur der Gänseknochen schließen. Auf den letzten Positionen mit kaum beachtenswerten 0,65 und 0,43 Prozent Fundanteilen finden sich Pferd und Hund wieder. Mindestens vier Pferde und drei Hunde verbergen sich hin-ter den wenigen Knochenfunden.

Nach der allgemeinen Übersicht wenden wir uns nun einer differenzierten Betrachtungsweise zu. Im Zentrum unseres Interesses stehen die Knochen-funde wichtiger Haustiere für die Ernährung, verteilt auf die einzelnen Jahrhunderte (Tab. 2 bis 4). Kontinuierlich vom 12. bis hin zum 15. Jahr-hundert nehmen die Fundanteile vom Schwein dramatisch ab, während die Fundanteile vom Rind ebenso deutlich zunehmen. Erreicht das Schwein im 12. Jahrhundert beeindruckende 66,22 Prozent, so sind es im 15. Jahrhundert nur noch 39,53 Prozent. Im Unterschied zum Schwein steigen die Fundanteile des Rindes von bescheidenen 10,23 Prozent im 12. Jahrhundert auf beachtli-che 30,23 Prozent im 15. Jahrhundert an. Trotzdem behält das Schwein auch im 15. Jahrhundert seine dominante Stellung mit immerhin noch 10 Prozent Vorsprung vor dem Rind. Scheinbar unbeeindruckt von den Veränderungen bleiben die Fundanteile der kleinen Hauswiederkäuer vom 12. bis zum 14. Jahrhundert fast konstant, um dann im 15. Jahrhundert ebenfalls deutlich zuzulegen (Abb. 1). Um für die übrigen Haustiere ähnliche oder anders verlau-fende Trends erkennen zu können, reichen die Fundzahlen bei weitem nicht aus. Weitere archäozoologische Analysen wären dringend notwendig, wie uns das Beispiel Rind, Schwein, Schaf und Ziege vor Augen führt.

Wildtiere. Im Unterschied zu den Haustieren erscheinen die 5,30 Prozent Fundanteile der Wildtiere eher bescheiden (Tab. 1). Am häufigsten vorhanden sind die Reste der Wildsäuger mit 3,25 Prozent. Bis auf eine Ausnahme, einen Rattenknochen, verteilen sich die 30 Fundstücke ausschließlich auf das Wild der «Hohen Jagd». So wie in mittelalterlichen Fundkomplexen allgemein üb-lich, überwiegt auch im Material aus der Wartburg der Rothirsch mit 13 Fund-stücken. Es folgen Reh (7), Feldhase (4), Wildschwein (3) und Braunbär (2).

Außerdem gehört noch eine linke vollständig erhaltene Tibia einer noch nicht ausgewachsenen Ratte (proximal noch offen, distal verwachsen) aus dem 13. Jahrhundert dazu. Haus- und Wanderratte lassen sich anhand der Tibia nur unsicher trennen. Allein die schlanke Erscheinung der Tibia aus der Wartburg lässt eher an eine Hausratte als an eine Wanderratte denken[6].

Beachtlich ist der höhere Fundanteil der Fische (1,52 %) im Unterschied zum Wildgeflügel (0,54 %). Es ist ein weiteres Beispiel dafür, dass gesiebtes Material in der Regel die Fundanteile der Fische ansteigen lässt. Ihre Überbleibsel verteilen sich auf zwei im Süßwasser lebende Arten, Döbel und Hecht mit je einem Fundstück, sowie den als Wanderfisch ebenfalls die Flüsse aufsuchenden Lachs mit zwei Fundstücken. Bis auf wenige Skelettelemente ist es nicht möglich, Lachs und Meerforelle sicher zu unterscheiden[7]. Nur ihrer Größe wegen werden die beiden Wirbel (Vertebra praecaudalis) dem Lachs zugewiesen (siehe auch Abschnitt: Maße und Körpergröße). Zehn Flossenstrahlen aus dem 14. Jahrhundert konnten nur allgemein der Gruppe der Karpfenfische (Cyprinidae) zugeordnet werden.

Das Wildgeflügel ist mit fünf Knochen von drei Arten vertreten. Wie schon am Beispiel der Wildsäuger erwähnt, gehören auch Graureiher und Kranich als ehemals beliebtes Beizwild zur «Hohen Jagd». Selbst das Rebhuhn, von dieser Vogelart fanden sich zwei Knochen, wurde gern gebeizt. Aufgrund der wenigen Wildtierreste erscheint es müßig, eine die Verteilung der Knochen betreffende differenzierte Betrachtung je Jahrhundert vornehmen zu wollen (Tab. 2 bis 4).

1.2. Altersgliederung

Als altersbestimmende Merkmale eignen sich besonders gut das erreichte Niveau der Zahnausbildung und der Grad der Zahnabnutzung. Weitere Hinweise finden sich an den Gelenkenden der Knochen des postkranialen Skeletts.

Haustiere. Elf Oberkiefer- und acht Unterkieferreste besitzen ausschließlich Merkmale juveniler und subadulter Schweine. Hinweise auf geschlachtete Alttiere fanden sich nicht an den Gebissen, dafür aber an zwei Lendenwirbeln und einem Femur. Außerdem gehören eine Rippe und ein Metacarpus in die Altersgruppe foetal-neonat. Werden die Knochen mit altersbestimmenden Merkmalen zusammen betrachtet, also Cranium und postkraniales Skelett, so erhalten wir die folgenden Prozentwerte: foetal-neonat 2,82 Prozent, Jungtiere 76,06 Prozent, Alttiere 4,23 Prozent, sowie eine Anzahl Knochen von Jung-

---

6 PETRA WOLFF, BARBARA HERZIG-STRASCHIL und KURT BAUER: Rattus rattus (Linné 1758) und Rattus norvegicus (Berkenhout 1769) in Österreich und deren Unterscheidung an Schädel und postcranialem Skelett. In: Mitteilungen Abteilung Zoologisches Landesmuseum Joanneum. 9(1980)3, S. 141–188.

7 JOHANNES LEPIKSAAR und DIRK HEINRICH: Untersuchungen an Fischresten aus der frühmittelalterlichen Siedlung Haithabu. In: Berichte über die Ausgrabungen in Haithabu. 10. Neumünster 1977, S. 9–122, hier S. 36–42; DIRK HEINRICH: Untersuchungen an mittelalterlichen Fischresten aus Schleswig. Ausgrabungen Schild 1971–1975 (Ausgrabungen in Schleswig. Berichte und Studien 6). Neumünster 1987, hier S. 43–46.

oder Alttieren mit 16,90 Prozent. Ein eindeutiges Ergebnis zu Gunsten geschlachteter Jungtiere. Nach den Befunden am Gebiss ragen die Fundanteile der 1,5 bis 2-jährigen Schweine mit 73,68 Prozent deutlich hervor. Es sind die Knochenreste geschlachteter Mastschweine. «Mit etwa 18 bis 24 Monaten begann die Endmast, wobei eine zweimonatige Eichelmast angestrebt wurde, da dann keine Zufütterung von Kraftfutter erforderlich war»[8]. Eine über zwei Jahre hinausreichende Mast wurde unrentabel, da bei gleichem Futteraufwand kaum noch ein nennenswerter Fleischzuwachs zu erzielen war[9].

Auch von den Hauswiederkäuern fanden sich überwiegend die Knochenreste geschlachteter Jungtiere: Schaf/Ziege 65,22 und Rind 53,85 Prozent. Unter Umständen ist noch mit einem etwas höheren Anteil geschlachteter junger Hauswiederkäuer zu rechnen, da sich einige Knochen nicht eindeutig einer Altersgruppe zuordnen lassen. Zudem fanden sich vom Hausrind zwei Knochen aus dem 14. Jahrhundert (Pelvis, Femur) der Altersgruppe foetal-neonat. Außerdem gehören ein Humerus- und ein Pelvisbruchstück aus dem 15. Jahrhundert ihren Strukturen nach, zu mindestens einem kleinen Hauswiederkäuer foetalen bzw. neonaten Alters.

Nach dem äußeren Erscheinungsbild der Knochen zu urteilen, repräsentieren die Pferdereste mindestens vier Tiere der Altersgruppe adult. So ist das distale Gelenk an einem Metacarpus aus dem 12. Jahrhundert verwachsen. Somit war dieses Tier älter als 10 bis 12 Monate[10]. Ein Femur, ebenfalls aus dem 12. Jahrhundert, gehörte zu einem ausgewachsenen Hund, während eine Rippe aus dem 14. Jahrhundert zu einem subadulten oder adulten Individuum gehörte. Ein Becken und ein Femur eines noch jungen Tieres gehören in das 15. Jahrhundert. Nach dem Befund am Femur, beide Epiphysen sind noch nicht mit der Diaphyse verwachsen, war dieser Hund jünger als 18 Monate. Gänse kamen ausschließlich und Hühner überwiegend als Alttiere zur Schlachtung.

Wildtiere. Bis auf zwei Ausnahmen repräsentieren die Wildtierknochen, also Säuger und Vögel, ausschließlich erlegte Alttiere. Ein Epistropheus mit noch offenem Gelenk deutet auf einen Feldhasen hin, der vermutlich noch jünger

---

8 HANS-DIETER DANNENBERG: Schwein haben. Historisches und Histörchen vom Schwein. Jena 1990, S. 82; EBERHARD SCHULZE: 7500 Jahre Landwirtschaft in Deutschland. Von den Bandkeramikern bis zur Wiedervereinigung. Ein kurzer Abriss der Agrargeschichte. Leipzig 1995, S. 80.

9 JOHANN NICOLAUS ROHLWES: Allgemeines Vieharzeneibuch oder Unterricht, wie der Landmann seine Pferde, sein Rindvieh, seine Schafe, Schweine, Ziegen und Hunde aufziehn, warten und füttern, und ihre Krankheiten erkennen und heilen soll. Berlin 1832, S. 267 ff.; H. K. SCHNEIDER: Die Viehzucht in ihrem ganzen Umfange. Frankfurt am Main 1858, S. 261 ff.; GUIDO KRAFFT: Die Thierzuchtlehre. Berlin 1881, S. 279.

10 OTTO ZIETZSCHMANN und OTTO KRÖLLING: Lehrbuch der Entwicklungsgeschichte der Haustiere. Berlin/Hamburg 1955, S. 363.

als fünf bis sechs Monate war[11]. Außerdem gehört die vollständig erhaltene Tibia zu einer noch nicht ausgewachsenen Hausratte, proximales Gelenk noch offen und distales Gelenk verwachsen.

Zwei Knochenreste vom Rothirsch aus dem 12. Jahrhundert besitzen altersbestimmende Merkmale, die eine grobe Einschätzung des Alters zum Zeitpunkt der Erlegung ermöglichen. Frühestens im 19. und spätestens im 28. Lebensmonat erscheint im Unterkiefer der dritte Molar[12]. Nach dem Zustand der Kauflächen des zweiten und des dritten Molaren der Unterkieferhälfte zu urteilen, war der Rothirsch etwa drei bis vier Jahre alt[13]. Altersmäßig passen würde zu dieser Unterkieferhälfte ein Calcaneus mit verwachsenem Tuber calcanei, von einem ebenfalls mindestens drei Jahre alten Tier[14]. Ein Humerus vom Reh aus dem 15. Jahrhundert beendet die Aufzählung der Wildtierknochen mit altersbestimmenden Merkmalen. Distal verwachsen, das proximale Gelenkende ist alt abgebrochen, stammt dieses Fundstück von einem Tier das älter als 12 Monate war[15], als es zur Strecke gebracht wurde.

1.3. Zahlenverhältnis der Geschlechter

Haustiere. Für die Bestimmung des Geschlechts geeignete anatomische Merkmale fanden sich an elf Schädel- und 24 Unterkieferresten vom Schwein, an einem Hornzapfen und zwei Beckenstücken vom Rind, sowie von Schaf und Reh an drei Beckenstücken bzw. einem.

Ober- und Unterkieferstücke mit vorhandenen Eckzähnen oder deren Alveolen eignen sich am besten für die Bestimmung des Geschlechts der Hausschweine. Nach dem Einfügen der losen Eckzähne in die entsprechenden Alveolen, konnten die überzähligen Stücke ebenfalls in die Statistik aufgenommen werden. Übrig blieben 28 und 7 Schädel- und Unterkieferstücke männlicher und weiblicher Tiere. Für die Eber beträgt der relative Fundanteil 80,0 Prozent und für die Sauen nur 20,0 Prozent. Es überwiegen nicht nur unübersehbar deutlich die Reste geschlachteter Eber, auch die sehr hohen Fundanteile geschlachteter Jungtiere beiden Geschlechts überraschen schon ein wenig (Abb. 2).

---

11 KARL-HEINZ HABERMEHL: Altersbestimmung bei Wild- und Pelztieren. Hamburg/Berlin 1985, S. 109.

12 HABERMEHL, Altersbestimmung 1985 (wie Anm. 11) S. 26; EGON WAGENKNECHT: Rotwild. Berlin 1983, S. 446; H.-J. GOTTSCHLICH: Rotwild. In: EGON WAGENKNECHT (Hrsg.): Altersbestimmung des erlegten Wildes. Berlin 1977, S. 30-46, hier S. 31.

13 HABERMEHL, Altersbestimmung 1985 (wie Anm. 11) S. 28–29; WAGENKNECHT, Rotwild 1977 (wie Anm. 12) Farbtafel 6.

14 HABERMEHL, Altersbestimmung 1985 (wie Anm. 11) S. 36.

15 HABERMEHL, Altersbestimmung 1985 (wie Anm. 11) S. 49.

Altersgruppe	männlich	%	weiblich	%		männlich	28	80,00
Jungtier	27	96,43	5	71,43		weiblich	7	20,00
Jung-/Alttier	0	0,00	1	14,29		gesamt	35	100,00
Alttier	1	3,57	1	14,29				
Summe	28	100,00	7	100,00				

Altersgruppe	männlich	weiblich
Jungtier	96,43	71,43
Jung-/Alttier	0,00	14,29
Alttier	3,57	14,29

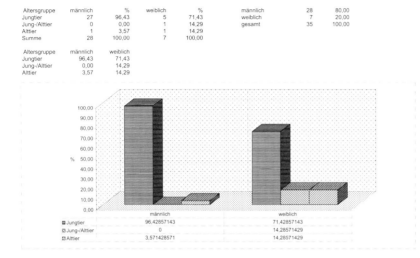

Abb. 2:
Wartburg, Palas.
Schwein,
Zahlenverhältnis
der Geschlechter
nach Befunden am
Cranium, differen-
ziert nach Alters-
gruppen
(Werte relativ)

Nach Form und Größe eines rechten Hornzapfens sowie dem Erscheinungsbild der Fossa muscularis und der Eminentia iliopectinea an je einem Pelvisfragment zu urteilen, gehören die geschlechtsbestimmten Rinderknochen ausschließlich zu ausgewachsenen Kühen. Von drei ausgewachsenen Schafen fanden sich Beckenreste mit den entsprechenden anatomischen Merkmalen (Fossa muscularis). Tarsometatarsen von Hühnern mit geschlechtstypischen Merkmalen gehören leider nicht zum Fundmaterial. Für die Einschätzung der Zugehörigkeit zum männlichen oder weiblichen Geschlecht war somit die Größe der Knochen ausschlaggebend. Dank des beim Huhn vorhandenen Geschlechtsdimorphismus konnten 13 Fundstücke den Hennen (81,25 %) und drei Fundstücke den Hähnen (18,75 %) zugeordnet werden.

Wildtiere. Die Aufzählung der geschlechtsbestimmten Fundstücke beschließt ein Rehbecken mit den geschlechtstypischen Merkmalen eines ausgewachsenen weiblichen Tieres.

1.4. Fragmentierung der Knochen

Bei der Grob- und Feinzerlegung der Schlachtkörper beschädigen Beil und Messer in unterschiedlichem Umfang auch die Knochen. Nicht nur ihre Größe, auch die Art und Intensität der Nutzung des jeweiligen Schlachtkörpers, beeinflussen das Ausmaß ihrer Zerschlagung. Dienen sie als Rohstoff für das knochenverarbeitende Handwerk, setzt sich dieser Prozess noch fort. Zusätzlich zum Menschen wirken weitere Faktoren, wie z. B. Hunde und

Katzen, auf die Knochen ein. Selbst nach der Einlagerung im Erdreich können zerstörerische Kräfte den Knochen mehr oder weniger heftig zusetzen, oft bis zur vollständigen Auflösung derselben.

Als Merkmal aufgenommen wurde lediglich, ob der jeweilige Knochen vollständig oder als Fragment vorliegt. Betrachten wir das gesamte Fundmaterial, fällt sofort der geringe Anteil vollständig erhaltener Knochen auf. Lediglich 71 Stücke (6,00 %) blieben im Unterschied zu 1112 zerschlagenen oder anderweitig zerbrochenen Fundstücken vollständig erhalten.

Allein das Schwein und die Hauswiederkäuer erreichen Fundzahlen für weitergehende und statistisch abgesicherte Interpretationen. Um aber zumindest einen Trend andeutungsweise erkennen zu können, wurden Huhn und Gans sowie die Wildsäuger und die Wildvögel jeweils als Gruppen in die Untersuchungen mit einbezogen. Wie man unschwer erkennen kann, neigen die Daten zur Gruppenbildung. In die erste Gruppe reihen sich ein Schwein, Rind und Schaf/Ziege. Die Fundanteile zerschlagener Knochen liegen über 90 Prozent. Im Unterschied hierzu erreichen Huhn und Gans nur Anteile zwischen 70 und 80 Prozent. Dazwischen positionieren sich die Wildtiere.

1.5. Schlacht- und Zerlegungsspuren

Nachdem wir bereits wissen, dass Umfang und Grad der Zerschlagung der Tierknochen nur bedingt anwendbare Indizien bei der Einschätzung der Schlachtkörperverwertung sind, müssen wir uns fragen: Welche vom Menschen verursachten Wirkspuren sind auch eindeutig als solche zu erkennen und quantitativ exakt zu erfassen? Als Hieb- und Schnittmarken, Trümmer-, Schab- und Bratenspuren finden sie sich an den verschiedensten Skelettelementen. Sie berichten nicht nur davon, wie die Schlachtkörper in größere Fleischpakete und diese in topfgroße Portionen zerlegt wurden. Sie informieren uns auch über die Zubereitung derselben und über die Verwendung bestimmter tierischer Rohstoffe im häuslichen und professionellen Handwerk.

An 174 (14,71 %) der 1183 Tierknochen aus der Wartburg treten insgesamt 180 verschiedene anthropogen verursachte Manipulationen auf. Erfasst wurde das Vorhandensein der Wirkspur je Knochen, aber nicht, um nur ein Beispiel zu nennen, die Anzahl der Schnittmarken je Knochen. Leider lassen sich die Ergebnisse bisher nur mit einigen latènezeitlichen Siedlungen aus Thüringen vergleichen[16]. Noch fehlen für mittelalterliche Fundplätze diesbezügliche

---

16 Ralf-Jürgen Prilloff und Thomas Huck: Bemerkungen zur Tierhaltung und Nutzung tierischer Rohstoffe in einer latènezeitlichen Siedlung bei Gotha. In: Alt-Thüringen. 35(2002), S. 70–160, hier S. 83 ff.; Ralf-Jürgen Prilloff: Tierreste aus einem latènezeitlichen Grubenhaus (Grabung: Wohnpark Moritzstraße). In: Erfurter Beiträge. 3. Erfurt 2002, S. 19–64, hier S. 34 ff.; Ralf-

Angaben. Obwohl Schnittmarken häufiger als Hiebmarken an den Knochen aus der Wartburg vorkommen, ist ihr Anteil geringer, als an den Knochen aus den latènezeitlichen Siedlungen. Dafür findet sich aber ein deutlich höherer Anteil an Hiebmarken. Welche Faktoren diese Unterschiede verursachten, lässt sich noch nicht abschätzen.

Werden die Prozentwerte der Schnittmarken und Schnittmarken in Kombination mit weiteren Manipulationen addiert, beträgt ihr relativer Anteil immerhin 54,55 Prozent im Unterschied zu den Hiebmarken mit 30,11 Prozent. Prozentwerte von Schnittmarken bzw. Hiebmarken in Kombination mit anderen Manipulationen wurden nur anteilmäßig berücksichtigt. Zusammen beträgt der Anteil von Schnittmarken und Hiebmarken 84,66 Prozent.

Schwein. Nach den allgemeinen Ausführungen dienen die Befunde an den Schweineknochen als Beispiele für die Grob- und Feinzerlegungen der Schlachtkörper. Obwohl an 79 Knochen 81 verschiedene Manipulationen auftreten, liegt der relative Anteil, bezogen auf die Gesamtanzahl der Schweineknochen, mit 14,79 Prozent noch deutlich hinter dem für das Rind ermittelten Wert von 24,66 Prozent. An den Knochen vom Borstenvieh überwiegen unübersehbar deutlich die Schnittmarken mit 77,78 Prozent gegenüber den Hiebmarken mit 17,29 Prozent, jeweils einzeln und in Kombination.

Kopf. Schlachtspuren ließen sich nicht nachweisen, aber an einem Oberkiefer und an zwei Unterkiefereckzähnen sind die Zahnspitzen braun-schwarz und bröckelig. Um die Härarbeiten am Kopf zu unterstützen, wurden die Borsten abgesengt [17]. Leider lassen die Schweineknochen keine Aussage zu, ob die Schlachtkörper von der Seite oder bäuchlings geöffnet wurden.

Nach dem Absetzen vom Schlachtköper, hierfür fehlen entsprechende Hinweise, folgte die Zerlegung des Kopfes. Bei der Entartikulierung des Unterkiefers kam es zu Einschnitten am Calvarium (Tympanicum) und an einer Mandibula (Ramus mandibulae). Mehrere längs und schräg verlaufende Schnittmarken an den Skelettelementen Os incisivum und Os parietale künden von der Feinzerlegung des Kopfes. Auf das Halbieren der Unterkiefer längs der Symphyse folgte das Auslösen der Unterkieferstücke. Hierbei verursachte schräg verlaufende Schnittmarken finden sich mehrfach lateral am Corpus mandibulae und am Ramus mandibulae. Somit lassen sich als Produk-

---

Jürgen Prilloff: Tierreste aus einer bronzezeitlichen und einer latènezeitlichen Siedlung bei Wipperdorf. In: Alt-Thüringen. 36 (im Druck).

17 István Takács: The history of pig (sus scrofa dom. L.) Butchering and the evidence for singeing on subfossil teeth. In: A Magyar Mezögazdasági Múzeum Közleményei 1990–1991. Budapest 1991, S. 41–56, hier S. 42 ff.; Hanns-Hermann Müller: Die Tierreste aus dem ehemaligen Königshof von Helfta. In: Jahresschrift für mitteldeutsche Vorgeschichte. 78(1996), S. 159–264, hier S. 197 f.

te unterschiedlich große Kopf- und Unterkieferstücke, sowie die Nutzung von Fleisch und Hirn nachweisen.

Vorderextremität. Bei modernen Hausschlachtungen würde nun die Längshalbierung des ausgenommenen und kopflosen Schlachtkörpers folgen. Für diesen Arbeitsgang fehlen aber im Fundmaterial aus der Wartburg die entsprechenden Hinweise. Vermutlich lagen die ausgenommenen und (schon?) kopflosen Schlachtkörper auf dem Rücken, als die Extremitäten abgetrennt wurden.

Wenden wir uns als erstes der Zerlegung der Vorderextremität in größere Fleischpakete zu. Die Abtrennung vom Schlachtkörper hinterließ am Schulterblatt keine Spuren, umhüllt doch festes Muskelfleisch diesen flachen plattenförmigen Knochen. Die weitere Zerlegung geschah in den Gelenken, sodass sich die diesbezüglichen Hieb- und Schnittmarken an den entsprechenden Gelenkenden von Scapula, Humerus und Radius konzentrieren.

Die größeren Fleischpakete einschließlich der Knochen wurden weiter in kleinere Portionen zerlegt. Wahrscheinlich lagen die Vorderextremitäten auf der Innenseite auf, da an Scapula, Humerus und Ulna die Hiebmarken jeweils lateral zu finden sind. In drei Fällen traf das Beil schräg von distal kommend die Knochen und in einem Fall kam es schräg von proximal.

Ob man die zerhackten Knochenteile anschließend aus dem umgebenden Muskelfleisch auslöste, oder dies erst während des Mahles geschah, lässt sich leider nicht mehr konkretisieren. Übrig blieben Schnittmarken an zwei Schulterblattfragmenten. An den Handwurzel- wie auch den Mittelhandknochen fanden sich weder Hieb- noch Schnittmarken.

Hinterextremität. Ob die Abtrennung der Hinterextremität vom Schlachtkörper in Höhe der letzten Lendenwirbel geschah, um sie anschließend an den Kontaktstellen zwischen Darmbeinschaufel und Kreuzbein zu trennen[18], lässt sich an unserem Material nicht feststellen. An der Innenseite eines Darmbeinfragmentes mehrere schräg verlaufende Schnittmarken sind wahrscheinlich der einzige Hinweise für das Lösen des Oberschenkelknochens aus der Hüftgelenkspfanne. Zu den Praktiken der Zerlegung im Kniegelenk schweigen die Femur- und Tibiareste. Ein abgespaltenes distales Gelenkende einer Tibia lässt zumindest die Zerlegungstechnik im Fußgelenk erahnen. Das Fleischstück lag auf der Außenseite, als das Beil schräg von distal kommend in den Knochen eindrang.

---

18 HEIDEMARIE HÜSTER-PLOGMANN: Eine experimentelle Schweineschlachtung nach Studien an frühmittelalterlichem Knochenmaterial aus dem Haithabu-Hafen. In: Zeitschrift für Archäologie. 27(1993)1, S. 225–234, hier S. 230.

Ausschließlich schräg verlaufende Schnittmarken an einigen Becken-, Ober- und Unterschenkelknochen berichten vom Auslösen der Knochenteile aus dem umgebenden Muskelfleisch. Ebenfalls schräg verlaufende Schnittmarken an einem Metatarsus deuten an, dass die Burgbewohner in der Wartburg im Mittelalter bereits Schweinepfötchen zu schätzen wussten.

Nach der Lage und dem Verlauf der Hieb- und Schnittmarken zu urteilen, lagen die zuvor vom Schlachtkörper abgetrennten Vorder- und Hinterextremitäten während der Grob- und Feinzerlegungen wechselseitig auf den Innen- wie auch auf den Außenseiten. Eine Tibia vom Schwein diente als Rohstoff in der Knochenbearbeitung.

Rumpf. Als letztes folgte die Zergliederung des Rumpfes. Im Unterschied zu modernen Schlachtungen geschah dies, indem die Rippen und die Transversalfortsätze von ventral mit der Axt leicht angeschlagen oder mit einem Messer eingeschnitten wurden. Symmetrisch gespaltene Wirbelstücke fehlen. Hernach konnte man die Brust- und Bauchlappen nach dorsal umbrechen. Sie unterlagen zusätzlich einer weiteren bedarfsgerechten Zerteilung in topfgroße Portionen. Hierbei lagen die Rippenstücke entweder auf den Außenseiten, fünf Beispiele, oder auf den Innenseiten, drei Beispiele. In einem Fall drang das Beil schräg von dorsal kommend in den Rippenkörper ein, demzufolge verläuft die Hiebmarke von dorsal nach ventral. Ob die Rippen vor oder nach der Zubereitung ausgelöst wurden, entzieht sich unserer Kenntnis. An den Rippenstücken blieben lediglich lateral- und medialseitig quer und schräg verlaufende Schnittmarken erhalten.

Pferd/Hund. Manipulationen an den Pferdeknochen geben sich ausschließlich als Spuren der Knochenbearbeitung zu erkennen. Eine linke Femurdiaphyse aus dem 12. Jahrhundert von einem ausgewachsenen Hund weist kranial eine schräg verlaufende Schnittmarke auf. Allein schon ihre Position an einem Knochen der fleischreichen Körperregion lässt weniger an das Abziehen des Fells, als vielmehr an die Nutzung des Fleisches denken.

Gans. An den Knochen vom Huhn fanden sich keine diesbezüglichen Manipulationen, dafür aber an einer Ulna der Gans aus dem 13. Jahrhundert. Ein Hieb, er kam schräg von proximal, trennte nicht nur das distale Gelenkende ab, sondern auch jene Knochen, an denen beim lebenden Vogel die Handschwingen angeheftet sind. Das Hauptaugenmerk galt der Zubereitung eines schmackhaften Gänsebratens. Zusätzlich könnte auch noch der abgetrennte Flügelteil mit den Handschwingen als so genannter Federwisch verwendet worden sein.

Rothirsch. Drei Knochen weisen Spuren der Grob- und Feinzerlegung auf. Dabei wurden die Diaphysen von Humerus und Tibia zum Zwecke der Knochenfett- und Markgewinnung zerhackt. Schnittmarken an einem Fersenbein könnten auch auf die Gewinnung der Hirschdecke hinweisen. Die Trennung zwischen dem Schlachtkörper und dem Rohfell erfolgte in den Carpal- und Tarsalgelenken. Fünf Geweihstücke mit Bearbeitungs- und Gebrauchsspuren blieben als die spärlichen Überreste handwerklicher Tätigkeiten übrig.

Reh/Wildschwein. Ein Humerus vom Reh aus dem 15. Jahrhundert bekam am proximalen Gelenkende das Messer und am distalen Gelenkende das Beil zu spüren, als man die Vorderextremität zerlegte. Als letzter Wildtierknochen folgt in dieser Aufzählung eine Rippe vom Wildschwein aus dem 12. Jahrhundert mit zwei schräg verlaufenden Schnittmarken auf der Innenseite.

1.6. GEWEIH- UND KNOCHENBEARBEITUNG

Fünf Geweihstücke vom Rothirsch, vier Knochen vom Pferd (Radius und Ulna, Metacarpus, Metapodium) sowie je eine Tibia von Rind und Schwein weisen Bearbeitungsspuren auf. Allein schon das Vorhandensein von Fertigprodukten, wie auch von Abfallstücken und misslungenen Rohlingen spricht für Geweih- und Knochenbearbeitung innerhalb der Burg. Der qualitativ gut gefertigte Messergriff, erhalten blieb eine der ursprünglich zwei Griffschalen, sowie die Verwendung der Säge würden eher für professionelles Handwerk als für Hauswerk sprechen. Weitere archäozoologische Untersuchungen könnten Licht ins Dunkel bringen. Als Beispiel für die Geweih- und Knochenbearbeitung folgt die Beschreibung der Messergriffschale (12. Jahrhundert, Gewicht: 8,0 Gramm):

Alt zerbrochene Griffschale aus Rothirschgeweih von einem Messer. Größte erhaltene Läge/Breite/Dicke: 105,6/17,7/6,5 mm; kleinste Breite/Dicke: 8,2/4,5 mm; größter Durchmesser der Bohrung: 4,3 mm; größter Durchmesser der mittleren Lochung: 1,7 mm. Die geglättete Innenseite der Griffschale bedecken schräg und parallel verlaufende Schnittmarken, sich netzartig kreuzend. Vermutlich eine Maßnahme, damit die Oberfläche besser an der Eisenangel des Messers haftet. Die Außenseiten wurden fein säuberlich geglättet, wobei die Übergänge zu den Seiten hin leicht verrundet sind. Zwei Drittel der Griffschale sind dicker und verlaufen zum Ende hin konisch. Dieser Teil, er ist 69,5 mm lang, beherbergt zwei Nietlöcher. In dem hinteren steckt noch der stark korrodierte Eisenniet. Das sich anschließende Drittel, es ist noch 36,6 mm lang, verbreitert sich und besitzt eine große zentral gelegene Bohrung. Dorsal verläuft über das gesamte Drittel eine leicht geschwungene

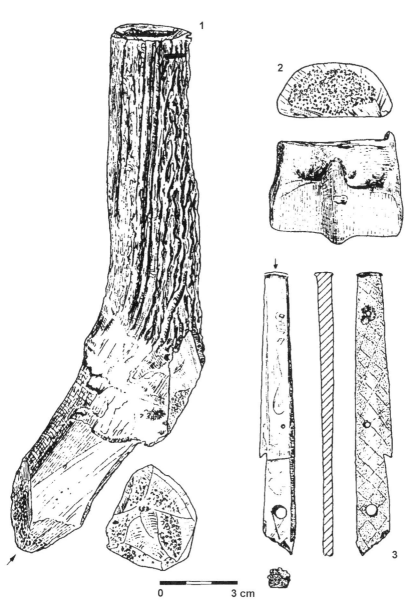

Abb. 3:
Wartburg, Palas.
Knochen und Geweih
aus dem 13. Jahr-
hundert mit
Bearbeitungsspuren:
1 Rothirsch, schädel-
echtes Geweih, Frag-
ment mit Hiebmarken
(Rohstoffgewinnung)
2 Pferd, abgesägtes
unteres (distales)
Gelenkende eines
Mittelhandknochens
(Meta Corpus)
3 alt zerbrochene
Messergriffschalen aus
Rothirschgeweih

0   3 cm

Sägespur bis in das längere Drittel hineinreichend. Gebrauchsspuren, sie äußern sich als Oberflächenglanz unterbrochen von unterschiedlich verlaufenden Schrammen, künden von häufiger Benutzung dieses Messers.

1.7. TIERFRASSSPUREN

Das Erscheinungsbild der Tierknochen aus der Wartburg prägen auch verschiedene Fraßspuren. Immerhin 166 Stücke (14,03 %) bekamen 169-mal die Fresslust der Hunde, Mäuse und wahrscheinlich auch der Ratten zu spüren. Nach Jahrhunderten aufgeschlüsselt erhalten wir die folgenden relativen Fundanteile: 12. Jahrhundert 94 Fundstücke (14,37 %), 13. Jahrhundert 27 Fundstücke (13,78 %), 14. Jahrhundert 20 Fundstücke (12,20 %) und 15. Jahrhundert 25 Fundstücke (14,79 %).

Nicht immer leicht zu beantworten ist die Frage nach dem Verursacher. Dem Erscheinungsbild nach zu urteilen, überwiegen die Fraßspuren vom Hund. Allgemein lassen sich durch Karnivorenverbiss erzeugte Spuren in drei Gruppen unterteilen[19]:

• Zahnschrammen,
• Nage- und Kauspuren,
• Zahneinbrüche (punktförmige Einbrüche besonders des Caninus).

Im Fundmaterial überwiegen die Kauspuren und Kauspuren in Kombination mit weiteren Verbissspuren. Am häufigsten wurden die Knochen der kleinen Hauswiederkäuer angefressen (20,0 %), gefolgt von Rind (18,49 %) und Schwein (17,04 %). Überwiegend weisen die langen Röhrenknochen, und zwar die Gelenkenden, Fraßspuren auf.

Zusätzlich finden sich noch Nagespuren von Maus oder Ratte an einem Pferderadius aus dem 13. Jahrhundert, sowie Nagespuren der Maus an drei Hühnerknochen aus dem 13. (Coracoid, Tibiotarsus) und 14. Jahrhundert (Coracoid), wie auch Hundeverbiss an einem Rippenstück vom Wildschwein aus dem 12. und einer 1. Phalanx vom Reh aus dem 15. Jahrhundert. Die restlichen Fraßspuren verteilen sich auf 19 nicht bestimmbare Knochen aus dem 12. (13), 13. (1), 14. (2) und 15. Jahrhundert (3).

---

19 BETTINA DANNER: Das anthropologische Material aus dem Siedlungsbereich des frühmittelalterlichen Seehandelsplatzes Ralswiek, Kreis Rügen. Überarbeitete Diplomarbeit, Ulm 1990, S. 19; BETTINA DANNER: Kult oder nicht Kult – Ralswiek auf Rügen. In: MOSTEFA KOKABI und JOACHIM WAHL (Hrsg.): Beiträge zur Archäozoologie und Prähistorischen Anthropologie. Forschungen und Berichte zur Vor- und Frühgeschichte in Baden-Württemberg. 53. Stuttgart 1994, S. 383–386, hier S. 385.

1.8. Maße, Körpergröße und Wuchsform

Im Siedlungsmüll, auch in jenem aus der Wartburg, finden sich hauptsächlich zerschlagene Tierknochen als Nahrungsreste oder Abfälle handwerklicher Tätigkeiten des Menschen. Nur selten sind komplett erhaltene Knochen darunter. Für die Berechnungen der ursprünglichen Widerristhöhen sind aber in ganzer Länge erhaltene Extremitätenknochen, besonders die langen Röhrenknochen eine unabdingbare Notwendigkeit.

Haustiere. Diese Bedingung erfüllen vier Knochen vom Hausschwein. Die errechneten Widerristhöhen, selbstverständlich nur als Näherungswerte, betragen 65,9 (Talus), 76,0 und 81,7 (Metacarpus III), sowie 90,5 cm (Metacarpus IV) mit einem Mittelwert von 78,5 cm. Die Zuordnung des Metacarpus IV zum Haus- oder Wildschwein bereitete einiges Kopfzerbrechen. Letztendlich entschieden die übrigen Maße wie auch die eher grazile Erscheinung des Knochens über die Zuordnung zum Hausschwein, und zwar zu einem kapitalen Zuchteber, der etwas jünger als zwei Jahre war. Die distale Epiphyse ist noch nicht mit der Diaphyse verwachsen.

Für einige mittelalterliche Fundplätze aus Thüringen, Burgen wie auch Siedlungen und Städte, finden sich in der Literatur bereits errechnete Widerristhöhen. Um die Werte auch miteinander vergleichen zu können, wurden für die Fundplätze Wysburg bei Weisbach, Gommerstedt, Mühlhausen und Erfurt die Werte mit den von M. Teichert, E. May und K. Hannemann[20] mitgeteilten Korrekturfaktoren neu berechnet. Nur die Mittelwerte betrachtet, zeichnet sich kein nennenswerter Unterschied zwischen den Burgen einerseits und den Siedlungen andererseits ab (Abb. 4). Der Mittelwert aus der Wysburg bei Weisbach ragt zwar deutlich heraus, andererseits wird der Maximalwert mit 90,5 cm von einem Schwein aus der Wartburg erreicht. Aufgrund der geringen Anzahl bisher errechneter Widerristhöhen lassen sich noch keine endgültigen Aussagen treffen, ob die Schweine in den Burgen durchschnittlich geringfügig größer waren oder nicht. Die Knochenmaße wie auch die Berechnungen der Widerristhöhen deuten nach dem augenblicklichen Kenntnisstand eher auf einheitliche Schweinebestände hin.

«Die Schweine von Haina können danach als für damalige Verhältnisse relativ groß bezeichnet werden»[21]. Diese Beobachtung trifft auch für die übri-

---

20 MANFRED TEICHERT, EBERHARD MAY und K. HANNEMANN: Allometrische Aspekte zur Ermittlung der Widerristhöhe bei Schweinen auf der Grundlage der Daten von M. Teichert. In: Anthropozoologica N° 25, 26 (1997), S. 181–191.
21 HANNS-HERMANN MÜLLER: Die Tierreste aus der «Burg» bei Haina, Lkr. Gotha. In: Beiträge zur Archäozoologie. VIII. Weimarer Monographien zur Ur- und Frühgeschichte. 25. Stuttgart 1996, S. 26–50, hier S. 33.

Burg bei Haina	77,0	
Wartburg	78,5	
Wysburg, Weisbach	81,7	
Gommerstedt		71,8
Niederdorla		75,4
Alt-Mühlhausen		77,6
Erfurt, Krämpfertor		78,8

Abb. 4:
Schwein,
Mittelwerte der
Widerristhöhen-
berechnungen an
Knochen von ver-
schiedenen mittel-
alterlichen Fund-
plätzen aus
Thüringen.
1 – Burg bei Haina,
2 – Wartburg,
3 – Wysburg bei
Weisbach,
4 – Gommerstedt,
5 – Niederdorla,
6 – Mühlhausen
und 7 – Erfurt,
Krämpfertor und
Futterstraße
(Werte absolut).
H.-J. Barthel 1981,
78, 1985, 228
und 1996, 16;
H.-H. Müller 1996,
33; M. Teichert/
R. Müller 1993,
211

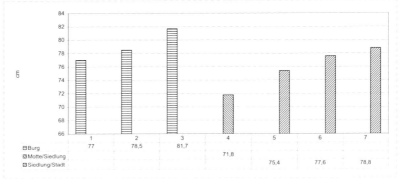

gen Fundplätze aus Thüringen zu, auch für die Wartburg. Es waren überwiegend mittelgroße Tiere. Damit nähern sich die mittelalterlichen Schweinebestände aus Thüringen, auf die Größe bezogen, jenen aus dem süddeutschen und dem Alpenraum, unterscheiden sich aber deutlich von den norddeutschen Beständen. Auf bestehende Unterschiede in der Körperhöhe mittelalterlicher Schweine zwischen den einzelnen Regionen haben bereits mehrere Autoren hingewiesen[22]. Hingegen mahnen die Untersuchungen von H. Hüster zur Vorsicht, zumal von den Fundplätzen aus Thüringen jeweils nur wenige Daten vorliegen, wie auch unterschiedliche Haltungsbedingungen, z. B. die Qualität des Futters, die Körpergröße entscheidend beeinflussen können.

Berechnungen der Widerristhöhen für weitere Haustiere gelangen nicht, da in ganzer Länge erhaltene Extremitätenknochen fehlen. Soweit die wenigen Knochenmaße überhaupt eine Beurteilung zulassen, bestehen aber keine gravierenden Unterschiede zu den bisher für thüringische Fundplätze veröffentlichten Daten.

Wildtiere. Die wenigen an den Wildtierknochen abgenommenen Maße erlauben keine ausführlichen Größenvergleiche oder gar Interpretationen. Im Vergleich mit an rezenten Graureiher- und Rebhuhnknochen gewonnenen Variationsreihen entsprechen die Maße der Knochen aus der Wartburg in etwa den Mittelwerten[24].

Knochen der Gattung Salmo lassen sich bis auf wenige Ausnahmen kaum den einzelnen Arten zuordnen[25]. Da sich aber beide Arten in der Körpergröße unterscheiden, die Meerforelle erreicht eine Körperlänge bis höchstens 100 cm, während der Lachs 120 bis maximal 150 cm erreicht[26], wurden für zwei im

Fundmaterial vorhandene Wirbel die ursprünglichen Fischkörperlängen als Näherungswerte errechnet[27]. Die Anwendung der Faktoren für die Berechnungen der Körpergrößen für Forellen- wie auch für Lachswirbel ergaben Werte, die zum Teil deutlich über 100 cm liegen. Somit dürften zumindest zwei Wirbel vom Lachs stammen. Die Körperlängen betrugen in etwa 120 und 129 cm.

2. KULTUR- UND WIRTSCHAFTSGESCHICHTLICHE INTERPRETATIONEN DER ARCHÄOZOOLOGISCHEN UNTERSUCHUNGSERGEBNISSE

Basierend auf der Datenmenge und deren Auswertung von 924 determinierten Knochen können noch keine erschöpfenden Antworten auf kultur- und wirtschaftsgeschichtliche Fragestellungen erwartet werden. Es sind lediglich erste Bemühungen, das eine oder andere Detail des mittelalterlichen Lebens in der Wartburg zu beleuchten. Erste tendenzielle Antworten auf Fragen nach der ökonomischen Bedeutung der Haus- und Wildtiere, der Gewinnung von tierischen Rohstoffen und deren Nutzung, oder der Qualität der Fleischnahrung der Burgbewohner wie auch zum Jagdgeschehen können aber nicht darüber hinwegtäuschen, dass ebenso viele Fragen noch unbeantwortet bleiben müssen.

---

22 CORNELIA BECKER: Untersuchungen an Skelettresten von Haus- und Wildschweinen aus Haithabu (Berichte über die Ausgrabungen in Haithabu. 15). Neumünster 1980, hier S. 28; NORBERT BENECKE: Die Entwicklung der Haustierhaltung im südlichen Ostseeraum (Beiträge zur Archäozoologie. V. Weimarer Monographien zur Ur- und Frühgeschichte. 18). Weimar 1986, S. 23 f.; NORBERT BENECKE: Archäozoologische Studien zur Entwicklung der Haustierhaltung in Mitteleuropa und Südskandinavien von den Anfängen bis zum ausgehenden Mittelalter (Schriften zur Ur- und Frühgeschichte. 46). Berlin 1994, S. 219; CHRISTINA VON WALDSTEIN: Die Tierknochenfunde von der spätmittelalterlichen Wasserburg in Oberursel-Bommersheim/Hochtaunuskreis. Dissertation, München 1992, S. 64 f.; RALF-JÜRGEN PRILLOFF: Lieps. Archäozoologische Untersuchungen an slawischen Tierknochen vom Südende des Tollensesees (Beiträge zur Ur- und Frühgeschichte Mecklenburg-Vorpommerns. 30). Lübstorf 1994, S. 14; RALF-JÜRGEN PRILLOFF: Tierknochen aus dem mittelalterlichen Konstanz. Eine archäozoologische Studie zur Ernährungswirtschaft und zum Handwerk im Hoch- und Spätmittelalter (Materialhefte zur Archäologie in Baden-Württemberg. 50). Stuttgart 2000, S. 115 f.

23 HEIDEMARIE HÜSTER: Untersuchungen an Skelettresten von Rindern, Schafen, Ziegen und Schweinen aus dem mittelalterlichen Schleswig. Ausgrabung Schild 1971 – 1975 (Ausgrabungen in Schleswig, Berichte und Studien. 8). Neumünster 1990, S. 77 ff.

24 MARGIT KELLNER: Vergleichend morphologische Untersuchungen an Einzelknochen des postkranialen Skeletts in Europa vorkommender Ardeidae. Dissertation. München 1986, S. 130; ELFRIEDE KRAFT: Vergleichend morphologische Untersuchungen an Einzelknochen nord- und mitteleuropäischer kleinerer Hühnervögel. Dissertation. München 1972, S. 94.

25 LEPIKSAAR/HEINRICH, Fischreste Haithabu (wie Anm. 7) S. 38; HEINRICH, Fischreste Schleswig (wie Anm. 7) S. 43.

26 WERNER LADIGES und DIETER VOGT: Die Süßwasserfische Europas bis zum Ural und Kaspischen Meer. Hamburg/Berlin 1979, S. 70 f.; ANDREAS VILCINSKAS: Meeresfische Europas. Merkmale, Verbreitung, Lebensweise. Augsburg 1996, S. 98 f.

27 LEPIKSAAR/HEINRICH, Fischreste Haithabu (wie Anm. 7) S. 40 f.

2.1. Herkunft der Haus- und Wildtiere

Haustiere. Als erstes gehen wir der Frage nach, woher kamen die Haustiere, deren Fleisch von den Burgbewohnern verspeist wurden? Leider berichten die Knochen nur spärlich über das ehemalige Aussehen, also den Phänotyp der jeweiligen Haustierform. Lediglich vier vollständig erhaltene Schweineknochen ermöglichten Berechnungen der ursprünglichen Widerristhöhen mit dem Ergebnis, dass innerhalb der Burg sehr kleine bis sehr große, aber überwiegend mittelgroße Tiere zur Schlachtung kamen. Auf die Körpergröße bezogen unterscheiden sich die mittelalterlichen Schweine aus der Wartburg nicht von jenen aus zeitgleichen Burgen und Siedlungen Thüringens (Abb. 4).

Finden sich Knochenreste von Föten bzw. Neugeborenen, besteht zumindest der Verdacht, dass die betroffene Haustierform innerhalb der Burg, zumeist in der Vorburg, gehalten und auch vermehrt wurde. Immerhin gehören aus dem 12. Jahrhundert eine Rippe und aus dem 13. Jahrhundert ein Metacarpus IV vom Schwein, aus dem 14. Jahrhundert ein Pelvisfragment und ein Femur vom Rind, sowie aus dem 15. Jahrhundert ein Humerus und ein Pelvis von einem kleinen Hauswiederkäuer in die Altersgruppe foetal-neonat.

Nach den Ergebnissen der Alters- und Geschlechtsanalysen kamen die Eber wie auch die Sauen hauptsächlich als Jungtiere, als Mastschweine zur Schlachtung. Nur wenige Tiere, Eber 3,57 und Sauen 14,29 Prozent, unterlagen als ausgewachsene Tiere der Schlachtung. Zudem überwiegen die Knochenreste der Eber mit 80 Prozent Fundanteilen sehr deutlich. Obwohl nur ein kleiner Knochenkomplex archäozoologisch untersucht wurde, möchte man bei Beachtung dieser Ergebnisse, wenn überhaupt, nur eine bescheidene Schweinehaltung innerhalb der Burg annehmen.

Lässt sich die Frage, ob Schweine, Rinder und Schafe im hohen und späten Mittelalter auch innerhalb der Burg, vermutlich der Vorburg, gehalten und vermehrt wurden, noch nicht eindeutig beantworten, trifft dies zumindest für Hund und Huhn zu. Im Unterschied zum Huhn fanden sich keine Knochen junger Gänse, so dass auch für diese Hausgeflügelform die Haltung innerhalb der Burg zwar vermutet, aber noch nicht bewiesen werden kann.

Wildtiere. Innerhalb der Burg lagerten sicherlich auch landwirtschaftliche Vorräte. Sie lockten Ratten und Mäuse als Fressfeinde an. Mit der vollständig erhaltenen Tibia besitzen wir einen direkten Nachweis für das Vorkommen der Hausratte innerhalb der Burg im 13. Jahrhundert. Die übrigen Wildtiere, deren Knochenreste im Fundkomplex enthalten sind, wurden in der näheren und weiteren Umgebung der Wartburg gefangen bzw. erlegt.

2.2. Wirtschaftliche Bedeutung der Haus- und Wildtiere

Hauptsächlich das Fleisch der geschlachteten Haustiere diente den Burgbewohnern als Nahrung. Immerhin beträgt der Anteil geschlachteter Haustiere, bezogen auf die Anzahl der tierartlich bestimmten Knochenfunde, 94,7 Prozent und der Wildtiere lediglich 5,3 Prozent.

Verfügt das Schwein im 12. Jahrhundert über beachtliche 65,96 Prozent Fundanteile, gehen diese im Laufe der Jahrhunderte zurück und erreichen im 15. Jahrhundert mit 39,53 Prozent nur noch die Hälfte des Ausgangswertes. Für das Rind zeichnet sich eine entgegengesetzte Entwicklung ab. Ausgehend von bescheidenen 10,19 Prozent im 12. Jahrhundert steigen die Fundanteile bis zum 15. Jahrhundert um das Dreifache auf 30,23 Prozent an. Eine vergleichbare Entwicklung konnte auch für die Burg Plesse, 10 km nördlich von Göttingen gelegen, nachgewiesen werden. Auch hier nimmt die Bedeutung des Schweins zugunsten des Rindes vom 12. bis hin zum 15. Jahrhundert ab. Im Unterschied zur Burg Plesse behält aber in der Wartburg das Schwein auch im 15. Jahrhundert seine dominante Stellung gegenüber dem Rind. Außerdem steigern sich die Fundanteile der kleinen Hauswiederkäuer vom 12. bis hin zum 15. Jahrhundert[28]. Dieser Trend lässt sich ebenfalls für die Wartburg nachweisen.

Zum Glück liegen aus Thüringen die archäozoologischen Analyseergebnisse aus drei weiteren mittelalterlichen Burgen vor. Es überwiegen ebenfalls unübersehbar deutlich die Anteile der Haustiere. In der Burg (Motte) bei Gommerstedt erreichen sie 94,40 Prozent, in der Wysburg bei Weisbach 95,20 Prozent[29] und in der Burg bei Haina sogar 96,34 Prozent[30]. In der Burg bei Haina kommt das Schwein ebenfalls auf beachtliche Fundanteile von 58,10 Prozent gefolgt vom Rind (18,91%) und den kleinen Hauswiederkäuern (13,75 %). In den beiden übrigen Burgen besaß das Schwein keine dominante Stellung. Im Fundkomplex aus Gommerstedt folgt es nach dem Rind (29,90 %) auf der zweiten Position mit 24,57 Prozent, während es im Fundkomplex aus der Wysburg sogar erst hinter den Hauswiederkäuern Rind (42,52 %) und Schaf/Ziege (21,76 %) mit 19,81 Prozent auf der dritten Position zu finden ist.

---

28 Reinhold Schoon: Burg Plesse, Gem. Bovenden, Ldkr. Göttingen. Untersuchungen an mittelalterlichen bis frühneuzeitlichen Tierknochenfunden (Plesse-Archiv. 32). Göttingen 1998, S. 31 und 93.

29 Hans-Joachim Barthel: Untersuchungen an Tierknochen aus mittelalterlichen Siedlungen. In: Beiträge zur Archäozoologie. I. Weimarer Monographien zur Ur- und Frühgeschichte. 4. Weimar 1981, S. 39–100, hier S. 49; Hans-Joachim Barthel: Die Tierknochenfunde von der Wysburg bei Weisbach, Saale-Orla-Kreis. In: Beiträge zur Archäozoologie. VIII. Weimarer Monographien zur Ur- und Frühgeschichte. 25. Stuttgart 1996, S. 7–25, S. 9.

30 Müller, Haina 1996 (wie Anm. 21) S. 26.

In den mittelalterlichen Siedlungen und Städten Thüringens übertreffen die Fundanteile der Haustiere jene aus den Burgen und variieren von 97,68 bis 100,00 Prozent. In den Grabungskomplexen des frühen Mittelalters aus Mühlhausen und Niederdorla überwiegen ebenfalls die Reste vom Schwein mit 43,17 sowie 39,6 Prozent[31]. Es folgen jeweils das Rind und die kleinen Hauswiederkäuer. In Ichtershausen haben Rind und Schwein die Plätze getauscht. Im Material aus Weimar folgt das Schwein sogar erst nach Rind und Schaf/Ziege auf der dritten Position. Allgemein betrachtet dominieren in frühmittelalterlichen Fundkomplexen aus Thüringen die Schweinereste. In dieser Zeit bestanden noch günstige Möglichkeiten der Waldmast. Dies ändert sich aber im hohen und späten Mittelalter. Im Zuge des Landesausbaus verschwinden die Waldflächen zunehmend zugunsten von Acker- und Wiesenweiden. Damit gleichzeitig verbunden verbesserten sich die Weidemöglichkeiten für die großen und kleinen Hauswiederkäuer. Diese Veränderungen zeigen sich nicht nur im Fundmaterial aus der Wartburg. Auch in den hoch- und spätmittelalterlichen Fundkomplexen aus Erfurt überwiegen bis auf ein Beispiel die Reste vom Rind. Die Fundanteile reichen von 22,50 (Grafengasse) bis 65,48 (Marktstraße 50) Prozent[32].

2.3. Qualität der Fleischnahrung

Die Auswahl wie auch das Alter der geschlachteten Tiere beeinflussen wesentlich die Qualität der Fleischnahrung. «So findet man die sozialen und kulturellen Anschauungen der Konsumenten in ihren Kochbüchern wiedergespiegelt, weil der Mensch sich gibt, wie er ist, in dem, was er isst»[33]. Nicht nur die Kochbücher, auch die materiellen Hinterlassenschaften sind ein Spiegelbild des sozialen Standes und der kulturellen Anschauungen unserer Vorfahren. Welche archäologische Fundgruppe würde sich für entsprechende Untersuchungen besser eignen, als die Küchenabfälle, die Reste der Fleischnahrung des Menschen?

In der Wartburg aßen die Bewohner mit Vorliebe Schweinefleisch, und zwar das Fleisch gemästeter Jungtiere. Auch die Rinder und Schafe kamen

---

31 BARTHEL, Tierknochen Siedlungen 1981 (wie Anm. 29) S 43; MANFRED TEICHERT und ROLAND MÜLLER: Die Haustierknochen aus einer ur- und frühgeschichtlichen Siedlung bei Niederdorla, Kreis Mühlhausen. In: Zeitschrift für Archäologie 27(1993), S. 207–223, hier S. 210.

32 RALF-JÜRGEN PRILLOFF: Archäozoologische Beiträge zur Geschichte der Stadt Erfurt. In: Erfurter Beiträge. 3. Erfurt 2002, S. 71–102, hier S. 76; HANS-JOACHIM BARTHEL: Tierknochenreste einer mittelalterlichen Grube in Erfurt, Marktstraße 50. In: Ausgrabungen und Funde. 24 (1979), S. 254–259, hier S. 254.

33 JOHANNA MARIA VAN WINTER: Kochen und Essen im Mittelalter. In: BERND HERRMANN (Hrsg.): Mensch und Umwelt im Mittelalter. Wiesbaden 1996, S. 88–100, hier S. 100.

überwiegend als Jungtiere zur Schlachtung. Für die Qualität der Fleischnahrung spricht auch, dass es keinen Hinweis auf geschlachtete Ziegen gibt. Reste dieser Haustierform fehlen ebenso im Material aus der Burg bei Haina[34] und für die Wysburg existiert lediglich ein Nachweis[35].

Weiterhin schätzten die Burgbewohner Hühner- und Gänsebraten. Vom Wild liegen Knochenreste jener Arten vor, deren Fleisch ebenfalls gern gegessen wurde. Sogar ausgesuchte Leckerbissen, wie das Fleisch des Bären wusste man zu schätzen, obwohl es hierzu unterschiedliche Meinungen gab. So schreibt Platina 1542[36]: «Sein flaisch ist schwerlich zuuerdewen / schadet dem miltz und leber / macht viel vnflats / vertreibt den lust zu essen». Dahingegen schreibt Schödler[37]: «Das Fleisch junger Bären, sowie die Keulen und Pranken der alten, gut zubereitet, werden als Leckerbissen geschätzt». Wohl schon im Mittelalter mögen zu diesem Thema die Meinungen auseinander gegangen sein, wie uns die Bärenknochen aus der Wartburg zeigen. Fischfleisch kam nur von einheimischen Arten auf den Tisch. Sie konnten frisch nach dem Fang zubereitet werden.

Die bisherigen Hinweise sind starke Argumente für eine qualitativ hochwertige Fleischnahrung für zumindest jene in der Hauptburg ansässigen Bewohner. Dafür spricht auch, dass Pferd und Hund zusammen nicht einmal ein Prozent Fundanteile (0,98 %) erreichen. Ihr Fleisch kam höchst selten und wohl nur in Notzeiten auf den Tisch. Immerhin befindet sich an einer Femurdiaphyse vom Hund eine Schnittmarke. Diese Partie der Hinterextremität ist beim lebenden Tier stark bemuskelt.

2.4. Energie- und Rohstoffquelle Tier

In Zeiten der Mangelwirtschaft, der ständigen Knappheit an Nahrungsmitteln und Rohstoffen, besaßen die Haus- und Wildtiere als ständig reproduzierbare Energie- und Rohstoffquellen eine herausragende Bedeutung. Ihre intensive Nutzung war auch für das tägliche Überleben der Menschen in der mittelalterlichen Wartburg von existenzieller Bedeutung. Geeignet für die Primär- und Sekundärnutzung, also als Arbeitstiere und Milcherzeuger einerseits sowie als Schlachtvieh und Lieferanten wichtiger Rohstoffe andererseits, verfügten besonders die Kühe über eine beachtliche Nutzungsbreite. Aus diesem Grund bekamen die Kühe wie auch die Ochsen in der Wartburg vorrangig als Alttiere

34 Müller, Haina 1996 (wie Anm. 21) S. 33.
35 Barthel, Tierknochenfunde Wysburg (wie Anm. 29) S. 16.
36 Platina (Platina di Cremona): Von der eerliche zimliche / auch erlaubten Wolust des leibs / Sich inn essen / trincken ... Augsburg 1542. Reprint: Leipzig 1982, S. XXVII, Kapitel 25.
37 E. Schödler: Brehm's illustriertes Thierleben. 1. Leipzig 1875, S. 319.

das Beil des Metzgers zu spüren. Ein Schicksal, das so auch den Pferden nicht erspart blieb. Sie wurden ebenfalls erst geschlachtet, nachdem sie als Reit- und Arbeitstiere nicht mehr zu gebrauchen waren.

Vom lebenden Tier gewannen unsere Vorfahren Milch (Rind, Schaf), Eier (Huhn), Wolle (Schaf) und Federn (Gans). Nach Platina[38] wurden Gänse zweimal im Jahr gerupft, denn «nachmals geben sie im jar zwaymal gut federn / bette zumachen / das man dester senffter schlaffen müge». Fanden sich vielleicht aus diesem Grund nur Knochen ausgewachsener Gänse?

Nicht nur vom lebenden, sondern auch vom geschlachteten Tier gewann man unentbehrliche Rohstoffe, wie Geweih, Horn, Felle und Knochen, um nur einige zu nennen. Fünf Geweihstücke vom Rothirsch, sowie sechs Knochen von Pferd, Rind und Schwein weisen Bearbeitungsspuren auf. Neben Fertigprodukten gehören auch Abfallstücke und vermutlich misslungene Rohlinge zum Fundinventar. Es sind erste vage Anhaltspunkte für Geweih- und Knochenbearbeitung innerhalb der Burg. Für weitergehende Interpretationen reichen aber die wenigen Fundstücke nicht aus. Die Analyse eines umfangreicheren Knochenmaterials könnte eventuell Antworten auf die Fragen geben, ob professionelle Handwerker tätig waren. Arbeiteten und wohnten sie ständig in der Burg bzw. Vorburg oder kamen gelegentlich Wanderhandwerker, um ihr Handwerk auszuüben? Bis auf weiteres bleibt auch die Frage unbeantwortet, welche Stücke als Produkte der Eigenversorgung, also im Hauswerk gefertigt, gelten können?

In der Regel blieben die Phalangen, hin und wieder auch die Carpal- und Tarsalknochen, wie auch die Metapodien in den Rohfellen und gelangten mit diesen zum Gerber. Nach der Verteilung der Knochenfunde über die jeweiligen Skelettelemente fällt auf, dass von den Hauswiederkäuern ausgerechnet diese Elemente weitestgehend fehlen. Allein die Lage der Wartburg auf einen Bergsporn schließt die Anwesenheit von Gerberwerkstätten aus. Ungeachtet dieser Einschränkung bleibt nach wie vor die Frage im Raum stehen, in welchem Umfang man in der Burg selbst, also autark, wirtschaftete und in welchem Umfang die Burg in das lokale Marktgeschehen eingebunden war?

2.5. Herrschaftliches Jagdgeschehen

Tierknochen aus einer Burg archäozoologisch zu untersuchen, schließt zwangsläufig auch die Notwendigkeit mit ein, sich mit dem Jagdgeschehen auseinander zu setzen. Vergleichen wir noch einmal die Fundanteile der Haus- und Wildtiere in den mittelalterlichen thüringischen Burgen, so fallen jene der Wildtiere eher bescheiden aus. Sie variieren nur von 3,66 bis 5,60 Prozent. In den mittelalterlichen Siedlungen und Städten variieren sie von 0 bis 2,32 Prozent.

Am Beispiel der Wartburg erkennen wir aber schnell, dass nicht die Quantität, sondern die Qualität den Ausschlag gab. Mit Rothirsch, Reh, Wildschwein und Braunbär wurden im Knochenmaterial ausschließlich Arten der «Hohen Jagd» nachgewiesen. Je nach Interesse des Landesherrn konnte auch der Feldhase mit einem Jagdbann belegt werden, so wie es Herzog Friedrich IV., genannt Friedl mit der leeren Tasche, in einem Jagdmandat 1414 für Tirol festschreiben ließ[39].

Die wenigen nachgewiesenen Wildvogelarten lassen sehr intensiv den Verdacht aufkommen, es könnte sich um Beizwild handeln. In seiner «Falconaria» aus dem Jahre 1617 erwähnt Charles D'Arcussia[40] als Beizwild am häufigsten das Rebhuhn. Aber auch Feldhase, Graureiher und Kranich werden erwähnt, wie auch bereits in einem arabischen Falknereibuch aus dem 8. Jahrhundert[41].

Verendete Beizvögel, also Falken oder Habichte, gelangten sicher nicht in den Abfall. Somit war auch nicht damit zu rechnen, im konkreten Fall Knochen der genannten Arten zu finden. Allein die Reste der bereits erwähnten möglichen Beutetiere wurden in den Müll geworfen. Obwohl die Hinweise zur Beizjagd noch auf tönernen Füßen stehen, liefert das vom Umfang her bescheidene Knochenmaterial bereits eindrucksvolle Beispiele mittelalterlichen herrschaftlichen Jagdgeschehens.

38 PLATINA, Wolust 1542 (wie Anm. 36) S. XXVIII, Kapitel 3.

39 FRANZ NIEDERWOLFSGRUBER: Kaiser Maximilians I. Jagd- und Fischereibücher. Jagd und Fischerei in den Alpenländern im 16. Jahrhundert. Innsbruck (Tirol) 1965, S. 46.

40 CHARLES D'ARCUSSIA: Falconaria, Das ist / Eigentlicher Bericht und Anleytung wie man mit Falcken und andern Weydtvögeln beitzen soll ... Frankfurt 1617. Fotomechanischer Nachdruck Leipzig 1980, S. 17 ff.

41 AL ĠIṬRĪF IBN QUDĀMA AL-ĠASSĀNĪ: Die Beizvögel (Kitāb dawārī aṭ-ṭayr) Detlef Möller und François Viré (Deutsche Übersetzung). Hildesheim/Zürich/New York 1988. S. 74 ff.

*Tab. 1:
Wartburg,
Palas. Anzahl
der Knochenfunde
(KnZ), Gewicht
in Gramm (KnG)
und Mindestanzahl
der Individuen
(MiZ) gesamt,
b. Knochen –
bestimmbare
Knochen,
nb. Knochen –
nicht bestimmbare
Knochen (Werte
absolut und relativ)*

Art/Form	KnZ	%	KnG	%	MiZ	%
Schwein	534	57,79	3490,5	48,23	23	21,90
Rind	146	15,80	2408,5	33,28	16	15,24
Schaf/Ziege	119	12,88	431,0	5,96	13	12,38
Schaf	11	1,19	149,5	2,07	7	6,67
Pferd	6	0,65	80,5	1,11	4	3,81
Hund	4	0,43	25,0	0,35	3	2,86
Haussäuger	820	88,74	6585,0	91,00	66	62,86
Huhn	40	4,33	46,5	0,64	16	15,24
Gans	15	1,62	28,0	0,39	4	3,81
Hausgeflügel	55	5,95	74,5	1,03	20	19,05
Haustiere	875	94,70	6659,5	92,03	86	81,90
Rothirsch	13	1,41	441,5	6,10	3	2,86
Reh	7	0,76	49,0	0,68	3	2,86
Feldhase	4	0,43	4,0	0,06	2	1,90
Wildschwein	3	0,32	30,5	0,42	1	0,95
Braunbär	2	0,22	35,5	0,49	1	0,95
Hausratte	1	0,11	0,5	0,01	1	0,95
Wildsäuger	30	3,25	561,0	7,75	11	10,48
Rebhuhn	3	0,32	1,5	0,02	2	1,90
Graureiher	1	0,11	2,0	0,03	1	0,95
Kranich	1	0,11	3,5	0,05	1	0,95
Wildgeflügel	5	0,54	7,0	0,10	4	3,81
Lachs	2	0,22	2,5	0,03	1	0,95
Döbel	1	0,11	1,0	0,01	1	0,95
Hecht	1	0,11	0,5	0,01	1	0,95
Cyprinidae	10	1,08	5,0	0,07	1	0,95
Fische	14	1,52	9,0	0,12	4	3,81
Wildtiere	49	5,30	577,0	7,97	19	18,10
Summe	**924**	**100,00**	**7236,5**	**100,00**	**105**	**100,00**
b. Knochen	924	78,11	7236,5	93,75	–	–
nb. Knochen	259	21,89	482,5	6,25	–	–
gesamt	**1183**	**100,00**	**7719,0**	**100,00**	**–**	**–**

Datierung	12.Jh.		13.Jh.		14.Jh.		15.Jh.	
Art/Form	KnZ	%	KnZ	%	KnZ	%	KnZ	%
Schwein	343	65,96	94	57,67	46	41,07	51	39,53
Rind	53	10,19	27	16,56	27	24,11	39	30,23
Schaf/Ziege	64	12,31	22	13,50	10	8,93	23	17,83
Schaf	7	1,35	1	0,61	3	2,68	–	–
Pferd	1	0,19	2	1,23	1	0,89	2	1,55
Hund	1	0,19	–	–	1	0,89	2	1,55
Haussäuger	469	90,19	146	89,57	88	78,57	117	90,70
Huhn	18	3,46	6	3,68	13	11,61	3	2,33
Gans	9	1,73	4	2,45	–	–	2	1,55
Hausgeflügel	27	5,19	10	6,13	13	11,61	5	3,88
Haustiere	496	95,38	156	95,71	101	90,18	122	94,57
Rothirsch	8	1,54	2	1,23	–	–	3	2,33
Reh	3	0,58	2	1,23	–	–	2	1,55
Feldhase	3	0,58	1	0,61	–	–	–	–
Wildschwein	3	0,58	–	–	–	–	–	–
Braunbär	–	–	–	–	–	–	2	1,55
Hausratte	–	–	1	0,61	–	–	–	–
Wildsäuger	17	3,27	6	3,68	–	–	7	5,43
Rebhuhn	3	0,58	–	–	–	–	–	–
Graureiher	–	–	1	0,61	–	–	–	–
Kranich	1	0,19	–	–	–	–	–	–
Wildgeflügel	4	0,77	1	0,61	–	–	–	–
Lachs	2	0,38	–	–	–	–	–	–
Döbel	1	0,19	–	–	–	–	–	–
Hecht	–	–	–	–	1	0,89	–	–
Cyprinidae	–	–	–	–	10	8,93	–	–
Fische	3	0,58	–	–	11	9,82	–	–
Wildtiere	24	4,62	7	4,29	11	9,82	7	5,43
Summe	**520**	**100,00**	**163**	**100,00**	**112**	**100,00**	**129**	**100,00**
b. Knochen	520	79,51	163	83,16	112	68,29	129	76,33
nb. Knochen	134	20,49	33	16,84	52	31,71	40	23,67
gesamt	**654**	**100,00**	**196**	**100,00**	**164**	**100,00**	**169**	**100,00**

*Tab. 2:
Wartburg, Palas.
Anzahl der
Knochenfunde (KnZ)
je Haustierform und
Wildtierart,
differenziert nach
Jahrhunderten
(Werte absolut
und relativ)*

Datierung	12.Jh.		13.Jh.		14.Jh.		15.Jh.	
Art/Form	KnG	%	KnG	%	KnG	%	KnG	%
Schwein	2211,0	61,98	782,5	62,10	182,5	24,70	314,5	22,10
Rind	782,5	21,94	320,0	25,40	474,0	64,14	832,0	58,47
Schaf/Ziege	240,5	6,74	63,0	5,00	26,0	3,52	101,5	7,13
Schaf	100,5	2,82	17,5	1,39	31,5	4,26	–	–
Pferd	31,0	0,87	9,0	0,71	10,0	1,35	30,5	2,14
Hund	5,0	0,14	–	–	1,5	0,20	18,5	1,30
Haussäuger	3370,5	94,49	1192,0	94,60	725,5	98,17	1297,0	91,15
Huhn	29,5	0,83	6,5	0,52	8,0	1,08	2,5	0,18
Gans	15,5	0,43	9,5	0,75	–	–	3,0	0,21
Hausgeflügel	45,0	1,26	16,0	1,27	8,0	1,08	5,5	0,39
Haustiere	3415,5	95,75	1208,0	95,87	733,5	99,26	1302,5	91,53
Rothirsch	89,5	2,51	33,5	2,66	–	–	71,0	4,99
Reh	21,0	0,59	14,0	1,11	–	–	14,0	0,98
Feldhase	2,0	0,06	2,0	0,16	–	–	–	–
Wildschwein	30,5	0,86	–	–	–	–	–	–
Braunbär	–	–	–	–	–	–	35,5	2,49
Hausratte	–	–	0,5	0,04	–	–	–	–
Wildsäuger	143,0	4,01	50,0	3,97	–	–	120,5	8,47
Rebhuhn	1,5	0,04	–	–	–	–	–	–
Graureiher	–	–	2,0	0,16	–	–	–	–
Kranich	3,5	0,10	–	–	–	–	–	–
Wildgeflügel	5,0	0,14	2,0	0,16	–	–	–	–
Lachs	2,5	0,07	–	–	–	–	–	–
Döbel	1,0	0,03	–	–	–	–	–	–
Hecht	–	–	–	–	0,5	0,07	–	–
Cyprinidae	–	–	–	–	5,0	0,68	–	–
Fische	3,5	0,10	–	–	5,5	0,74	–	–
Wildtiere	151,5	4,25	52,0	4,13	5,5	0,74	120,5	8,47
Summe	**3567,0**	**100,00**	**1260,0**	**100,00**	**739,0**	**100,00**	**1423,0**	**100,00**
b. Knochen	3567,0	93,59	1260,0	95,27	739,0	90,73	1423,0	93,43
nb. Knochen	244,5	6,41	62,5	4,73	75,5	9,27	100,0	6,57
gesamt	**3811,5**	**100,00**	**1322,5**	**100,00**	**814,5**	**100,00**	**1523,0**	**100,00**

Datierung	12.Jh.		13.Jh.		14.Jh.		15.Jh.	
Art/Form	MiZ	%	MiZ	%	MiZ	%	MiZ	%
Schwein	10	22,22	6	25,00	4	22,22	3	16,67
Rind	5	11,11	2	8,33	4	22,22	5	27,78
Schaf/Ziege	6	13,33	3	12,50	2	11,11	2	11,11
Schaf	5	11,11	1	4,17	1	5,56	–	
Pferd	1	2,22	1	4,17	1	5,56	1	5,56
Hund	1	2,22	–		1	5,56	1	5,56
Haussäuger	28	62,22	13	54,17	13	72,22	12	66,67
Huhn	6	13,33	5	20,83	3	16,67	2	11,11
Gans	2	4,44	1	4,17	–		1	5,56
Hausgeflügel	8	17,78	6	25,00	3	16,67	3	16,67
Haustiere	36	80,00	19	79,17	16	88,89	15	83,33
Rothirsch	1	2,22	1	4,17	–		1	5,56
Reh	1	2,22	1	4,17	–		1	5,56
Feldhase	1	2,22	1	4,17	–		–	
Wildschwein	1	2,22	–		–		–	
Braunbär	–		–		–		1	5,56
Hausratte	–		1	4,17	–		–	
Wildsäuger	4	8,89	4	16,67	0	0,00	3	16,67
Rebhuhn	2	4,44	–		–		–	
Graureiher	–		1	4,17	–		–	
Kranich	1	2,22	–		–		–	
Wildgeflügel	3	6,67	1	4,17	0	0,00	0	0,00
Lachs	1	2,22	–		–		–	
Döbel	1	2,22	–		–		–	
Hecht	–		–		1	5,56	–	
Cyprinidae	–		–		1	5,56	–	
Fische	2	4,44	0	0,00	2	11,11	0	0,00
Wildtiere	9	20,00	5	20,83	2	11,11	3	16,67
Summe	45	100,00	24	100,00	18	100,00	18	100,00

Tab. 3:
Wartburg, Palas.
Gewicht der Knochen-
funde (KnG) in
Gramm je Haustier-
form und Wildtierart,
differenziert nach
Jahrhunderten (Werte
absolut und relativ)

Tab. 4:
Wartburg, Palas.
Mindestanzahl der
Individuen (MiZ)
je Haustierform und
Wildtierart,
differenziert nach
Jahrhunderten (Werte
absolut und relativ)

REZENSIONEN UND BIBLIOGRAFIE

CHRISTINE MÜLLER: Landgräfliche Städte in Thüringen.
Die Städtepolitik der Ludowinger im 12. und 13. Jahrhundert.
Veröffentlichungen der Historischen Kommission für Thüringen.
Kleine Reihe Band 7, Böhlau Verlag Köln, Weimar, Wien 2003,
ISBN 3-412-11602-5.

In der Diskussion über die Grundlagen ludowingischer Herrschaftspolitik in Thüringen und Hessen spielt die Städtepolitik eine bedeutende Rolle, insbesondere seit den Forschungen von Hans Patze und Wolfgang Heß im Rahmen der «Geschichte Thüringens». Seitdem standen allerdings weitere Forschungen, die über die Betrachtung einzelner Städte hinausführten, aus. Diesem Forschungsdesiderat hat sich jetzt Christine Müller mit ihrer Jenaer Dissertation angenommen. In einer vergleichenden Untersuchung fragt sie nach den Grundzügen der landesherrlichen Städtepolitik. Zentrale Fragestellungen sind die ursprünglichen Besitzverhältnisse eines Ortes und dessen Übergang an die Ludowinger, mögliche Funktionen des Ortes im Rahmen landgräflicher Politik und seine Entwicklungsstufen in ludowingischer und nachludowingischer Zeit. In diesem Zusammenhang ist auch von Bedeutung, ob an diesem Ort eine landgräfliche Burg existierte (S. 21 f.). Nicht wirtschaftliche Entwicklung und inneres Leben der Stadt sind Thema, sondern die Stadt im Kontext politischer Landesgeschichte.

Der umfangreichste Teil der Arbeit hat die Stadtwerdung einzelner Orte zum Gegenstand. Im Rahmen der oben erwähnten Fragestellungen werden Stadtanlage, Entwicklung der Stadtverfassung, wirtschaftliche Bedeutung der Stadt, sowie die kirchlichen Verhältnisse untersucht. Ausführlich werden die kleineren ludowingischen Städte Weißensee, Freyburg an der Unstrut, Sangerhausen, Schmalkalden, Thamsbrück und Creuzburg behandelt, deren Entstehung im Rahmen landgräflicher Herrschaftsentwicklung bisher kaum untersucht wurde. Die Verfasserin geht auf die ältesten historiographischen und urkundlichen Zeugnisse ein und zieht dazu auch neueste Ergebnisse aus Archäologie, Bauforschung oder Wegeforschung heran.

Auf gleiche Weise werden Probleme thematisiert, die sich aus der Quellenlage oder aus spezifisch historischen oder geographischen Faktoren ergeben. So stellt sich bei Freyburg an der Unstrut die Frage nach der außergewöhnlichen Namensgebung, zu der die Verfasserin weitere Beispiele aus dem deutschen Sprachraum heranzieht. Im Falle Sangerhausens widmet sich ein Abschnitt den Familienverhältnissen Cäcilias von Sangerhausen, die den Ort in ihre Ehe mit Ludwig dem Bärtigen einbrachte. Der Beschäftigung mit der Stadt Thamsbrück geht eine Untersuchung der nichtludowingischen Stadt Langensalza und der Herren von Salza voraus. Durch die Nähe zu Langensalza blieb dem ludowingischen Thamsbrück ein wirtschaftlicher Aufschwung versagt, doch erlangte es als Sitz des Landgerichts Bedeutung.

Weniger detailliert geht die Verfasserin auf die größeren Städte Eisenach und Gotha ein. Eisenach ist bereits seit längerem Gegenstand landesgeschichtlicher Forschung und aufgrund seiner zentralen Bedeutung für die Landgrafschaft nur bedingt mit den Kleinstädten vergleichbar. Auch Gotha nahm eine wirtschaftlich bedeutende und den anderen Städten übergeordnete Stellung ein, wenngleich nur wenig zur frühen Stadtgeschichte überliefert ist. Zu beiden Städten wird ein kurzer Überblick, basierend auf dem aktuellen Forschungsstand, geboten.

In kürzerer Form werden die landgräflichen Städte mit ungewisser Entstehungszeit (Waltershausen, Eckartsberga und Tennstedt) und die Ministerialenstädte (Dornburg an der Saale, Nebra, Schlotheim und Treffurt) behandelt.

Den Einzeluntersuchungen folgen eine Zusammenfassung der Ergebnisse und deren ausführliche Auswertung. Es zeigt sich, dass jede Stadtentstehung von ganz spezifischen Faktoren abhängig war. Dies spiegelt sich auch in den Grundrissen der Städte wieder, bei denen die Verfasserin zwei Typen unterscheidet: Zum einen ältere Marktsiedlungen, die zur Stadt erweitert wurden, zum anderen neu gegründete Städte mit schematischer Plananlage (S. 290 f.). Zum ersten Typ gehören Eisenach, Gotha, Weißensee und Sangerhausen, die aufgrund ihrer geographischen Lage eine wirtschaftlich bedeutende Rolle spielten. Städte des zweiten Typs hingegen verdanken ihre Entstehung den zeitlichen Umständen und politischen Interessen der Landesherren. Es handelt sich vorwiegend um kleinere und wirtschaftlich unbedeutende Städte, in denen aber oft schon eine Burg bestand. Dies trifft auf Freyburg und Thamsbrück zu, die vor allem eine strategische Funktion am Rande des ludowingischen Herrschaftsbereichs erfüllten. Anders als bei den erweiterten Marktorten kann bei den Städten mit schematischer Plananlage eine größere Rolle des Landesherrn als Stadtgründer angenommen werden.

Einen Schwerpunkt ludowingischer Städtegründungen im thüringischen Raum bildete die Zeit des Landgrafen Hermann I., als ein die ganze Landgrafschaft überziehendes Netz von Städten entstand. Unter seinen Nachfolgern kam es zu verstärkten Städtegründungen in Hessen, die die Verfasserin in einer vergleichenden Untersuchung ebenfalls behandelt. Die Zahl der

Städte in den mittleren und östlichen thüringischen Gebieten blieb im Gegensatz zu Westthüringen und Hessen eher gering.

Wie die Verfasserin feststellen kann, trugen Städte weitreichender zur Bildung eines Territoriums bei als Burgen, da Städte durch ihre Funktion als Wirtschaftsstandort zentrale Bedeutung für das Umland erlangten und Bewohner auch aus der zu einer fremden Herrschaft gehörigen Umgebung anzogen. Die Stadt und ihre Bauten repräsentierten Macht und Ansehen des Herrschers. Eine bereits bestehende Burg wurde durch eine Stadtgründung verstärkt und die Versorgung gesichert. Verkehrswege konnten durch Zoll- und Geleitrechte in den Herrschaftsbereich eingeschlossen werden.

In die Zeit der frühen ludowingischen Stadtgründungen fallen auch der Ausbau der thüringischen Reichsstädte sowie die Errichtung von Städten auf Besitzungen außerthüringischer Herren. Die politisch und wirtschaftlich bedeutendste Stadt im thüringischen Raum war das dem Erzbistum Mainz zugehörige Erfurt, gefolgt von den königlichen Städten Mühlhausen, Nordhausen und Saalfeld. Gerade Erfurt beeinflusste das geistige und wirtschaftliche Leben des Umlandes und bildete das Zentrum eines Netzes aus Handelswegen. Dies zeigte auch Auswirkungen auf die Anlage und Stadterhebung ludowingischer Orte. Indem an den wichtigsten Straßen von und nach Erfurt landgräfliche Städte oder Burgen errichtet wurden, konnte eine Ausweitung des erzbischöflichen Machtbereichs verhindert werden. Auf gleiche Weise vermochten die Ludowinger durch Gründung oder Erhebung einer Stadt ihren Herrschaftsanspruch gegenüber anderen Grafen und Herren durchsetzen.

Mit einem Netz von Städten als Stützpunkten sollte in Thüringen die Oberherrschaft der Ludowinger über das Territorium durchgesetzt werden. In Hessen dagegen, wo durchaus mehr Neugründungen ohne vorherige Marktsiedlung vorliegen, genügten schon kleinere Städte, um ein bereits geschlossenes Gebiet zusammenzuhalten.

In ihrer materialreichen Dissertation hinterfragt und diskutiert die Verfasserin den bisherigen Forschungsstand und kann diesen oft korrigieren oder um neue Erkenntnisse erweitern. Die Form der Einzeluntersuchung ermöglicht einen sehr guten Überblick über die Entstehungsgeschichte der behandelten Städte. Die anschließende Auswertung vertieft die Einzeluntersuchungen und zeigt die Zusammenhänge zwischen Stadtgründung und landesherrlicher Politik in einem größeren Rahmen auf. Auf diese Weise kann die Verfasserin ein Bild der ludowingischen Städtepolitik zeichnen sowie Motive und Vorgehensweise der ludowingischen Landesherren verdeutlichen. Abgerundet wird die Publikation durch Stammtafeln der Ludowinger und der Herren von Salza sowie durch einen Abbildungsteil mit Plänen der besprochenen Städte.

Maike Berkler

Thomas Biller und Ulrich Grossmann: Burg und Schloss.
Der Adelssitz im deutschsprachigen Raum.
Regensburg: Schnell & Steiner 2002. 279 S., geb.

Burgen, Schlösser und auch ihre Gärten genießen neuerlich ein bemerkenswertes Interesse in der Öffentlichkeit, wofür wohl weniger ein Wiederaufleben
der viel gescholtenen Burgenromantik als vielmehr die Problematik ihrer
Erhaltung mit ein Grund zu sein scheint. Es besteht ein Informationsbedürfnis
hinsichtlich der geschichtlichen Rolle von Burgen und Schlössern, hinsichtlich ihrer bautechnischen Eigenheiten und ihrer baukünstlerischen Gestalt wie
auch hinsichtlich ihrer Brauchbarkeit für eine Nutzung in der Gegenwart. Nur
letztere gewährleistet den Bestand und die Erhaltung; ist sie nicht gesichert,
droht der Verlust. Dem entgegenzuwirken, gibt es zahlreiche gesellschaftliche
Initiativen. Von ihnen geht der Wunsch aus, so viel wie möglich Wissen über
den Wert dieser Zeugen der Geschichte zu verbreiten. Der Verlag Schnell &
Steiner trägt dem Rechnung mit einer handbuchartigen Publikation aus der
Feder zweier ausgewiesener Bau- und Burgenforscher, in der in aller Kürze und
Prägnanz die Entwicklung des Gegenstandes vom frühen Mittelalter (Pfalzen
um 1000) bis in die Zeit um 1900 (Schlösser und «Burgen» des Historismus
1800–1918) dargestellt ist.

Den Autoren ist es um einen Überblick zu tun und nicht so sehr um das
Einzeldenkmal. Thomas Biller erläutert die Anfänge des Burgenbaus mit
Turmburgen und Motten, erklärt Grundriss und Bestandteile (Bergfried,
Kapelle u. a.) der sich erweiternden Burganlage und beschreibt die Baugestalt.
Es ergibt sich aus der geschichtlichen Entwicklung, dass nach der Mitte des
13. Jahrhunderts eine architekturlandschaftliche Differenzierung in die Betrachtung eingeht (z. B. Burgenbau im Rheinland, Burgen des Deutschen
Ritterordens), die sich in der frühen Neuzeit (um 1480–1650) fortsetzt. Das
kunstgeschichtliche Klischee vom «Wandel von der Burg zum Schloss» wird
von G. U. Großmann mit einem Fragezeichen versehen, also kritisch hinterfragt. In der Einleitung zum Forschungsstand ist dazu etymologisch Stellung
genommen, vor allem aber darauf hingewiesen, dass auch das in erster Linie
mit Repräsentationsabsichten gestaltete Renaissanceschloss durchaus noch im
Sinne von Verteidigungsfähigkeit gebaut wurde, was für den Burgenbau gestalterisch vermeintlich allein ausschlaggebend gewesen sei. Dass auch der mittelalterliche Burgenbau mit seinen Gestaltelementen (Türmen, Palas) Zeichen-
charakter haben und der Repräsentation dienen konnte, hat sich als Erkenntnis ja inzwischen durchgesetzt. Was aber mit solcher Deutlichkeit in der
bisherigen Burgenliteratur nicht entgegengetreten ist, sind die Raumanord-

nungen in den Schlössern der Renaissance und des Barock, auch deren Funktionen im Hofzeremoniell, die vielfach den künstlerischen Raumausstattungen mit Stuckplastik und Malerei inhaltlich entnommen werden können.

Seit dem 16. Jahrhundert fließen auch die Quellen reichlicher, die Bautraktate und Lehrbücher, die Aufschluss geben über die Bauabsichten des fürstlichen Bauherrn und die zur Realisierung erforderliche Bauführung. Den Abschluss bildet dann das Kapitel zum Historismus im Burgenbau. Es zeigt sich, dass das Wissen um die Gestalt historischer Burgen und Schlösser für die Bauherren des 19. Jahrhunderts entscheidend war, um durch die Rezeption der mittelalterlichen Burg oder des neuzeitlichen Schlosses, also mit den Zeichen der Geschichte die Kontinuität ihrer Herrschaft und ihres Besitzes zur Darstellung zu bringen. Nicht immer geschah das durch Erneuerung eines mittelalterlichen Bauwerkes wie im Falle der Wartburg oder eines Renaissancebaus wie des Schweriner Schlosses. Der bayerische König Ludwig II. baute sein Märchenschloss Neuschwanstein neu – und lehnte sich in den Details an die bereits erneuerte Wartburg an.

Den auf umfangreichster Materialkenntnis basierenden entwicklungsgeschichtlichen Kapiteln ist eine Einführung zum Forschungsstand vorangestellt, in der man die bisherigen Standardwerke zum Thema, aber auch die Defizite aufgelistet findet. Ferner steht ein Kapitel «Der Adel als Bauherr» voran, gleichsam programmatisch, denn den Autoren geht es darum, auch die «Interessen, Bedürfnisse und Alltagsleben derer, die die Burgen und Schlösser erbauten und bewohnten», in die Betrachtung einzubeziehen, also den sozialen Aspekt nicht zu vernachlässigen. Der Anhang enthält ein Glossar, das die eingestreuten «Fenster» mit erläuternden Texten ergänzt, ferner als Novum ein von Polemik nicht frei kommentiertes Literaturverzeichnis und einen Index. Die Auswahl von Fotos und Strichzeichnungen (Grundrisse, Schnitte etc.) ist instruktiv, ausführlichere Bildunterschriften unterstützen die Information.

Ernst Badstübner

STEFAN LAUBE und KARL-HEINZ FIX (Hrsg.):
Lutherinszenierung und Reformationserinnerung
(Schriften der Stiftung Luthergedenkstätten in Sachsen-Anhalt. 2).
Leipzig: Evangelische Verlagsanstalt 2002, 473 S., geb.

Der umfangreiche Band – Ergebnis einer Tagung in Wittenberg (2001) – ist der
Rezeptionsgeschichte des Ereignisses Reformation und ihres Protagonisten
Luther gewidmet. Die 18 durchweg gehaltvollen Beiträge sind sechs Themen-
bereichen zugeordnet: Luther, «die Lutherin», das Lutherhaus – erinnert und
inszeniert (mit der sehr informativen und gut dokumentierten Studie von A.
Kohnle, Luther vor Karl V. Die Wormser Szene in Text und Bild des 19. Jh.);
Regionaler Lutherkult (Mansfeld, Baden und Sachsen im 19. Jh.); Geteilte
Erinnerungen zwischen den Konfessionen (Chr. Wiese zur jüdischen Luther-
rezeption im Kaiserreich und in der Republik, M. Schulze Wessel, Der
tschechische Huskult im Vergleich zum deutschen Lutherkult, Chr. Strohm,
Calvinerinnerung am Beginn des 20. Jahrhunderts); Das Museum als Kult-
stätte und Erinnerungsort (u. a. K.-H. Fix über die Namensgeschichte des
Wittenberger reformationsgeschichtlichen Museums); Materialisierte Lutherverehrung (darunter U. Kornmeier über die Luthereffigies in der Marienkirche
zu Halle unter Benutzung der überarbeiteten Totenmaske); Luthererinnerung
und totalitäre Geschichtspolitik (H. Dähn, Martin Luther und die Reformation in der Geschichtswissenschaft der DDR, S. Bräuer, Die Lutherfestwoche
vom 19. bis 27. August 1933 in Eisleben: Ein Fallbeispiel en detail).
     Unter das Stichwort der «materialisierten Lutherverehrung» ist auch der
reich bebilderte Aufsatz von Martin Steffens, Die Lutherstube auf der
Wartburg. Von der Gefängniszelle zum Geschichtsmuseum (S. 317–342)
gestellt. In ihm legt der Verf. erste Ergebnisse seiner in Arbeit befindlichen
Dissertation über die Geschichte ausgewählter Lutherstätten im 19. Jahrhundert (außer der Wartburg die Wittenberger Schlosskirche und die Luther-
häuser in Eisleben) vor. Detailliert wird die wechselvolle Bau- und Ausstat-
tungsgeschichte bis zum heutigen purifizierten und Authentizität suggerieren-
den Zustand nachgezeichnet. Das ernüchternde Fazit seiner Untersuchungen
nimmt der Verf. vorweg: «Einer genauen Befragung hält kaum ein Inventar-
stück des Zimmers stand. Aus der Lutherzeit stammen wohl nur zwei Wände
mit ihren Vertäfelungen, Teile der Holzdecke und Reste des Estrichbodens»
(S. 318). Erstmals werden «Dr. Martin Luthers Stuben, Kammer und Gang»
1574 in einem Burginventar erwähnt, die erste ausführliche Beschreibung
stammt nach Steffens aus dem Beginn des 18. Jahrhunderts. Der Ort wurde
aber schon seit dem 16. Jahrhundert als Luthermemoria verehrt, die ältesten

Namensgraffitis stammen von 1580, zu Beginn des 18. Jahrhunderts ließen sich angeblich schon mehr als 1000 Namensinschriften an den Innen- und Außenwänden zählen. Das Bedürfnis nach dinglichen Reliquien führte dazu, dass der ursprünglich im Raum befindliche Tisch im Laufe der Zeit so abgeschnitten war, dass 1811 als Ersatz ein neuer Tisch aus dem Lutherhaus in Möhra beschafft werden musste. 1817 wurde die Lutherstube auf Befehl Carl Augusts restauriert, wobei die Schlafkammer wegfiel. Steffens weist nach, dass die noch 1817 entstandenen und verbreiteten Ansichten der Lutherstube keineswegs immer die Realität widerspiegelten, andererseits die Lutherstube offenbar öfter umgeräumt wurde, wobei sich das hineingebrachte Inventar stetig vermehrte: Fürstenstuhl, Hängeschrank, Ofen, Rüstung, Schwert, selbst ein Bett als Ersatz für die nicht mehr vorhandene Kammer.

Unter Carl Alexander wurde der Vogteiflügel ganz zum historischen Gesamtkunstwerk zur Erinnerung an die Reformation umgestaltet, während das Landgrafenhaus dem Mittelalter gewidmet wurde. Die Lutherstube sollte mit einer immer üppiger werdenden Ausstattung, bei der schließlich sogar ein großes Sofa im Stile des 19. Jahrhunderts nicht fehlte, dem Besucher phantasievoll Geschichte und Lebenswelt der Lutherzeit präsentieren. Nach 1870 wurde auch die Schlafkammer wiederhergestellt. Diese historisch geprägte Ausstattung überstand Kaiserreich, Republik und Drittes Reich offensichtlich unbeschadet. Die Rückverwandlung der Wartburg in den angenähert-fiktiven Originalzustand unter dem Direktor Sigfried Asche verschonte auch, wie Steffens im Einzelnen vorführt, die Lutherstube und den Vogteiflügel nicht. «Übrig blieben nur der Tisch, der Walwirbel [schon 1574 erwähnt], eine Bibel ..., ein Holzschnitt des Junker Jörg von Lucas Cranach sowie die ‹Hochzeitsbilder›, Porträts von Luther und Katharina von Bora» (S. 340 f.); die Kargheit sollte Ursprünglichkeit suggerieren, nach Meinung Steffens' sollte zudem eine neue Sicht Luthers vermittelt werden: «Mit Hilfe der Reduzierung wurde der asketische oder auch ‹proletarische› Aspekt Luthers betont» (S. 341). Belege für diese Interpretation bleibt der Verf. freilich schuldig. Die spätere Anreicherung durch den sog. Lutherstuhl, der 1853 als «gotischer Drehstuhl» in Nürnberg erworben worden war, und einen von Ritgen ergänzten Schrank hob das puristische Element weitgehend wieder auf und ermöglichte dem Besucher erneut die Vorstellung eines, zwar nicht üppig, aber doch ausreichend möblierten Wohnraums. Der historische Ort präsentiert sich seither «primär als Träger von Stimmung und Atmosphäre» (S. 342). Auf die Ergebnisse der Monographie Steffens', die den Vergleich der Luthermemoria auf der Wartburg mit anderen Stätten der Lutherverehrung ermöglichen wird, liefert der Aufsatz einen Vorgeschmack, der auf das Ganze neugierig macht.

Eike Wolgast

Zur Wartburg in neueren Publikationen

Hilmar Schwarz

In diesem Überblick sollen Forschungsergebnisse, Sachverhalte oder Hypothesen zusammen-
geführt und vorgestellt werden, die in der neueren Literatur verstreut vorkommen und
sich auf die Wartburg und ihre Geschichte beziehen.

Zur Maastrichter und maasländischen Bauplastik hatte sich Elisabeth den
Hartog (Leiden) schon eingehend geäußert[1]. Ihre Monographie zu diesem
Thema aus dem Jahre 2002[2] rechtfertigt sich durch die erst seit Mitte der
1990er Jahre mögliche umfassende Einbeziehung der Zeugnisse aus dem
Maastrichter Bonnefantenmuseum.

Die seit 1140 in Maastricht tätigen Bildhauer arbeiteten bald auch in anderen Orten der Region, so in der Abtei Rolduc bei Kerkrade, in der Kollegien-
kirche von St. Odiliënberg bei Roermond, in Borgloon, in Breust-Eijsden, in
der Abtei Neufmoustier nahe Huy, in Lüttich (St. Laurentius, St. Bartholo-
mäus), in Tongern und in Aachen-Burtscheid. Weiter entfernt tauchen sie
nach 1148 in Utrecht, um 1151 in Schwarzrheindorf und vor 1162 auf der
Wartburg auf (S. 8, 101, 327). Bei Vergleichen und Aussagen gerät dadurch
mehrfach die Wartburg ins Blickfeld.

Neben Maastricht und Schwarzrheindorf rückt besonders die Frauenkirche
von Tongern in eine engere Beziehung zur Wartburg. Anhand der Übertragung von Tongern an den Bischof Heinrich von Lüttich im Jahre 1155 möchte
den Hartog deren Skulpturen zeitlich zwischen Schwarzrheindorf und der
Wartburg einordnen. Die Verbindung Tongern-Wartburg wird anhand einiger
Motive festgemacht: den durch Perlband verzierten Ringen mit jeweils zwei
durchgesteckten Palmetten (S. 114, 496 f.) und bestimmten Blatt-Motiven (S.
317 f., 331).

Die Parallelen zwischen Maastricht, Tongern, Schwarzrheindorf und der
Wartburg begründet die Verfasserin mit Personen wie Bischof Heinrich von
Lüttich (1145–1164), dem Kölner Erzbischof Arnold von Wied (1151–1151)
und dem thüringischen Landgrafen Ludwig II. (1140–1172) (S. 117). Bevor
Heinrich von der Leyen Bischof von Lüttich wurde, stand er dem Kapitel von
Unser Lieben Frau in Maastricht vor und nahm 1151 an der Weihe der Kapelle

1 Elizabeth den Hartog: Romanesque Architecture and Sculpture in the Meuse Valley.
  Leeuwarden/Mechelen 1992.
2 Elizabeth den Hartog: Romanesque sculpture in Maastricht. Maastricht 2002.

in Schwarzrheindorf teil (S. 115). Diese Kapelle hatte Arnold von Wied, der Kanzler des Königs Konrad III., als Probst von St. Servatius in Maastricht errichten lassen (S. 104). Seine Schwester Hedwig, 1154 bis 1170/72 Äbtissin in Essen, hatte das dortige Münster erneuert, in dem eine Gruppe von 16 Kapitellen Ähnlichkeiten zu Schwarzrheindorf und zur Wartburg aufweist (S. 406, vgl. S. 104 f.).

Zwischen dem Rhein-Maas-Gebiet und Thüringen besteht neben der Bauplastik auch im Baumaterial eine enge Verbindung (S. 118). Kölner Kalksinter findet sich sowohl in St. Servatius zu Maastricht als auch auf der Wartburg (S. 60), Kalkstein aus den Ardennen auf der Runneburg in Weißensee und auf der Neuenburg (S. 61).

*

Ein Sammelband zur hochadligen Herrschaftspraxis vom 13. bis 16. Jahrhundert in Mitteldeutschland, der auf den Referaten eines im November 1999 abgehaltenen Kolloquiums der Werner-Reimers-Stiftung in Bad Homburg beruht (S. 7)[3], enthält zwei Beiträge zu den Ludowingern. Helge Wittmann (Jena) beleuchtet anhand der Gründung der Grangie Vehra an der Unstrut (1208) das Wirken des Landgrafen Hermann I.[4] und Stefan Tebruck (Jena) anhand des Weißenfelser Vertrags von 1249 die Übernahme der Landgrafschaft Thüringen durch Heinrich den Erlauchten[5].

Am Beispiel der Pforter Grangie behandelt Wittmann die Herrschaftsausweitung des Landgrafen Hermann I. Ausgangspunkt ist eine Urkunde, die einen Rechtsakt unter dem Landgrafen im Jahre 1208 auf der Eckartsburg festhält und dem Kloster Pforte eine Schenkung der Herren von Heldrungen im Ort Vehra bestätigt. Die Heldrunger besaßen jedoch die Besitzungen nicht zu freiem Eigen (S. 187), wie fälschlich in der Urkunde behauptet wird, sondern trugen sie offenbar als Lehen des Klosters Hersfeld, zu dessen nahen Villikation Gebesee die Flur von Vehra gehörte (S. 183). Das Zisterzienserkloster Pforte legte mit der Schenkung den «Grundstein» für seine Grangie in Vehra (S. 186). Mit dem bewussten und offenbaren «Rechtsbruch» (S. 189,

---

3   Jörg Rogge und Uwe Schirmer (Hrsg.): Hochadelige Herrschaft im mitteldeutschen Raum (1200 bis 1600). Formen – Legitimation – Repräsentation (Quellen und Forschungen zur sächsischen Geschichte. 23). Stuttgart 2003.

4   Helge Wittmann: Landgraf Hermann I. von Thüringen (1190–1217) und die Gründung der Grangie Vehra an der Unstrut. Zur Praxis fürstlich-ludowingischer Herrschaft im frühen 13. Jahrhundert. In: Rogge/Schirmer, Herrschaft 2003 (wie Anm. 3) S. 179–194.

5   Stefan Tebruck: Pacem confimare – iustam exhabere – per amiciciam concare. Fürstliche Herrschaft und politische Integration. Heinrich der Erlauchte, Thüringen und der Weißenfelser Vertrag von 1249. In: Rogge/Schirmer, Herrschaft 2003 (wie Anm. 3) S. 242–303.

ähnlich passim) verschob Hermann I. um den verkehrstechnisch wichtigen Unstrutübergang an der Straße von Erfurt nach Nordhausen (S. 183) die «Besitzverhältnisse im Umfeld seiner Burg und Stadt Weißensee» (S. 190) zu seinen Gunsten. Außerdem zielte er auf die Integrierung des Zisterzienserinnenklosters von Pforte in sein Herrschaftsgefüge, was sich zur gleichen Zeit am Zisterzienserinnenkloster St. Katharinen unter der Wartburg bestätigt (S. 192).

Abschließend möchte Wittmann die historische Gestalt Hermanns I. nicht nur auf die bislang fixierten Eigenschaften als Musenfreund und wechselhaften Politiker beschränkt wissen. Vielmehr verweist er auf dessen Rolle beim «Ausbau ludowingischer Herrschaft» und will mit seinem Fallbeispiel aufzeigen, «mit welchen Mitteln Hermann den Ausbau ludowingischer Herrschaft vorangetrieben hat.» (S. 194) Durch Macht und Ansehen («potestas et auctoritas») konnte er als Reichsfürst und aus eigener Stärke «unter Umständen auch die Legalisierung eines offenbaren Rechtsbruchs» absichern.

Der Titel von Tebrucks Beitrag engt trotz seiner Länge das behandelte Thema ein, denn der Text widmet sich der ersten Phase des thüringisch-hessischen Erbfolgekrieges von 1247 bis 1252 in Thüringen. Der Verfasser erweitert seine Ausführungen aus dem Jahre 2000 zum gleichen Thema[6]. Zunächst gestatten die in der Anzahl auf das Sechsfache erweiterten Anmerkungen die Wiedergabe zahlreicher Quellenpassagen. Die Fußnoten nehmen die Hälfte des Umfangs ein und geraten mitunter zu kleinen Abhandlungen (Anm. 50 zur Ebersburg, Anm. 75 zu den Ministerialen von Mellingen und den Burggrafen von Kirchberg, Anm. 126 zum Landgericht ab 1250). Inhaltlich wiederholt Tebruck wichtige Aussagen zu den politischen Konstellationen in den ersten Jahren des Erbfolgekriegs, worauf hier nicht nochmals eingegangen werden soll[7].

Indem er nun über Thüringen hinausgeht, verdeutlicht er besonders für die Grafen von Anhalt und die von Schwarzburg-Käfernburg, «wie bedeutend ihre Ressourcen auch im Kampf um die thüringische Landgrafenwürde gewesen sein müssen.» (S. 270) In abgeschwächter Form trifft dies auch auf die Grafen von Gleichen zu (S. 258, 265). Vor allem war Graf Siegfried I. von Anhalt (†1298) nicht nur Favorit der thüringischen Adels- und Ministerialenopposition gegen die Wettiner für das Landgrafenamt, sondern verfügte auch «über einen sehr viel größeren politischen Rückhalt im Konflikt mit Heinrich dem Erlauchten, als dies bislang in der Forschung erkannt worden ist» (S. 270)

---

6 STEFAN TEBRUCK: Heinrich der Erlauchte und das ludowingische Erbe. Ein Wettiner wird Landgraf von Thüringen. In: HOLGER KUNDE, STEFAN TEBRUCK und HELGE WITTMANN: Der Weißenfelser Vertrag von 1249. Die Landgrafschaft Thüringen am Beginn des Spätmittelalters (THÜRINGEN gestern & heute). Erfurt 2000, S. 11–62.

7 Vgl. Wartburg-Jahrbuch 2000. 9(2002), S. 315–318.

und war «im Erbfolgekrieg keineswegs eine Randfigur» (S. 259). Im Hildes-
heimer Bistumsstreit von 1247 bis 1249 befand sich Siegfried in einer
«Koalition» mit dem Herzog von Braunschweig, den Markgrafen von Brandenburg und den Grafen von Gleichen (S. 258 f.). Im schlesischen Bürgerkrieg
von 1249 standen die Anhaltiner zusammen mit den Schwarzburgern auf der
einen, der Wettiner Heinrich auf der anderen Seite (S. 268–270).

Über den Beitrag von 2000 geht des Weiteren die Erfassung der «reichsge-
schichtlichen Bedeutung» (S. 250) des Erbfolgekrieges hinaus. Die diesbezüglichen Bemerkungen zu den Kämpfen zwischen Erzbischof Siegfried III. von
Mainz und den Brabantern in Hessen seien nur angetippt (S. 250–257). Für
Thüringen maßgeblicher ist die staufertreue und papstferne Haltung Heinrichs des Erlauchten (S. 293–295), der erst 1251 unter dem Einfluss seines
Halbbruders Hermann von Henneberg und nach dem Abzug des Staufer-
königs Konrad IV. aus Deutschland die Seite wechselte und ins Lager des
stauferfeindlichen Gegenkönigs Wilhelm von Holland übertrat (S. 296 f.).
Ansonsten präzisiert Tebruck in etlichen Einzelheiten die Herrschafts-
übernahme und -sicherung des Wettiners in Thüringen. Er kommt zum Ergebnis, dass mit dem Weißenfelser Vertrag von 1249, dem Landfrieden von
Mittelhausen 1250 und der Belehnung durch König Wilhelm von Holland
1252 die Übernahme der Landgrafschaft Thüringen durch den wettinischen
Markgrafen «unumkehrbar» geworden war (S. 300).

*

Im Jahr 2003 erschien der Tagungsband zum gleichlautenden Kolloquium
vom 24. bis 26. September 1997 auf der Wartburg aus Anlass des 750. Todestages des Landgrafen und [Gegen-]Königs Heinrich Raspe[8]. Der Initiator und
Herausgeber des Bandes Matthias Werner (Jena) begründet im Vorwort die
mehrjährige Verzögerung mit der Notwendigkeit zur Überarbeitung seines
Vortrags (S. IX). Sein Beitrag mit über 150 Seiten und knapp 600 Anmerkungen[9] gerät dann auch in die Nähe einer eigenständigen Monographie und zu
einer politischen Gesamtbiographie Heinrich Raspes, mehr noch zu einer
Geschichte der Ludowinger in deren Regierungszeit.

So zahlreich und ergiebig die historischen Fakten und Zusammenhänge zur
Geschichte der Ludowinger auch immer sind, so spärlich scheinen sie explizit
zur Wartburg auszufallen. Bei knapp 370 Textseiten wäre ein Register hilfreich

---

8 Matthias Werner (Hrsg.): Heinrich Raspe – Landgraf von Thüringen und römischer König
   (1227–1247). Fürsten, König und Reich in spätstaufischer Zeit (Jenaer Beiträge zur Geschichte.
   3). Frankfurt am Main (u. a.) 2003.

9 Matthias Werner: Reichsfürst zwischen Mainz und Meißen. Heinrich Raspe als Landgraf von
   Thüringen und Herr von Hessen (1227–1247). In: Werner, Raspe 2003 (wie Anm. 8) S. 125–271.

gewesen. In seinem Beitrag erwähnt Werner die bereits andernorts vielfach herausgearbeitete frühe Hauptortfunktion des Standortes Eisenach/Wartburg. Unter Heinrich Raspe sei der «weitere Ausbau der Residenzfunktion des ‹Doppelzentrums› Eisenach-Wartburg erkennbar» (S. 164) bzw. der «weitere Ausbau des Raumes Wartburg-Eisenach zum Mittelpunkt seiner Herrschaft» (S. 196) verstärkt worden. Wie sich diese Zuweisung des «Mittelpunktes» mit einer wie immer gearteten Kompetenz-, Zuständigkeits- oder gar Herrschaftsteilung zwischen Heinrich Rapse in Thüringen und seinem Bruder Konrad oder später seinem Neffen Hermann II. für Hessen verträgt, sollte weiterhin analysiert werden.

Der «dominierende Aufenthaltsort» des Landgrafenhofes steigerte sich zur «fast ausschließlich königlichen Residenz Heinrich Raspes» (S. 248, aber auch dies wurde zum Jubiläum 1997 bereits herausgearbeit[10]).

In einer Fußnote bemerkt Werner zum 1247 beginnenden Erbfolgekrieg, «daß Sophie [von Brabant] in der Folgezeit Ansprüche auf ludowingische Allode in Thüringen, insbesondere die Wartburg, erhob, dass aber umgekehrt keinerlei Zeugnisse für Ansprüche Markgraf Heinrichs von Meißen auf Hessen vorliegen» (S. 228 Anm. 432). Diese wichtige Bemerkung richtet sich auch gegen eine Simplifizierung des Erbfolgekrieges als einen Erbstreit zwischen Brabant und Wettin, ist jedoch ebenfalls nicht neu. Der eher geringen Ausbeute von Neuerkenntnissen zur Wartburg ist jedoch entgegenzusetzen, dass sich die Aufmerksamkeit vor allem auf die Konstruktion des Hochmittelalterlichen Reiches mit den Hauptkomponenten König und Fürsten richtet, wie Franz-Reiner Erkens (Passau) im Tagungsresümee herausstellt[11].

Die weiteren Autoren (ein Autorenverzeichnis fehlt) behandeln einerseits verschiedene geographisch-politische Räume: Wilhelm Janssen (Düsseldorf) das Niederrheingebiet, Heinrich Dopsch (Salzburg) den Süden mit Bayern, Österreich und dem Erzbistum Salzburg, Thomas Zotz (Freiburg i. Br.) Schwaben und Giulia Barone (Rom) Oberitalien. Das Fehlen des Nordostens unter den Askaniern fällt auf, während mit der Markgrafschaft Meißen der östliche Nachbar größtenteils durch Werner abgedeckt ist. Ein zweiter Themenkreis erfasst Herrschaftsverständnis und –praxis maßgeblicher Mächte: Egon Boshof (Passau) mit denen des Kaisers Friedrich II., Helmut G. Walther (Jena) mit denen der päpstlichen Partei und Robert Gramsch (Jena), nach der Tagung eingereicht, mit denen des deutschen Ordens. Der Tagungsbeitrag von Jürgen Petersohn (Marburg) zum Anspruch Heinrich Raspes anhand seiner Goldsiegel erschien inzwischen in einer anderen Publikation[12] (vgl. S. IX). Die von

---

10 Wartburg-Jahrbuch 1997. 6(1998), S. 257.

11 Franz-Reiner Erkens: Heinrich Raspe, die Fürsten und das Reich. Ansichten und Einsichten. In: Werner, Raspe 2003 (wie Anm. 8) S. 359–369.

Petersohn als Mittel des Papsttums gegen Kaiser Friedrich II. analysierte Orientierung Heinrich Raspes auf das Kaisertum benennt aus anderer Sicht Barone (S. 315) und wird auch von Reuling bemerkt (S. 303). Ulrich Reuling (†2000) beschäftigte sich ereignis- und verfassungsgeschichtlich mit der Königswahl Heinrich Raspes.

Die Fülle der angeführten Fakten übersteigt bei Weitem die Möglichkeit der Erwähnung und macht eine Rezension im Wartburg-Jahrbuch wünschenswert. Anzumerken gilt manch vergnügliche Einzelheit wie die Glorifizierung Heinrich Raspes zum «Mongolenhelden» (S. 88).

*

In einem 2002 erschienenen Sammelband über Jenaer Studenten und Geheimbünde behandeln Joachim Bauer und Gerhard Müller (beide Jena) das Schicksal des im März 1775 auf der Wartburg in Gefangenschaft verstorbenen Georg Friedrich Johnssen (meist Johnson)[13], der als Hochstapler und Geldschleicher die Loge «Zu den drei Rosen» in Jena und zahlreiche Honoratioren desavouiert hatte. Nach der Verhaftung und noch vor der Auslieferung durch die preußischen Behörden im April 1765 erging am 29. März das Schreiben an den Eisenacher Kanzler zur Verwahrung auf der Wartburg (S. 68)[14]. Die regierende Herzogin Anna Amalia traf zwar die maßgeblichen Entscheidungen, blieb aber formal im Hintergrund.

Johnssen hätte in einem öffentlichen Prozess dem Ansehen etlicher in Ämtern befindlicher Personen und nicht zuletzt dem Herzogshof sehr schaden können. Deshalb wurde er auf der Wartburg «ohne Recht und Urteil ... in lebenslänglicher Einzelhaft» unter «unmenschlichen Haftbedingungen» (S. 68 f.) gehalten. Die Einkerkerung dieses «Staatsgefangenen Nummer eins ... bildet eines der düstersten Kapitel der vormundschaftlichen Regierung der Herzogin Anna Amalia» (S. 68). Damit richten die Autoren die Aufmerksamkeit auf die in den letzten Jahren an anderen Beispielen angeleuchteten Schattenseiten aus Weimars «Goldenem Zeitalter» unter Anna Amalia, Carl August und Goethe.

12 Jürgen Petersohn: Heinrich Raspe und die Apostelhäupter oder: Die Kosten der Rompolitik Kaiser Friedrichs II. (Sitzungsberichte der Wissenschaftlichen Gesellschaft an der Johann Wolfgang Goethe-Universität Frankfurt a. Main. 40,3). Stuttgart 2002.

13 Joachim Bauer und Gerhard Müller: Jena, Johnssen, Altenberga. Ein Beitrag zur Geschichte der deutschen Freimaurerei im 18. Jahrhundert. In: Joachim Bauer; Birgitt Hellmann und Gerhard Müller (Hrsg.): Logenbrüder, Alchimisten und Studenten. Jena und seine geheimen Gesellschaften im 18. Jahrhundert. Rudolstadt/Jena 2002, S. 19–85, S. 67–73 zur Gefangenschaft auf der Wartburg

14 Zur Gefangenschaft auf der Wartburg vgl. Ludwig von Aigner-Abafi: Johnson, ein Hochstapler des XVIII. Jahrhunderts. Beitrag zur Geschichte der Freimauererei. Frankfurt a. M. 1902, S. 103–130; Wartburg-Jahrbuch 1998. 7(2000). S. 61f.

Aus Staatsräson und zur Herrschaftssicherung bedienten sich insgesamt ehrwürdige politische Akteure der so gar nicht zu Aufklärung und Klassik passenden Methoden von Geheimdiensten und Willkür. Die Wartburg blieb davon nicht unberührt.

*

Zum Wiederaufbau der Wartburg im 19. Jahrhundert hat Tina Ruprecht (Weimar) eine Studie in der neuen wissenschaftlichen Zeitschrift der Bauhaus-Universität Weimar veröffentlicht[15]. Die Zeitschrift beabsichtigt, das von Studierenden erarbeitete Material zu architekturgeschichtlichen Themen einem breiteren Leserkreis zugänglich zu machen (Vorwort S. 4). Verständlich wird somit die gewisse Unreife, wenn die Autorin lediglich bereits bei Max Baumgärtel 1907, Jutta Krauß 1990 und 1993 sowie Günter Schuchardt 2001 abgedruckte Bauzeichnungen auswertet. Auch geht der einführende Abschnitt zur Baugeschichte bis Ende des 18. Jahrhunderts (S. 66 f.) ziemlich daneben. Andererseits ist die Sicht eines Architekten und nicht wie üblich eines Kunsthistorikers oder Historikers nicht ohne Reiz.

Nach dem Herausgeber der Zeitschrift sollen vor allem die «Einzelheiten des Planungs- und Bauprozesses erkundet» und die «Architekturformen in allen Phasen» beschrieben werden (S. 5). Der personenorientierte Beitrag Ruprechts geht auf Großherzog Carl Alexander und die drei Wartburgarchitekten Alexander Simon, Ferdinand von Quast und Hugo von Ritgen ein. Der Großherzog als «führende Persönlichkeit, dem dieses Werk zu verdanken ist» (S. 66), hatte in der Wartburg ein «Gesamtkunstwerk» zum Ziel, das neben der Traditionsstätte seiner Familie auch «zeitweise von der großherzoglichen Familie bewohnt» (S. 65) werden sollte. Die weiteren Wartburgarchitekten Ziebland und Sältzer werden nur beiläufig erwähnt; Ziebland, da von ihm keine Konzeption überliefert ist, Sältzer nur mit seinen Aufnahmen des Zustandes um 1840 und als von Simon inspirierter Bauforscher (S. 67 und 71).

Nicht zuletzt wegen der negierten Wohnfunktion scheiterte Simon, dessen Konzeption Ruprecht zunächst beschreibt und bewertet. Von ihm kennt sie als die «einzigen Ansichten» (S. 68) die beiden Aquarelle von 1839[16], während ihr die Vorarbeiten und Entwürfe im Archiv der Wartburg-Stiftung unbekannt sind. Sie gelangt daher zur bisher gängigen Einschätzung, dass bei Simon die Wartburg «ihren Charakter als Festung» verliert und die «Funktion des Grabes» übernimmt (S. 70). Zutreffend sind auch die topographischen Widrigkeiten

---

15 TINA RUPRECHT: Die Rekonstruktion der Wartburg im 19. Jahrhundert. Konstruktion und Ausführungen im Sinne des Historismus. In: Thesis. Wissenschaftliche Zeitschrift der Bauhaus-Universität Weimar. 1(2003)2, S. 63–97.

für seinen Neubau (Fürstengruft, S. 70) und die Ableitung, «dass Simon den Funktionen eines ausführenden Architekten nicht gerecht wurde» (S. 71), als der er aber auch nie vorgesehen war.

Wenn sie allerdings seinem Entwurf Bedeutungslosigkeit für «Ausführung und die endgültige Gestalt» (S. 95) bescheinigt, hat sie die von den Nachfolgern übernommenen Elemente Simons nicht erkannt. Ohne eine vollständige Analyse vom Fortwirken Simons liefern zu können, sei auf den romanischen Rundbogenstil als normgebend für die Erweiterungsbauten verwiesen. Dabei hatte Ruprecht ausdrücklich auf die Akzeptanz Carl Alexanders für dieses Vorgehen hingewiesen (S. 65 f.), die im Gegensatz zum sonst von ihm bevorzugten Neorenaissancestil stand. Bei Simon ist auch die auf Bauforschung zurückgehende romanische Rekonstruktion des Palas anzutreffen, auch wenn sie sich noch nicht an die «Authentizität des mittelalterlichen Bestandes» (S. 71) hält. Schließlich sei auf das der Fürstengruft «aufgesetzte Kreuz» (S. 69) bei Simon aufmerksam gemacht, das nach alten Darstellungen wohl bereits Tradition hatte, bei Ritgen auf dem Bergfried verwirklicht wurde und aus der heutigen Silhouette nicht wegzudenken ist. Die Ähnlichkeit und Vorbildfunktion des Dreikonchenchors der romanischen St. Aposteln-Kirche in Köln (S. 70) für den zentralen Teil von Simons Fürstengruft überzeugt jedenfalls[17].

Zum Entwurf Ferdinands von Quast (S. 71–75) bildet sie mit dem Stadttor von Autun ebenfalls ein – andernorts bereits benanntes[18] – architektonisches Vorbild für das frei erfundene Tor an der höchsten Stelle der Wartburg ab (S. 75). Wie schon andere Autoren arbeitet Ruprecht Quasts Orientierung an den Vorgaben und die Übernahmen durch Ritgen heraus.

Den größten Teil widmet Ruprecht der Konzeption und Verwirklichung durch Hugo von Ritgen (S. 76–94), wo sie von der Konzeption schnell zur Beschreibung des verwirklichten Bauzustandes übergeht. Als eigene Leistung steuert sie sechs Draufsichten verschiedener Phasen (1850, 1852, 1860, 1867, 1877, 1890) bei (S. 80 f., Abb. 16–21).

Insgesamt bietet der Artikel Ruprechts einen informativen Überblick zu Planung und Verwirklichung der prägenden Rekonstruktion der Wartburg im

---

16 Zwei Aquarelle nach Jutta Krauss: Die Wartburg. Porträt einer Tausendjährigen. Eisenach 1993, Bild 119 und 120; Originale in Thüringischen Hauptstaatsarchiv Weimar (ThHStAW), Hausarchiv, A XXVI, Carl Alexander, Nr. 1576, Privatakten über die Wiederherstellung der Wartburg, Bl. 1 und 2.

17 Das Kölner Vorbild erwähnt schon Wilfriede Fiedler: Die Wiederherstellung und der Ausbau der Wartburg – ihre Stellung und Funktion in der Erbe- und Denkmalpflege des 19. Jahrhunderts. (Maschinenschrift) Halle 1989, S. 34 und Anm. 28. Doch ist fraglich, ob die Autorin Ruprecht deren Arbeit kannte.

18 Ernst Badstübner: Friedrich Wilhelm IV. von Preußen, Ferdinand von Quast und die Wartburg. In: Wartburg-Jahrbuch 1995. 4(1996), S. 102–111, hier S. 110.

19. Jahrhundert. In Details und manchen Einschätzungen ist er durchaus anregend. Eine abschließende Standardarbeit konnte unter den Voraussetzungen nicht erwartet werden.

*

Der ehemalige Burghauptmann Ernst Badstübner (Berlin) äußerte sich zu den Aspekten Romantik, Historismus und Denkmalpflege bei der Wartburgerneuerung des 19. Jahrhunderts[19]. Der nicht sehr umfangreiche, aber instruktive Beitrag verklammert kunsthistorische Überlegungen mit dem Palasfestsaal am Anfang und mit den Wartburgarchitekten am Schluss durch zwei Wartburgthemen.

Der von Ritgen konzipierte Festsaal habe «nur noch bedingt mit einer Leistung der Romantik zu tun», sondern sei schon mehr eine «Leistung des sich etablierten Historismus» (S. 285 f.) gewesen. Dessen Intentionen kamen nicht «überschwenglich und gefühlsbetont» daher, sondern stützten sich auf «ausgezeichnete Kenntnis des mittelalterlichen Burgenbaus» (S. 285). Gerade dies macht den Unterschied zwischen Romantik und Historismus aus. Die Romantik hatte sich um 1800 und besonders nach dem Untergang des alten Reiches 1806 von «bildungsbeflissenem Wissen» und «rationalistischem Geschichtsinteresse der Aufklärung» ab- und einem «gefühlsbetonten historischen Bewusstsein» für eine «entsprechend sensibilisierte Gesellschaft» zugewandt (S. 290 f.). Die nun geforderte «baukünstlerische Anschaubarkeit» für eine breitere Öffentlichkeit sieht Badstübner auf der Wartburg zuerst in der «Erneuerung des authentischen Raums» der Lutherstube 1816/17 angegangen (S. 291).

Der Historismus kehrt in gewisser Weise zum Rationalismus der Aufklärung zurück, was Badstübner so nicht explizit ausdrückt, nimmt sukzessive eine «Verwissenschaftlichung der Rezeption von Geschichte» vor, und der «Historist hat seine Vorbilder aus der Geschichte studiert» (S. 286). Bei Ritgens Vorbereitung auf die Festsaalgestaltung überwiegt diese Methode des Historisten, auch wenn er nicht, wie er glaubte, das «ursprüngliche, das mittelalterliche künstlerische und bedeutungstragende Wesen der Wartburgarchitektur» (S. 284) wiederstehen ließ, sondern eine «kreative Leistung des Historismus» (S. 288) vollbrachte. Badstübner sieht in Ritgen den «Urheber» der «ikonographischen Programme» des Festsaals und führt dafür die «entspre-

---

19 ERNST BADSTÜBNER: Romantik und Historismus, frühe Denkmalpflege und die Wartburg. In: HANS DICKEL und CHRISTOPH MARTIN VOGTHERR (Hrsg.): Preußen. Die Kunst und das Individuum. Beiträge gewidmet Helmut Börsch-Supan (Eine Publikation des Kunsthistorischen Instituts der Freien Universität Berlin und der Stiftung Preußische Schlösser und Gärten Berlin-Brandenburg). Berlin 2003, S. 283–299.

chend beschrifteten Entwurfszeichnungen» (S. 288, insbes. Anm. 8) Ritgens
für die Dachbinder – die Schnitzplastiken an der Ostwand – an.

Bei der Abhandlung über die vorgesehenen Wartburgarchitekten verwundert zunächst nicht die Erwähnung der auch andernorts vorgestellten Georg Friedrich Ziebland, Ferdinand von Quast und Hugo von Ritgen. Ins Blickfeld des Großherzogs und seiner Berater soll jedoch 1841 auch Carl Alexander von Heideloff in Nürnberg geraten sein. Dieser hatte sich seit 1837 am Neubau einer Burgruine zum Schloss Landsberg bei Meiningen beteiligt (S. 294). Mit ausgeführten Bildern aus der sächsisch-thüringischen Geschichte und einem vorgesehenen Lutherzimmer mutet Schloss Landsberg in allem wie eine «Antizipation der Wartburg» an. Wegen seiner Vorliebe für den gotischen Stil soll von Heideloff für die Wartburg zunächst nicht in Frage gekommen, später aber für die «Erneuerung des Ritterhauses in Betracht gezogen» worden sein (alles S. 294).

Nachgereicht wird der «Maler Karl Alexander Simon» (S. 298), auf den eine «Reihe von Baumeistern in sächsisch-weimarischem Dienst mit nicht weniger phantasievollen Entwürfen» folgt (S. 296). Wer diese Baumeister im Einzelnen waren, wäre interessant zu erfahren [20]. Badstübner nennt wenigstens den durch seine Aufmessungen und teilweise vorbildhaften Detailvorschläge bekannten Johann Wilhelm Sältzer. Dem abschließenden Kompliment an die «Schöpfer der Wartburg im 19. Jahrhundert, dass sie mit dem als ‹Restauration› begriffenen Werk auf Dauer Gefühlswerte getroffen haben» (S. 297), ist auf jeden Fall zuzustimmen.

---

20 In seinem Beitrag «Zu den Bauzeichnungen von Johann Wilhelm Sältzer. Ein Vorbericht» für
    das in Vorbereitung befindliche Wartburg-Jahrbuch 2003 nennt Badstübner noch Carl Spittel
    und Heinrich August Hecht.

Wartburgliteratur -
Neuerscheinungen und Nachträge
zur Zeit nach 1945

1. ERNST BADSTÜBNER: Romantik und Historismus, frühe Denkmalpflege und die Wartburg. In: HANS DICKEL und CHRISTOPH MARTIN VOGTHERR (Hrsg.): *Preußen. Die Kunst und das Individuum. Beiträge gewidmet Helmut Börsch-Supan* (Eine Publikation des Kunsthistorischen Instituts der Freien Universität Berlin und der Stiftung Preußische Schlösser und Gärten Berlin-Brandenburg). Berlin 2003, S. 283-299

2. JOACHIM BAUER und GERHARD MÜLLER: Jena, Johnssen, Altenberga. Ein Beitrag zur Geschichte der deutschen Freimaurerei im 18. Jahrhundert. In: JOACHIM BAUER; BIRGITT HELLMANN und GERHARD MÜLLER (Hrsg.): *Logenbrüder, Alchimisten und Studenten. Jena und seine geheimen Gesellschaften im 18. Jahrhundert.* Rudolstadt/Jena 2002, S. 19-85

3. OTTO BÖCHER: Christliche Endzeiterwartung und die Frömmigkeit des Vormärz. In: MICHAEL BUNNERS und ERHARD PIERSIG (Hrsg.): *Religiöse Erneuerung, Romantik, Nation im Kontext von Befreiungskriegen und Wiener Kongress. Fünftes Symposium der deutschen Territorialgeschichtsvereine,* Güstrow/Meckl. 21. bis 23. Juni 2002 (Mecklenburgia Sacra. 5) (Studien zur Deutschen Landeskirchengeschichte. Bd. 5). Wismar 2003, S. 59-79

4. STEFAN LAUBE und KARL-HEINZ FIX (Hrsg.): Lutherinszenierung und Reformationserinnerung *(Schriften der Stiftung Luthergedenkstätten in Sachsen-Anhalt. 2).* Leipzig 2002

5. KATHARINA LEINHOS: Der Bergfried der Wartburg. In: *wartburgland geschichte. Beiträge zur Geschichte, Kultur und Natur des Wartburglandes.* Heft 4. Eisenach [2003], S. 7-10

6. SIGMAR LÖFFLER: *Geschichte des Klosters Reinhardsbrunn. Nebst einer Baugeschichte des Schlosses Reinhardsbrunn.* Erfurt 2003

7. CHRISTINE MÜLLER: *Landgräfliche Städte in Thüringen. Die Städtepolitik der Ludowinger im 12. und 13. Jahrhundert* (Veröffentlichungen der Historischen Kommission für Thüringen. Kleine Reihe. Bd. 7). Köln/Weimar/Wien 2003.

8. RENATE MÜLLER-KRUMBACH: Die Alben des Herrn Arnswald. In: *Librarium. Zeitschrift der schweizerischen Bibliophilen-Gesellschaft.* 46 (2003)1, S. 25-44

9. Jürgen Petersohn: *Heinrich Raspe und die Apostelhäupter oder: Die Kosten der Rompolitik Kaiser Friedrichs II.* (Sitzungsberichte der Wissenschaftlichen Gesellschaft an der Johann Wolfgang Goethe-Universität Frankfurt a. Main. 40,3). Stuttgart 2002

10. Jörg Rogge und Uwe Schirmer (Hrsg.): *Hochadelige Herrschaft im mitteldeutschen Raum (1200 bis 1600). Formen – Legitimation – Repräsentation* (Quellen und Forschungen zur sächsischen Geschichte. 23). Stuttgart 2003

11. Tina Ruprecht: Die Rekonstruktion der Wartburg im 19. Jahrhundert. Konstruktion und Ausführungen im Sinne des Historismus. In: *Thesis. Wissenschaftliche Zeitschrift der Bauhaus-Universität Weimar.* 1(2003)2, S. 63–97

12. Günter Schuchardt: Wartburg-Stiftung Eisenach. In: *Kulturberichte. Arbeitskreis Selbständiger Kultur-Institute e. V.* (2003)3, S. 16–18

13. Martin Steffens: Die Lutherstube auf der Wartburg. Von der Gefängniszelle zum Geschichtsmuseum. In: Stefan Laube und Karl-Heinz Fix (Hrsg.): *Lutherinszenierung und Reformationserinnerung* (Schriften der Stiftung Luthergedenkstätten in Sachsen-Anhalt. Bd. 2). Leipzig 2002, S. 317–342

14. Stefan Tebruck: Pacem confimare – iustam exhabere – per amiciciam concare. Fürstliche Herrschaft und politische Integration. Heinrich der Erlauchte, Thüringen und der Weißenfelser Vertrag von 1249. In: Jörg Rogge und Uwe Schirmer (Hrsg.): *Hochadelige Herrschaft im mitteldeutschen Raum (1200 bis 1600). Formen – Legitimation – Repräsentation* (Quellen und Forschungen zur sächsischen Geschichte. 23). Stuttgart 2003, S. 242–303

15. Matthias Werner: Reichsfürst zwischen Mainz und Meißen. Heinrich Raspe als Landgraf von Thüringen und Herr von Hessen (1227–1247). In: Matthias Werner (Hrsg.): *Heinrich Raspe – Landgraf von Thüringen und römischer König (1227–1247). Fürsten, König und Reich in spätstaufischer Zeit* (Jenaer Beiträge zur Geschichte. 3). Frankfurt am Main (u. a.) 2003, S. 125–271

16. Helge Wittmann: Landgraf Hermann I. von Thüringen (1190–1217) und die Gründung der Grangie Vehra an der Unstrut. Zur Praxis fürstlich-ludowingischer Herrschaft im frühen 13. Jahrhundert. In: Jörg Rogge und Uwe Schirmer (Hrsg.): *Hochadelige Herrschaft im mitteldeutschen Raum (1200 bis 1600). Formen – Legitimation – Repräsentation* (Quellen und Forschungen zur sächsischen Geschichte. 23). Stuttgart 2003, S. 179–194

JAHRESÜBERBLICK 2003

Laudatio anlässlich der Verleihung des Wartburg-Preises 2003 am 30. Oktober 2003

Roman Herzog

Meine Damen und Herren, der Stiftungsrat der Wartburg-Stiftung hat in einer seiner letzten Sitzungen den Beschluss gefasst, den diesjährigen Wartburg-Preis Herrn Ministerpräsidenten a. D. Dr. Bernhard Vogel zu verleihen. Dieser Beschluss war für mich umso weittragender, da ich die Laudatio auf Bernhard Vogel halten sollte. Laudationes dieser Art, lieber Herr Vogel, haben wir gelegentlich gegenseitig gehalten, und immer sind sie eigentlich eine peinliche Angelegenheit: Am Soundsovielten da und dort geboren, zur Schule gegangen, Abschlüsse vorgelegt, diese und jene Leistungen erbracht und dergleichen. Der Laudant kennt selber sein Leben sicher besser als irgendjemand, wie ihn in der Regel auch die Zuhörer aus enger Zusammenarbeit besser kennen. So ist das, was ich hier tue, von vornherein mit einer großen Bitte um Verständnis und Toleranz, auch an das Publikum des heutigen Abends, zu versehen.

Im Vordergrund stehen natürlich die europäischen Verdienste Bernhard Vogels, aber wie könnte man das von seinen übrigen Tätigkeiten trennen. Deshalb steht naturgemäß mehr noch der Politiker Bernhard Vogel im Vordergrund. Ich sah mir in den letzten Wochen noch einige der kursierenden Lebensläufe an und habe ganz am Anfang Spuren einer wissenschaftlichen Karriere feststellen können. Studium, Promotion bei Dolf Sternberger, ein Lehrauftrag bei ihm an der Universität in Heidelberg, das alles hätte etwas werden können. Aber es ist nichts daraus geworden, weil der Volkssouverän zugeschlagen hat. Bernhard Vogel ist 1965, vor 38 Jahren also, in den Deutschen Bundestag gewählt worden. Allerdings waren es nur zwei Jahre, die er sich dort ausgetobt hat, denn schon 1967 ernannte man ihn zum Kultusminister im Lande Rheinland-Pfalz – einem der jüngsten, denn in diesem Alter ist man damals nicht Minister geworden. Da lebten ganz anders geartete Generationen in Westdeutschland: Eine alte Generation, die zwölf Jahre und zum Teil sehr viel länger von den verantwortungsvollen Ämtern ferngehalten worden war, eine mittlere Generation, die entweder gefallen, emigriert oder in Konzentrationslagern umgebracht worden war. Und erst danach kamen die Jungen dran. Ein Wunder, dass man damals sehr rasch auf den Bundestagsabgeordneten Bernhard Vogel zurückgegriffen hat.

Er war ein bemerkenswerter Kultusminister; ich habe es miterlebt. In einer Zeit, als in der Bildungspolitik eigentlich überwiegend Torheiten begangen worden sind, war er imstande Kurs zu halten zwischen allzu konservativen und allzu progressiven Bestrebungen. Wer sich die Atmosphäre der damaligen Zeit vergegenwärtigen kann, der weiß, was da an Mut und Stehvermögen verlangt wurde. Es ist im Grunde wie im Fußball: Wenn eine Mannschaft verliert, wird der Schiedsrichter von ihren Anhängern verprügelt. Verliert die andere, bekommt der Schiedsrichter die Prügel von deren Anhängern, und im Unentschieden verprügeln ihn alle miteinander. So ging es damals den Kräften, die den Kurs ausbalancierten wie eben Bernhard Vogel. Was mir an Ihnen, Herr Vogel, immer besonders imponierte, war Ihre umfassende Bildung und die Fähigkeit, deren Ergebnisse und Themen auch in der Öffentlichkeit so auszudrücken, dass es Leute von halbwegs gutem Willen und halbwegs durchschnittlichem Verstand auch verstehen konnten. Diese historische Bildung, ein fundamentales Wissen über die frühesten Zeiten bis zu den Jahren vor und nach 1945, stellt für einen Politiker eine ungeheure Gabe dar, die auch in kritischen Auseinandersetzungen sehr viel Sicherheit verschafft. Man musste vorsichtig sein und sich warm anziehen, wollte man sich auf politisch-historischem Gebiet mit Bernhard Vogel anlegen, was ich – damals im gleichen Kabinett – nie versuchte. Neun Jahre Kultusminister in einer Zeit, wo die Kultusminister mitunter wechselten wie die Trainer in der heutigen Bundesliga, sind eine bestaunenswerte Strecke.

Doch damit hat es ja nicht aufgehört. Als Helmut Kohl 1976 nach Bonn ging, um die Bundestagsfraktion zu übernehmen, wählte man Sie, Herr Vogel, zum Ministerpräsidenten, Ihre erste Ministerpräsidentschaft, mit allen unvermeidlichen Nebenerscheinungen. Wenn Sie Ministerpräsident sind, dann ist das Amt des Bundesratspräsidenten früher oder später unvermeidlich. Damals vor der Wiedervereinigung passierte das alle elf Jahre, weil diese Funktion für ein Jahr ausgeübt wird und es ja elf Länder gab. Bei den jetzigen 16 Bundesländern trifft es einen nicht mehr so oft, denn zwar ist es ein protokollarisch interessanter, aber ansonsten nur mit viel Mühe verbundener Posten und nicht mehr. Ihren Vorsitz bei der Ministerpräsidentenkonferenz und – nach dem Stellvertreter – im Verwaltungsrat des Zweiten Deutschen Fernsehens will ich hier nur nachrichtlich erwähnen. Wichtig aber ist, dass Sie damals für die deutsch-französische Zusammenarbeit im kulturellen Bereich bevollmächtigt gewesen sind. Herr Schuchardt hat bereits den Bogen von der Wartburg nach Hambach und von Hambach zurück zur Wartburg geschlagen, etwas für Deutschland ganz Entscheidendes. Sie leben jetzt in der Mitte Europas, aber wir haben damals am Rhein gelebt und der war eine Grenze, über die Jahrhunderte lang Generationen von Heeren von Ost nach West oder von West nach Ost gezogen sind und wo es eine wirkliche Erzfeindschaft gab. So habe ich es noch in der Schule gelernt, obwohl meine Lehrer alles andere als Nazis waren. Es war einfach üblich, in den Franzosen den Erzfeind zu sehen, und umgekehrt war es nicht besser. Diese Gräben zuzuschütten war notwendig und die vornehmste Aufgabe der ersten Politikergeneration in der alten Bundesrepublik Deutschland. Ich habe nie aufgehört zu glauben, dass die sprichwörtliche Lebenszugewandtheit etwa der Pfälzer oder der Rhein-Hessen etwas mit diesem bitteren Schicksal zu tun hat. Die Leute wussten ihre Habe immer schnell zu verfeiern, weil nie sicher war, wann das nächste Heer durchzieht und alles wegplündert. Ich glaube fest daran, obwohl ich bisher keinen Historiker fand, der mir das bestätigt hätte. Diese Möglichkeit einer friedlichen und freundschaftlichen Zukunft mit Frankreich musste damals wahrgenommen werden, und Bernhard Vogel hat in der genannten Eigenschaft eine große Rolle gespielt.

Seine stolze Parteikarriere, die er daneben verfolgte, will ich nur am Rande erwähnen. 1974 wurde er Landesvorsitzender der CDU in Rheinland-Pfalz, 1975 Mitglied im Bundesvorstand der Partei. Dort wurde ich zwei oder drei Jahre später hinein gewählt, und wieder saßen wir uns gegenüber. Es war eine gute Zusammenarbeit, die für ihn aber 1988 endete. Es soll hier auch nicht verschwiegen werden, dass es im Leben Bernhard Vogels ein paar bittere Stunden gab. Er musste als Ministerpräsident zurücktreten. Ohne jetzt Namen nennen zu wollen, auch wenn es mir vom Temperament her danach wäre, war es die eigene Partei, die ihn aus dem Amt entließ. Vielleicht waren Sie selbst nicht ganz unbeteiligt daran, hatte ich doch immer das Gefühl, dass Sie den destruktiven Kräften, die es auch in dieser Landespartei gab, da und dort etwas zu viel Spielraum zugebilligt hatten. Man kann darüber nachdenken und wir werden heute nicht darüber richten, aber ich möchte es bei dieser Gelegenheit auch nicht auslassen.

Weiterhin habe ich in den Lebensläufen, die ich studierte, etwas Merkwürdiges festgestellt: Bevor Sie Minister wurden, vielleicht auch noch in den ersten Jahren Ihrer Ministerschaft, waren Sie ganz nebenher Präsident des Zentralkomitees der Deutschen Katholiken. Ich will hier keine spezielle Würdigung vornehmen, schon weil ich nicht katholisch bin und folglich nicht mitreden kann, aber etwas ist dabei ganz besonders deutlich geworden: Bei einem Spitzenfunktionär in der Kirche erwartet man ja nicht nur eine christliche Haltung, die Bernhard Vogel immer gezeigt hat, man erwartet oder befürchtet gelegentlich, dass da doktrinäre Töne aufkommen, dass mit einem gewissen Fanatismus gefochten und argumentiert wird. So wie ich es erlebte, verschwieg Bernhard Vogel seine christliche, im Übrigen auch seine römisch-katholische Grundhaltung nie. Er ist bis heute prinzipienfest gewesen, was die

Thüringer wahrscheinlich besser beurteilen können als ich, aber es war nie penetrant. Da ich zu dieser Zeit eine vergleichbare Rolle im deutschen Protestantismus spielte, weiß ich, wovon ich rede. Woran ich mich in diesem Zusammenhang erinnere, steht auch in keinem Lebenslauf: Als das Kabinett von Rheinland-Pfalz, dem wir damals beide angehörten, einmal in der Hochschule für Verwaltungswissenschaften Speyer, an der ich nebenher Professor war, tagte, standen wir beide auf der einen Seite des Buffets nebeneinander, während auf der anderen Seite der schon damals ziemlich wohlgenährte Ministerpräsident Dr. Helmut Kohl stand und in seiner Art über den Tisch rief: «Da steht der Katholikenpapst mit dem Protestantenpapst.» Wir haben uns nicht auseinanderdividieren lassen, Herr Vogel. Sie riefen zurück: «Das ist ja nur der Neid bei dir.» Ich präzisierte: «Es ist nicht der Neid, sondern der Stolz, dass er uns beide im Kabinett hat.» Damals sagte Dr. Bernhard Vogel zum ersten Mal zu mir, dass ich über ein gesundes Selbstbewusstsein verfügen würde. Aber Spaß beiseite, hinweg über die Konfessionsgrenzen, die damals ja auch noch etwas höher und schroffer waren, als es heute der Fall ist, führten wir nützliche und tiefgehende Gespräche. Dabei habe ich von Ihnen viel gelernt und finde, das sollte heute auch einmal gesagt werden.

1988 schien alles zu Ende zu sein. Es kam die erste Beschäftigung in der Konrad-Adenauer-Stiftung, die ich hier nur der Vollständigkeit halber erwähne, und dann die zweite Chance, eine ganz große Herausforderung: Thüringen. Die Vorgeschichte ist vielen hier im Saal wahrscheinlich genauer bekannt als mir, obwohl auch ich sie zu kennen glaube. Man hat Bernhard Vogel in einer kritischen Situation als Ministerpräsident in das Land Thüringen geholt, und von 1992 bis in dieses Jahr 2003 ist er dieser Funktion gerecht geworden. Ich habe ihn, insbesondere in der Zeit, in der ich Bundespräsident war, sehr genau beobachtet und gesehen, worin sich die Amtsführung von der in Mainz unterschied. Ich will mich nicht in Einzelheiten verlieren, aber ich sah, wie dieses Land, das sich ja wie alle unsere östlichen Bundesländer in einer schwierigen Lage befand, von diesem Ministerpräsidenten in ganz besonderer Weise profitiert hat. Es war für uns alle kompliziert, im östlichen Teil Deutschlands zu agieren, aber er war kein Besser-Wessi, trat auch nicht als Heilbringer auf, was ihm sowieso nicht liegt, war kein Präzeptor Thuringiae oder gar ein «König», wie ihn manch anderes östliches Bundesland plötzlich hatte. Am Ende war er einfach ein Diener dieses Landes, wie es sich für einen Spitzenpolitiker gehört, und was heute ja auch nicht mehr ganz so selbstverständlich ist. Ratgeber, Diener und zum Teil wohl auch Katalysator der Gegensätze, die in solch einer Situation einfach auftreten.

Spannen wir nun einen weiteren Bogen, diesmal nicht von Hambach zur Wartburg, sondern von der Westgrenze zur Ostgrenze. Zunehmend tritt in den Tätigkeiten Bernhard Vogels Polen in den Vordergrund. An sich nichts

Neues, aber von Erfurt aus ist die Situation eine ganz andere als von Mainz. Er hat es, wie alle aus der Ecke vom Rhein, als die Fortsetzung oder die Vollendung dessen betrachtet, was in Richtung Westen, nach Frankreich hin schon geleistet worden war. Um nicht pathetischer zu werden, ist dies ein Anliegen, dass die Generation von Politikern, vor allem von der Rheingrenze her, weitgehend beherrscht hat. Aber es entspricht auch einer alten Tradition des süddeutschen Liberalismus, einst gegen das protestantische preußische Regime an der Seite der Polen gestanden zu haben; in ganz besonderer Weise natürlich einer alten Tradition des deutschen Katholizismus, aus Gründen, die ich hier nicht näher erläutern will. Alles in Allem besitzt jedoch diese unmittelbare Zuwendung zu den katholischen Polen eine innere Folgerichtigkeit, die hier einmal mehr deutlich wurde. Wenn ich alles richtig gelesen habe, erwartet Sie, lieber Herr Vogel, in der nächsten Woche eine Ehrendoktorwürde, eine haben Sie wahrscheinlich schon. Ich rede ungern darüber, weil ich solchen Ehrungen, soweit sie mich betreffen, ziemlich skeptisch gegenüber stehe. Aber in Ihrem Fall, lieber Herr Vogel, bin ich nicht skeptisch: Es ist ein Leben, ein Anliegen, das sich irgendwie von Westen nach Osten rundet. Es müssen nun etwa 21 Jahre Ministerpräsidentschaft gewesen sein. Sie haben Glück, dass Sie jetzt abtreten konnten, sonst wären Sie ein drittes Mal Bundesratspräsident geworden.

Die Rundung von West nach Ost, der Bogen zwischen Hambach und der Wartburg sind Lebensinhalte, um die ich Sie beneide. Mehr will nicht über Ihr sich abrundendes Leben sagen, sonst steht morgen in der Zeitung, ich hätte uns beiden ein baldiges Ableben prophezeit, was es ja nun auch nicht sein soll. Meine Damen und Herren, jeder Laudator muss am Ende seiner Rede das sagen, was ich jetzt sage: Bernhard Vogel ist ein würdiger Träger des Wartburgpreises. Wir können alle darauf stolz sein, dass er ausgezeichnet wurde. Im Falle Bernhard Vogels haben diese Schlussworte jedoch den großen Vorteil, auch zu stimmen.

Rede zur Verleihung des Wartburg-Preises 2003 am 30. Oktober 2003

Bernhard Vogel

Sehr verehrte, liebe Frau Professor Schipanski, in diesem Fall als Vorsitzende des Stiftungsrats der Wartburg-Stiftung, verehrter Herr Professor Herzog, Herr Burghauptmann, meine Damen und Herren Kollegen aus den Parlamenten und den Kabinetten, meine sehr verehrten Damen und Herren, Herr Oberbürgermeister von Eisenach, es gehört sich wohl, dass man sich zunächst bedankt, wenn einem eine Freude bereitet wird. Sie haben mir eine Freude bereitet und ich möchte mich herzlich bedanken. Zuerst bei der Wartburg-Stiftung, Ihnen Frau Vorsitzende und den Mitgliedern des Wartburggremiums und der Stiftung für ihre, wie ich gehört habe, einstimmige Entscheidung und Ihren Vorgängern Herrn Schuchardt und Herrn Fickel für die Fortführung dieser Idee zu diesem Preis. Und ich bedanke mich bei Ihnen, lieber Roman Herzog. Gestatten Sie diese etwas vertrauliche Anrede, Sie haben es ja gesagt, es war nicht Ihre erste Laudatio auf mich und fast entschuldige ich mich, dass Sie sich meinetwegen die Mühe machen mussten, in einer Woche zweimal auf die Wartburg zu kommen. Ich habe mich über keine Ihrer Laudationes mehr gefreut als über Ihre heutige. Sie kam von Herzen und ich sage Ihnen als «Fußnote» dazu: Ich werde mich bei Gelegenheit revanchieren.

Meine Damen und Herren, wenn ich ein wenig stolz darauf bin, zu was es meine Mitarbeiter gebracht haben, dann nehmen Sie mir das bitte nicht übel. Zwei meiner Minister sind Ministerpräsidenten geworden und wie man hört, gar nicht schlechte. Einer meiner Staatssekretäre ist UN-Kommissar in Nairobi geworden, Herr Professor Töpfer. Und einer meiner Staatssekretäre, bisher jedenfalls, ist Bundespräsident geworden und hat mich damit weit übertroffen. Auf diesen Erfolgsweg und dass wir so viele Jahrzehnte gemeinsam gehen konnten, Herr Professor Herzog, bin ich besonders stolz. Herzlichen Dank, dass Sie hier waren und hier sind. Schließlich einen herzlichen Dank Ihnen allen, die Sie sich die Mühe gemacht haben, in dieser Jahreszeit auf die Wartburg zu kommen. Ich freue mich über die Anwesenheit von jedem von Ihnen und danke Ihnen dafür. Ganz besonders danke ich den fünf Musikern, den Gewinnern bei dem Jugendwettbewerb 2003. Ich finde, man hätte das Forellenquintett nicht fröhlicher und heiterer spielen können. Ich gratuliere Ihnen und danke Ihnen, dass Sie heute hier dabei sind.

Sie haben mir mit diesem Preis Freude bereitet, auch, weil er mit dem Namen dieser Burg verbunden ist, der Wartburg. Meine Damen und Herren – ich weiß nicht, ob Sie es nachvollziehen können, ich habe mich selten in meinem Leben so glücklich gefühlt, als an jenem Tag im Jahre 1992, wo ich zum ersten Mal als Ministerpräsident auf die Wartburg gekommen bin. Ich habe sie natürlich gekannt, denn ich hatte es mir zur Regel gemacht, jedes Jahr während meiner Ministerpräsidentschaft in Rheinland-Pfalz eine Region der damaligen DDR zu besuchen. Welcher Unterschied! Außer zu den verlässlichen Begleitern meiner Reisen in der DDR-Zeit von Seiten der Staatssicherheit war ja kaum ein Kontakt möglich.

Die Thüringer Ministerin Dagmar Schipanski und Bernhard Vogel bei der Übergabe des Wartburg-Preises 2003

Und jetzt, 1992, auf der deutschesten aller deutschen Burgen – es gab keine Grenzen mehr, der Blick war frei, und sie lag nicht mehr an der Grenze zwischen zwei Welten, sondern in Deutschland und mitten in Europa. Zehn Jahre zuvor, und das war für mich das Bewegende, hatte ich dafür gesorgt, dass das Hambacher Schloss, das bis dahin eine Ruine war, drüben links des Rheines, zur 150-Jahr-Feier von 1832 wieder aufgebaut und hergerichtet worden war und hatte die dortigen Feierlichkeiten organisiert. Denn 1832 war das Hambacher Fest die größte Demonstration der Deutschen zu Beginn des Aufbruchs der Deutschen auf ihrem langen und schmerzlichen Weg zur freiheitlichen Demokratie. 1832 – dreißigtausend Menschen kamen auf den Berg, wo das Hambacher Schloss liegt. Sie wollten Verfassung und Republik, sie wollten Einheit der Nation, sie wollten Pressefreiheit, sie wollten Freiheit für die unterdrückten Völker, vor allem für die Polen, die damals mit besonderem Beifall wegen ihres schwierigen Schicksals begrüßt wurden, und sie wollten ein konföderiertes Europa, und sie wollten das alles zum ersten Mal unter der Fahne von schwarz-rot-gold. Die Fahne von Hambach hängt heute im Sitzungssaal des rheinland-pfälzischen Parlamentes in Mainz. Aber der eigentliche Ursprung des Hambacher Festes, es klang vorhin an, ist hier, ist 1817 das Treffen der Studenten, wo der Geist des nationalen Widerstandes gegen die Fremdherrschaft und der Wille zu einem einigen Deutschland in einem konföderierten Europa und wo auch die Fahne mit ihrem Ursprung zum ersten Mal deutlich war. Ich nannte auf dem Hambacher Fest 1982 meinen Wunschtraum, der unerfüllbar schien, nämlich nicht nur auf dem Hambacher Schloss, sondern auch auf der Wartburg zu stehen.

Zehn Jahre später ging dieser utopische Wunschtraum in Erfüllung. Heute bekomme ich einen Preis mit dem Namen der Wartburg. Verstehen Sie, dass ich mich freue, und ein weiterer Grund dafür ist bereits angesprochen worden: In der Präambel des Statuts für den Wartburg-Preis heißt es: «dass die Zukunft Europas von der Verständigung seiner Völker und von der Entwicklung eines europäischen Bewusstseins abhängig sei». Es geht um den europäischen Einigungsprozess und es ist mir in der Tat wichtig, dass wir über unsere vielen eigenen Sorgen diesen Auftrag bitte nicht vergessen. Schon gar nicht wir in Thüringen und in den jungen Ländern, die wir wahrlich alle Hände voll zu tun haben, unsere eigenen Angelegenheiten zu meistern. Es wäre vielleicht sogar entschuldbar, wenn wir darüber Europa vergäßen, aber es wäre ein großer Fehler. Das ist unsere Stunde, meine Damen und Herren, die Stunde der Menschen, die selbst die Wiedervereinigung ihres Vaterlandes zustande gebracht haben, der Menschen, die jetzt über ihr Land hinausblicken und sich dafür engagieren müssen. Am Vorabend der Erweiterung der Europäischen Union, des Beitritts von über 70 Millionen europäischer Bürgerinnen und Bürger, ist natürlich der Blick vor allem nach dem Osten gerichtet, in Sonderheit von den Nachbarländern aus, wo eine Brückenfunktion nach Osten in der Tat so wichtig ist wie drüben am Rhein die gelungene Brückenfunktion zum Westen nach Frankreich. Nach Litauen zu blicken, beispielsweise, und zu den anderen baltischen Staaten, wo man die Brücke nach Weißrussland und der Ukraine schlägt, nach Ungarn zu blicken, wo wir eine gemischte Kommission der beiden Regierungen haben, eine Partnerschaft der Parlamente bei Litauen und eben in der Tat vor allem und immer wieder nach Polen, dem größten und, wenn nicht alles täuscht, selbstbewusstesten unter den neuen Beitrittsländern, von dem wir allem Anschein nach noch viel hören werden. Wen von uns schmerzt es nicht, dass die Diskussion um ein Zentrum gegen Vertreibung so heftige Reaktionen ausgelöst hat, und wer wünschte sich nicht, dass es gelänge, auch über die Fragen der Vertreibung in einem sachlichen Gespräch einvernehmlich deutlich zu machen, dass wir die Opfer nicht zu Tätern machen wollen.

Ich jedenfalls bin fest davon überzeugt, dass die Aussöhnung zwischen Polen und Deutschland inzwischen so weit gediehen ist, dass wir sie durch den Zwist der letzten Wochen nicht mehr gefährden können. Und weil mir die Versöhnung zwischen Deutschland und Polen seit Jahrzehnten ein besonderes Herzensanliegen ist, bin ich natürlich engagiert dabei, mich in diese Diskussion einzubringen und besonders um Verständnis für den europäischen Einigungsprozess zu werben. Daher möchte ich auch das Preisgeld, das mit dieser Ehrung verbunden ist, dem Maximilian-Kolbe-Werk zuwenden, einem Werk, das sich seit drei Jahrzehnten um die Versöhnung mit Polen bemüht. Es nimmt sich Überlebender der KZ in Polen an und tut damit stellvertretend für alle Deutschen etwas im Geiste Maximilian Kolbes, der für einen zum Tode verurteilten Familienvater in den Hungerbunker von Auschwitz ging. Das europäische Haus muss zu einem gemeinsamen Haus der Freiheit und des Friedens und des Wohlergehens werden. Das wird viele Anstrengungen erfordern, meine Damen und Herren, aber wir haben es ja selbst erfahren: Anstrengungen lohnen sich. In der Charta der Grundrechte der europäischen Union, die unter Führung von Roman Herzog formuliert worden sind, heißt es in Artikel 1 mit den Worten des deutschen Grundgesetzes, «die Würde der Menschen ist unantastbar».

Und schließlich ein letzter Grund zur Freude sind die bisherigen Preisträger, die meines Erachtens verbinden, aber gleichzeitig auch verpflichten. Nur ein paar Beispiele: Richard von Weizsäcker, Hans-Dietrich Genscher, Roman Herzog und Hildegard Hamm-Brücher – streitbereit, voller Charme und Energie. Das junge Fräulein Brücher, wie man damals sagte, hat mir, als ich wahlberechtigt wurde, als Münchener Stadträtin die Urkunde meiner Volljährigkeit überreicht, und seit diesen Tagen haben wir manchen Kampf miteinander ausgefochten, waren nicht immer einer Meinung, aber ich schätze und respektiere sie als eine der großartigsten Frauen unter den deutschen Politikerinnen. Ich bedanke mich. Ich fühle mich durch den Preis, durch die bisherigen Preisträger verpflichtet und in Pflicht genommen. Ich fühle mich der Wartburg verpflichtet und ich kann nicht anders, als an die heilige Elisabeth zu erinnern, die Thüringerin aus ungarischem Königshaus und Frau eines Thüringer Landgrafen, und natürlich an Martin Luther, noch dazu am Vorabend des Reformationstags, an Martin Luther, der die Welt verändert hat, der die deutsche Geschichte verändert hat und nicht zuletzt die deutsche Sprache verändert hat. Ich bin froh und dankbar über diesen heutigen Tag.

Baugeschehen

Bericht über die Baumaßnahmen der Wartburg-Stiftung
im Jahre 2003 mit bauhistorischen Erkenntnissen
zum Erdgeschoss der Vogtei und zum Dirnitzkeller

Hans-Jürgen Lehmann

Die geplanten konservatorischen und die Bau-Werterhaltungsmaßnahmen
wurden in Zusammenarbeit mit dem Thüringischen Landesamt für Denkmalpflege, dem Thüringer Ministerium für Wissenschaft, Forschung und Kunst
sowie dem Bund (Bundesbeauftragte für Kultur und Medien) vorbereitet und
dafür 1 Million EUR Fördermittel einschließlich des Eigenanteils bereitgestellt.
Trotz finanzieller Reduzierung konnte in diesem Jahr eine Reihe beachtlicher
Baumaßnahmen fortgeführt, abgeschlossen oder begonnen werden.

I. ARBEITEN INNERHALB DER BURGMAUERN

Wichtigste konservatorische Baumaßnahme war die Steinkonservierung im
Innern der 1866/67 erbauten Torhalle zwischen erstem und zweitem Burghof.
Auf Grund ihres problematischen Zustands wird sie in den Jahren 2003 und
2004 saniert. Die Restaurierungskonzeption sieht Arbeiten an den Decken-
gewölben, aufgehenden Natursteinwänden, Pfeilern, Treppen, Fensterlaibun-
gen und am Tor vor. In gemeinsamer Beratung mit den Fachorganen und
Restauratoren wurde entschieden, die Torhalle als Baukörper des 19. Jahrhundert wiederherzustellen. Das bedeutet, dass die Fahrspur einen gut befahr-
baren Natursteinpflasterbelag erhält und der jeweils seitlich gelegene Fußboden wieder mit geritzten, ornamental verzierten Keramikplatten versehen
wird. Die Gewölbe werden dem 19. Jahrhundert entsprechend farblich gefasst.

   Im Ergebnis der Ausschreibung vom November 2002 bis Februar 2003 erhielt
die Firma Bennert den Auftrag zur Realisierung. Ende April 2003 entfernte die
Bauhütte der Wartburg zunächst die schweren Torflügel. Danach rüstete die
Firma Bennert die Torhalle ein, wobei zur Gewährleistung der Durchfahrt ein
entsprechend breiter und hoher Tunnel eingebaut werden musste.

   Die Steinrestaurierungsarbeiten begannen am 28. April 2003 unter Anleitung von Herrn Scheidemann (Steinrestaurator aus Friedrichroda) und dem
Verfasser. Erforderliche Arbeitsgänge waren die konservatorische Sicherung
bestimmter Steine an Gewölben und Wänden, das Ausstemmen der Fugen, die

manuelle und maschinelle Reinigung mit Wirbel- und Mikrostrahlverfahren und Entsalzungszyklen an besonders belasteten Bereichen, um die Verkrustungen abzulösen. Bei Letzterem mussten Kompressen mehrmals aufgetragen werden. Diese Arbeiten wurden von Laborkontrollen begleitet und benötigten schon aus bauphysikalischen Gründen entsprechend längere Zeit.

Parallel begannen Basisbefestigungen und die partielle Festigung am Ziegelstein der Gewölbe sowie am Konglomeratgestein der Wände. Restauratorischer Oberflächenverschluss und Formergänzungen konnten anlaufen, nachdem die Rezepturen für die Ergänzungsmassen für Ziegel- und Natursteine durch Herrn Seifert von der Materialforschungs- und -prüfanstalt (MFPA) Weimar erstellt und vor Ort erprobt waren. An den westlichen Wandflächen wurde die Verfugung bis Dezember 2003 beendet, nachdem Proben auf Materialkörnigkeit, Farbe und Fugenform getestet worden waren. 2004 sollen diese Arbeiten fortgeführt und fertig gestellt werden.

Von Jahresbeginn bis zum 22. April 2003 kamen die restlichen Steinkonservierungs- und Retuschearbeiten an der Außentreppe des Gadems zum Abschluss. Im Kellertreppengang des Gadems musste der Sanierputz einschließlich der Fugenmörtel entfernt werden. Die Wandflächen blieben nach der Reinigung unverputzt und wurden nur neu verfugt.

Im November 2003 begann der Einbau eines Fettabscheiders in der südöstlichen Ecke des Gadem-Kellers. Für die Wasser- und Abwasserleitungen erfolgten Wand- und Gewölbedurchbrüche und der Einbau einer Trockenwand mit Tür. Die Anschlüsse zur Küche des Gadem-Cafés können erst 2004 erstellt werden.

Von Januar bis April 2003 wurden mit Unterbrechungen Werterhaltungs- und Sanierungsarbeiten im Kellergeschoss der Dirnitz durchgeführt. Im vordersten Kellergewölbe legte man den historischen Bestand mit Rhätsandsteinbogen und -treppe frei (s. Abschnitt 5). Im übrigen Kellergewölbe und Gang wurden desolate Putze abgehackt, Werksteine und Gewölbe gesäubert, neu verputzt und verfugt.

Der Bergfried unterlag nach entsprechenden Auflagen der Brandschutzverbesserung, indem der Rohrleitungskanal neben der Treppe hinter Promatplatten einschließlich erforderlicher Revisionsklappen und -türen verschwand.

Die Arbeiten zur Neueindeckung des kleinen Treppenturmes und der Dirnitzlaube begannen am 17. März 2003 durch die Firma Ralf Schuchardt (Eisenach) und endeten einschließlich der Nebenarbeiten (Blitzschutz) am 14. April 2003. Der Abnahme der desolaten Schieferdeckung folgten Reparatur der Schalung und Neueindeckung mit Schiefer.

Eine Reihe von Werterhaltungs- und Sanierungsarbeiten betraf die Vorburg. In diesem Burgbereich, in dem bisher Oberflächen- und Abwasser zusammenflossen, besteht nun eine Oberflächenwasserleitung zu deren Trennung. Dafür wurde eine entsprechende Leitung vom Schacht vor der Torhalle auf Höhe des Dirnitzgiebels bis zur Anbindung vor dem Vogteigiebel verlegt. Pflaster, Unterbau und Fels wurden aufgebrochen und nach der Rohrverlegung wieder geschlossen.

Am 3. März 2003 begannen Bauarbeiten an der öffentlichen Toilette unter dem Margarethengang für einen Neuausbau. Die Firma Kati Reinhardt & Peer-Olaf Rönick GbR (Bad Langensalza) bekam nach Ausschreibung den Zuschlag für die Sanitärarbeiten. Die WC-Anlagen erhielten pflegeleichte Kuhfuss-

Armaturen. Weitere Arbeiten erbrachte die Bauhütte der Wartburg. Um die Entlüftung zu erneuern, musste ein Durchbruch im Giebel über der WC-Anlage in Richtung Tugendpfad geschaffen werden. Die Installation der Sanitärausstattung der WC-Trennwände und Malerarbeiten über die Firma Meyfarth (Mihla) erfolgten bis zum 16. April 2003.

Von April bis November 2003 führte die Bauhütte umfangreiche Sanierungsarbeiten am Fachwerk der Westfassade in Höhe Eseltreiberstübchen und Aborterker durch. Schadhafte Fachwerkbalken wurden durch neue Eichenbalken ersetzt, die entsprechenden Gefache neu vermauert und die üblichen begleitenden Putz- und Malerarbeiten durchgeführt. Das Gleiche betraf den Fachwerkgiebel über dem Taubenschlag, der ein Gesimsvordach mit Dachziegeldeckung erhielt, da hier Regen und Luftverwirbelung besonders große Verschleißerscheinungen hervorgebracht hatten.

Im Hof der Vorburg erfolgten die Reparatur und Teilerneuerung von Abdecksteinen aus Naturstein und von einer der gotischen Platten mit Fischblasenmotiv in der Brüstungsmauer.

Vom 20. Oktober bis 21. November 2003 erfuhr der mittlere Raum im Erdgeschoss der Vogtei eine umfangreiche Rekonstruktion, um Führungskoordinierung und Informationsbüro (bisher Schlossberg in Eisenach) miteinander zu vereinigen. Nach Entfernung desolater Putzbereiche kam in der Südostecke historisches, bis in die Romanik zurückreichendes Mauerwerk zum Vorschein, das durch ein bauhistorisches Fenster dauerhaft sichtbar geblieben ist (s. Abschnitt 4). Die Arbeiten schlossen Abriss der Leichteinbauwände, Erneuerung der Elektroleitungen, Reparatur des Parkettfußbodens, Ergänzung der Lampris, Neuverlegung von Elektroleitungen und Einrichtung ein; der Raum war ab 24. November 2003 wieder nutzbar.

Des Weiteren erwähnenswert sind der Einbau einer dimmbaren Beleuchtung in der Elisabethkemenate durch die Bauhütte, die Ausbesserung der Steuerungsanlage für die Beleuchtung im Festsaal des Palas durch die Firma Bechmann (Eisenach) und die Installierung eines Drehkreuzes im Zugangsbereich des Südturmes.

2. ARBEITEN AUSSERHALB DER BURGMAUERN

Im Jahre 2003 richteten sich große Aufwendungen auf die Erschließung des sog. «Tugendpfades» für den künftigen Besucherverkehr. Der Pfad beginnt unterhalb der Zugbrücke und führt am Fuß der westlichen Burgmauer entlang um die Südseite bis vor die Ostseite des Palas. Im vorderen Teil, unterhalb des Minnegartens, wurden die Brüstungsmauern und Fundamente erneuert, Elektrokabel und Schachtabdeckungen umverlegt sowie Planierungs- und Wegebauarbeiten durchgeführt.

Abb. 2a:
der Tugendpfad
unterhalb der west-
lichen Burgmauer
zu Beginn der
Befestigungsarbeiten

Abb. 2b:
der Tugendpfad
unterhalb der west-
lichen Burgmauer
während der
Befestigungsarbeiten

Abb. 2c:
der Tugendpfad
unterhalb der west-
lichen Burgmauer
nach den
Befestigungsarbeiten

Am 23. Juli 2003 begannen die umfangreichen Bauarbeiten unterhalb der Dirnitz bis zum Gadem, wo der in den 1960er Jahren gebaute Weg abzustürzen drohte. Nach umfassenden Planungsarbeiten und Ausschreibung hatte die Firma Gerdum u. Breuer, Betriebsteil Eisenach, den Zuschlag mit einer veranschlagten Gesamtbausumme von ca. 200.000 EUR erhalten. Zunächst erfolgten der Aufbau von Schalungen, die Sicherung von Leitungen und Kabeln, das Betonieren einer Arbeitsebene und die Bohrarbeiten für die vertikalen und horizontalen «Ischebeck»-Druck- und Zugpfähle, die in die Bohrlöcher eingebracht und einbetoniert wurden. Auf die Anker dieser Pfähle setzte der Weg in Form einer Stahlbetonplatte auf. Daraufhin folgten Dichtungsarbeiten sowie das Einbringen von Drainmatten und Natursteinpflaster in den Bettungsmörtel. Die Insolvenz des Baubetriebes verursachte eine längere Bauunterbrechung und verhinderte die geplante Fertigstellung 2003. Die Restarbeiten wie Fugenverguss des Pflasters, Stufenein- und Geländeraufbau sollen 2004 erfolgen.

Ab 2. September 2003 setzte der Umbau des mittlerweile verschlissenen Kassenhäuschens am Parkplatz ein. Die Bauhauptleistungen übernahm die Firma Bau- und Denkmalpflege. Für Fenster und Türen erhielt die Firma Senf und für Fliesenarbeiten die Firma Kellner (alle Eisenach) den Zuschlag. Die Bauhütte der Wartburg bewerkstelligte die Elektro- und Sanitärarbeiten sowie den Aus- und Wiedereinbau der Möbel und Ausstattungen. Nach den Maler-

Abb. 3a:
das Kassenhäuschen
am Wartburg-
Parkplatz vor dem
Umbau

Abb. 3b:
das Kassenhäuschen
am Wartburg-
Parkplatz nach dem
Umbau

arbeiten durch die Firma Meyfarth (Mihla) konnte der gesamte Umbau am 5. November 2003 abgeschlossen werden.

Das zur Wartburg-Stiftung gehörende Objekt «An der Münze 3» in Eisenach, welches überwiegend als Magazin der Wartburg genutzt wird, wurde bereits bis Ende 2000 saniert. Aus Kostengründen konnten die Außenanlagen wie Innenhof, nördliches und westliches Umfeld einschließlich der Umzäunung erst 2003 in Angriff genommen werden. Nach Planung und Ausschreibung bekamen für die Errichtung der Außenanlagen die Firma Grünfuchs Garten- und Landschaftsbau GmbH (Schmalkalden) und für Tore und Metallzaun die Firma Baumetall GmbH (Mühlhausen) den Zuschlag.

Am 10. Juni 2003 begannen die Arbeiten an den Außenanlagen und waren bis zum 6. Oktober 2003 beendet, die Bepflanzung allerdings erst bis zum 29. Oktober. Damit ist das Gesamtobjekt «An der Münze 3» baulich fertiggestellt.

3. WISSENSCHAFTLICHE VERMESSUNGSARBEITEN, BAUFORSCHUNG UND KARTIERUNGEN

Steingerechte Aufmaße des Bestandes im Maßstab 1:20 (Längs- und Querschnitt) wurden vor allem für die Steinkonservierungsarbeiten an den Fassaden der Torhalle am Bergfried erstellt. Weitere Messarbeiten betrafen das Kellergeschoss der Dirnitz (Grundriss), die Zisterne (Ansicht und Draufsicht sowie steingerechtes Aufmaß) und die Hofburg (Längsschnitt durch den Hof).

Die bauhistorische Situation im mittleren Raum des Erdgeschosses der Vogtei wurde aufgemessen und soll dokumentiert werden.

Auch 2003 fanden die Arbeiten zur Sicherung und Erhaltung der Schwindfresken ihren Fortgang. Herr Dr. Zier von der Materialforschungs- und Prüfanstalt an der Bauhaus Universität Weimar untersuchte den Putz auf Schadstoffbelastung (besondere Salze) für begleitende Konservierungsmöglichkeiten und legte abschließend die Ergebnisse im Forschungsbericht F82/007-03 und Schlussbericht Nr. F82/009-03 vor. Das Ingenieurbüro Lobers & Partner (Dresden) beendete die Klimamessungen der betreffenden Räume im Palas. Der Restaurator Jürgen Scholz erstellte in Vorbereitung der Konservierungs- und Restaurierungsarbeiten am Fresko Ludwigs IV. (mit Krämer) erste Proben im Landgrafenzimmer und führte Notsicherungen durch.

4. DAS BAUHISTORISCHE FENSTER IM MITTLEREN ERGESCHOSS-RAUM DER VOGTEI DER WARTBURG

Wie bereits beschrieben, kam im Erdgeschoss der Vogtei eine bemerkenswerte bauhistorische Situation ans Licht. Nach Entfernung des Putzes im mittleren Raum zeigten an der Südwestecke Rußfläche und Loch für die Auflage eines

Abb. 4:
das bauhistorische
Fenster im
Ergeschoss der
Vogtei auf der
Wartburg

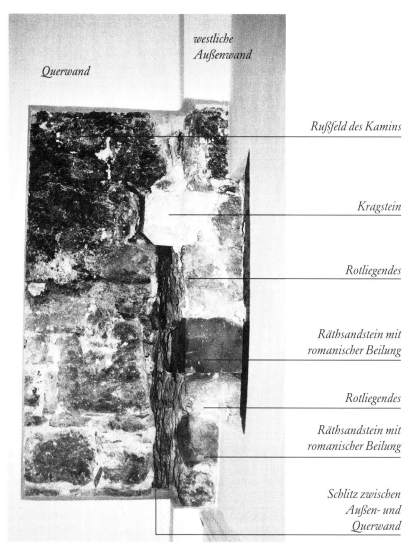

Querwand

westliche
Außenwand

Rußfeld des Kamins

Kragstein

Rotliegendes

Räthsandstein mit
romanischer Beilung

Rotliegendes

Räthsandstein mit
romanischer Beilung

Schlitz zwischen
Außen- und
Querwand

Tragebalkens die Spuren einer einstigen Kaminhaube an. Zwischen der westlichen Außenmauer und der Quermauer wurde ein durchgehender Schlitz sichtbar.

Im oberen Bereich wurde ein abgestemmter Kragstein entdeckt, der später zusammen mit der hinzugemauerten, ca. 0,90 m dicken Quermauer aus

Naturstein eingefügt worden war. Diese Wand wurde in die vorspringende Ecke der traufseitigen westlichen Längsaußenwand nicht eingebunden, wodurch man den durchgehenden Schlitz als Rauchabzug nutzen konnte. An der fortlaufenden westlichen Außenwand sind im südlich anschließenden Raum noch zwei weitere Kragsteine vorhanden. Die westliche Längswand muss primär entstanden sein; Querwand und Nutzung dieser Raumecke als Feuerstätte bzw. Kamin folgten später.

Unter dem Kragstein des Eckvorsprungs sitzen eine Lage rotliegender Natursteine, dann ein Quader aus Rhätsandstein, nochmals eine Lage Rotliegendes und wieder ein Quader aus Rhätsandstein. Die beiden Quader weisen gebeilte Bearbeitungsspuren aus romanischer Zeit auf, wie sie auch am Palas vorkommen. Zur dauernden Sichtbarkeit des originalen Bestandes wurde im Dezember 2003 ein Bauzeitfensters angelegt (Abb. 4).

5. DIE WERTERHALTUNGS- UND STEINKONSERVIERUNGSARBEITEN
IM DIRNITZ-KELLERGESCHOSS MIT BAUHISTORISCHEN BETRACHTUNGEN
ZUM ÄLTEREN BAUBESTAND VON VORGÄNGERBAUTEN

5.1. Arbeiten der Bauhütte der Wartburg-Stiftung

Die Bauhütte führte im Januar und Februar sowie im Oktober und November 2003 Werterhaltungsarbeiten im Kellergeschoss der Dirnitz durch (s. Abschnitt 1). Verschiedene Nutzungen des Gebäudes bedingten viele Einbauten und Verunreinigungen, so dass Holzverschläge, Schutt und Kohlenstaub zu beseitigen waren. Wände, Boden- und Gewölbebereiche zeigten sich stark verschmutzt und wiesen Verkrustungen bzw. Versinterungen auf. Die Flächen konnten mit entsprechenden Verfahren gereinigt werden: Das Wartburgkonglomerat der Felsbereiche und Gewölbe durch Abnadeln sowie den Rhätsandstein durch Mikrowirbelstrahlverfahren und anschließende Nassreinigung.

Vorher waren die desolaten Fugenmörtel herausgenommen worden. Nach der Reinigung wurde der untere Fugenbereich mit einem sulfatbeständigen Trasskalkmörtel gefüllt und der Mörtel der Deckverfugung nach Rezepturen der Materialforschungs- und Prüfanstalt Weimar in rötlicher Farbe des Natursteinmauerwerkes eingebracht. Besonderes Augenmerk richtete sich auf die Konservierungsarbeiten des Rhätsandstein-Türbogens und der Felsentreppe.

Durch die Reinigung sind die Steinoberflächen wieder deutlich zu erkennen, besonders die geflächten des Rhätsandstein-Türbogens. Die Bearbeitung ist im Palas ähnlich und somit in die romanische Zeit einzuordnen.

5.2. Historische Vorgängerbauten am Standort der Dirnitz [1]

Eine Zeichnung der Innenansicht des Wartburghofes um 1750 von Friedrich Adolph Hoffmann zeigt südlich des westlichen Wehrgangs (später Margarethengang) ein großes Gebäude mit der Bezeichnung «alte steinerne Capelle, worinne itzo handmühlen» [2]. Den Nordgiebel entlang verläuft auf dem Blatt ein angebauter Laubengang. Das Gebäude, früher auch als «alte Hofstube» bzw. einfach «alte Mühle» bezeichnet, da sich darin die «Leuteküche» und die «Handmühlen» befanden, ist anhand von Rechnungen bis in das 16. Jahrhundert zurück zu verfolgen. Es stand am Ort der jetzigen Dirnitz und soll um 1319, nach dem Brand in der Burg, erbaut worden sein.

Im 18. Jahrhundert war es derart baufällig, dass der nördliche Giebel 1778 einstürzte und man das gesamte Gebäude abbrach. Wenige massive Unterbauten blieben stehen, insbesondere die westliche Längswand, die im unteren Teil auch als Wehrmauer diente, und der alte Zugangsbereich im nordöstlichen Teil des Kellergeschosses sowie Teile der nördlichen Giebelwand mit Türpforte und daneben liegender Natursteintreppe. Abbildungen aus der Mitte des 19. Jahrhunderts stellen annähernd den beschriebenen Zustand dar, so eine Aquarellskizze des Wartburgarchitekten Hugo von Ritgen [3] und zwei Zeichnungen des Wartburg-Kommandanten Bernhard von Arnswald [4].

Anfang Juni 1845 war der verschüttete Teil der nördlichen Giebelwand mit Türöffnung und Freitreppe wieder ausgegraben worden, wie Ritgen und Arnswald darstellten. Ihre Aufnahmen zeigen auch, dass die ehemalige innere Gebäudefläche der «alten Hofstuben» noch bis auf Höhe der Oberkante der Freitreppe verschüttet war, weshalb der innen liegende romanische Bogen mit Türöffnung und Felstreppe 1845 noch nicht dargestellt wurde.

Die westliche Natursteinmauer mit einer Gesamthöhe von etwa sieben bis neun Metern ab der Gründungssohle in Höhe des «Tugendpfades», beim Abbruch noch ein bis zwei Meter über dem Hofniveau der Vorburg stehen

---

1 Die Angaben hauptsächlich entnommen aus: Max Baumgärtel (Hrsg.): Die Wartburg. Ein Denkmal deutscher Geschichte und Kunst. Berlin 1907; Georg Voss: Die Wartburg (P. Lehfeldt und G. Voss: Bau- und Kunstdenkmäler Thüringens. Heft 41. Großherzogtum Sachsen-Weimar-Eisenach. Amtsgerichtsbezirk Eisenach). Jena 1917.

2 Wartburg-Stiftung Eisenach, Grafikbestand, Inv.-Nr. G. 227, unten; Baumgärtel, Wartburg 1907 (wie Anm. 1) S. 121; Wartburg-Jahrbuch 1997. 6(1998), S.78.

3 Der Platz der Dirnitz vor dem Neubau (gegen Süden gesehen), Hugo von Ritgen, Aquarellskizze, zwischen 1857 und 1866; abgebildet in Baumgärtel, Wartburg 1907 (wie Anm. 1) S. 178.

4 Neue Kemenate, Bergfried, Südturm und Brauhaus in mondheller Nacht, Bernhard von Arnswald, Pinselzeichnung, um 1850, Wartburg-Stiftung Eisenach, Grafikbestand, Inv-Nr. G 1805, abgebildet in Günter Schuchardt (Hrsg.): Romantik ist überall, wenn wir sie in uns tragen. Aus Leben und Werk des Wartburgkommandanten Bernhard von Arnswald. Regensburg 2002, S. 391, Nr. 466 und Nr. 467.

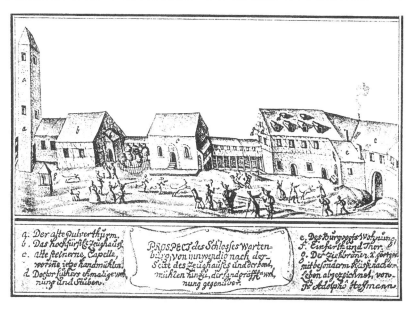

Abb. 5:
Westseite des
Wartburghofes,
Zeichnung von
Friedrich Adolph
Hoffmann,
um 1750

geblieben, verlangte um 1855 zwingende Sicherungsarbeiten. Doch fiel am
10. Februar 1856 ein großer Teil dieser Mauer ein, wonach der übrige Teil von
ca. 50 Fuß Länge (ca. 14,35 m) und 24 Fuß Höhe (ca. 6,70 m) ebenfalls ein-
zustürzen drohte und dieser Mauerbereich umgehend abgebrochen wurde.

5.3. Planung und Bau der Dirnitz auf der Wartburg im 19. Jahrhundert

Erste Bauzeichnungen zum Aufbau der Dirnitz erstellte der Baumeister Carl
Dittmar am 14. März 1856 (siehe Grundriss Abb. 6a und Querschnitt Abb. 6b).
Seine Schnittzeichnung geht bei der Planung des Kellergeschoss-Fußbodens
von der untersten Stufe der alten Felsentreppe aus. Diese Treppen- und
Zugangssituation im nordöstlichen Kellergrundrissbereich weist die Zeichnung
als vorhandenen alten Bestand aus und bezieht ihn in den Grundrissplan
bewusst funktionell ein, was beim Dirnitzbau 1866 aber nicht verwirklicht wurde. Zu diesem Zeitpunkt muss daher der Eingangsbereich zur «alten Felsentreppe» bereits ausgegraben worden sein. Im Schnitt ist weiterhin besonders gut
zu erkennen, wie die Felskante vom Weg der Vorburg bis zur Gründungsebene
der Westwand im Fels in Höhe «Tugendpfad» abwärts verläuft. Daraus resultie-
ren die besondere Höhe dieser Westwand bzw. die Größe des aufzufüllenden
Bereichs unter dem Kellerfußboden. Die Vorgänger (alte Hofstuben) müssen
demnach auf ähnlich beachtlichen Unterbauten errichtet worden sein.

Abb. 6a:
Bauzeichnung von
Carl Dittmar vom
März 1856,
Ausschnitt mit dem
Grundriss des
Dirnitz-Kellers

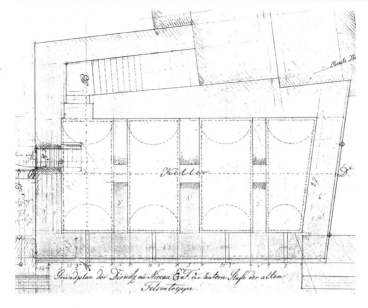

Abb. 6b:
Bauzeichnung von
Carl Dittmar vom
März 1856,
Ausschnitt mit
einem Querschnitt
zum Dirnitz-Keller

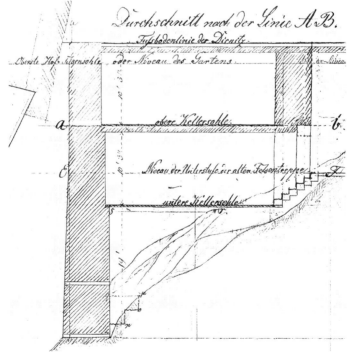

Nach dieser ersten Planung von Carl Dittmar wurde die westliche
Dirnitzmauer 1856/57 offenbar wieder aufgebaut, so dass sie bis Mitte Mai
1857 die Höhe der geplanten Kellergeschoss-Gewölbedecke erreichte. Bis 1866
verblieb die Mauer in diesem Bauzustand. Als daran erste Schäden zu entstehen drohten, mahnte Arnswald mehrmals zum Weiterbau. Durch Hugo von
Ritgen erfolgten daraufhin 1858/59 Planungsarbeiten für die Dirnitz im neoro-
manischen Baustil. In einem langen Entscheidungsprozess zwischen dem
Bauherrn Großherzog Carl Alexander von Weimar und Eisenach, dem Burghauptmann Bernhard von Arnswald und dem Architekten Hugo von Ritgen
wurde darum gerungen, ob die Dirnitz nicht doch in neogotischem Baustil zu

Abb. 7:
Platz der Dirnitz
vor dem Neubau
(gegen Süden
gesehen),
Aquarellskizze von
Hugo von Ritgen
zwischen 1857
und 1866

gestalten wäre. Schließlich vermutete man den Auf- oder Wiederaufbau der «alten Hofstuben» erst nach dem Brand von 1319 und damit in der Zeit der Gotik. Im Dezember 1865 konnte dann der Vertrag für den Aufbau der Dirnitz mit Hofmaurermeister Hahn abgeschlossen werden.

Die Natursteine (Rhätsandstein) für Gewände, Sohlbänke, Treppenstufen, Tor- und Fensterbögen und Gesimssteine sollten aus den Steinbrüchen bei Krauthausen/Ütteroda gewonnen, die Wände sollten aus Griefenstein (Rotliegendes) vom Wartburg-Steinbruch (Schleife) und die Kellergewölbe, teilweise auch die Zwischenwände, aus Mauerziegeln errichtet werden.

Im Januar 1866 stimmte Großherzog Carl Alexander dem Bau im «gotischen» Stil zu. Im März 1866 wurden das Fundament der Dirnitz – also der Kellerbereich – endgültig freigegraben, die Mauern – auf denen weitergebaut werden sollte – freigelegt und die alte freistehende Treppe links vor der Gebäudegiebelwand abgebrochen. Bis zum 15. Juli 1866 waren die Erdgeschossmauern der Dirnitz sowie die nebenstehende Torhalle und bis September 1866 sämtliche aufgehenden Mauern bis Dachsims/Dachbodendeckenlage fertiggestellt. Am 1. November wurde Richtfest gefeiert, und bis zum Jahresende 1866 war der äußere Baukörper vollendet. Mit dem Ausbau des Erdgeschosses und des ersten Obergeschosses für den Rüstsaal war die Dirnitz spätestens 1867 vollendet.

5.4. Erläuterungen zum bauhistorischen Bestand im Kellergeschoss der Dirnitz nach den 2003 durchgeführten Sanierungsarbeiten

Den Bestandszeichnungen sind Bezeichnung sowie Lage und Funktion der jeweiligen Bauteile zu entnehmen. Der mittelalterliche Baubestand erschließt sich konzentriert an der östlichen Seite des ersten Tonnengewölbes im Dirnitz-Keller (siehe Abb. 8a und 8b).

Vorab aber einige Bemerkungen zur Türöffnung in der nördlichen Fassade unter der Terrasse und dem dahinter im Durchgang zum Kellergeschoss liegenden Türgewänderesten: Die Türleibungen bestehen aus roh bearbeiteten Mauerwerksquadern aus Rotliegendem. Darüber wölbt sich in rötlichem Rhätsandstein ein Rundbogen aus sieben, jeweils 24 cm hohen und 14 cm dicken Werksteinen. Die Bearbeitungsspuren zeigen Randschlag und mittig ein Feld mit Spitzungen; damit ähneln sie den Gewänderesten im Gang unter der Terrasse. Jene Türöffnung mit Rundbogen gehört ins 19. Jahrhundert.

Diese, in die Wände des Ganges eingemauerten, stark beschädigten Gewändeteilstücke einschließlich der Tür mit dem Rundbogen sind sicherlich mit denen aus den Zeichnungen von Ritgen und Arnswald aus der Mitte des 19. Jahrhunderts identisch. Die Gewändereste bestehen aus grauem Rhätsandstein und sind an drei Seiten bündig in die Wände des tunnelartigen

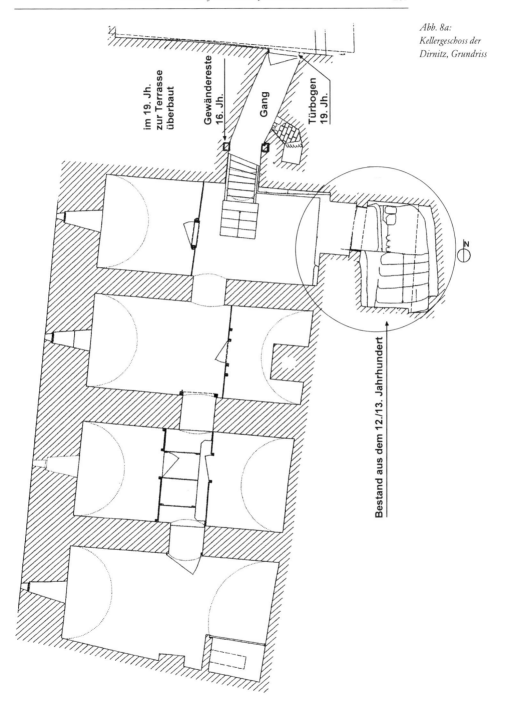

Abb. 8a:
Kellergeschoss der
Dirnitz, Grundriss

im 19. Jh.
zur Terrasse
überbaut

Gewändereste
16. Jh.

Gang

Türbogen
19. Jh.

Bestand aus dem 12./13. Jahrhundert

N

Durchgangs eingemauert. Die Gewände sind 30 cm breit und besitzen einseitig einen 8 cm breiten und 7 cm tiefen Anschlagfalz. Die stark abgewitterten Oberflächen lassen noch Randschlag und mittig gespitzte Felder erkennen (etwa 16. Jahrhundert).

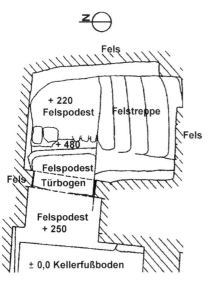

Abb. 8b:
Nordostecke des
Dirnitzkellers mit
dem Bestand aus
dem 12./13.
Jahrhundert

Der mittelalterliche Zugangsbereich in die Keller liegt außerhalb des eigentlichen Dirnitzgrundrisses, ist aber nach links, also östlich vom ersten Kellergewölbe aus erreichbar. Zu sehen sind die ins Rotliegende gehauenen Wände, Gewändeanschläge und der darüber liegende Rhätsandstein-Rundbogen. Der Rundbogen besteht je Halbseite aus vier jeweils 37 cm hohen und 37 cm dicken Bogensteinen sowie dem Schlussstein, der aber in Steinhöhe etwas ausgebrochen ist. Der Bogen bzw. die Tür hat eine Durchgangsbreite von 1,45 m und eine Scheitelhöhe von 0,725 m. Damit der romanische Bogen keiner statischen Belastung ausgesetzt ist, wurde im 19. Jahrhundert 4-6,5 cm über seiner Oberkante ein 0,7 m langes Tonnengewölbe erbaut. Nach der Entfernung von Krusten und Ablagerungen lässt sich die Oberflächenbearbeitung gut erkennen, so dass der Bogen der Romanik und damit dem ältesten Bestand («alte Hofstube» oder Vorgängerbau) zugeordnet werden kann.

Durch bzw. unter dem Bogen verläuft ein in den Fels gehauenes Podest. Dahinter befindet 0,60 m höher ein weiteres schräges Podest, das an der vorderen Kante mit einigen flachen Steinen für eine mehr waagerechte Podestfläche aufgemauert wurde. Hier setzt die Treppe mit fünf noch sichtbaren Stufen an, die jeweils in einer Länge 0,82 – 0,90 m, einer Breite von 28 – 30 cm und einer Höhe von 15 – 18 cm in den Fels gehauen wurden. Seitlich schließen zwei schräg anlaufende Sockel von 15 cm und 20 cm Breite an. Eine derart ungleichförmige Treppe ist für einen nicht öffentlichen, vom Erdgeschoss in den Keller eines Wirtschaftsgebäudes («alte Hofstube») führenden Bereich durchaus möglich. Sie gehörte wohl dem Baualter des romanischen Torbogens, also deutlich vor 1319, an. Diese Situation mit Podest und Felsentreppe ist vom Architekten Hugo von Ritgen bewusst gesichert worden, da im 19. Jahrhundert in Laufrichtung zu den Stufen ein Tonnengewölbe aus Rotliegendem gewölbt wurde, was der Erhaltung des Bestands diente.

Chronik 2003 der Wartburg-Stiftung

Januar bis April und Oktober/November
Von Januar mit Unterbrechungen bis April sowie im Oktober und November 2003 wird das Kellergeschoss der Dirnitz gründlich saniert und für die Werkstätten der Wartburg-Bauhütte wieder hergerichtet. Im vordersten Kellergewölbe wird dabei der historische Bestand mit Rhätsandsteinbogen und Felstreppe freigelegt.

24. Januar
Vorstellung der Ergebnisse des Projekts die «Virtuelle Wartburg» durch Professoren und Studenten des Lehrstuhls CAD der TU Darmstadt

FEBRUAR

22. und 23. Februar
Der Freie Deutsche Autorenverband (FDA) begeht auf der Wartburg unter dem Motto «Erinnerung – Bewahrung – Auseinandersetzung – Gestaltung» seinen 30. Gründungstag.

MÄRZ

3. März
Beginn der Sanierung der öffentlichen Toilette unter dem Margarethengang.

Neben den Sanitärarbeiten wird vor allem ein Durchbruch im Giebel über der WC-Anlage zur Entlüftung geschaffen (Fertigstellung bis 16. April 2003).

5. März
Nach knapp acht Jahre dauernden Arbeiten fällt das letzte Gerüst für die Steinkonservierung am Wartburg-Palas. Seit 1995 sind in sechs Bauabschnitten zur Reinigung und Sicherung der Außenhaut des hochmittelalterlichen Hauptgebäudes etwa 2,5 Mio. EUR investiert worden.

17. März bis 14. April
Die Firma Ralf Schuchardt (Eisenach) vollzieht die Neueindeckung der Dirnitzlaube und des kleinen Treppenturms mit Schiefer einschließlich der Überarbeitung des Blitzschutzes.

APRIL

April bis November Sanierungsarbeiten am Fachwerk der Westfassade in Höhe Eseltreiberstübchen und Aborterker: Desolate Fachwerkbalken werden durch neue Eichenbalken ersetzt. Am Fachwerkgiebel

über dem Taubenschlag wird ein
Gesimsvordach mit Dachziegel-
deckung zum Schutz vor
Verschmutzung angebaut.

18. bis 22. April
Der 7. Ostereiermarkt auf der
Wartburg findet von Karfreitag bis
Ostermontag im Sonderausstellungs-
raum der Dirnitz statt.

22. April
Fertigstellung der Steinkonservierung
an der Außentreppe des Gadems,
die größtenteils 2002 ausgeführt
worden ist.

26. April
304. Wartburg-Konzert,
Senderkonzert von
DeutschlandRadio: Laurent Korcia,
Violine (Frankreich), Michael
Wendenberg, Flügel (Deutschland);
Werke von W. A. Mozart,
J. Brahms, M. Ravel und C. Franck

28. April
Beginn der Steinkonservierung an der
Torhalle zwischen erstem und zweitem Burghof. Nach Ausbau der beiden schweren Torflügel rüstet die
Firma Bennert, die nach Ausschreibung den Auftrag erhielt, die Torhalle
ein. Die Restaurierungskonzeption
sieht die Wiederherstellung als
Baukörper des 19. Jahrhundert vor.
Keramikplatten mit Ritzmustern
sollen ergänzt werden, Farbfassungen
an den Gewölben erneuert.

MAI

2. Mai
10. Arbeitsberatung des
Wissenschaftlichen Beirats der
Wartburg-Stiftung; Themenschwerpunkte: Wartburg-Jahrbücher 2002
und 2003, Haushaltskonsolidierung,
Baulehrpfad am «Tugendpfad» und
das Jubiläum der hl. Elisabeth 2007.

3. Mai
Humorvolles Konzert mit der Gruppe
«Geyers», Mittelalter- und Renaissan-
cemusik auf historischen Instrumen-
ten. Ihr Name erinnert an «Geyers
schwarzen Haufen» des Lands-
knechts- und Bauernführers Florian
Geyer aus dem 16. Jahrhundert.

4. Mai
Anlässlich Luthers Ankunft auf der
Wartburg 1521 beginnt der in der
Regel 14-tägliche Sommerzyklus der
evangelisch-lutherischen Gottes-
dienste in der Wartburgkapelle.
Weitere Termine: 17. und 31. Mai,
28. Juni, 12. und 26. Juli, 9. und
23. August, 20. September und
4. Oktober.

10. Mai
Der «Kammermusikverein der
Wartburgstadt» veranstaltet im Palas-
Festsaal ein Sonderkonzert mit dem
Minguet Streichquartett (Berlin),
das Werke von F. Schubert,
F. Mendelssohn-Bartholdy und
M. Ravel darbringt.

15. Mai
32. Sitzung des Stiftungsrates der
Wartburg-Stiftung im Jägerzimmer
des Hotels auf der Wartburg unter
Vorsitz von Ministerin Prof. Dr.
Schipanski; Schwerpunkte:
Begrüßung der neuen Stiftungsrats-
mitglieder RD Horst Arend als
Nachfolger des ausgeschiedenen
Dr. Manfred Ackermann und des
neuen Landeskonservators
Dr. Stefan Winghart, Jahresbericht
des Burghauptmanns (Jahres-
abschluß, Zustimmung und
Entlastung), Zustand der städtischen
Zufahrtsstraße, Haushaltskonso-
lidierung durch Personalmaßnahmen
und Erschließung von Einnahme-
quellen, Tannhäuserfestspiel und
Wartburg-Preis 2003.

24. Mai
305. Wartburg-Konzert, Senderkonzert von DeutschlandRadio: Gilles
Apap & The Colors of Invention;
Werke von J. S. Bach, A. Vivaldi, P.
de Sarasate, B. Bartok

29. Mai
Der «Wingolfbund» eröffnet mit
einem Festakt auf dem Burghof sein
69. Wartburgfest vom 29. Mai bis
1. Juni. In diesem Jahr zeichnet sich
der Abschluss der Sanierung des
Eisenacher Wingolf-Denkmals am
Pfarrberg ab, an deren Finanzierung
sich die «Alten Wingolfiten» mit einer
Spende beteiligt haben.

31. Mai
Nach den Vorrunden im Erfurter
Rathaus findet auf der Wartburg das

Finale des diesjährigen öffentlichen
Debattier-Turniers mit 16
Mannschaften aus 48 Teilnehmern
statt. Zum besten Redner wird
Christian Blum gekürt, der mit zwei
Mannschaftsmitgliedern auch den
Preis «Kleiner Cicero» der Zeit-
Stiftung nach Mainz holt.

6. Juni
Im Rahmen der mit dem Kulturamt
der Stadt Eisenach veranstalteten
Reihe «Gedanken auf der Wartburg»
hält der bekannte Konzertveranstalter
Fritz Rau (geb. 1930) im Festsaal
einen Vortrag zum Thema «Die
Kultur der musikalischen Unterhal-
tung in Deutschland seit 50 Jahren».
Rau hatte insbesondere in den 1960er
Jahren international Rockstars auf
die Bühnen der Bundesrepublik
Deutschland geholt.

7. Juni
Unter dem Motto «Dich teure Halle
grüß' ich wieder» stellen Studenten
der Musikhochschule Franz Liszt
Weimar unter Prof. Wolf G. Leidel
auf unterhaltsame Weise Wagner-
Opern vor. Damit erklingt Wagner-
Musik zum dritten Mal zu Pfingsten
auf der Wartburg.

10. Juni
Das der Wartburg-Stiftung gehörende
Objekt «An der Münze 3» in Eisenach
war bis Ende 2000 saniert worden.
Erst jetzt können die Außenanlagen
gestaltet werden (Fertigstellung
6. Oktober 2003).

12. Juni

Die Deutschen Burschenschaften
halten vom 12. bis 14. Juni 2003 ihr
alljährliches Treffen in Eisenach ab,
das diesmal von der «Hilaritas»
Stuttgart ausgerichtet wird.
Am Donnerstag, dem 12. Juni, findet
auf dem Burghof ein Festakt mit
dem Redner Heinz Voigt von der
Geschichtswerkstatt «Der 17. Juni
1953» statt.

13. Juni

Der Bundespräsident Johannes Rau
gibt nach Übernachtung im Wartburg-Hotel auf der Terrasse des
Hotels dem ZDF-Morgenmagazin ein
Interview. Auf seiner Sommerreise
fährt er anschließend nach Weimar
weiter.

16. Juni

33. (außerordentliche) Sitzung des
Stiftungsrates der Wartburg-Stiftung
im Thüringer Ministerium für
Wissenschaft, Forschung und Kunst
in Erfurt unter Vorsitz von Ministerin
Prof. Dr. Schipanski:
– Die außerordentliche Sitzung
befasst sich mit der Restitutions-
angelegenheit des Hauses Sachsen-
Weimar-Eisenach. Staatssekretär
Dr. Aretz informiert über den Ablauf
der Verhandlungen und den Inhalt
der gütlichen Einigung. Nach einer
Reihe von rechtlichen und finanz-
technischen Informationen beschließt der Stiftungsrat einstimmig:
1. Die Stiftung begrüßt den erfolg-

reichen Abschluss der Restitutions-
verhandlungen des Freistaats
Thüringen mit dem Haus Sachsen-
Weimar-Eisenach.
2. Der Stiftungsrat stimmt zur
Abwehr der vermögensrechtlichen
Ansprüche des Hauses Sachsen-
Weimar-Eisenach zu, sich mit
einem Betrag von 500.000 Euro
an der vorgesehenen Kompensations-
summe des Freistaates Thüringen zu
beteiligen.
3. Der Burghauptmann wird ermäch-
tigt, Kunstgegenstände – insbesondere die Egloffsteinsche Bestecksamm-
lung – zu veräußern und den Erlös an
den Freistaat Thüringen auszuzahlen.
– Der Stiftungsrat beschließt die
Antragung des Wartburg-Preises 2003
an den aus dem Amt geschiedenen
Thüringer Ministerpräsidenten
Dr. Bernhard Vogel.

21. Juni

DeutschlandRadio Berlin sendet im
Rahmen seiner Reihe «Deutschland-
rundfahrt» zwei Stunden (15.00 –
17.00 Uhr) life von der Wartburg.

21. Juni

306. Wartburg-Konzert,
Senderkonzert von
DeutschlandRadio: «Leipziger
Streichquartett»; Werke von
F. Mendelssohn-Bartholdy,
A. Webern und F. Schubert

25. Juni

feierliche Übergabe der Abitur-
zeugnisse an Absolventen des
Martin-Luther-Gymnasiums Eisenach

26. Juni
feierliche Übergabe der Abitur-
zeugnisse an Absolventen des
Elisabeth-Gymnasiums Eisenach

27. Juni
feierliche Übergabe der Abitur-
zeugnisse an Absolventen des
Ernst-Abbe-Gymnasiums Eisenach

29. Juni
Das Ensemble des Thüringer
Landestheaters gibt im Festsaal des
Palas eine konzertante Aufführung
von Wagners Oper «Tannhäuser»,
die damit erstmals in «authentischer»
Umgebung stattfindet.

30. Juni
Abiturfeier des Berufsschulzentrums
«Ludwig Erhard» Eisenach

JULI

3. Juli
Orgelkonzert in der Kapelle der
Wartburg: Wieland Hofmann
(Erlangen) spielt Werke von J. S. Bach,
G. Muffat, J. G. Walther, J. Kuhnau.

4. Juli
Das Thüringer Landestheater Eisen-
ach bietet im Sommertheater die
erste von vier Ballett-Veranstaltungen
nach George Bizets «Carmen» im
Burghof vor der Kulisse des Palas.
Die Choreographie wurde von Sabine
Pechuel einstudiert, die Titelrolle
tanzt Eico Koshida. Weitere
Aufführungen: 6., 12. und 13. Juli.

5. Juli
mdr-Musiksommer unter dem Motto
«Konzerte auf der Wartburg» mit
sieben jungen Pianistinnen aus sieben
Ländern: Claire Marie Le Guay
(Frankreich); Werke von L. van Beethoven, F. Liszt u. a.

11. Juli
mdr-Musiksommer unter dem Motto
«Konzerte auf der Wartburg» mit
sieben jungen Pianistinnen aus sieben
Ländern: Anna Kravtchenko (Ukraine); Werke von J. S. Bach, F. Liszt,
L. van Beethoven, S. Gubaidulina

18. Juli
Der Hotel- und Gaststättenverband
(DEHOGA) verleiht dem Wartburg-
Hotel den fünften Stern, womit es
als drittes Hotel in Thüringen zur
Luxusklasse zählt.

19. Juli
307. Wartburg-Konzert, Senderkonzert von Deutschland-Radio:
Alexandre Boslov, Violoncello,
Wjatscheslaw Poprugin, Klavier
(beide Moskau); Werke von
F. Chopin, D. Schostakowitsch

23. Juli
Beginn der umfangreichen Bauarbeiten zur Erschließung des
Tugendpfads für den Besucherverkehr, der vom nordwestlichen
Zugang bis vor die Ostseite des Palas
führt. Für diese aufwendigste Baumaßnahme der Wartburg-Stiftung im
Jahre 2003 erhält die Firma Gerdum
u. Breuer, Betriebsteil Eisenach, den

Zuschlag. Für eine sichere Auflage
werden Löcher in den Fels gebohrt,
Pfähle einbetoniert, Stahlbeton-
platten aufgesetzt und mit Naturstein
überpflastert. Die spätere Insolvenz
des Baubetriebes verursacht eine
längere Bauunterbrechung und verhindert die geplante Fertigstellung
2003, so dass die Restarbeiten auf
2004 verschoben werden müssen.

25. Juli
mdr-Musiksommer unter dem Motto
«Konzerte auf der Wartburg» mit
sieben jungen Pianistinnen aus sieben
Ländern: Polina Leschenko (urspr.
Russland); Werke von S. Feinberg,
F. Liszt, L. van Beethoven, u. a.

31. Juli
Orgelkonzert in der Kapelle der
Wartburg: Rainer Suschke, Oboe,
Uthmar Scheidig, Orgel (beide
Gotha); Werke von J. F. Fasch,
J. Pachelbel, J. S. Bach,
J. Ph. Telemann, u. a.

AUGUST

2. August
mdr-Musiksommer unter dem Motto
«Konzerte auf der Wartburg» mit
sieben jungen Pianistinnen aus sieben
Ländern: Mihaela Ursuleasa
(Rumänien); Werke von
R. Schumann, F. Liszt, B. Bartok,
F. Chopin

8. August
mdr-Musiksommer unter dem Motto
«Konzerte auf der Wartburg» mit

sieben jungen Pianistinnen aus sieben
Ländern: Klara Würtz (Ungarn);
Werke von L. van Beethoven, F. Liszt,
R. Schumann

9. August
Die 6. Museumsnacht auf der
Wartburg widmet sich diesmal nicht
dem Mittelalter, sondern steht unter
dem Motto «Die Wartburg zu Großherzogs Zeiten im 19. Jahrhundert».
Vor den 600 Gästen treten u. a.
Mitglieder der Theatergruppe
Gerstungen, das Orchester «Bonbon-
niere» und das Duo Reichert auf und
wird die Damenmode jener Zeit präsentiert. Kulinarisches orientiert sich
an den historischen Speisekarten der
Wartburg.

15. August
Ein 400-köpfiges Publikum erlebt im
Burghof die zweite Bluesnacht auf der
Wartburg. Nach dem Auftakt durch
«Good News» (Eisenach) und der
Fortsetzung durch weitere Künstler
kommt der Höhepunkt durch Joe
Wulf und die multikulturelle Forma-
tion «Gentlemen of Swing», die den
Stargast «Big Mama» begleiten.

16. August
308. Wartburg-Konzert,
Senderkonzert von
DeutschlandRadio: Arutjun
Kotchinian, Bass (Armenien),
Ivanna Nelson, Klavier (Russland);
unter dem Titel «Die russische Seele»
Lieder von P. Tschaikowsky,
M. Glinka, S. Rachmaninow,
M. Mussorgskij

22. *August*

mdr-Musiksommer unter dem Motto «Konzerte auf der Wartburg» mit sieben jungen Pianistinnen aus sieben Ländern: Alexandra Oehler (Zeitz); Werke von L. van Beethoven, F. Liszt, J. Beat, G. Gershwin

23. *August*

Zur 4. Musikalischen Sommernacht konzertiert das Polizeimusikkorps Thüringen vor 300 Zuhörenden auf dem Burghof.

29. *August*

mdr-Musiksommer unter dem Motto «Konzerte auf der Wartburg» mit sieben jungen Pianistinnen aus sieben Ländern: Gabriela Montero (Venezuala); Werke von L. van Beethoven, F. Liszt, Cl. Calderon

SEPTEMBER

2. *September*

Beginn des Umbaus des Kassenhäuschens am Parkplatz, Fertigstellung bis 5. November 2003.

5. *und 6. September*

Die mittelalterliche Aufführung «geteiltes spil» erfährt eine zweite Fassung, die von der Schwertleite des Landgrafensohnes Ludwig IV. im Jahre 1216 handelt. Der Organisator Thomas Wagner spielt unter seinem Künstlernamen «Adelhalm vom Eselsstieg» unter dem gleichen (Minne-)Sängerensemble wie im Vorjahr mit. Die Gruppe «hochmuot»

gestaltet den Hofstaat, und Jörg Peukert lässt als «Orator de Novo Castro» seine Stimme erschallen. An beiden Abenden erleben im Festsaal insgesamt 600 Gäste die Darbietungen.

9. *September*

Vier romanische Säulen werden dem Förderverein «Oberschloss Kranichfeld e. V.» zur Rückführung an ihren originalen Platz in der Kapelle des Kranichfelder Oberschlosses übergeben. Sie waren im 19. Jahrhundert auf die Wartburg gebracht worden, standen bis zu ihrer Einlagerung Ende der 1960er Jahre südlich vor der Dirnitz und waren in der Literatur häufig als Säulen den Krayenburg bezeichnet worden.

11. *und 12. September*

Die Landeskapelle Eisenach eröffnet unter ihrem Dirigenten GMD Wolfgang Wappler die Konzertsaison 2003/2004 mit Werken von F. Mendelssohn-Bartholdy, L. van Beethoven und J. A. Mozart.

13. *September*

Das 14. Wartburg-Gespräch des Rings der Katholischen Burschenschaften, organisiert von der Bonner Burschenschaft «Sigridia», widmet sich der Osterweiterung und dem Verfassungsentwurf der Europäischen Union. Teilweise kontroverse Vorträge halten u. a. der thüringische Justizminister Karl Heinz Gasser, die stellvertretende Direktorin des Zentrums für Türkeistudien der Universität

Duisburg-Essen Cigdem Akkaya, der
SPD-Politiker Hans-Ulrich Klose und
der polnische Erzbischof Alfons
Nossol (Opole/Oppeln).

13. September
309. Wartburg-Konzert,
Senderkonzert
von DeutschlandRadio: Prager
Kammerorchester, Milan Polak,
Klarinette; Werke von J. K. Vanhal,
L. Janácek, O. Kukal, A. Dvorák

20. September
Der Literaturkritiker und Autor
Marcel Reich-Ranicki spricht im aus-
verkauften Festsaal eine Schulstunde
lang zum Thema «Literatur heute –
wozu und für wen?» In die gemeinsam mit dem städtischen Kulturamt
organisierte Veranstaltung der Reihe
«Gedanken von der Wartburg» führt
die Schriftstellerin Eva Demski ein.

27. September
Chorkonzert mit dem «Franz-
Schubert-Chor» Eisenach mit Werken
von R. Wagner, G. Verdi, F. Schubert

September
Erneuerung der Steuerungsanlage für
die Beleuchtung im Festsaal des Palas
durch die Firma Bechmann
(Eisenach)

OKTOBER

11. Oktober
310. Wartburg-Konzert,
Senderkonzert von Deutschland-

Radio: Moritzburg Festival auf
Tournee – H. Vogler, Violine, Ulrich
Eichenauer, Viola, Jan Vogler,
Violoncello; Werke von L. van
Beethoven, H. Eisler,
W. A. Mozart

18. Oktober
Der Verein der Freunde und Förderer
des Eisenacher Theaters führt sein
drittes Wartburgfest mit Gala-
Programm und Preisverleihung im
Palas-Festsaal sowie dem geselligen
Teil im Wartburg-Hotel durch. Die
Festrede hält der Vereinsvorsitzende
Dr. Peter Harth. Die diesjährigen
Preisträger des «Gläsernen
Grammophons» sind Monika Dehler,
Maida Hundeling und Drummond
Walker (alle Gesang).

19. Oktober
Im Sonderausstellungsraum der
Dirnitz eröffnet die von der Leica
Camera AG ausgerichtete Fotoaus-
stellung des Zeitzeugen Elliot Erwitt
(geb. 1928) «Magische Hände», die
bis zum 23. November zu sehen ist.

20. Oktober
Im vollbesetzten Palasfestsaal spricht
der Thüringer Ministerpräsident
Dieter Althaus in der Gesprächsrunde
des «Georgclubs» der Eisenacher
CDU zu Bilanz und Perspektiven des
Freistaates. Er versichert den Erhalt
des Status der Stadt und kündigt die
für das nächste Jahr angestrebte Selb-
ständigkeit der Berufakademie an.

20. Oktober
Der mittlere Raum im Erdgeschoss
der Vogtei wird bis 21. November
2003 saniert und für die Koordinie-
rung der Führungen und Veran-
staltungen umgebaut, da Ende 2003
die Unterhaltung des Informations-
zentrums der Wartburg-Stiftung in
der Stadt Eisenach (Objekt Schlossberg) ausläuft. An der Südostecke des
Raumes wird unter dem Putz historisches, bis in die Romanik zurückreichendes Mauerwerk entdeckt und
durch ein bauhistorisches Fenster
dauerhaft sichtbar gemacht. Ab
24. November 2003 kann der Raum
wieder genutzt werden.

24. Oktober
11. Arbeitsberatung des Wissenschaftlichen Beirats der Wartburg-
Stiftung; Themenschwerpunkte:
Stellungnahme zur Restitutions-
angelegenheit Wartburg – Haus
Sachsen-Weimar-Eisenach, Konsequenzen des Wegfalls der Stelle in
der Bibliothek, Wartburg-Jahrbuch
2003 und 2004, Sonderausstellung
«Abcontrafractur und Bildnus» –
die wettinische Ahnengalerie des
16. Jahrhunderts im Rahmen der
2. Thüringer Landesausstellung,
Vorbereitung des Jubiläums der heiligen Elisabeth 2007 und die Wahr-
nehmung des Wartburg-Preises.

25. Oktober
Die Landesregierung begeht mit
einem Festakt im Wartburgpalas den
10. Jahrestag der am gleichen Ort ver-
abschiedeten Thüringer Verfassung.

U. a. nehmen Ministerpräsident
Dieter Althaus, der damalige
Landtagspräsident Gottfried Müller
und seine Nachfolgerin Christine
Lieberknecht (alle CDU) teil. Der
Alt-Bundespräsident Roman Herzog
hält als Ehrengast die Festrede und
spricht zum Thema: Gesetzgebung
in Deutschland.

30. Oktober
Den Wartburgpreis 2003 erhält der
ehemalige Ministerpräsident von
Thüringen und Rheinland-Pfalz
Bernhard Vogel aus den Händen der
Vorsitzenden des Stiftungsrats,
Ministerin Dagmar Schipanski.
Die Laudatio hält der Altbundes-
präsident und Wartburg-Preisträger
von 2001, Roman Herzog.

31. Oktober
Abschluss des diesjährigen Sommerzyklus der evangelisch-lutherischen
Abendgottesdienste in der Wartburg-
kapelle.

NOVEMBER

19. November
Zum elften Mal wird am Tag der hl.
Elisabeth auf der Wartburg die «Thüringer Rose» an 13 ehrenamtliche Helfer für ihr soziales Engagement verliehen. Die Verleihung nimmt Sozial-
minister Dr. Klaus Zeh (CDU) vor.

19. November
Die Wartburg-Kapelle erlebt am
Tag der heiligen Elisabeth eine
Katholische Messe.

20. November
34. Sitzung des Stiftungsrates
der Wartburg-Stiftung im Tagungs-
raum des Hotels auf der Wartburg
unter Vorsitz von Ministerin
Prof. Dr. Schipanski; Themenschwerpunkte: Haushaltsplan 2004
(Zustimmung), Gütliche Einigung
mit dem Haus Sachsen-Weimar-
Eisenach, Erhalt der Bestecksamm-
lung durch Einwerbung von
Spenden, Diskussion über die
Mitwirkung der Sparkassen-Kultur-
stiftung Hessen-Thüringen,
Wartburg-Preis 2004, Tourismus-
konzept und Tannhäuser-Festival.

30. November
Eröffnung der Weihnachtsausstel-
lung «Gabentische der Vergangenheit» im Sonderausstellungsraum
der Dirnitz (bis 4. Januar 2004).

DEZEMBER

6. und 7., 12. bis 14. Dezember
3. Historischer Weihnachtsmarkt
auf der Wartburg

7., 12. und 13. Dezember
Adventskonzert im Palas-Festsaal:
A-capella-Quintett «ensemble
amarcord»

25. Dezember
evangelischer Gottesdienst
in der Wartburg-Kapelle

Besucher der Wartburg im Jahr 2003

Januar	7.658
Februar	8.991
März	19.040
April	35.525
Mai	50.878
Juni	47.637
Juli	45.928
August	49.708
September	48.217
Oktober	50.411
November	17.276
Dezember	24.823
insgesamt 2003:	406.092

Autorenverzeichnis

ERNST BADSTÜBNER,
Kunsthistoriker, Prof. em. Dr.,
Caspar-David-Friedrich-Institut
der Ernst-Moritz-Arndt-Universität
Greifswald

MAIKE BERKLER,
M.A., Doktorandin an der
Friedrich-Schiller-Universität Jena

ROMAN HERZOG,
Prof. Dr., Bundespräsident a. D.

GRIT JACOBS,
M.A., wissenschaftliche
Mitarbeiterin der Wartburg-
Stiftung Eisenach

JUTTA KRAUSS,
Diplom-Philosophin, Leiterin der
wissenschaftlichen Abteilung der
Wartburg-Stiftung Eisenach

HANS-JÜRGEN LEHMANN,
Diplom-Ingenieur, Leiter der
Bauhütte der Wartburgstiftung

OLIVER MECKING,
Dr., Landesamt für Archäologie
mit Museum für Ur- und Frühgeschichte Thüringens Weimar,
Leiter des Archäometrielabors

RALF-JÜRGEN PRILLOFF,
Dr., Archäozoologe,
Farsleben

GÜNTER SCHUCHARDT,
Diplom-Kulturwissenschaftler,
Burghauptmann der Wartburg

HILMAR SCHWARZ,
Diplom-Historiker, Wartburg-
Stiftung Eisenach

STEFAN SCHWEITZER,
Dr. phil., wissenschaftlicher
Mitarbeiter am Max-Planck-
Institut für Geschichte, Göttingen

INES SPAZIER,
Dr. phil., Landesamt für
Archäologie mit Museum für Ur-
und Frühgeschichte Thüringens
Weimar, Gebietsreferentin für
Südthüringen

BERNHARD VOGEL,
Dr. phil., Ministerpräsident
Thüringens und von Rheinland-
Pfalz a. D.

EIKE WOLGAST,
Prof. Dr., Historisches Seminar
der Universität Heidelberg

Fotografien und Abbildungen: Wartburg-Stiftung Eisenach, Archiv und Fotothek: S. 58, 75, 116, 117, 121–128, 130–137, 149, 159, 164–168, 263, 267, 270–272, 274, 277–279, 281, 282
Stiftung Weimarer Klassik und Kunstsammlungen: S. 91, 95
Goethe-Schiller-Archiv Weimar: S. 115
Thüringisches Hauptstaatsarchiv Weimar: Umschlagbild, S. 112, 113, 146, 176–179

Wartburg-Jahrbuch 2003, 12. Jahrgang 2004
Herausgegeben von der Wartburg-Stiftung
Redaktion: G. Jacobs, J. Krauß, G. Schuchardt
Redaktionsschluss: 31.5.2004
Gestaltung: Gerd Haubner, AGD
Gesamtherstellung: Druck und ReproVerlag OHG, Erfurt